新世纪高等学校教材
历史学系列教材

普通高等教育"十一五"国家级规划教材

北京高等教育精品教材

U0646160

世界上古史

（第4版）

SHIJIE
SHANGGUSHI

周启迪◎主　编

北京师范大学出版集团
BEIJING NORMAL UNIVERSITY PUBLISHING GROUP
北京师范大学出版社

图书在版编目(CIP)数据

世界上古史/周启迪主编. —北京：北京师范大学出版社，
2018.4

新世纪高等学校教材. 历史学基础课系列教材
ISBN 978-7-303-18337-1

Ⅰ.①世… Ⅱ.①周… Ⅲ.①世界史—上古史—高等学校—
教材 Ⅳ.①K11

中国版本图书馆 CIP 数据核字(2014)第 310989 号

营 销 中 心 电 话 010-58805072 58807651
北师大出版社高等教育与学术著作分社 http://xueda.bnup.com

SHIJIE SHANGGUSHI
出版发行：北京师范大学出版社 www.bnup.com
　　　　　北京市海淀区新街口外大街 19 号
　　　　　邮政编码：100875
印　　刷：三河市兴达印务有限公司
经　　销：全国新华书店
开　　本：730 mm×980 mm　1/16
印　　张：24.5
字　　数：440 千字
版　　次：2018 年 4 月第 4 版
印　　次：2018 年 4 月第 12 次印刷
审 图 号：GS(2009)182 号
定　　价：52.00 元

策划编辑：刘东明　　　　　　　责任编辑：曹欣欣
美术编辑：李向昕　　　　　　　装帧设计：李向昕
责任校对：段立超　王志远　　　责任印制：马　洁

前　言

　　世界上古史研究的是人类社会最初两个社会发展阶段，即原始社会和奴隶制社会①这两个社会发展阶段的历史，其时间为二三百万年前至公元476 年，即从人类社会形成至西罗马帝国灭亡。其中，原始社会是以全世界作为一个整体来研究的，不分国别、地区和民族，而奴隶制社会则只包括几个地区，它们是：上古埃及、上古西亚、上古南亚、上古希腊和上古罗马。②

　　原始社会(有的学者称之为"史前时代"，美国学者摩尔根则称之为"蒙昧时代"和"野蛮时代")经历了二三百万年的时间(从二三百万年前至公元前4000 年代中叶)。那时，总的特征是生产力水平十分低下，发展速度极其缓慢，血缘关系占统治地位，婚姻形态以群婚为主，生产资料是氏族部落的公有制，大家共同劳动，共同消费，不存在生产资料的私有制，也不存在阶级、掠夺性战争和国家，不知道文字为何物。

　　但是，原始社会并不是静止不动的，而是发展的：生产力在发展，由最初的石器时代发展到后期的金石并用时代；食物的生产由初期的采集和狩猎，发展成以农业和畜牧业为主的生产，并出现了手工业、园艺业，出现了原始的简单的商品生产和交换；婚姻形态也几经变化，由群内杂婚发展到族外群婚、对偶婚、一夫一妻制；生产资料也由氏族部落的公有制，发展为私有制，因而引发出了阶级、剥削、掠夺战争，原来氏族公社成员的平等关系逐渐被阶级分化和阶级压迫所取代；血缘关系逐渐被打破；氏族社会组织则由前氏族公社(或称原始群，有的学者认为是血缘家族)发展

----

　　①　关于奴隶制社会问题，有的学者否认其在历史上是一个独立的社会阶段，但也有的学者坚持认为古代世界各文明古国都是奴隶制社会。

　　②　中国是文明古国之一，创造了独特的文化。由于本系列教材的写作分工，本书不叙述中国古代史的内容。

成氏族部落组织、军事民主制，并被改造成阶级压迫的工具——国家机关；文字也被发明了出来。人类社会由此进入了文明时代。

原始社会时代，各地的发展并不平衡，发展的速度也远不一样，因而各地进入文明时代的时间也有先有后。公元前4000年代中叶以后，埃及和两河流域等地区首先进入文明时代。

在原始社会末期出现的奴隶制度，到文明时代初期得到发展，成为一种司空见惯的现象，并曾作为各文明古国占主导地位的生产关系和社会制度，对人类社会产生过深刻的影响（包括政治、经济、思想意识形态、文化、社会关系、家庭等方面）。因此，这个时代被称作"奴隶制时代"。但在那时，除奴隶制的生产关系外，古代世界各国还存在过别的生产关系，它们同奴隶制的生产关系一起构成了古代世界各国的经济基础。

在各文明古国，文字被发明和使用，极大地促进了人类彼此间的交流，对人类的发展和进步所起的作用极其重要，因而成为文明时代的重要标志之一。

在各文明古国，城市发展起来，它们从最初的防御堡垒发展成为政治、经济和文化的中心。城市的出现和发展极大地促进了社会生产和社会分工的发展，促进了社会的进步，因而也成为文明时代的标志之一。

在各文明古国里，私有制确立，阶级形成，作为阶级压迫和民族压迫工具的国家取代了氏族部落机构。这是文明时代与原始社会的本质区别之一，因而也成为文明时代的主要标志之一。

在各文明古国中，主要的阶级对立是奴隶和奴隶主之间的对立（当然有一个发展过程），奴隶主占有了大部分生产资料，在政治上占统治地位。因而，那时的国家，尽管有君主国和共和国（甚至民主共和国）之分，但都是在经济上占统治地位的那个阶级的国家，即奴隶主阶级的国家。而且，尽管最初有各种政体形式，最后大多都走上了君主专制的道路（埃及在古王国时期，两河流域在阿卡德王国时期，印度在列国时期的末期，希腊在亚历山大统治时期，罗马在早期帝国时期等）。当然，君主专制最初在各国形成的历史条件不同，所起作用也不完全相同，但有一点是相同的，即它们都是阶级矛盾激化的产物，是统治阶级加强统治的表现。

奴隶制国家除作为阶级压迫的工具而存在外，在其刚形成时期，也曾起过扫除氏族制残余、促进社会经济发展、促进奴隶制经济基础的建立和巩固的作用。

在古代世界，最初形成的国家大多是小国寡民的国家，即版图不大、人口不多的国家。后来，小国逐渐地发展成一些较大的统一国家，最后则形成一些跨地区的大帝国(如埃及帝国、亚述帝国、波斯帝国、亚历山大帝国、罗马帝国和贵霜帝国等)。在那时，统一国家的出现，是社会经济发展的要求。国家统一后，一般地说，也会对社会经济的发展起到促进作用。但统一是由奴隶主阶级完成的，所以统一难免打上奴隶制的、剥削阶级的烙印。在统一过程中充满了杀戮和掠夺，包括把许多人变成奴隶。帝国的出现，是军事征服的结果，但在某种意义上说，也反映了各地之间政治、经济、文化联系的加强，交流的增多。帝国存在时间的长短，与其对各地政治、经济、文化联系采取的政策有明显的关系，即若能采取措施发展经济，加强和巩固帝国内各地区间的政治、经济和文化联系，则帝国就可能存在得长久一些，否则，就可能是短命的。某些个人的作用当然也是非常明显的，如在亚历山大帝国兴亡的过程中，亚历山大的作用就很明显。

进入文明时代以后，人类社会进步的速度明显加快。促进古代世界各文明古国进步的，除了人民群众的生产斗争和阶级斗争以外，还有各种科学技术的发明，以及统治阶级中若干有远见卓识的人物所进行的有利于社会进步的改革。

在奴隶制时代，同在原始社会一样，人类也曾有过生生灭灭、进进退退的经历。一些落后的民族和地区突然兴起，而一些原本先进的民族和地区，由于种种原因而落后，甚至被比它们落后的民族和国家灭掉，而被历史遗忘。这在古代世界是屡见不鲜的。例如，最早进入文明时代的埃及和两河流域，曾对地中海世界的古代文明产生过重大影响，对人类文明做出过重大的贡献。但到公元前1000年代中叶以后，欧洲的希腊和罗马文明迅速崛起，其发展速度大大快于地中海东部的各古老文明(当然，这与它们吸收了东方文明的优秀成果有关)，并灭掉了它们。这说明，进入文明时代以后，各地区之间发展的不平衡性更加明显。

古代世界各国、各地区、各民族大都不是孤立地存在和发展的，它们时时都在与其周围的国家、地区或民族进行交往(经济、文化交流是交往，战争也是交往)。总的来说，这些交往促进了人类社会的进步。当然，这些交往(无论是经济、文化方面的，还是战争方面的)都带有时代的和阶级的烙印。

从世界上古史中我们看到，人类的生存和发展，曾历经艰难险阻，走过了曲折的道路，但终于走到了今天。自然灾害的侵袭、战争的破坏和苦难、剥削阶级的残暴和贪婪，以及人类自身的其他各种盲目性和愚昧行为，给人类社会的发展带来过困难，有时甚至走了回头路，使一些文明遭到毁灭，但终究未能阻止人类社会前进的脚步。因此，我们应当对人类社会的未来前途充满信心。

人类对于自己活动的记载，在文字发明以前就已开始，如结绳记事、刻痕记事、口头传说等。在文字发明以后，则有了更多、更有效的形式，如年表、王表、战记、私法文书、自传、传记……直至大部头的历史著作。可以说，所有古代留下的文献材料都是人类自身活动的记录。

但是，在马克思主义诞生以前，人类对自己历史的认识是不完全科学的。马克思主义给了我们认识历史、认识世界的锐利武器，使我们有可能认识人类社会发展的基本规律。因此，自觉地运用马克思主义的基本观点去研究历史，是历史研究的需要，也是我们的责任。

由于世界上古史研究的是人类早期的历史，它远离我们的时代，许多文物、文献以及人类活动的其他痕迹，在历史的长河中被湮没，因而我们的研究工作不得不借助于考古学。世界上古史同考古学有着密切的联系。考古学不断改变着世界上古史的面貌，改变我们关于世界上古史的观念，丰富世界上古史的内容，扩大我们有关世界上古史的视野，不断开拓出世界上古史的新领域，供给我们越来越多的新资料。

世界上古史中的许多文明在古代即已毁灭，其历史发展进程被打断，文字亦被遗忘。因此，古文字的释读对世界上古史的研究具有重要意义。正是埃及的象形文字、西亚的楔形文字、迈锡尼文明的线形文字B等的释读成功，给了我们解开这些古老文明之谜的钥匙，使我们走出了以传说、神话等为资料进行研究的时代，从而使我们对这些地区历史的认识建立在可靠而真实的材料基础之上；而克里特文明的线形文字A、印度河流域文明的印章文字等未能释读成功，则使我们至今无法利用这些文明留下的文献资料去研究它们的历史，以致许多问题只能靠推测。

虽然世界上古史研究的对象，就其时间和空间而言，都远离我们，我们仍应下功夫去研究这个阶段的历史。这是因为，它毕竟是人类社会发展的一个阶段，而且是初始阶段。现代社会的许多现象都始于这个时期（虽然是以改变了的形式），如私有制、阶级、战争、国家、家庭……所以，当年马克思和恩格斯在创立马克思主义学说时，曾用了不少精力去研究这个阶段的历史。可以说，不了解这一阶段的历史，就不可能清楚地认识今天的许多现象和本质，就不可能推断人类的未来发展。

目　录

第一章　原始社会

概　论

一、史料

史料是人类社会在运动过程中留下的痕迹，是研究人类史的唯一根据。原始社会史的史料主要来自如下几门学科。

第一，考古学。考古学是在寻找、发掘、整理古文物的基础上研究人类史的学科，属于历史学的一个分支。其材料有助于认识人类社会经济发展的水平和方向，对了解人类的社会关系和思想文化发展状况也有一定帮助。考古材料包括原始人类使用的工具、用具、武器、居住遗址、墓葬、艺术作品等。

第二，古人类学。古人类学是从生物学角度研究人类起源的学科。其材料由古人类的各种骸骨组成，对认识人类的形成具有决定的意义。

第三，民族学。民族学是以氏族、部落、部族和民族为研究对象的学科。在民族学的研究对象中，有一些是直到近代或现代仍处于史前社会的氏族、部落。它们是整个人类早期状态的活化石，但在近代研究者发现它们时已处于原始时代晚期，并且后来不同程度地受到文明的影响，所以原始社会的形成与早期发展不在民族学的直接观察之内，现有材料不能作为直接证据。

此外，语言学、神话学、古生物学、古地质学等学科的材料对重构远古人类的历史也有辅助意义。

由于原始社会的绝大部分时间属于无文字可考的时代，前人遗留下来的文字史料相对而言用处较小，这是原始社会史与文明史在史料方面最大的不同之处。

就原始社会史的史料总量而言，应该说相当贫乏，远不足以覆盖二三百万年的漫长时段和世界范围内的巨大空间，因而现有的原始社会史的记录和解释较其他历史学科存在更多的空白，许多论点的史料基础十分薄弱，有些还限于纯粹的假设。

二、史学史

史学史是关于历史学科发生、发展过程的认识。① 作为人类史学史的一部分，原始社会史的史学史专门讨论原始社会史认识的产生、发展的一般过程。

人类对自己早期的历史始终保持浓厚的兴趣，不断寻找关于自己起源和最初生活状况的答案。起初在人们头脑中占统治地位的是神灵造人的"特创论"思想，《摩西五经》所载上帝造人的说法可谓之典型代表。在神创人的前提下，一些民族还假设出人类早期生活的一般图景，为史前人类社会涂上一层美妙的色彩：没有私有财产，没有阶级和国家，是人类的黄金时代。除"特创论"外，古代还有其他关于人类起源的假说。

原始社会史材料的真正积累发生在 15 世纪末的地理大发现之后。新航路和新大陆的发现扩大了欧洲人的视野，与欧洲人外貌、服饰、语言、生活习俗、宗教、社会组织迥然有别的各地土著引起了殖民者的极大兴趣。他们对此做了广泛观察和描述，一些欧洲学者开始从更广阔的范围内比较和理解这些现象。他们赋予新大陆的"野蛮民族"以普遍意义，提出私有财产、阶级、国家、法律等社会现象的起源问题。

在人类起源方面，17—18 世纪出现对类人猿和人类器官加以比较研究的趋向，法国学者布丰首次提出人猿共祖的假说，他的学生拉马克则在 1809 年论证和展开了导师的生物变异和人猿共祖的思想。英国生物学家达尔文的《物种起源》(1859 年)和《人类起源和性的选择》(1871 年)两部著作完成了这一使命，提出以自然选择为基础的生物进化理论体系，证明现有生物，包括人类自身都是自然界长期进化的产物。

达尔文等人的进化论影响到西欧学者重构原始社会组织和思想文化的努力，一些人已认识到人类社会也同有机界一样在不断从低级形式向高级

---

① 史学史如同历史概念一样有双重含义，既可以指客观的历史过程，又可以指人们对这一过程的认识。

形式进化。瑞士学者巴霍芬在其代表作《母权论》（1867 年）中首次为原始社会的发展确定一个统一的模式，提出人类社会从杂婚形态经母权制到父权制的三段式。美国学者摩尔根继续巴霍芬的研究，在《古代社会》（1877 年）一书中根据印第安人的社会状况和亲属制度，揭示了氏族组织的本质及其与部落的关系，设计出从杂婚经血缘家族等过渡形态到母系氏族、父系氏族的公式。他关于工具和技术的进步决定着社会的发展以及家族、氏族、私有财产、特权阶级、政治社会（即国家）等均不是从来就有的思想，等于"重新发现了 40 年前马克思所发现的唯物主义历史观"①。

这样，至 19 世纪 70 年代，作为一种独立研究对象的原始社会史已有了基本框架和材料，有了起止界限和解释体系，并因此产生了一批专业工作者。

原始社会史的发展为马克思、恩格斯的历史唯物主义原始社会史观准备了条件。为了从根本上说明科学共产主义的理论，两人非常重视对原始社会的研究。早在《德意志意识形态》中马克思、恩格斯便论及了部落所有制；后来两人在合著和单个的作品中多次论及原始社会问题，如在《资本主义生产以前各形态》《〈政治经济学批判〉序言》中谈及公社所有制和亚细亚生产方式问题；在有关爱尔兰史、日耳曼史的一系列著作和《资本论》《自然辩证法》《反杜林论》中论及原始社会史和氏族制问题，把它们作为人类社会经济关系演化过程的起点；在《家庭、私有制和国家的起源》一书中论述了原始社会发展的基本规律，重点分析了氏族公社解体和阶级、国家形成的原因、过程，证明它们的生灭同生产发展的一定历史阶段相联系。两位思想家的论述为马克思主义的原始社会史研究奠定了理论基础。

进入 20 世纪以后，原始社会史研究的深度和广度均非 19 世纪的研究所能比拟的。在各国出版的世界史和国别史著作中，原始社会史成为不可缺少的部分，而且不同文本的原始社会史专史和不同课题的专著大量问世，形成众多的流派。20 世纪在古人类学和考古学领域不断有突破性发现。目前建立起的人类进化链中的化石绝大部分是在 20 世纪出土的，人类社会的早期历史因此一而再再而三地被改写。民族学在收集残余氏族社会的材料，澄清和深入研究氏族制的形成、运作、解体问题等方面的成绩也很突出。研究原始社会史队伍在扩大，研究方法和手段在更新。一些难度很大的课题，如人类起源，已有现代自然科学的有力介入。原始社会史已形成了多学科交叉的格局。

---

① 《马克思恩格斯选集》，第 4 卷，1 页，北京，人民出版社，1995。

三、原始社会史的分期

历史工作者为了认识的方便，根据特定的标准把历史从时间和内容上分割成一些彼此衔接但又不同的段落，借以说明历史的统一性和多样性、阶段性和连续性。这种做法称作"历史分期"。

18 世纪的法国学者孔多塞根据早期人类的经济生活方式把历史分成渔猎、畜牧业、农业三个循序渐进的阶段。这是从整体上对原始社会分期的一种尝试。与此类似，西方也有学者用猎人时代和农人时代来概括原始社会的不同阶段。18 世纪还有人从文化的角度分出蒙昧、野蛮、文明的人类社会发展三段式。

比较精确的分期属于考古学家。丹麦考古学家汤姆森在 19 世纪初提出石器、青铜、铁器时代三个大的段落。后人又在大的段落内继续分出若干小段，如旧石器时代早、中、晚期等，这是目前各国普遍使用的分期法之一。

再一种较常用的分期是古人类学家根据化石的区别分出远古人、古人、智人或猿人、智人等较大的阶段，每阶段还可分出若干较小的阶段。这也是在原始社会史中实用性很强的分期法。

现代马克思主义史学界把原始社会看作人类所经历的第一种社会经济形态，在其发生、发展和灭亡的总过程中区分出前氏族公社(或血缘家族公社、原始群)、氏族公社两大社会发展阶段。氏族公社又分作母系氏族公社和父系氏族公社两个时期。前期为氏族制的繁荣期；后期为氏族制的衰亡期，其上层建筑表现为军事民主制。由于这种分期以经济基础和上层建筑的总和作为分期的依据，博采其他分期法的优点，因而具有更广阔的涵盖能力。

第一节　人类的形成

一、人类在自然界的位置

(一)人类是自然界长期发展的产物

人类是自然界长期发展的产物，过去和现在都是自然界的一部分。20世纪后半叶以来日益严重的生态危机、人口危机、资源危机证明，人类不可能超自然存在。从这个意义上说，人类史实际是自然史的一部分，是自然界长期演化历史中最辉煌壮丽的一章。

人类乘坐的方舟——地球大约有 46 亿年的历史。地球上的生命至少有大约 38 亿年的历史。完全形成的人类及其社会约有二三百万年的历史。其间文明社会的历史仅占人类社会历史总长度的 0.25％，工业化社会历史仅占约 0.01％。从长远的观点看，现有的历史只是历史长河上游的起始阶段。

表 1-1　地质与生物进化年代一览表

代	纪（世）		距今年数（百万年）	生物的进化
新生代	第四纪	全新世		
		更新世 晚期	0.01	
		更新世 中期	0.10或0.15	
		更新世 早期	1或1.5	
			2或3	←出现完全形成的人
	第三纪	上新世	12	←出现"正在形成中的人"（腊玛古猿）
		中新世		
		渐新世	25	←出现猿类
		始新世	40	←出现最早的灵长类
		古新世	60	
中生代	白垩纪		70	←哺乳动物兴起 ←出现被子植物
			135	
	侏罗纪			←出现原始的哺乳类和鸟类，裸子植物繁盛
			180	
	三叠纪		225	
古生代	二叠纪			
	石炭纪		270	←两栖类极盛，出现原始的爬行类
			350	
	泥盆纪			←鱼类极盛，出现原始的两栖类
	志留纪		400	←出现原始鱼类，植物上陆
	奥陶纪		440	
	寒武纪		500	←三叶虫繁盛
元古代	震旦纪		600	←藻类繁盛
			1000～2500	
太古代				←约38亿年前出现最早的化石——原核细胞的菌藻类
地球的天文时期			4600	←地壳开始形成

人类的家园——地球是太阳系的一部分，它的体积是太阳体积的1/1300000。太阳是银河系的一部分，是银河系中1200亿颗恒星之一。银河系外还有众多的河外星系。人类的活动目前还仅限于地球的表面，个别活动可深至地壳之内和接近地球的外层空间，这是人类所处的空间位置。

据不完全统计，地球上目前生活着150多万种动物、10多万种微生物和30多万种植物；已绝灭的动物约700万种，植物25万多种。这种生物生生灭灭、自低向高、自简单至复杂的进化过程仍在继续。人类属于其中的动物界，从动物界中的脊椎动物门、哺乳动物纲、灵长目进化而来，系属在人科、人属、智人种。这是人类自我意识到的在生物分类中所处的位置。无论怎样看，人类都是生物进化到极致的体现。

（二）人与其他动物的区别

从体质特征看，人类有发达的大脑，脑量超过大多数动物，并能存储无数的信息；人体具有稳固的双腿和适应直立的躯干；有灵活的双手、减弱的牙齿、光滑的皮肤、鲜红的嘴唇等独有特征。人类还能进行抽象思维，讲分节语，过组织严密的社会生活，使用和制造各种工具等心理和社会活动。

然而，这些特征并不是同时形成的。因此，关于人类质的规定性并无统一意见。不同的学者运用不同的标准，如直立行走、制造工具、思维和分节语、现代人各种体质特征的具备等来确定人类的形成，这就导致人类形成起点的多样化。目前国内外较为普遍接受的一种看法是挑出制作工具的劳动这一区别点作为人的根本属性，因为尽管个别动物能够利用天然石块或掰断的树枝进行获取食物的劳动，但尚未发现任何一种动物曾经制造过哪怕是一件粗笨的石器。

二、人类的形成过程

（一）从猿向人的过渡

世界上古史上的各种事物的起源在解释和说明上都有极大的难度，因为起源时期的人类对起源事件本身完全没有自我意识。

目前流行的是类人猿假说。古人类学家从比较解剖学角度分析出人与现代类人猿（长臂猿、大猩猩、猩猩、黑猩猩）之间的几百个共同之处，同时也是人科与类人猿科和其他动物的不同之处，说明人与现代类人猿存在亲缘关系，具有共同的祖先。① 已有的材料包括在埃及发现的最早的古猿——原上猿，生存年代在3000万年以前；埃及猿，生存年代为距今约2800万—2600万年。稍晚的化石还有森林古猿，生存年代为距今约2300万—1000万年，分布范围较广，在亚洲、欧洲、非洲均有所发现。以上古猿均为林栖动物，四肢行走，属于攀树的猿群。但究竟它们中哪一种是人类的始祖或是否这样的始祖化石尚未被人类找到尚属疑案。当前可以推定的只是从猿到人过渡开始的时间为距今约3000万—1000万年。

在距今约550万—约380万年或200多万年，有一种过渡时期的化石代表——南方古猿。过渡时期的古猿已从猿系统分离出来，沿着人的方向发展，其表现是直立行走。

南方古猿化石发现于南非、东非、中国等一些国家和地区，基本有两种类型：南方古猿粗壮种和非洲种，依身高、体重而有所区别。粗壮种身高1.5米，体重54～68千克，咀嚼器官发达。南方古猿非洲种身高1.2～1.5米，体重45～54千克。两者均能直立行走，在许多地方与完全形成的人类化石同时被发现，延伸至100万年前才消失。目前国内外古人类学家普遍认为真人（人属）是从南方古猿的一支进化而来的；但也有一些学者认为真人（人属）是在埃塞俄比亚发现的南方古猿非洲种的一支——非洲种阿发种，而其他南方古猿则是在100万年以前相继绝灭的旁支。

20世纪70年代，分子生物学技术开始介入人类起源研究。其基本思想是按照人体与类人猿体内细胞蛋白质大分子的异同程度，计算人类与不同类人猿之间的亲缘关系，从而编制出人类和类人猿进化的分子钟。分子生物学的成果和使用化石材料分析的结果相近，即过渡时期的人科成员从某种类人猿中分离出来的时间为距今约1000万—400万年，人类与猩猩或黑猩猩关系最为密切。这也同猩猩、黑猩猩的内分泌、性行为、怀孕期等解剖性状与人更为接近相一致。

某种古猿之所以向人科方向转化，传统的解释首先是生态环境沧海桑田的变化。在中新世以及上新世都发生过地壳和气候的变化，造成大片森林的消退，古猿惯常的食品因此减少，部分古猿被迫下到地面，变素食为杂食。食品结构的变化引起体内化学物质的变化。其次是下到地面的古猿为同猛兽做斗争，不得不腾出前肢来专门使用木棍和石块，借以自卫。生

① 有关人类的纯粹动物祖先的问题，还存在着其他以进化论为指导的假说。见苏联科学院民族研究所：《原始社会史》，193～194页，杭州，浙江人民出版社，1990。

物进化的规律是用进废退，具有初步手脚分工的古猿便在无情的自然选择下生存下来，从而最终导致形态上的变化。劳动在这里成为转变的重要驱动力。

现代遗传学正试图对此给出更精确的解答。按照遗传学理论，从猿到人转变的原因须从遗传物质的变异中寻找突破口。一切动物细胞内部都含有具备遗传效应的化学物质基因，包括脱氧核糖核酸（DNA）、核糖核酸（RNA）等有机物。动物体发生变化最终出自这些遗传物质的变异。古猿进化成人可能有基因突变、染色体数目的变异、具有不利性状的个体被自然界所淘汰、中性变异的遗传漂变等几种原因。自然剧变和劳动的作用促进了遗传变异。所以，人类起源问题是极为复杂的，人们的认识将随着科学的进步而逐步深化。[①] 目前的材料和跨学科研究的成果表明，最早的人类多半出现在非洲。

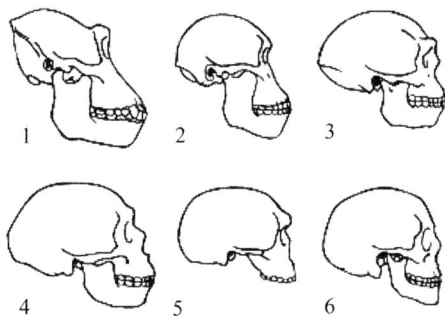

图 1-1　人类头骨的发展

（二）完全形成的人

完全形成的人即能制造工具的人类阶段。人类的进化过程至此相对清晰起来。我国古人类学者把这一进程分作猿人和智人两大阶段，每段再分为早、晚两个时期。

---

① 国内外史学界曾流行"劳动创造人"的人类形成说，这是对恩格斯有关看法的曲解。详见汪连兴：《关于世界古代史研究中若干重要理论问题的思考》，载《史学月刊》，1993(1)。

图 1-2　人类体质进化图

1. 早期猿人

生存在距今约 380 万—175 万年。典型化石代表是在 20 世纪 60 年代于坦桑尼亚奥杜威峡谷陆续发现的化石人，定名为"能人"，测定年代是175 万年前。他们是能制造工具的人，因为与能人遗骸一起被发现的还有经人工打制的粗糙砍砸器。除能人化石外，国外古人类学家还在东非肯尼亚、埃塞俄比亚以及坦桑尼亚的其他地区或单独发现了古人类化石，或单独发现了打制石器，年代在 370 万年前到 180 万年前不等。总之，根据目前材料，能制造工具的人的历史长度，较可靠的是 175 万年前，不太可靠的是380 万年前。

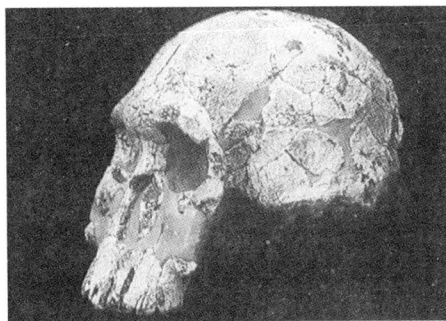

图 1-3　能人头骨

图 1-4　打制石器

早期猿人带有较明显的猿的特点，尤其是头部，如脑量较小（500～700毫升），眉骨、吻部突出，额骨低矮等。身高则在 1.2～1.4 米，反映了人体逐渐增高的趋势。

图 1-5　奥杜威峡谷

2. 晚期猿人

学名为"直立人",生存年代为距今约 175 万—20 万年。化石较多且扎实,分布于亚、非、欧三洲,典型代表有印度尼西亚的爪哇人,德国的海德堡人,中国的北京人、蓝田人,肯尼亚的东非人。

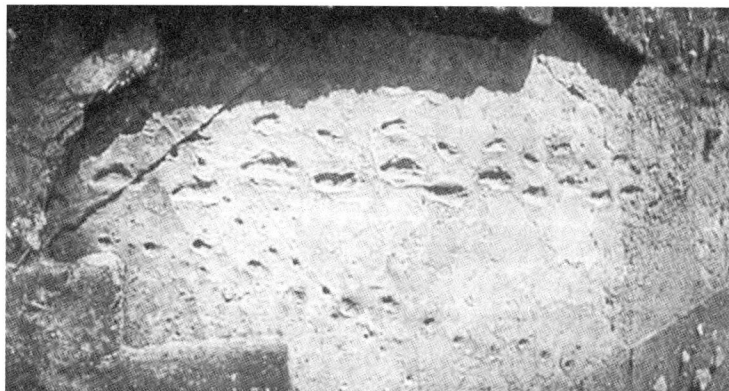

图 1-6　最早的人类足迹

爪哇人化石出土于 1890—1892 年,包括 1 具头盖骨、1 根完整的大腿骨、3 枚牙齿和 1 块下颌骨残片。这是最早发现的猿人化石,定年在 80 万年前。20 世纪 30 年代，在爪哇发现了一些新的包括头骨在内的早期猿人化石，定年在距今 150 万年到距今 25 万年不等。

海德堡人发现于 20 世纪初的德国海德堡市东南，只有 1 块下颌骨，距今约 80 万年。欧洲的其他国家，如法国、匈牙利、捷克亦有晚期猿人化石被发现。

相对而言，在晚期猿人的材料中，北京人化石最为丰富完整，迄今已发现 40 多人的骨化石，其中包括 6 个头盖骨，定年在四五十万年前。

1974—1975 年在肯尼亚出土了 1 个完整的猿人头盖骨。此外，东非的坦桑尼亚和北非的阿尔及利亚、摩洛哥等地也是晚期猿人化石的发现地。

晚期猿人在体质形态方面呈明显的进步。爪哇人脑量达 750 毫升；北京人脑量平均 1059 毫升，身高在 1.5 米左右，上下肢骨与现代人接近，能近似现代人直立行走。但在头骨构造上晚期猿人还较为原始。比如，北京人吻部和眉脊仍然突出，前额低平，没有下颏。这表明在人体进化过程中，思维器官的发展落后于劳动器官的发展，原因可能是早期人类本能地更多致力于生存劳动，四肢的活动多于大脑自觉的活动。

3. 早期智人

在直立人仍然存在期间，旧大陆广泛出现了早期智人，国外称"尼安德特人"或"古人"，距今约 50 万—5 万年。其化石在欧洲、亚洲、非洲被广为发现，仅发现地就多达 500 处以上。典型化石代表是 1856 年在德国杜塞尔多夫城尼安德特河谷发现的 1 副骨架，包括头骨，定名为"尼安德特人"，简称"尼人"。后来在欧洲、亚洲、非洲发现的同类化石便统称此名，较著名的有法国的圣沙拜尔人、穆斯特人，中国的马坝人、丁村人，非洲的博多人、布罗肯人等。

早期智人身上猿的特点还没完全消失，但在体质形态方面已接近现代人，比如，脑量平均约 1350 毫升，接近或等于现代人。某些尼人脑量甚至超过现代人的平均脑量。但大脑的构成仍较原始，大脑联想中心和抑制中心所处的额头部位还不发达。先前作为下肢较弯曲行走证据的长肢骨关节已发展完全，个头中等，体格结实。地区性的变异特点明显显现出来。比如，巴勒斯坦尼人与欧洲尼人相比虽属同一时代，但在形态上更像现代人，眉脊不突出，下颌发达，前额较高，属于尼人中在体质方面进化最快的代表；而欧洲尼人却在头部发育上更接近猿人。并且即便在一个大的地区，如在欧洲，也发现了不同类型的早期智人，像圣沙拜尔型、斯虎尔型、塔邦型等。

4. 晚期智人

当早期智人尚未消失之际，非洲已出现晚期智人，即现代人，也有学者称之为"新人"，时间属 10 万年前。至 6 万年前时，晚期智人普遍取代早期智人，其典型化石代表主要是 1868 年在法国勒伊斯的克罗马农村附近洞穴中发现的 5 具人体骨架，定年为距今 5 万年，其形态已同现代人无什么差别。后来在欧洲、亚洲、非洲、大洋洲均发现了大量晚期智人化石。

美洲和大洋洲的早期居民是由旧大陆迁徙过去的，因为在这两大洲均未发现晚期智人以前的古人类化石。从历史的观点看，现今世界各地的居民都是不同时期的"移民"的后代，土生土长之说只是相对而言。从化石材料看，估计在 3 万年前，人类乘木舟从东南亚蛙跳般地经太平洋岛屿进入大洋洲，从陆路经白令海峡进入美洲。

晚期智人的一个显著生物特征就是出现了不同的现代人种。所谓人种，是指具有与其他人群相异的有共同遗传体质特征的人群，根据人们的肤色，头发和体毛的形状、分布与颜色及眼，鼻，体形等外部遗传特征加以划分。比较通用的是"三分法"，即把晚期智人分作赤道人种或澳大利亚尼格罗人种（黑种）、亚美人种或蒙古利亚人种（黄种）、欧亚人种或欧罗巴人种（白种），以及若干介于三者之间的亚种。这里所说的黑、黄、白种之称只是依循传统，事实上在每一人种内部，肤色的变异范围是很大的。以欧罗巴人种为例，肤色可以从几乎无色到几乎黑色。

人种的发源地和形成原因问题也未解决。估计是由于长期隔绝的、不同的生态环境，如温度、湿度、病毒、杂交食物等的影响，人体的遗传物质产生变异，以适应自然选择的需要。从大范围讲，欧、亚、非三大洲多半是三大人种各自的原生地。

第二节 人类社会的早期发展

一、前氏族公社

（一）公社组织

自从有了人，就有了人类社会。如同人类体质进化的过程一样，人类在社会进化方面也有一个逐渐克服动物式本能而不断走向自觉的过程。

但因早期人类社会留下的遗迹太少，目前人类对氏族公社以前的社会组织状况实际上一无所知。在这种情况下，只能用一个非确定性的术语——前氏族公社加以概括。它起于能人时期，止于氏族的出现，持续时间至少应在百万年以上。

由于早期人类生产力极其低下，食物短缺，死亡率很高，前氏族公社不可能有很大的规模。北京猿人的公社大概不会超过几十人。国外学者根据远古人类居住地的规模和一次猎获动物的数量，估计一个公社的人口为30～100人。早期人类还没有分节语，思维也很原始，因此从动物群体继承过来的优势原则还起作用，决定着公社首领的产生。人们肯定有类似动物群体中的简单劳动分工与协作；实行公有制；猎取或采集到的消费资料归集体所有，由集体成员共同分享。为了维持集体的存在和种的延续，公社必须抑制人们的纯生物本能，形成一些严格的规范，如财产公有、平均分配、劳动分工、奖勤罚懒等。

关于早期人类的婚姻形态，存在着几种可能：族内有限制的群婚、族内外杂婚、严格外婚。① 早期人类既然从动物界发展而来，便可能继承某种动物的性关系形式。当然，因地区的隔绝性，不同的早期猿人集团也可能有自己独特的婚配形式。② 在类人猿中存在着某些性关系的规则，比类人猿进化程度要高的早期猿人必定也有自己的相应的婚姻秩序。考虑到早期人类的平均寿命在20岁到30岁之间，从年龄的差距角度看，不同辈之间的性关系也是很困难的。在较短寿命的情况下，妇女因怀孕和分娩的危险，死亡率要高于男子。如果公社内部没有婚配禁忌，占多数的男子之间为争夺少数女子的矛盾会随时发生，危及公社的存在。因此，前氏族公社的婚配有可能是族内同辈人的对偶婚，以优势原则作为保证，以族外群婚作为补充。

(二)社会生产与生活

早期人类生产的全部目的仅仅是为了满足肉体生存的需要。他们生产最简单的劳动工具，用一块砾石敲打另一块砾石，得到多面体、棱锥体、石片等不同形状的石器，用来砸骨头、坚果，捣碎植物纤维，挖掘植物块根，刺杀、切割、剥离猎物，加工木器或骨器。人们尚没有制作专门器形

---

① 摩尔根的《古代社会》一书认为人类婚姻形态的先后顺序为：杂婚(或称乱婚)、血缘婚、普那路亚婚、对偶婚、一夫一妻制。这是将人类婚姻发展过程明确化的早期尝试。

② 类人猿的材料表明，黑猩猩和大猩猩以一定时期稳定的对偶形式生活。其他类人猿则实行一夫多妻的形式。一个群体中包括若干个这样的家族。每一个家族包括一头雄健的雄性家长和几头雌性配偶，还有一些年轻的雄猿，但不能参与交配。在其他动物中，存在个别一夫一妻制的例子，如马来熊等。

的经验，所以早期猿人的石器还难以分出类型。

从奥都威峡谷的文化层中可以发现，早期猿人依靠工具的帮助已可猎取中、大型的性情较温和的野兽，如长颈鹿、野马、象、河马、羚羊等。鸟、鱼、昆虫、鸟蛋自然也是人类的果腹之物。

到了晚期猿人时期，由于几十万年乃至上百万年生产经验的积累，人类打制的石器开始有了固定形状，出现经两面打击成型的手斧、砍砸器、刮削器、尖状器。这表明人类已可按自己的预想去生产产品。

晚期猿人阶段的人类已认识了火的功效并掌握了人工控制天然火的技能。在肯尼亚，人们发现有140万年前人工用火的痕迹。此外，考古学家还在北京周口店和法国埃斯卡利山洞的旧石器文化遗址中均发现了用火的遗迹。

火对人类历史的发展具有重要意义。火被用来加工食物。烧制的食物不仅味道好，而且植物和肉类的粗纤维在过火后变软，易于咀嚼和消化吸收。熟食还可形成200多种新的化合物，促使基因变化，人体内脏、大脑、骨骼、口腔的进化加快。人类脱离茹毛饮血状态。火也被用来驱赶野兽、加工木器，人类猎取大型动物的水平空前提高。北京猿人洞穴中的上万块动物烧骨遗迹便是证明，其中包括野牛、披毛犀、剑齿象等大型野兽的遗骸。火还给人以温暖，即便在100万年前开始的4次大冰期里，人类也可在寒冷的北方生存。

(三)思维和分节语的产生

人类物质生产的进步总是伴随着思维的进步，二者互为因果，相辅相成。而思维又是借助语言进行的。因此人类的思维和分节语是同时产生并同步发展的。

人类自从有意识地打制石器起，就具备了最简单的概念意识，实现了向人类思维的过渡。随之产生了传递有关概念的最简单的语言形式，即声音信号。最初的语言只是简单的音节。此外，手语和某些动作、表情也是早期猿人传递信息的辅助手段。后来，单音节的语言已不能满足人类在劳动和日常生活中相互交流的需要，于是分节语便适时产生了。人类发音器官的进化为这种新的语言形式准备了条件。

由于手的解放，人类的嘴巴不必直接寻找食物，逐步后缩。熟食的发明导致咀嚼器官退化，加速了后缩的过程。结果嘴唇出现，声道得到改变，口腔适于共鸣和发出唇音，加之人类在劳动时经常屏住气息或大声传递信息，造成喉头的发达。因此在生理条件和心理条件都具备的时候，人类在某一时刻便发出了第一句分节语。北京猿人的颅骨内腔结构证实了分节语产生于晚期猿人时期。其大脑语流发生中枢颞骨后部的颞—顶—枕骨部位发达，表明已具备较高程度的讲分节语的能力。

二、氏族公社的形成

(一)氏族公社的出现

氏族公社是近现代人能够观察到的唯一的史前人类社会组织形态，是由出自一个共同祖先和彼此不能通婚的人们组成的血缘亲属集团。

氏族的本质特征是实行外婚制，两个相互通婚的氏族组成最初的部落。氏族成员在集体所有制和平均分配劳动产品的基础上进行生产活动，社会关系依靠血缘亲属关系和人们在长期生存斗争中形成的习惯、风俗来加以调节。氏族组织在其存在的大部分时间里一般不包括家庭，家庭嵌入氏族之时便是氏族公社解体的开始。

部落是较氏族规模更大的人类共同体，看来与氏族同时产生。起初，部落内只包含两个氏族，后来氏族人口增加，两个通婚的氏族各自分出新的氏族，部落所含氏族数量逐渐增多，一个部落可有几个或十几个氏族。从一开始，部落就形成了自己的跨氏族的调节、管理机制，并渐渐在氏族大会之上形成了部落大会、氏族酋长会议等机构，甚至出现部落所有的财产，如公共活动用地等。部落是人类社会结构趋于复杂化、多样化的初期体现。

氏族公社自前氏族公社脱胎而出的时间，恐怕永远是一个谜。较有代表性的假设是在早期智人时期[①]，理由是人类在此期间无论生理还是心理都有了明显进步，生产的发展和技术的进步要求一种更为巩固的、系统规范的组织，因此人类实行了内婚禁忌，使过去偶尔存在的外婚形式变为唯一的婚配形式，以避免族内婚引起的不和与冲突。[②] 一旦确立了外婚制，前氏族公社即转变为氏族公社。

---

①　亦有人将氏族公社的产生划至晚期智人时期。其实两种划法均缺乏根据。

②　关于内婚禁忌产生的原因，国内外存在多种假设，如对近亲性关系的本能避免说，认识到近亲通婚有害的自然选择说，原始人对血的恐惧说，社会分工说等。总之，氏族产生的原因远未解决。

(二)母系氏族公社

氏族公社的表现形式之一，是公社成员的血缘亲属关系按母方来计算。马克思主义史学界根据摩尔根和恩格斯的结论，把母系氏族公社看作普遍存在的第一种公社形式，其后是父系氏族公社。其根据是，早期人类的性关系混乱，即使内婚制禁忌确立后，氏族外的通婚起初也是以群婚形式为主，如澳大利亚西维多利亚地区的土著部落内一个氏族的男子是另一个氏族女子的共夫。对应氏族的男女互相可选择自己的妻子或丈夫，但在一些节日期间，双方均有权和其他性伴侣发生关系。有的部落还盛行一个主夫或主妻以及若干次夫、次妻的习俗。在这种群体婚配的状态下，人们只知其母，不知其父也不必知其父，所以氏族公社的初期形式是母系氏族公社。①

在母系氏族公社中，妇女是维系氏族社会的核心，受到社会的尊重。但公社的管理者并非只有妇女才可担任，生产关系的性质决定了男女平等。民族学材料证明，在一些母系氏族的实例中，有影响的男子也同女子一样被氏族成年人大会选举为酋长。酋长在公社中具有主持仪式、仲裁纠纷、监督公社成员遵守各种习惯准则(外婚、互助、勤勉等)的权威，但不存在个人的特权。

(三)社会生产和生活

早期母系氏族公社存在的时间约相当于旧石器时代中期(和早期智人时期)。这一时期人类的生产力与晚期猿人相比有明显进步，出现修理石核、石片的新技术，产生了经过细心敲琢的尖状器、刮削器、石矛头、石球等更有效的工具。

此时，狩猎技能明显提高，原始猎人已会设置陷阱、利用石球与绳索结合的飞石索捕捉猎物，能够提供较多肉食的大型动物越来越成为人类捕捉的主要对象。由于一定地区动物品种的局限，所以开始出现追捕野兽的专门化倾向。有些氏族居住洞穴中的兽骨遗存以熊骨为主，有些却是鹿骨占优势。还有许多地方的遗骨主要是猛犸骨或羚羊骨等。在南非的遗址中

---

① 但也有许多国外学者认为，最初的亲属关系是按父系计算的，母系氏族只是因某种原因产生的旁支。还有的学者认为母系氏族和父系氏族是同时产生、并存发展的，不存在此先彼后的单线联系。现有的材料和人们的认识能力还不足以解决这一问题。本书取母系氏族公社这一具普遍性的假说。

还发现企鹅与海豹的骨骼。个别临水地区的早期智人不仅狩猎，而且捕鱼。这表明人类食物来源的扩大，劳动协作能力的提高。

人们已创造出加工植物种子的技术，如使用砾石研磨器、磨槌、捣槌、杵臼去皮、制粉，大大改善了食品的质量。就采集和狩猎经济在氏族经济中的比重而言，温暖和炎热地区的人可能侧重于采集，寒冷地区的人多依赖狩猎。民族学材料表明，在北极圈内活动的氏族部落，狩猎所得占其食物总构成的90％以上。

用火这时已在亚、非、欧三大洲普及。人类显然已发明人工取火技术，并有可能较长期地定居在洞穴内，居住条件有所改善。法国的利亚、博母洞穴内建有椭圆形住所，地面铺着鹅卵石以防潮湿。在乌克兰和法国其他地方还发现人工建造的地面住所。

在早期智人时期，人类肯定已完成了体毛退化的过程。

三、氏族公社的繁荣

（一）繁荣的表现

晚期智人时期，即大约在旧石器时代晚期和新石器时代，母系氏族公社得到高度发展，表现在如下几个方面。

第一，婚姻由群婚发展为族外对偶婚。对偶婚是一种相对于群婚而言较为稳定的婚姻，是介于群婚和专偶婚之间的过渡形态。在对偶婚条件下，子女和父亲的关系已有可能得到确认，并因而产生父亲与子女的特殊亲情和责任感。对偶家庭在较长时间里成为氏族内的个体单位，逐渐具有相对独立的经济意义和社会意义。它的产生标志家庭婚姻关系和血缘关系出现脱离氏族共同体的趋势。

第二，公社的基础仍是公有制，但私有制的萌芽已经出现。根据印第安人的材料，他们约在母系氏族公社的繁荣时期发明了农业，氏族成员把自己的狩猎地、采集地、农田和居住地看作集体财产，有了较明确的地域领属观念，不允许其他氏族部落占用。生产的产品已有剩余，公社成员可把部分产品留给自己或按个人意愿分给他人。此外，归个人占有并使用的劳动工具和生活用品越来越多，如弓箭、石斧、石锄、小船等。虽然氏族成员不能任意支配这些财产，且在占有者死后须由同氏族人继承，但存在决定意识，部分人长期占有和使用这些财产，有可能在头脑中萌生出财产属于个人所有的观念，尤其对那些制作工艺复杂的工具和用具。对偶家庭为这种私有观念的萌芽提供了合适的生长环境。

第三，公社组织日趋复杂，出现多层次的权力机构。由于氏族人口增加，不断分化成女儿氏族、孙儿氏族，氏族、部落两个层次的社会组织因而发展为多层次的结构：氏族、胞族、部落、部落联盟四级组织。氏族有议事会，由全体成年人或全体成年妇女组成，讨论大事，选举酋长和军事领袖。胞族是一个氏族分裂的产物，在部落内部出现分歧时，同胞族的各氏族总是团结一致，并可召集联合议事会。部落是氏族、胞族集合体，由氏族酋长组成的议事会管理，负责调节氏族间以及部落外的关系。

第四，部落或部落联盟间的冲突时有发生。但当时的冲突可以以消灭对方而告终，而不会以奴役对方而结束，因为这时生产虽多少有所剩余，但还没有利用和剥削他人劳动的先例。俘虏并不会被变为奴隶，而是作为胜利者的义子被收入氏族。上述现象既体现了母系氏族公社的繁荣，也预示它趋向没落的过程即将开始。导致这种转换的根本力量是人类生产力的进步。

(二)新石器革命

人类大约在 5 万年前进入旧石器时代晚期。这一时期，石器制作技术有明显提高，器型不仅标准化，而且越发精致实用。人们创造出新的石器压削技术，利用骨制压削器可从石器表面压削鳞状薄片，从而加工出锐利的燧石矛头和石刀，再进一步在矛头的一侧开槽。加工技术的进步带动了一套小型加工工具的出现，如锥子、研磨器、小刀具等，用来制作各种骨器和角器。各地都发现了用来缝制皮衣的小巧骨针，一端钻有针鼻，反映了当时骨器制作技术的精湛。研磨技术的应用意味着延续 200 多万年的石器打制技术将要被新工艺所突破。

工具的改进促使人类的采集和狩猎经济得到空前发展，特别是狩猎，达到前所未有的规模。一些晚期智人的遗址中堆积着成千上万的大型动物的遗骸，猛犸象的灭绝便可能是人类围猎的结果。同时，采集仍在人类经济中起重大作用。这两种生产活动积累的经验为人工驯化动物和栽培植物准备了条件。

大约在 1.5 万年前，小巧精致的细石器广为流行，新型远距离打击武器——弓箭被发明出来。从考古发掘的材料可以看出，与初露端倪的工具生产的重大改革同步，北美印第安人率先驯化了狗，随后西亚人独自驯化了狗、山羊、绵羊。在巴勒斯坦、约旦、伊拉克、埃及的一些遗址中还发现收割禾本科植物的石镰，挖掘块根的石锄，加工植物种子的成套器具：

石磨盘、杵、臼、手磨石。这是人类经济发生根本变革的先兆。

在1万年前左右，新石器时代来临。新石器制作技术的特点是对打制成型的石器进行最后的磨光加工，这提高了刀、斧、锄等工具刃口的锐利程度，大大提高了劳动生产率。食物因此出现剩余，生活得到了改善。

随着采集植物经验的积累，人类认识到植物生长的简单规律，即种子落地、发芽、生长、结果的过程。大概在中石器时代后期，西亚人便开始试种禾本科植物。新石器时代初期人工栽培植物获得成功。这样，家畜饲养业和农业便发展起来。人类从此由食物采集和渔猎型经济转变为食物生产型经济，从游荡生活方式转变为定居生活方式，为以农业、畜牧业为基础的文明社会的到来准备了物质条件。这是人类社会生产力发展史上的第一次飞跃，其历史意义可与近代机器革命相提并论。因此这一生产力的巨大进步被称作"新石器革命"或"农业革命"。

根据目前的材料，农业和农村的起源是多元的，至少有三个独立的发源地。

第一个发源地是西亚。西亚是世界最早的农业和畜牧业发源地。约在9000年前，伊拉克北部的耶莫人即已种植小麦、大麦、扁豆、豌豆等农作物。巴勒斯坦的耶利哥、土耳其的沙塔尔·休于也有新石器时代农业和农村的遗址，时间属于8500多年前。

第二个发源地是中、南美洲。大约7000年前，墨西哥的印第安人栽培出最早的玉米，此前已能人工种植南瓜、苋菜、辣椒等蔬菜。但直到3500年前，美洲人仍未能完成采集、狩猎经济向农业经济的过渡。这是因为最初的玉米与野生的玉米相比并不占优势。后来杂交玉米的发现才使以玉米为主的农业最终成为美洲人经济的基础。另外，秘鲁人独立地栽培出马铃薯等作物。

第三个发源地是东亚。中国的黄河流域是小米的发源地，时间属6000多年以前，以仰韶文化为代表。稻谷则可能源于长江下游地区的杭州湾一带。在河姆渡遗址中发现的远古稻谷定年为7000年前。①

植物的人工栽培后来扩大到木本植物，如无花果树、椰枣树、橄榄树等。

新石器时代动物的驯化在向广度、深度发展，猪、牛、马、鸡、鹅、骆驼等家畜陆续在亚洲和欧洲驯化成功。美洲驯化的动物很少，没有大牲

---

① 估计这两大流域的农业均系独立产生，因为目前尚未发现两地农业文化之间最初相互借鉴的明显证据。

畜，因而也长期没有畜牧业。澳大利亚土著在被旧大陆居民发现以前仍然生活在前农业的新石器时代，仅独立地驯化了狗。

当农业和家畜饲养业逐渐取代采集和渔猎之时，人类又发明了陶器。陶器因其在加工和储存食物方面的优点，很快在新石器时代得到普及，成为人类长期使用的耐用消费品。

总的看来，早期农业和家畜饲养文化基本集中在北纬 60 度以内的温带地区，欧亚大陆的农业文化大体上集中在东亚黄河与长江流域，南亚印度河与恒河流域，中亚阿富汗、西亚伊朗高原经两河流域至小亚细亚地区，南欧地中海沿岸地区等。大约在距今 7000—6000 年，农业已普遍成为这几个地区的主要经济部门。在这些广阔地带之间和以北，则是不适宜原始农业发展的干旱或半干旱草原，包括西伯利亚南部、中国东北和内蒙古、蒙古、咸海与里海沿岸、中欧等地。这些地区为独立的畜牧业提供了广袤的空间。但从后来整个世界文明发生与发展的进程看，定居农业在前资本主义时代始终是世界文明的基础，农区则体现着人类文明的发展方向。这是农业革命的伟大意义之所在。

第三节　氏族公社的解体

一、父系氏族公社

父系氏族公社是原始社会解体时期的社会组织形式，按男系确定血统，家庭关系从对偶婚上升到专偶婚，出现父权制家庭，私有制和阶级产生，维系氏族的血缘纽带松弛，整个社会权力组织向政治组织转化。

母系原则被父系原则取代的原因可能在于生产的进一步发展和男子在生产中的地位的改变。

新石器时代末期，人类生产力发展到了一个新高度：金属器时代来临，犁耕农业产生，农业与畜牧业的大分工明朗化，商品交换问世。

金属器取代新石器同样有一个过程，考古学把这一过程分解为三个阶段，即铜石并用时代、青铜器时代、铁器时代。

早在新石器时代初期，小亚细亚的安纳托利亚人便已使用天然铜（公元前 8000—前 7000 年）。约在公元前 4000 年，近东和印度一些地区开始冶铜。根据国外学者的试验，用铜斧伐树可比用石斧伐树减少 2/3 的劳动量。金属器的出现标志着金属器时代的到来。随着新耕地的开垦、作物栽培和家畜饲养经验的丰富、个人劳动生产率的提高，男耕女织的农业经济模式初步成型。此外，由于犁耕作业技术的发明，早期农民对役畜的需求增加，促进了对大牲畜的饲养和繁殖。而人工饲料的不足又促使人们去利用天然牧场，导致一部分定居部落改变了生活方式，逐渐向草原和半沙漠地带迁徙，转变为游牧部落。

在畜牧业部落中，放牧主要是男子的事，女子主要忙于家内劳动、培育后代。与这种两性的劳动分工相适应，两性的社会地位也发生改变。男子不仅在生产中占绝对优势，而且也希望在社会和家庭中起主导作用。同时，由于这时各个对偶家庭已经积累起一定数量的剩余产品、工具及生活用具，夫妇双方均有加强家庭关系而不致使个人积累的财产落入氏族其他成员之手的愿望。因此母系氏族向父系氏族的转变便自然发生了。部落内部相互通婚的氏族议定，今后子女留在男方氏族，女方嫁到男方氏族之内。作为失去氏族成员的补偿，女方氏族应得到男方的"彩礼"。①

世系按父系计算和父系氏族公社的产生使氏族从单一的血缘集体变成由专偶制家庭组成的社会组织，一个家庭往往包括三四代男系亲属。每个家庭逐渐成为独立的生产单位，氏族的集体劳动转变为以家庭为单位的劳动，私有制的萌芽以前所未有的速度发展起来。公有土地分给各家庭使用，并逐渐停止了二次分配。没分配的只是集体必须共用的森林、草场和水源。氏族部落管理与行使权力成为男子的事业，妇女在父系氏族中丧失了原来的平等地位，逐渐成为男性社会的附属物，在一些部落中甚至被剥夺了宗教祭祀的权利，被认为是污秽的象征，不许出现在公共场合。因此，恩格斯把母系原则被推翻视为人类所经历过的最激进革命之一。

二、阶级的起源

阶级及其变种——社会等级是在生产发展到一定阶段，即个人劳动能产出超过其个人生存所需的少量剩余的条件下出现的。阶级可能通过如下途径形成。

第一，外部途径。氏族部落或个人把外族人变为奴隶，这是阶级产生的最初途径。部落间的械斗和战争为此提供了方便。

---

①　这里只是在母系氏族作为先行阶段的假定下勾勒出母系氏族转为父系氏族的一般过程，并不排除其他转变过程。

战争改变了部落的民风，作战勇猛成为原始公社解体时期普遍歌颂的美德。从此，被俘的战败者不再被屠杀或被收纳入族，而是变为供战胜者驱使的劳动力。由于当时人们创造出的剩余产品还很有限，战俘又都是异族人，所以战胜者便可毫无顾忌地用极残忍的超经济手段榨取其劳动。奴隶制被人类发明出来，这是人类史上第一种以私有制为基础的剥削制度。

奴隶制的出现是人与人的关系发生异化的体现。这种残酷的制度一经产生，就对社会生活的各个方面产生强烈影响。人们，尤其是首先富起来的人，逐渐认识到：既然奴役外族人有了先例，那奴役本族人也是可行的。这就出现了阶级产生的第二条途径。

第二，内部途径。父系氏族公社内部分化出富有的剥削者上层，他们转变为氏族贵族，而贫穷、负债的氏族下层中的一部分人则沦为贵族的依附民和债奴。

两极分化是个体生产的必然结果。氏族已变为独立经营的专偶家庭的集合体，不同的家庭有不同的劳动条件。在生产和交换过程中，在对外战争和掠夺中，一少部分人积累起较多的财产，先富起来，特别是那些拥有权力的酋长和军事首领；另外一部分人陷入贫困的境地，被迫去寻求富有族人的帮助，如借贷种子、牲畜、工具，用日后的产品加以清偿。

氏族成员既然有了不同的财产，就随之产生了不同的利益。利益的差异和奴隶制的影响逐渐削弱了氏族传统的互助和平等的原则。

原始公有制并不能阻止私有制的发展。富有的贵族利用自己的优越地位控制氏族部落的领导权，使之为自己的利益服务，制定新的维护私有财产的规定，并力求把领导权传给自己的后代。在世界各地原始公社向国家过渡时期都曾经广泛出现了保护债务奴隶制的措施。欠债的公社成员失去土地，人身也成为债务的抵偿；没有失去土地的多数公社成员也感受到了富人的威胁，从而形成具有自身利益的集团。这样，原始公社内部分裂为两大对立面——少数贵族和多数平民。新的与奴隶制并存的多种剥削形式也产生出来，如租佃制、雇佣制、债务奴役制或契约奴役制、保护民制等。贵族和平民的对立成为阶级对立的第二种形式。

三、国家的形成

氏族部落权力组织对阶级的形成以及由此产生的阶级矛盾无可奈何。在这种情况下，新兴的贵族为了使自己的财产和特权在阶级的彼此斗争中不致受到损害，需要一种表面上凌驾于社会之上的力量。这种力量应当通过强制手段缓和社会冲突，把各种矛盾保持在秩序允许的范围之内，保证私有财产不受外敌入侵和内敌的危害，使一部分人对另一部分人的压迫和剥削永久化。这种特殊的力量就是国家。所以，国家本质上是经济上占统治地位的阶级的权力组织。

从氏族部落权力组织向国家组织转化的具体途径是多种多样的。例如，(1)一个部落或部落联盟对其他部落或部落联盟的征服，从而使自己的权力机关变为统治被征服者的暴力机器；(2)氏族部落的贵族因阶级矛盾的激化而联合成为统治阶级，改变了原公社机关的性质；(3)氏族部落首领(酋长、军事领袖、宗教领袖)利用自己的优势变为国王，并相应地形成隶属于国王的武装、官吏等国家成分，这样的国家形成之路较为常见。但无论取何种途径，国家形成过程的共同之处是氏族部落机关越来越脱离社会，转化为与广大社会成员不相容的、由一小部分人行使的、凌驾于社会之上的公共权力机关。常任的官吏、特殊的武装队伍(军队、警察)、法庭及其物质附属物监狱等是这种权力组织的最重要的组成部分。与此相适应，传统的公社成员的血缘联系逐渐为地域联系所取代①，部分传统公社禁忌、原则等规范上升为维护统治阶级利益的法律、道德。

初生的国家大体上有如下三种政体类型：一是王政，这是世界各地较为流行的早期政体形式；二是贵族政治，即贵族的集体统治，广泛存在于古希腊、意大利、腓尼基等地；三是民主政治，即原氏族部落成员变为国家公民，集体组成为统治集团，实行对非公民和奴隶的专政，这在古希腊的部分城邦中一度流行。某个国家实行何种政体取决于该国具体的历史条件。

最早的国家产生于公元前 4000 年代末和公元前 3000 年代初的农耕地区，即尼罗河流域的上、下埃及，两河流域的苏美尔地区。公元前 3000 年代后期，在印度河流域、黄河流域、克里特岛、亚述、伊朗高原西南部的埃兰、叙利亚的埃勃拉等地也形成了国家。在公元前 2000 年，希腊半岛、小亚细亚、腓尼基、阿拉伯半岛南部亦有国家兴起。在公元前 1000 年到公元 1000 年，旧大陆绝大部分地区和新大陆中部地区均进入国家阶段，原始社会在世界范围内彻底解体。

---

① 但血缘原则被地域原则所取代并不是绝对的。在许多早期国家当中，血缘原则以各种方式保持巨大的活力，是辨认国民的基本原则，这特别表现在古代希腊和意大利地区。

第四节　原始精神文化

一、语言文字

精神文化是人类思维活动的结果，而思维是通过语言工具进行的。分节语约产生于晚期猿人时期，大概在当时它只具有声音和意义的区别，随着时间的推移，词汇量和词义的容量在逐渐增大。至晚期智人时期，人类已形成至少 4000 种的分节语言，每一种都有自己复杂的语音、词汇和语法结构。以社会进化最为缓慢的澳大利亚土著为例，他们语言的词汇量达 1 万个，超出印欧语系中一般袖珍小字典的词汇数量。其中不仅有大量具体的概念，也有个别抽象的概念，如鱼、蛇、树等，但缺少高度的抽象，没有动物、植物的总概念。这是原始语言突出的特点，和原始人思维的发展程度密切相关。

在氏族社会末期，已能辨认出各自具有相似的语法和出于同源的最大语言系属——语系。在东亚形成汉藏语系（根据语系内部的相似程度又可分为汉泰、藏缅、壮侗、苗瑶语族）。在南亚形成达罗毗荼语系、蒙达语系、蒙—克梅尔语系。在东南亚和大洋洲形成马来—波利尼西亚语系。在中亚形成阿尔泰语系，包括突厥、蒙古、满—通古斯语族，也有人把朝鲜语列入该语系。在西亚、北非形成闪—含语系，包括闪语族（古希伯来语、阿卡德语、阿拉伯语等）和含语族（柏柏尔语）。闪—含语系群以北是高加索语系，以南广大地区形成的是班图语系。在欧亚地区则产生了印欧语系，包括日耳曼、斯拉夫、罗马、凯尔特、希腊、伊朗、印度等语族。此外还有一些较小的语系和特殊的语族。

语言的发展不仅表现在声音符号的复杂化、系统化，而且反映在文字符号的诞生上。最原始的记忆符号是人为设计的某种物体，如草捆、石头堆，而后是刻木、结绳或用绳串联的贝壳等方法。由于结绳等方法记忆的信息有限，无法表达较复杂的想法，所以人们进一步发明出图画文字。常见的图画文字既可表现某一具体事物，也可表现重大历史事件，它们多被刻画在岩石、树皮上。北美的印第安人、西伯利亚北部的氏族部落、赤道非洲和太平洋岛屿上的原始居民都广泛使用这种初步的文字形式。

图画文字虽然能存储许多信息，但写起来很不方便。于是人们对它加以简化，逐渐变成能正确表达语词的、系统的象形文字，有固定的表意或表词、表音的符号。象形文字的出现往往是由于阶级社会和国家管理的需要，标志着文明时代的来临。

二、科学知识的萌芽

语言文字的发展是人类所了解的知识范围不断扩大的结果，反过来又促进了知识的积累和传递。原始人在漫长的生产和生活实践中注意观察周围的自然环境，总结与自然交往过程中获得的各种经验，尽可能去寻找自然现象发生的原因和解释。

为了生存，原始人首先须积累地理、气象、天文、动植物的知识。他们在地理方面有惊人的记忆力，对自己所居住和活动的地域极为熟悉，甚至对自己曾经去过的远方地形、路线也能留下深刻印象。许多原始人还能根据星辰及其他自然特点辨别方向、方位，如东、西、南、北的确认。有些原始人还可画出简单的地图、航海图。

气象与天文知识也是原始人直接经验的结晶。原始人能总结出一些天气变化的规律，可以根据某些迹象预测这些变化，事先做好应对准备。他们能确定肉眼见到的星星的位置，发现它们的细微变动，连现代人发射的人造卫星都能被处于原始状态的布须曼人所察觉。正因为具有如此敏锐的直接观察能力，原始人才能利用月亮盈亏的周期制定出最早的历法——太阴历，提出季节的划分。

动物学、植物学知识同样发源于原始时代。原始人在长期劳动实践中产生了分类学知识，分辨出大量有毒和无毒的植物，最终人工选择出一些最适合人们需要的品种加以栽培，因此积累起初步的农学经验。古代中国的神农尝百草的传说是原始人在这方面实践的生动写照。他们还熟谙动物的习性，了解动物的迁徙路线，善于辨认鸟兽的踪迹，并利用这些知识追踪和捕捉动物，直至驯化出第一批家畜、家禽。

艰难困苦的生存条件迫使人类发明了许多简单易行的医治疾病、创伤的方法，为文明社会中的各民族的民间医学奠定了基础。他们广泛服用动物、植物、矿物性药物，采取诸如按摩、冷热敷、蒸汽、放血等生理疗法处理感冒、胃痛、肌肉痛、神经痛等病症。澳大利亚土著能用夹板固定骨折部位，用火灰或油脂止血，用泥巴和尿液治疗皮肤病。

在共同劳动和平均分配产品的过程中，原始人逐渐产生了数学知识。

他们能直观地识别出 1、2、3 个具体事物，如 3 条鱼、2 个人，但缺乏抽象的数字概念。在某些计数能力较高的原始人那里，虽已抽象出一些数目，但为数很少。比如，澳大利亚土著能数到 3，需表示 5 时就用 3 加 2，比 10 大的数字只好通称"很多"。人们普遍应用的计数和度量工具是脚和手，如脚掌、脚趾、手掌、手指、指甲盖等。有的原始人还利用结绳、刻痕等方法计数。估计较远的距离时，他们用路途天数，较近的距离用标枪或箭飞出的距离计算，再近的距离则用步、叉等方法。由于原始工具和用具一般都有固定的几何形状，特别是在新石器时代，工具和陶器十分标准，有圆形、长方形、正方形、弧形、三角形等图形，并在制作时考虑到力学的因素和一定的比例，因此原始时代已有初等数学的萌芽。

此外，原始人在用火、制陶、酿酒、染色、鞣皮等生产过程中不自觉地掌握了物质转化的技术，孕育出化学胚胎。

三、原始艺术

艺术是人类与其他动物的重大区别之一，也是原始人类生产与思维进步的伟大成果之一。旧石器时代晚期（晚期智人时期），产生了原始艺术。

现代人能够追溯到的最古老的艺术形式是洞穴壁画和雕刻。考古学家在法国、西班牙与东欧的一些洞穴中发现大批旧石器时代晚期原始艺术家

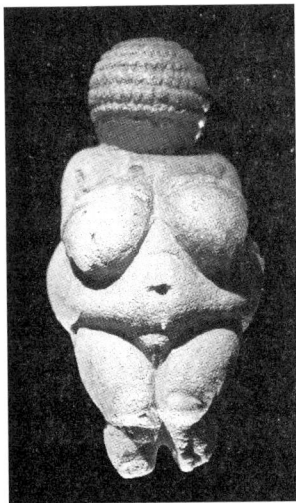

图 1-7　维伦道夫的维纳斯

的作品，既有壁画，也有浮雕，包括马、鹿、野牛、骆驼、狮、熊、猛犸、猛禽等动物形象以及人类狩猎时的宏大场面。仅在法国的拉斯科洞穴中，原始人就用黑色、红色、黄色、褐色画有约 400 头栩栩如生的牛、鹿等动物。大量描绘动物和狩猎活动的美术作品可能不止出于原始艺术家的自我表现冲动，还带有祈祷许愿的宗教意义，即希望在现实生活中擒获更多的猎物。

洞穴内的浮雕并不是仅有的雕刻形式，同期的原始人还用骨、角、象牙创作出不少以动物和人物为题材的小雕像。人物雕像以妇女为主，夸张了女性特有的身体特征。这些雕像表明母系社会对妇女的崇敬，歌颂妇女生育的力量。

音乐是一种有节奏、有旋律的声音，起源的

时间多半要早于旧石器时代晚期。原始人在集体狩猎和采集劳动中经常需用简单的呼声传递信息，在休息时可能有意无意地发出起伏不定的哼叫以排遣情感，在猎获动物时则要发出欣慰的欢呼，从而逐渐形成有规律的重复，因此也就演变出了歌唱。在最初的音乐中，节奏往往较旋律突出，所以打击乐器的发明可能早于管乐或弦乐器。随着音乐的产生，舞蹈也相应问世。到旧石器时代晚期，这两种艺术已成为原始社会生活中不可缺少的组成部分。这个时期出现的舞蹈画面和管乐器（骨笛）可以作为音乐和舞蹈艺术发展的佐证。在新石器时代，这两种艺术更加标准化、仪式化、多样化，出现专供庆祝丰收、战争胜利、新酋长即位等事件的喜乐，供哀悼死者、驱除鬼怪的哀乐，以及叙事的民歌。舞蹈和音乐共同构成氏族、部落或部落联盟仪式上一项重要内容。凡属大型活动，如围猎、结盟等，都可能要举行仪典，人们载歌载舞，伴随着手鼓、响板、哨管、骨笛等乐器的音响。这种集体歌舞不仅有社会教育和娱乐意义，而且也常常含有宗教的隐喻。

四、宗教

　　原始宗教起源于人类最初的求知欲望。大约在旧石器时代中期，人类的智力已发展到力求透过现象去寻找终极原因的程度。他们对自然界和人生充满疑问，对花草荣谢、星月游弋、昼夜交替、四季循环、生老病死等现象困惑不解，极力要找到支配这些运动的隐秘的力量。限于当时的生产力发展水平和人们的思维能力，这种万能的力量只能是某种想象中的生命，于是便产生了形形色色的神灵、林林总总的崇拜对象。人们希求它们的保佑和关照，以摆脱自己软弱无力的境遇。所以宗教本质上是无知的产物，"是支配着人们日常生活的外部力量在人们头脑中的幻想的反映"①。当然，宗教在文明社会中的存在还有着历史的、社会的和政治的根源。

　　原始宗教的突出特点是万物有灵、自然崇拜。其中，安灵崇拜可能是最早出现的原始宗教形式。旧石器时代中期的尼安德特人便已产生按一定规则埋葬死者的习惯，包括在死者身边置放少量物品。这可能意味着尼安德特人已初步形成对超出肉体之外的灵魂和精灵的迷信。在旧石器时代晚期，这种迷信明确化，旨在安抚与尊崇死者灵魂的殉葬成为较普遍的现象。

---

　　① 《马克思恩格斯选集》，第 3 卷，666～667 页，北京，人民出版社，1995。

到了新石器时代，人们的原始宗教认识中又发展出自然崇拜。在当时的人类看来，自然与人是统一的整体，因而自然界具有人的特性，包括灵魂的普遍性。图腾①崇拜便是这种世界观的典型体现。他们赋予某种与其生活有密切关系的动物、植物和其他物体以灵性，认为自己同它们有亲缘关系，并进一步把这种关系引申为祖先和后代的关系。被视为祖先的动物和植物由人们尊奉成氏族或部落的保护神加以崇拜，氏族与部落的名称也往往和图腾动植物神的名称相同。

图 1-8　图腾柱

除了图腾崇拜外，原始社会末期的人类还创造出其他自然崇拜的形式，如拜日、拜月、拜雨水、拜雷电、拜山岳等，连与人类生活密切相关的某种工具、用具之类的物品也能成为崇拜对象。人们借助各种各样的宗教仪式和巫术同神灵发生关系，逐渐形成一些固定的祭祀与施巫术的程式，由专门的人员负责此类工作，这就在氏族社会中分化出祭司和祭祀集团。后来这一集团在许多早期国家中变成颇有政治、经济和思想文化影响的统治阶级的一个集团。

复习思考题

1. 研究原始社会史主要依据哪些史料？
2. 简述原始社会史的史学史与基本分期法。
3. 简述人类体质进化的基本过程。

---

①　图腾(Totem)一词源于北美印第安人，意即"它的族类"或"它的氏族"。

4. 有人说新石器革命或农业革命的意义可与工业革命相提并论，你认为这种说法对吗？

5. 私有制、阶级与国家是如何产生的？它们对人类历史有哪些深远影响？

6. 原始精神文化的主要成果有哪些？你怎样看待这些成果对后人的意义？

第二章　上古埃及

概　论

一、自然环境

　　古代埃及①位于东北非洲。它北临地中海，西接利比亚，南与努比亚（即今之苏丹和埃塞俄比亚）接壤，东与阿拉伯半岛隔海相望，东北角经西奈半岛与叙利亚、巴勒斯坦相连。

　　尼罗河由南而北流贯埃及全境，在今开罗附近分成许多支流，形成尼罗河三角洲。所以，埃及在地理上分为南部的上埃及（即河谷地区）和北部的下埃及（即三角洲地区）。

　　在埃及历史中，尼罗河起过重要作用。埃及南部气候非常干燥，几乎常年不下雨，生产和生活用水全靠尼罗河供给。尼罗河一年一度的泛滥不仅给埃及带来充足的水分，也带来肥料。希罗多德说："埃及是尼罗河的赠赐。"

二、居民

　　创造古代埃及文化的居民属哈姆—塞姆语系。② 古埃及人的外貌特征是

---

　　①　古代埃及人并不把自己的国家叫作"埃及"，而是叫作"凯麦特"，意为"黑土地"。埃及一名来源于希腊人，他们把古埃及孟斐斯城主神普塔赫叫作"海库普塔赫"（Aigyptos），"埃及"（Egypt）即为其讹称。

　　②　哈姆—塞姆语系包括塞姆语、古埃及语、柏柏尔语、库什语和查德语。关于说塞姆语的居民最早是在什么时候，以及通过哪条道路来到埃及，说法不一。

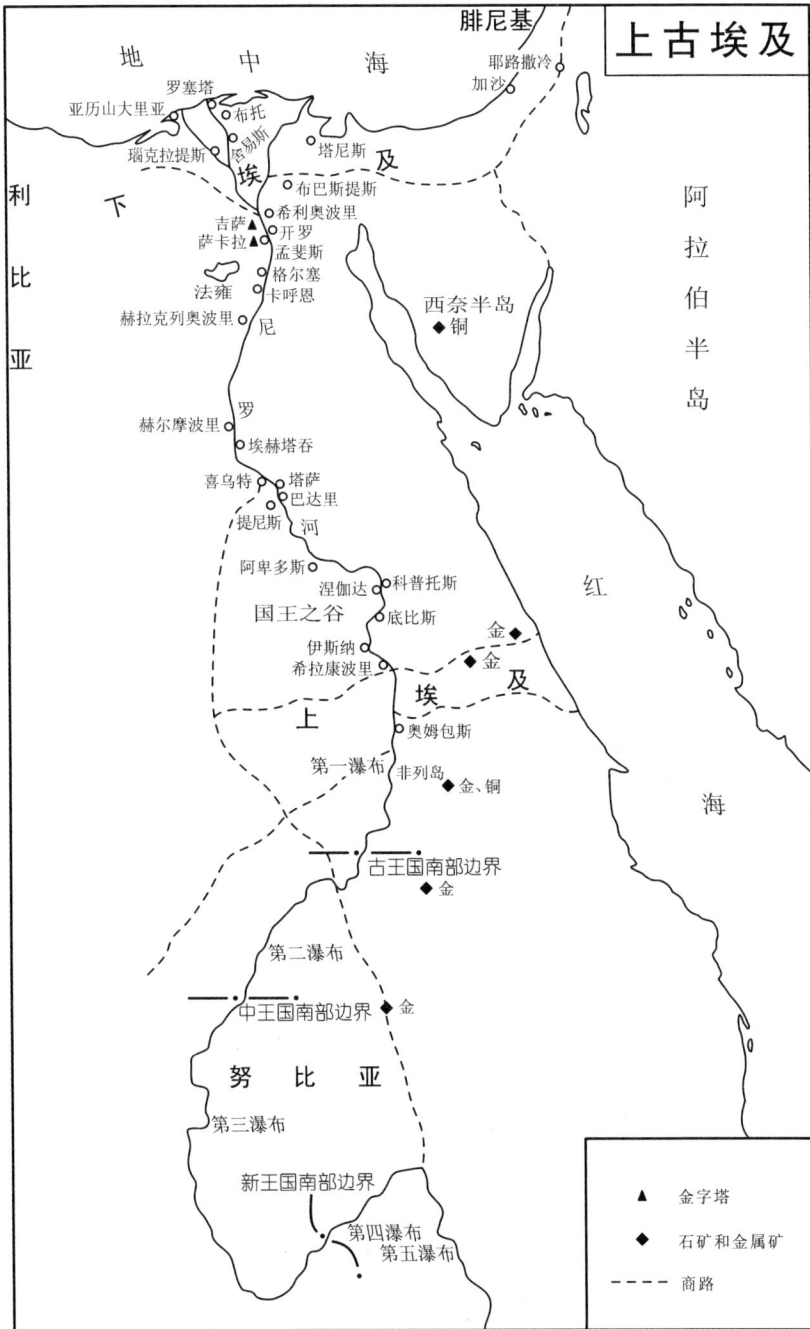

图 2-1 上古埃及

高个头、直鼻、额头较低、脸较宽、眼睛扁而黑、蓝黑色的头发、密密的眼睫毛、肩宽而直、黑色皮肤、体魄健壮。其体形外貌既不同于利比亚人和努比亚人，又不同于古代西亚的塞姆人，具有自己的特征。

三、史料

研究古埃及历史的资料主要有三大类。一是希腊罗马古典作家的著作，如希罗多德的《历史》、斯特拉波的《地理学》等。这些著作的作者多半亲身到过埃及，但他们生活的时代离事件发生的时间太远，又不懂古埃及的语言和文字，全凭他人介绍，偏见及以讹传讹者难免；他们记载的事情不连贯，凌乱不堪。二是古埃及的文字资料，它们或是写在纸草上、皮革上，或是刻于石头上。这是研究古埃及历史的最主要也是最真实的资料。考古学提供了大量的古埃及文字资料，为恢复古埃及历史原貌提供了主要依据。三是古代埃及留下的各类遗迹和遗物（城市、建筑物、艺术作品、纺织品、各种器皿、武器、工具等）。它们为研究古埃及的政治、经济、军事、文化、社会等方面的状况提供了丰富而生动的资料。不过，总的来说，研究古埃及历史的资料还是相对较少的，而且各个时期的资料也很不平衡。古埃及的文物和文献历经几千年，被毁坏的很多，再也无法挽回。

现代埃及学家或将古埃及象形文字汇编成册，如德国的塞特（Sethe），在 20 世纪初出版了《埃及古代文献》（*Urkunden des ägyptischen Altertums*）；或译成现代文字出版，如美国的布利斯特德（James Henry Breasted）在 20 世纪初出版的《古代埃及文献》（*Ancient Records of Egypt*，5 卷），李希泰姆（Miriam Lichtheim）于 20 世纪 70 年代出版的《古代埃及文献》（*Ancient Egyptian Literature*，3 卷）等。苏联学者多次编辑出版的《古代东方史文选》、普利查德（James. B. Pritchard）的《古代近东文献》（*Ancient Near Eastern Texts*）等资料集中也都有古代埃及的资料。另外还有若干铭文集，如皮特里（W. M. F. Petrie）编辑的《西奈铭文》、伽丁内尔（A. H. Gardiner）的《维勒布尔纸草》（4 卷）以及《第十八王朝后期文献》《第十九王朝文献》和《第二十王朝文献》等。经考古发掘和发现的古埃及文字资料大多未能译成现代文字，一般人还看不着、用不着，不能不说是件憾事。

埃及学的形成和发展与考古学有着密切的关系。研究古埃及史的各种资料大多来自考古发掘和发现。自 19 世纪以来，在埃及常有考古新发现。但在 19 世纪末叶以前，在埃及的考古发掘极不科学，缺少科学的方法，带有很大的破坏性，其带来的损失是不可估量的。再加上在这里的发掘都是由西方人进行的，因此许多文物流入了西方的各大博物馆和私人手中，这给历史研究带来了很大的障碍。

四、史学史

自古以来，人们就对古老的埃及文明抱着崇敬的心情并有着浓厚的兴趣。对古埃及历史的探索与研究可以说自古代就已开始。例如，帕勒摩石碑上的铭文（即《上古埃及年代记》），按编年的顺序记载了埃及前王朝时期至古王国第五王朝时期的若干历史情况；希罗多德的《历史》第 2 卷探索了埃及历史的起源，并根据他从一些埃及人那里听来的和自己看到的东西，记载了埃及历史中的若干情况；托勒密时代的一个埃及祭司曼涅托为入侵埃及并统治埃及的希腊人写了一本《埃及史》（现在该书已佚，只有从后来人的书中摘录出来的一个王表和每个国王时期的若干事件的辑录本）等。科学的埃及学是从近代才开始的。法国学者商博良（Champollion）成功释读古代埃及的象形文字，为科学的埃及学的形成奠定了基础，为解开古埃及历史之谜提供了一把钥匙。

商博良，1790 年出生于法国南部的洛特省，他自幼即表现出了很高的语言天赋，刻苦自学了多种语言文字，包括阿拉伯文、希伯来文、希腊文、拉丁文等。在此基础上，他利用古埃及留下的双语言和三语言铭文（如罗塞塔石碑上的埃及象形文字、世俗体文字和希腊文字三语言铭文等）成功释读了早在公元前后就已被人们遗忘了的古埃及象形文字。1822 年 9 月 22 日，他在法国科学院宣读了他释读象形文字的报告。该报告以《致达西尔先生的信》的形式发表，宣告了埃及学的诞生。以后，他继续释读并到处收集象形文字铭文和古埃及文物。

19 世纪 50 年代，商博良的成就获得公认。于是，西方兴起了一股埃及学热，许多人前往埃及发掘和收集古埃及文物和文献，登记古埃及遗址，扩大商博良释读象形文字的成果，编写象形文字的文法和字典。19 世纪末和 20 世纪初，皮特里等人使埃及的考古发掘走上了科学化的道路。与此同时，西方学者还开始把象形文字翻译成现代文字，把象形文字的资料纳入古埃及史的研究之中，如法国的马斯伯乐和美国的布利斯特德等。

20 世纪以来，埃及学有了长足的进步和发展。埃及学人才辈出，古文字得到进一步研究，古遗址得到更进一步的发掘（图坦卡蒙墓的发掘是其成果之一），考古发掘报告成批出版，古埃及政治、经济、文化、军事及社会生活的各个方面都得到研究，一部部的专著陆续出版，还出版了研究古代埃及的专门杂志，如《埃及考古学杂志》（*The Journal of Egyptian Archaeology*）。古埃及历史的基本线索和轮廓，乃至一些细部都逐渐明朗化。埃及学已成为世界历史，特别是古代世界史的一个重要分支。

第一节　前王朝和早王朝时期的埃及

一、史前期埃及

埃及是人类文明发源地之一。它经历了自己的旧石器时代、中石器时代和新石器时代。现在所知，在埃及的人类活动的遗迹可追溯至 70 多万年前。埃及中石器时代的遗迹相当丰富：在碳 14 定年为距今 18300—17000 年的库巴尼耶遗址，发现了石臼、石杵和石磨盘等加工谷物的工具；在图什卡附近的遗址（其定年为 14560±490 年前），也发现了石磨具和可能是用作镰刀的石片；在库姆-温布发现了石磨具和起石镰作用的石刀，其年代有两个——13500±120 年前和 13070±120 年前；在伊斯纳（其年代为距今 12600—12000 年）发现了石镰和石磨具等。在埃及东部沙漠的拉克特绿洲地区也发现了属于中石器时代类型的工具：箭头和镰刀。这些中石器时代的文化为埃及新石器时代农业文化的出现奠定了坚实的基础。

现在所知埃及最著名的新石器时代农业文化，是位于埃及中部的塔萨—巴达里文化、法雍文化和位于三角洲西部的梅里姆达文化（它们大约存在于公元前 6000 年代至公元前 5000 年代）。这些文化都是农牧业混合文化，已知灌溉，与外部有了交往（在它们的遗址中发现了产于红海的贝壳）。农业的较早出现为其文明的较早出现奠定了物质基础。

公元前 4000 年左右，埃及进入阿姆拉特时期（亦称涅伽达文化 I 时期，公元前 4000—前 3500 年）。此时，埃及进入金石并用时期。在属于这个时期的一些墓里的陶器上刻有符号，同一个墓里的符号都相同，而不同墓里的符号则不相同。这些符号大概是用以表明该器物是属于某人的，表明了私有制的萌芽。此时的埃及，还有母权制的残余。属此时期的一座红陶女人像，表明了对女性的崇拜。考古发掘出的这个时期的权标头，表明了氏族部落首领权力在加强。

图 2-3　古代埃及的权标头

图 2-2　红陶女人像

　　在涅伽达地方的 1610 号墓中出土的一个黑顶陶罐上，发现了后来作为王权标志之一的红冠的形象。在这一时期与下一时期（即格尔塞时期）之间的一个墓（1540 号墓）中发现的一块陶片上，画有一只鹰的形象。人们认为，这是王权保护神鹰神荷鲁斯的形象，表明了王权已经萌芽。

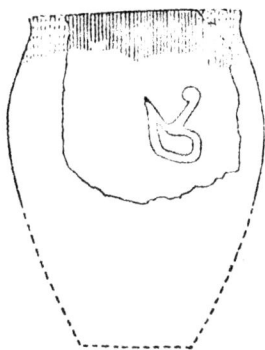

图 2-4　黑顶陶罐上的红冠形象

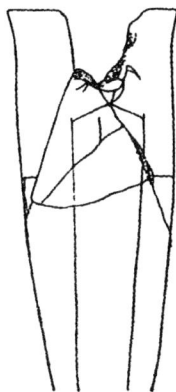

图 2-5　陶片上的鹰神荷鲁斯形象

　　在狄奥斯波里-帕尔伏，发现了属于这一时期的一段黏土制成的城墙模型；在别的地方发现了刻于象牙上的战俘形象，表明战争因素在增长。

二、埃及国家的出现

　　埃及国家出现于格尔塞时期（亦称涅伽达文化Ⅱ时期，约公元前 3500—前 3100 年）。

在涅伽达和希拉康波里两地，发现了与普通人的简单坑穴墓极不相同的画墓，说明阶级分化已十分明显。在格别陵发现的一片亚麻织品上，画有几条船，其中一条船上有一人端坐着，从装束上看是贵族，而别的人却在划桨，显示了不平等。"蝎王权标头"上的蝎王，其形象比普通人高大得多；其最上一栏，有若干旗帜，上面吊着田凫，学者认为它是表示平民的象形文字。[①] 该权标头上还有奴隶劳动的情景。这些事实说明，在这时的埃及，阶级和等级正在或已经形成。在蝎王权标头上的奴隶，从人种上看，不是来自埃及本身，可能是战俘变成的。

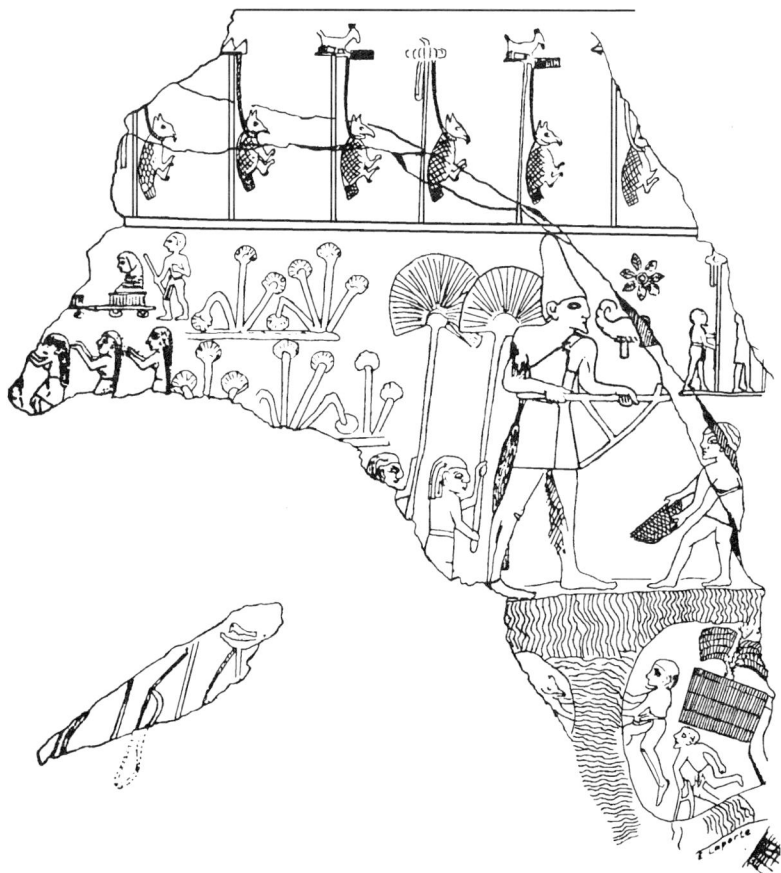

图 2-6 蝎王权标头上的图案

① 平民的象形文字符号是一只田凫，其拉丁文注音为"赖赫伊特"（rhyt）；贵族为"帕特"（pct）。参见 A. H. Gardiner, *Ancient Egyptian Onomastica*, Oxford：Oxford University Press，1947，Vol. 1，pp. 98-106.

　　若干资料表明，这时战争可能是很频繁的。在希拉康波里的画墓中有水陆战的场面；在阿拉克出土的一把石刀的河马牙柄上，也有水陆战场面的浮雕；在"鹰狮击敌调色板"（或称"战场调色板"）上有践踏被打败的敌人和攻击敌人城堡场面的浮雕。这时战争的目的是争夺土地、劳动力、财富和对尼罗河水的控制。

　　这时出现了关于城市的象形文字符号（⊗）：它表现的是建在交通要道上的城市，用围墙保护着或用壕沟包围着。

　　随着私有制、阶级、等级的出现，这时在埃及形成了若干小国家。它们面积不大、人口不多，小国寡民。埃及人称这种小国家为"斯帕特"，其象形文字为一块被纵横的河渠分割开的土地（⊞⊞⊞）。这些小国家大多以一个城市为中心，包括周围若干农业地区。城市是王宫、神庙、政府机关所在地。王权已经形成，国王头戴红冠或白冠，手持权标，腰系牛尾等象征王权的标志（见"蝎王权标头"上蝎王的形象）。他们既是行政首脑，也是军事首领，还常常主持宗教祭祀仪式。各国之间为争夺土地等而经常发生战争。

　　蝎王是南方希拉康波里的国王，但有关他的文物却在北方的图拉（离现在的开罗不远）也有发现，说明他可能对北方发动过战争，甚至可能控制过这个地区，这是有关埃及统一的最早的证据。

三、埃及国家的统一和君主专制的形成

　　埃及国家的统一和君主专制的出现都发生在早王朝时期（早王朝时期包括曼涅托王表中的第一王朝和第二王朝，时间大约是公元前 3100—前 2686 年）。

　　据曼涅托王表，美尼斯（或米恩）是南方人，是埃及国家的建立者，第一王朝的建立者，也是埃及国家的统一者。他曾远征北方三角洲，并为巩固远征成果而在尼罗河谷地和三角洲的交界处建立了一座要塞城市——白城（希腊人称"孟斐斯"）。① 但考古学家至今未发现有美尼斯名字的文物。因此，不少埃及学家常把美尼斯等同于有文物证据的纳尔迈或阿哈。

　　纳尔迈是希拉康波里的国王，有关他的文物"纳尔迈调色板"和"纳尔迈权标头"均出土于希拉康波里。这些文物表明，他曾对尼罗河三角洲进行过胜利的战争，而且规模很大。据"纳尔迈调色板"正面的浮雕，他俘虏了6000名尼罗河三角洲的人，在举行凯旋式时，许多俘虏被杀（见"纳尔迈调

---

　　① 　曼涅托（Manetho）片段 7（a，b）。

色板"背面)。据权标头上的浮雕,他俘虏了 12 万北方人,还有 40 万头大牲畜、142 万头小牲畜,并迎娶了北方的一位公主,以巩固对北方的胜利。在调色板的正面,纳尔迈头戴上埃及的白冠;而在背面,则戴的是下埃及的红冠。在权标头上,他头戴红冠,这大约是表明他对上下埃及均有统治权。还有一个"利比亚贡赋调色板",上面的浮雕反映的是他在征服利比亚时,破坏了那里的许多城市,夺得了不少战利品。但是纳尔迈并未完成统一。

图 2-7　纳尔迈调色板的正面(左)和背面(右)

图 2-8　纳尔迈权标头上的浮雕

纳尔迈之后的第一王朝和第二王朝诸王继续进行统一战争。第二王朝末叶的哈谢海姆的一个雕像基座上,刻有杀死"北方的敌人 42709 人"和

"48205 人"的字样，既说明在他统治时期仍在进行统一战争，又说明了战争规模的巨大。可能正是由于他的努力，才最后完成了统一。到他的继承者哈谢海姆威时，采用了象征上下埃及统一的"荷鲁斯和塞特"的双重王衔。

在国家统一的同时，埃及的国家机器也日益复杂化，君主专制在逐渐形成。这时设置了以国王为中心的国家机关，出现了王位世袭制，王权的神化倾向也在加强，王室经济在逐步形成。① 这时出现的王墓——马斯塔巴（Mastaba）墓②，与前一个时期的画墓相比，无论是在建筑的规模和结构的复杂方面，还是在殉葬品的丰富方面都不可同日而语。这时还出现了人殉，多者达二三百人。《帕勒摩石碑》上的铭文记载说，国家对土地、人口、牲畜和黄金进行清查，说明对人民的控制加强了。在王权神化方面有了进一步的发展，鹰神荷鲁斯被认为是王权的主要保护神（但在第二王朝时，也有崇拜豺狼神的，或同时崇拜鹰神和豺狼神的，如第二王朝的伯里布森。那或许是表示上下埃及的联合或统一）。

第二节　古王国时期的埃及

古王国时期包括曼涅托王表中的第三王朝至第六王朝（约公元前 2686—前 2181 年），首都为孟斐斯。金字塔开始修建于这个时期，而且最大的金字塔也修建于此时，故古王国时期又称"金字塔时期"。

一、古王国时期的社会经济

（一）经济的发展

古王国时期是埃及社会经济获得重大发展的时期。国家的统一、经济文化的交流越出小国范围而在全埃及范围内进行、水利灌溉系统的扩大等，

---

① 英国皮特里的《埃及史》（A History of Egypt）第 1 卷中提到东方和西方的王室葡萄园，提到王室经济中的官职；他在《猎人、农人和文明：古代世界的农业》（Hunters，Farmers，and Civilizations：Old World Archaeology）一书中说，在阿哈的马斯塔巴墓中发现一个王室地产模型。

② 从第一王朝起，国王和贵族都埋葬在马斯塔巴墓里，这种墓的地上建筑形如长凳，在地上和地下都有许多墓室，除了放置国王的尸体外，还放置殉葬品和殉葬者。国王的这种墓，往往占地几百平方米。第一王朝的国王大多有两个马斯塔巴墓，一个在阿卑多斯，另一个在萨卡拉，阿哈还有三个墓。

都促进了社会经济的发展。

这时，耕地已使用两头牲口牵引的重犁。后来埃及的主要农作物，包括大麦、小麦、亚麻、葡萄、无花果等，这时都已种植。总的来说，农业技术还很原始，但尼罗河一年一度的泛滥，带来了充足的水分和肥沃的淤泥，所以，仍可生产出较多的粮食。在古王国时期，以饲养牛、羊、猪、驴为主的畜牧业在经济中仍占有重要地位。一些贵族家庭中有成百上千头牲畜。① 家禽中有鸡、鸭、鹅等。捕鱼业也是经济中的一个重要部门，尼罗河提供了丰富的鱼类资源。

古王国时期的手工业门类不少，有建筑、采矿、运输、冶金和金属加工、造船、酿酒、纺织、制陶、艺术手工业等。农业的发展不仅使更多的人从事手工业有了可能，而且为手工业的发展提供了原料。在这时，石头被大量用于建筑业，这促进了采矿业的发展。金字塔的建造说明了建筑技术具有很高的水平。冶金业有了很大的发展，这时埃及可能已进入了青铜时代。西奈地方留下的埃及国王的名字表明，至少从早王朝时起，埃及人已到西奈开采铜矿。不过，从提高炉温的方法来看——两人用吹火筒吹，当时冶炼的技术水平可能还很低。

第五王朝时期一个贵族墓中有关市场的画表明，国内贸易基本上仍是用以物易物的方式进行交换。铸币尚不存在，购买房屋也不是用货币，甚至不是用金属重量去衡量，而是用亚麻等实物去支付。手工业者的工资也是给实物。同南方的努比亚以及西亚的叙利亚和巴勒斯坦的商业贸易往来已经存在，这往往以队商的形式进行。对外贸易大概控制在国家和神庙手中。

古王国时期的经济中，王室经济、神庙经济和官僚贵族奴隶主的经济占有绝对支配的地位。在他们的经济中，既有农业，也有手工业、畜牧业、园艺业和捕鱼业，基本上是一个自给自足的经济整体，很少与市场发生关系。这不利于商品货币关系的发展。

---

① 例如，第四王朝的哈夫拉安的墓志铭说，他有835头大有角畜、220头无角大牲畜、760头驴、2235只山羊、974只绵羊。第五王朝的萨布说，他有406头公牛和乳牛、1237头别的公牛、1万多头小牲畜。见〔苏〕萨维里耶娃：《埃及古王国时期的土地制度》，81页，莫斯科，东方文学出版社，1962。

（二）土地关系

古王国时期，土地大部分为奴隶主及国家所占有，其占有情况大致有如下三个层次。

第一，国家（包括地方政权）占有的土地。国家占有的土地是很多的。在《帕勒摩石碑》中有某某国王统治时期给予神庙以土地的记载，其中除明确说明是某个国王的土地以外，均应是国家的土地。例如，第五王朝国王乌塞尔卡弗统治第 5 年项下记载："（好为）塞普·拉的太阳庙诸神，在乌塞尔卡弗地产中的土地 24 斯塔特①……拉神，在北部诸州的土地 44 斯塔特；（女神）哈托尔，在北部诸州的土地 44 斯塔特……"这里的"乌塞尔卡弗地产中的土地"显然应是国王的土地，而"北部诸州的土地"则应是国家的土地而非国王的土地。

第二，奴隶主集体占有的土地，这主要是神庙的土地。《帕勒摩石碑》中多次记载国家和国王给予神庙土地，其中最多的一次是乌塞尔卡弗统治的第 6 年，给了神庙 1704.55 斯塔特土地。这时候国王捐赠的土地主要是给太阳神拉神的神庙的，因为从第四王朝以后，拉神成了国王的主要保护神，因而拉神也就成了国王崇拜的主神。

第三，私人占有的土地，包括王室土地、官僚贵族占有的土地。王室占有的土地数量很大，遍布全国各地。例如，第四王朝国王哈佛拉之子涅库勒的遗嘱说，他将自己的 12 个城镇和 2 个金字塔城的地产遗赠给他的妻子和子女，他自己还留下 12 个城镇的地产。②

官僚贵族占有的土地也不少，其来源有几种。一是继承来的土地，如第三王朝至第四王朝之交的大官梅腾从其母亲处继承来 50 斯塔特土地。二是获赏、赠送的土地，如梅腾及其子女从列托波里州的尼—苏特亥庄的管理者处获得 12 斯塔特耕地，第六王朝一个诺马尔赫伊比从国王培比二世处获得 203 斯塔特土地。三是购买来的土地，如梅腾的铭文说，他"（用）酬金从国王的（人们）那里获得 200 斯塔特耕地"。四是新开垦的土地，如梅腾说，他在几个州里建立了 12 个居民点，这些新建立的居民点必然伴随着新的土地的开垦、水利灌溉系统的修建，其土地必然是属于居民点的建立者。

农民占有土地的情况没有直接的资料说明。

---

①　古埃及土地面积单位，1 斯塔特＝2735 平方米。

②　北京师范大学历史系世界古代史教研室：《世界古代及中古史资料选集》，3～4 页，北京，北京师范大学出版社，1999。

（三）劳动者

若干资料表明，古王国时期，王室、神庙和官僚贵族土地上的主要劳动者是麦尔特（mr. t）。① 培比一世的《达淑尔敕令》说："朕命令不让任何王后、任何王子（和王女）、任何朋友和官吏的麦尔特耕种这两个金字塔（按：指斯尼弗鲁的两个金字塔）附近居民点的任何耕地……"麦尔特是丧失了生产资料的人，他们从事农业生产，也从事手工业生产。伊比的铭文也说到了"我地产上的谷物、公牛和农民（原文为麦尔特）"。在《帕勒摩石碑》的开罗片段上的铭文说到为制作供奉拉神的牺牲（面包和啤酒）而募集麦尔特。麦尔特的社会地位很低，常常同大小牲畜一起被提到。关于他们的身份问题和起源问题，尚无定论。布利斯特德将其译为"农民—农奴"（peasant-serfs），李希泰姆则译作"农奴"。20 世纪 50 年代初，苏联学者曾就麦尔特的身份问题进行过讨论。切列佐夫认为麦尔特是奴隶，起源于战俘；萨维里耶娃也认为是奴隶，却将其译为"仆役"，认为其起源与三角洲的农业文化有关；卢利耶则认为他们是自由民，起源于丧失了生产资料的公社成员。

除麦尔特以外，还有一种人叫"勒麦特"（rm. tw），他们大概也是没有生产资料的人，社会地位很低，可同土地一起转让，并同大小牲畜一起被提及。梅腾铭文说，"列托波里州之尼—苏特亥庄的管理者，授予他（即梅腾）和他的子女 12 斯塔特耕地，以及人们和牲畜"，"法官—书吏殷普耶赫曼授予他（梅腾）以自己的财产，不是大麦和二粒小麦，任何家内的东西，而是人们（和）小牲畜"。这里的"人们"原文就是勒麦特。

直接用于表示奴隶的术语有 ISW. W 和 hm，或 hmw。第六王朝时期的一个铭文（开罗博物馆藏 56994 号文物）说："属于我的财产的 ISW. W，我买了他们，他们已在一个盖了木印的契约中登记过了。"②hm 和 hmw 原意是身体。在一个贵族的铭文中说，在他的土地上劳动的有国王的奴隶；还有一个铭文说，由国王的 hm 簸扬小麦。奴隶的主要来源是战俘。《帕勒摩石碑》上的铭文说，斯尼弗鲁"击破尼西人的境土，获得男女俘虏7000，大小牲畜 20 万头"。《大臣乌尼传》中以军歌的形式写道："这个军队安然归来了，在那里（夺得了）无数（队伍）以为俘虏。"

------

① 有关麦尔特的资料主要保存在古王国后期的一些国王给神庙的庇护敕令中；此外，在《帕勒摩石碑》及其开罗片段以及一些贵族奴隶主的铭文中也曾提到他们。

② Abd el-Mohsen Bakir, *Slavery in Pharaonic Egypt*, Cairo：Institut franç, ais d'archéologie orientale，1952，p. 14.

二、古王国时期的政治状况

（一）政治制度

　　古王国时期的埃及，实行的是中央集权的君主专制制度。在中央，国王集中了一切大权。在国王之下设宰相之职（现代埃及学家借用阿拉伯语称宰相为"维西尔"）。宰相掌管行政、司法、经济、神庙等事务。例如，第五王朝的维斯普塔赫是个维西尔，又是最高法官和王家建筑师。在维西尔之下有各种大臣，管理各种事务。例如，大臣乌尼被任命去从事各种工作，包括率军打仗、征税、审理案件、为国王建金字塔准备石料等。宰相似乎不管军事（至少我们没有宰相掌管军事的资料）。此时官职的设置似乎并无定制，随意性很大，如梅腾和乌尼，担任了各种官职，但其高低如何、上下级关系如何则不清楚。

　　古王国时已有常备军驻守边境，战时还临时征召军队。《大臣乌尼传》讲到，为反击亚细亚的贝都因人而"募集好几万军队"，各地地方官也"领导他们所属的上下埃及村落的队伍和这些地方的努比亚人队伍"。另外，还有私人武装，如萨布尼说，他带领着"他地产中的队伍"。

　　古王国时期可能有两类法庭：世俗法庭和神庙法庭。世俗法庭在中央由维西尔担任最高法官，审理一些重要案件。神庙法庭采用神判法，多半是审理民事纠纷。

　　地方上，原来各斯帕特变成了地方行政单位，后来希腊人称这种斯帕特为"诺姆"，称诺姆长官为"诺马尔赫"。在古王国时期，诺马尔赫多半由原来的旧贵族世袭，但也有国王任命的，如伊比原为提尼斯诺姆的诺马尔赫，后因同另一诺姆的女继承人结婚，因而国王又任命他兼任了另一诺姆的诺马尔赫，一身而二任。不过，这种任命可能只是形式。诺马尔赫的职责是管理地方行政，司法，神庙，诺姆经济和王室、国家在地方上的经济，战时要率领本诺姆征召的军队出征。

　　在中央政权和地方诺姆之间，设有上埃及官邸，可能下埃及官邸也是在古王国时期设立的（但有人认为，下埃及官邸是在后来的中王国时期设立的），分别管理上下埃及事务，督促诺姆长官征税（乌尼说，他"两次使所有应对这里上埃及官邸纳税的缴税，两次使所有应对这里上埃及官邸担负义务的服役"），在战时还要督率这个地方的军队去打仗。

(二)君主专制

古代埃及的君主专制在早王朝时期逐步形成,到古王国时期得到加强和巩固。国王通过宰相控制朝政。一切高级官吏都是由国王任命的。而且在古王国前期,宰相又是由王子担任的。官吏们所做的一切均是奉王命行事,也向国王负责。军权直属国王,宰相没有军权。战时国王常常御驾亲征,有时也由国王派人统率军队出征,但要经常向国王报告。国王也控制司法权。古代埃及没有法典之类的法律文献传世,国王的话就是法律,国王颁布的敕令也具有法律效力。古王国后期有若干国王的敕令传世,主要是关于神庙问题的。宰相是最高的法官,但国王可越过宰相直接命人审理案件,如乌尼就曾被国王任命去审理过有关宫闱的案件。国王不仅直接占有大量土地和劳动力,组成王室经济,而且控制了国家的土地,他可把国家的土地赏赐给人或捐赠给神庙。上下埃及官邸的设立可能是国王为了加强对日益强大的地方势力的控制而采取的措施。

古王国时期神化王权的倾向更加明显。初时只是说王权受神的保护,王权来自神,鹰神荷鲁斯被视为王权的保护神;后来太阳神拉神被抬高成王权的主要保护神。从第四王朝起,国王的名字被写在一个椭圆形的框子里,意思是受太阳神拉神保护。自第四王朝起,国王的名字中大多有了一个拉字,如哈佛拉、孟考拉等。第五王朝的头三个国王更自称是拉神之子。这样一来,国王自然就变成神了,因而就更有权统治这个国家了。但或许这是表明神权势力在加强,以致凌驾于王权之上。

古王国时期君主专制的强化还表现在金字塔的修建这件事情上,因为它说明,国王可以凭借手中的权力去调动全国的人力、物力来为自己的私利服务。

(三)金字塔的修建

金字塔是自古王国时期起的埃及国王的一种坟墓形式,因其形似汉字中的"金"字,故汉译为"金字塔"。古埃及人可能将其叫作"麦尔",因为他们把角锥体形状叫作"麦尔"①,但也可能叫作"庇里穆斯"②。

第一个建筑金字塔作为坟墓的是第三王朝国王乔赛尔。他让著名的建

---

① I. E. S. Edwards, *The Pyramids of Egypt*, New York: Penguin Books, 1980, p. 284.

② [古希腊]希罗多德:《历史》,2,128,北京,商务印书馆,1959。

筑设计师伊蒙荷特普为他设计一个坟墓。但伊蒙荷特普最初设计建造出来的仍是一个巨大的马斯塔巴，地点在萨卡拉。国王和设计者大概对此都不满意，因此又在其上加了5个一层比一层小的马斯塔巴，这就是著名的乔赛尔的层级金字塔，高61.2米。此外，还建有祭祀神庙。

第四王朝的斯尼弗鲁时期是从层级金字塔向角锥体金字塔过渡的时期。他的第一座金字塔在麦杜姆，开始时也是座层级金字塔，后将各层台阶填平，成为角锥体金字塔。第二座建在达淑尔，原设计为一角锥体金字塔，但因角度太大，以致不得不在半途时突然收缩，成一弯曲形（或称菱形）的金字塔。第三座也建在达淑尔，是一座角锥体金字塔。

最大的金字塔是第四王朝国王胡夫（希腊人称之为齐奥普斯）所建，地点在今开罗附近尼罗河西岸的吉萨，设计师是海米昂。该金字塔高146.5米，底边每边长230米，共用石头230万块，每块平均重约2.5吨。此金字

图 2-9　乔赛尔王像

塔的墓室原在地下，后改至墓的中央。据希罗多德记载，此金字塔共耗时30年才建成，其中10年用于修建运石头的路和修建地下墓室；塔身的修建历时20年。在塔身的北边离地13米处有一出口，用4块巨石砌成三角形，意在使塔身重量分散而不致使其塌陷。

胡夫金字塔旁还有他的后继者哈佛拉和孟考拉的两座大金字塔。前者只比胡夫的金字塔矮几米，其塔前还有一座巨大的狮身人面像，由一块巨石雕成，高20米，长50多米；后者却矮得多，但装饰得比前者要精美得多。

关于金字塔的修建方法，一说是先建成层级金字塔，然后从上到下逐级填平各级台阶；另一说是在建造金字塔的同时，靠近塔身修一条辅路，塔修多高，路便修多高，并延长，石头便从这辅路运上去，待金字塔修好后，再撤去辅路。此外，还有其他说法。

古王国时期国王的坟墓修成金字塔形，一方面是古埃及王墓形式自然发展的结果（即从前王朝时的画墓，到早王朝的马斯塔巴，再到第三王朝的层级金字塔，最后发展成角锥体金字塔）；另一方面也是当时埃及宗教观念变化的产物，即对太阳神拉神的崇拜占了上风的结果，因为角锥体的棱线，犹如太阳的光芒。

图 2-10 胡夫金字塔

图 2-11 狮身人面像

　　古埃及的金字塔的修建起自第三王朝，止于第二中间期末。新王国时期国王已不再修金字塔。现存金字塔约80座，大多分布在古都孟斐斯附近、尼罗河西岸，北起阿布-罗什，南至卡呼恩。除国王建造金字塔作为坟墓外，王后和国王的子女也用以作为坟墓。

　　在国王金字塔周围，还有许多大臣和贵族的马斯塔巴墓。从塔顶向下俯视，那些马斯塔巴像是大臣们在朝拜国王，说明了专制君主相对于其臣民的至高无上的地位。

　　金字塔被誉为古代世界七大奇迹之一，是古代埃及人民智慧的结晶。金字塔的修建培养了一代代的人才，促进了古埃及科学技术的发展。但金字塔的修建也给古埃及人民带来了沉重的负担，耗费了国家巨大的人力和物力，加剧了国内的阶级矛盾，也严重削弱了君主专制的实力。希罗多德和狄奥多罗斯记载说，人民对胡夫和哈佛拉修建金字塔满怀愤怒，甚至可能发生过人民起义，第五王朝就是在人民起义后建立起来的。

三、古王国的衰落

　　第四王朝是古王国时期的最盛期，也是古王国君主专制的鼎盛期。自第五王朝起，古王国及其君主专制逐步衰落。在人民起义后上台的第五王朝头三个国王自称是太阳神拉神之子，即神的后裔。于是国王给予神庙，特别是给予拉神神庙的土地、劳动力及其他财富的次数越来越多；关于豁免神庙劳役等的敕令也多颁布于此时。这严重削弱了国家和王室的经济实力，而加强了神庙的经济实力。

　　与此同时，以诺马尔赫为代表的地方贵族势力越来越强。他们不仅笼络本诺姆的人心，吹嘘自己对本诺姆的人的恩惠，还越来越多地截留应缴付给中央的税收，控制王室地产的收入，而且把手伸向中央政权，维西尔之职渐由地方贵族担任就是证明。第六王朝时，一个地方贵族扎乌的两个姐妹成了王后，他也因之担任了维西尔。

　　神庙祭司和地方贵族势力是古王国时期统治阶级的主要组成部分，也是君主专制的主要阶级基础。在古王国后期，他们对王权的离心倾向越来越重。一些国王曾扶植出身下层的人担任高级官吏，想以此加强王权的阶级基础，抑制贵族势力①，但终不能与贵族势力相匹敌。

---

　　①　摩勒认为，大臣乌尼出身寒微，不是贵族出身。

在第六王朝培比二世的长期统治之后（他 6 岁登基，活了 100 岁），古王国的统一局面终于为贵族的分裂割据局面所取代。

随着君主专制的衰落，古王国也就分崩离析了。

四、第一中间期

(一)第一中间期的分裂混乱局面

第一中间期包括第七王朝至第十王朝（约公元前 2181—前 2040 年）。第七王朝时，各地贵族乘机扩充自己的实力，拥兵自重，埃及重新形成小国林立的局面，几乎一个诺姆就是一个独立的国家，而且每个国王统治的时间也不长。据曼涅托记载，第七王朝的 70 个国王仅统治了 70 天①，都于孟斐斯的第八王朝 27 个国王统治了 146 年②，而且他们中的任何一人也从没有统治过全埃及。当时，各小邦之间常有战争，造成极为混乱的政治局面。

战乱使各地灌溉系统遭到严重破坏，许多良田变成芦苇丛生的沼泽地。饥荒时有发生，而人民的负担极为沉重："土地缩小了，（但是）它的行政人员却很多。土地荒凉不毛，（但）税却很重；只有很少的谷物，但量斗却很大，而且量时总是满得上尖。"③人民处于水深火热之中。

从《聂非尔列胡预言》等资料看，这时可能爆发了古代埃及史上第一次大规模人民起义。"没有武器的人（现在）变成占有武器者。人们（恭敬地）向以前鞠躬行礼的人鞠躬行礼。""那最下面的（人）到了顶上，他的变动就像我的腹背的转动一样大。人们住在坟场上。穷人发了财……穷人吃着供祭的面包，仆役们在欢乐。希利奥波利州，这个众神的出生之地将不存在于世上。"

与此同时，埃及还遭到来自西亚的贝都因人游牧部落的入侵。④

---

① 据曼涅托残篇 23，显然他们中的许多人是同时为王，而非完全相互承袭；而据残篇 24，则 5 个国王统治了 75 天。

② 据曼涅托残篇 25；而据残篇 26，第八王朝只有 5 个国王，共统治约 100 年。

③ 《聂非尔列胡预言》，参见北京师范大学历史系世界古代史教研室：《世界古代及中古史资料选集》，13 页，北京，北京师范大学出版社，1999。关于此文献反映的时代尚有争论。

④ 《对美利卡拉王的教训》（*The Instruction for King Merikare*），参见 James B. Pritchard，*Ancient Near Eastern Texts*，Princeton：Princeton University Press，1955.

（二）赫拉克列奥波里王朝的统治

在小国林立、群雄混战之中，位于埃及中部的赫拉克列奥波里逐渐兴起，统一了北部三角洲和中部埃及，建立了第九王朝和第十王朝。为了加强自己的实力，赫拉克列奥波里王朝努力进行内部建设，开发法雍地区，发展农业生产，并调整阶级关系。第十王朝国王阿赫托伊在给自己的儿子美利卡拉的教训（即《对美利卡拉王的教训》，以下简称《教训》）中，阐述了应当采取的国内外政策，包括对贵族、平民（涅杰斯）、军队、人民起义和贵族叛乱的政策，以及对入侵埃及的贝都因人、对正在南方兴起的底比斯的政策，尤其对如何在乱世中加强王权做了较多的论述。

《教训》一方面继续鼓吹君权神授，但另一方面又由于古王国的君主专制的瓦解，君权神授的理论已不能完全服人，因此不得不为君主专制提供新的理论，即君主专制合理性的理论。《教训》提出：国王有高于常人的品质，他的品质归神审判；国王是英明而强有力的，国王的英明是"出娘胎就具有的"。同时，《教训》还提出国王的品质应当完善，国王应当是仁慈的，国王要对臣民尽义务，应当关心软弱的人。

《教训》主张依靠贵族、大官，提出"要尊重贵族并使你的人繁荣昌盛"，"提高你的大人物，这样他们将执行你的法律，富有的人在他（自己）家里是不会偏心的"。要给军队以奖赏，"供给他们以财富，赋予他们以土地，（赏赐畜群）"。

《教训》要他的儿子镇压人民起义和贵族叛乱："有害的人——这是煽动者，要消灭他，杀死（他）……抹去他的名字，（杀死）他的同伙。""要镇压成群结队的人。""贫困者——他是敌人。要仇视贫民。"

对于南方兴起的底比斯，阿赫托伊要他儿子"不要搞坏了同南方的关系"。对于入侵三角洲的贝都因人，《教训》主张划定边界，向边界地区移民。从《教训》看，当时埃及无力阻止贝都因人的入侵。

阿赫托伊企图以此来巩固赫拉克列奥波里王朝的统治，实现全埃及的统一。

大约在赫拉克列奥波里建立第十王朝时，底比斯建立了第十一王朝。到底比斯的孟图荷特普二世统治时，他打败了赫拉克列奥波里王朝，完成了重新统一埃及的任务。由此，埃及进入中王国时期。

第三节　中王国时期的埃及

中王国时期包括第十一王朝至第十二王朝(约公元前 2040—前 1786
年),其首都在底比斯,后来在第十二王朝初曾迁到上下埃及交界处的艾勒-
利斯特(el-Lisht)。这时,埃及在社会经济方面获得了显著的发展,其在阶
级关系上的反映就是涅杰斯的兴起并活跃于政治舞台之上;在政治上,这
时王权依靠涅杰斯战胜了地方贵族势力;在对外关系上,埃及开始越出尼
罗河谷,去寻找新的土地,进行扩张;在文化上,这时被称为埃及的"古典
时期"。

一、对外联系的扩大和阶级关系的变化

(一)对外联系的扩大

中王国时期,埃及国内外贸易都比过去活跃得多。在法雍湖边兴起的
卡呼恩城,是一个工商业城市。从该城发掘出大量商业文件,对研究这个
时期的商品货币关系、城市生活具有重要意义。

这时,埃及同外部的商业贸易联系也扩大了。在耶路撒冷西北部的盖
塞尔,发掘出土了此时埃及产的花岗岩和砂岩雕像、象牙制品和其他制品,
该城还有埃及风格的建筑物,可能是来此经商的埃及商人的建筑。在腓尼
基的毕不勒斯城的废墟中,也发现了属于中王国时期的器皿、狮身人面像
和人像。在《辛努海的故事》中,讲到埃及同叙利亚之间活跃的商业联系;
故事说,这里有埃及商队。

埃及同巴比伦尼亚的商业联系也已建立,1935 年在陶德神庙废墟中曾
发现 4 个铜箱子,里面装的尽是具有典型的两河流域风格的产品:印章和护
身符。

在卡呼恩发现了来自克里特的卡马瑞斯式陶器碎片;在克里特也发现
了属于这时的埃及产品,如石瓶。

资料表明,埃及同蓬特(今索马里地区)的商业联系在这时已经存在。
《船舶遇难记》说,一名水手从蓬特装备了一条船,运回了香料、肉桂、檀
香木等物品。第十一王朝时,一个名叫亨努的官吏也说,这时埃及曾装备
了一支相当庞大的商业远征队去蓬特。

(二)阶级关系的变化

同古王国时期相比，中王国时期阶级关系有两点明显变化。

一是统治阶级成分的变化。虽然中王国时期以地方贵族为代表的贵族奴隶主仍是占统治地位的一个阶层，他们的力量仍然十分强大，成为对抗王权的重要力量，但作为中王国时期特征的是涅杰斯的兴起并走上政治舞台。"涅杰斯"(nds)原意为"小人"。他们原是下层自由民，是非贵族门第的人，与贵族和大人物相对立的人。在第一中间期里，他们成为一个私有者阶层，是当时各诺姆军队的重要组成部分。正如喜乌特的诺马尔赫梯弗比所说："我不反对涅杰斯。"在中王国时期，涅杰斯中的一些人占有了土地和奴隶①，还有的人担任了高级官吏②，或成为高级祭司③。但涅杰斯这个阶层是社会经济发展的产物，它本身也随社会经济发展和阶级分化的更进一步发展而分化。早在第一中间期就出现了"强有力的涅杰斯"，正是他们在中王国时期成了土地占有者和奴隶的主人，成了大官，成了王权同地方贵族势力进行斗争的重要支柱。但另一部分涅杰斯却成了贫穷的涅杰斯，他们不能捍卫自己的权利，甚至可能丧失了财产。赫尔摩波里的一个诺马尔赫说，在他当政时，任何涅杰斯都不曾从自己的土地上被赶走，言外之意是有的涅杰斯可能曾从土地上被赶走过。"强有力的涅杰斯"在第二中间期里成为人民起义打击的对象。

二是奴隶人数的增加。军官虎舍贝克的铭文说，国王两次赏赐给他奴隶。第一次是 60 个，第二次是 100 个。在《布鲁克林纸草》35.1446 号背面的铭文中记载说，一个奴隶主拥有 95 个奴隶，包括家仆、厨师、教师、酿酒工、皮鞋工、纺织工、仓库看门人、理发师、讲故事的人、花匠……他们从事着奴隶主家中的各种劳动。据虎舍贝克的铭文，奴隶的主要来源之一仍是战俘；另外，可能还有债务奴隶，以及罪犯被罚为奴隶的，上述《布鲁克林纸草》的正面记载了若干逃犯的家属被罚为奴隶者。

---

① 例如，据第十二王朝时期喜乌特诺姆的赫普泽菲的契约，涅杰斯占有土地，并租给农民耕种，收取地租。

② 例如，一个名叫伊提的涅杰斯，担任了第十一王朝时底比斯的财政大臣。他的铭文说，他有大群的牛羊，大量的土地、财产，在困难的年代里他养活了整个格别陵。

③ 例如，《聂非尔列胡预言》中说，聂非尔列胡成了大祭司、智者，拥有很高的地位："他是一个勇敢的平民(即强有力的涅杰斯)，一个巧妙的书写人(即书吏)；他地位很高，他的财产比他的任何同侪都多。"

二、中王国时期的内政与外交

(一)王权同地方贵族的斗争

古王国末期，以诺马尔赫为代表的地方贵族的政治实力大增，君主专制就是被他们弄垮的。在第一中间期里，地方贵族势力更加膨胀，他们靠鲸吞国家和王室的原有地产而自肥，建立起自己的军队，实行自己的纪年，职务也自行世袭，为扩大地盘而与邻邦争战不已。他们大谈自己对本诺姆人民的恩惠，行若小国国君。

底比斯重新统一埃及之初，除撤换了原喜乌特诺姆的诺马尔赫外，对原属赫拉克列奥波里王朝的其他诺马尔赫及支持底比斯的南方各诺马尔赫均未触动。因此，在中王国初年(第十一王朝时期)，以诺马尔赫为代表的地方贵族势力成为加强王权的重大障碍。

第十二王朝时，王权开始与地方贵族势力进行斗争。从阿美涅姆赫特一世时起，便划定各诺姆的边界，阻止各诺姆间为扩大地盘而进行无休止的战争。他严令各诺马尔赫履行自己的职责，保证尼罗河水的分配、保证国家要求的各项供应、保证船队和军队的征集。他派克赫努姆荷特普一世担任羚羊诺姆(上埃及第十六诺姆)的诺马尔赫，划定了该诺姆与其相邻诺姆(兔诺姆和豺诺姆)的边界。

阿美涅姆赫特一世以后的诸王继续同地方势力进行斗争，封疆划土，整顿秩序，整理赋税，从而使地方贵族势力受到打击，国内统治秩序得到恢复，地方贵族再也不敢截留国家和王室的收入，从而使国家和王室的收入得到保证。辛努塞尔特一世时，羚羊诺姆的诺马尔赫阿美尼的铭文反映了这种情况。铭文讲到他将自己诺姆中的王室收入(包括牲畜)上缴王室，并将本诺姆应缴之赋税上缴，应征之劳役也都征发。

支持王权同地方贵族势力进行斗争的除涅杰斯阶层以外，还有宫廷显贵。阿美涅姆赫特三世的国库长官舍赫特庞布勒的铭文说："他(指国王)把食物给追随他的人吃，他供养他的跟班，吃就吃的是国王，想多吃就靠国王动嘴。"许多诺马尔赫已不是靠世袭而得到职位，而是由国王任命的。喜乌特的诺马尔赫赫普泽菲大概就是国王任命的，因为他与以前的喜乌特的诺马尔赫不是一个家族。

从第十二王朝伊始，埃及便开始了对外的征服。阿美涅姆赫特一世时对努比亚进行了战争。他的铭文说："我捉住了瓦瓦特的人，我俘虏了马佐伊的人。"他的一个军官涅苏蒙图的铭文说到同北方的游牧部落贝都因人和其他亚细亚人作战。

阿美涅姆赫特一世的继承人辛努塞尔特一世曾多次向南方用兵，最远到达瓦迪-哈尔发（第二瀑布附近）。他的一个浮雕的解释性铭文说，他至少夺取了 10 座城市。

中王国时期最大的征服者是辛努塞尔特三世，他曾 4 次（在他统治的第8、12、16、19 年）用兵努比亚，是中王国时期埃及南方边界的最后确定者。他在第二瀑布地方修有要塞，其遗址至今犹存。为征服此地，他曾修建运河。从虎舍贝克的铭文可知，他还曾远征过西亚。

中王国时期对外战争的目的除了掠夺土地、人口及其他财富以外，还有一个重要目的是掠夺西奈的铜矿和努比亚的金矿。[①] 这反映了当时经济发展的需要，反过来也促进了经济的发展。

(二)社会矛盾

中王国时期社会经济虽然有了发展，但其成果却都为统治阶级各个阶层所得。《杜阿乌夫之子赫琪给其子柏比的教训》及其他资料向我们展示了广大劳动者处境的艰难。《杜阿乌夫之子赫琪给其子柏比的教训》中描写了雕刻匠、金工、磨制宝石的匠人、种园子的人、佃农、纺织工、制箭人、信差、制作木乃伊的人、鞋匠、洗衣人、捕鸟人、捕鱼人等劳动者的处境。他们或劳动条件艰苦，或生命得不到保障，或终年劳动却不得温饱，或受到残酷的虐待。因此，赫琪要他的儿子柏比去京城读书，以便跳出劳动者的圈子而成为一个书吏，既不受风雨之苦，又可得温饱。《杜阿乌夫之子赫琪给其子柏比的教训》说："假如你会书写，那你的境况就会比我讲给你的那些职业要好……"当一个书吏，在成年时"他就会达到地方官的位置"，可以因当书吏而得到"王家俸禄"。这时的资料也讲到西奈的铜矿工人在炎炎烈日下开矿、运矿，环境十分恶劣，还要受到工头棍棒的殴打等。

在新兴的卡呼恩城，其西部是贫民区，房屋矮小拥挤；而东部的富人居住区，房屋面积超过贫民区 50 倍，有的富人有多间房间和走廊。在富人区和贫民区之间有一道坚固的围墙隔开，形象地反映了贫富之间的尖锐分化与对立。

---

① 在希哈托尔的铭文中说："我迫使（努比亚人首领去淘金）。"参见 James Henry Breasted, *Ancient Records of Egypt*, Vol. 1, Chicago：The University of Chicago Press, 1906，pp. 273-274.

在统治阶级内部，除王权同地方贵族之间的矛盾外，在王室内部，矛盾也很尖锐。虽然第十二王朝首都不在底比斯，而在三角洲和河谷交界地（靠近卡呼恩）的一座要塞堡垒（名叫"伊堡伊"），但还是有一位国王在自己寝宫中遭到袭击而死。

第十二王朝时实行了国王和王子的共治制度，目的显然在于当国王发生不测时，能保证统治不会中断。《辛努海的故事》讲到阿美涅姆赫特国王死时，辛努海正随王子辛努塞尔特一世远征叙利亚，当听到消息后，怕国内政局动荡受到牵连，便逃出埃及，到了叙利亚。这表明统治阶级内部、王室内部倾轧之激烈与频繁。

因此，中王国兴盛的时间不长，在第十二王朝后，统一又遭破坏。第十三王朝偏安于南方底比斯一隅，于是开始了第二中间期。

三、第二中间期

第二中间期包括第十三王朝至第十七王朝（约公元前 1786—前 1567 年）。

(一)第二次贫民奴隶大起义

在第二中间期里，埃及重新处于分裂混乱的形势下。在此时，爆发了第二次贫民奴隶大起义。起义的情况反映在《伊浦味陈辞》①（以下简称《陈辞》）这篇文献中。虽然这篇文献在叙述上杂乱无章，文献作者对其反映的情况抱有明显的阶级偏见，但还是可以从文献中看出起义的一些情况。

《陈辞》说，"真的，国家像陶轮一样翻转过来；强盗②是财宝的占有者而（富人）则变成了(?)抢劫者"，"到处流血，死亡不乏其人"，表明社会动荡十分激烈。

---

① 关于这篇文献反映的时代，一直有不同看法：《剑桥古代史》认为它反映的是古王国末的情况（见该书第 3 版，第 1 卷，第 2 分册，200～201 页，剑桥，剑桥大学出版社，1965）；司徒卢威认为，该《陈辞》反映的是中王国末的情况（见［苏］司徒卢威主编：《古代东方史文选》，俄文版，63～64 页，莫斯科，1963）；塞特尔斯认为，该文献反映的是第二中间期的情况（见《训诫的年代在第二中间期》，中译文载《世界历史译丛》1980年第 2 期）；李希泰姆也持此种观点，参见 Miriam Lichtheim, *Ancient Egyptian Literature: A Book of Readings: The Old and Middle Kingdoms*, Vol. 1, Berkeley: University of California Press, 1975, p. 135。

② "强盗""暴徒"乃是文献作者站在统治阶级立场上对起义者的诬蔑之词。

《陈辞》说，"国王已被暴徒废黜"，"国家已被少数不知法律的人们夺去了王权"。"人们已经起来反叛蛇标。"（按：蛇标是古埃及王权的标志之一，古代埃及国王头戴 nemes，蛇标就在前额上）"无边无际的国家的秘密已被泄露，而官邸在刹那间已被拆毁。""上下埃及国王的秘密已被泄露"，"国家的长官被驱逐"，"国家的首长逃亡，他们因穷困而无目标"。

《陈辞》说，"政府机关都不在它们应在的地方，就像畜群没有牧人而乱跑一样，那保密议事室，它的文件被拿去而〔其中（？）的秘密被暴露"。"政府机关已被打开，而它们的清单已被夺去"，"地籍（？）书吏的文件被毁坏"，"议事室的法律被抛出；真的，在公共场所，人们在它上面践踏，而贫民则把它们撕碎在街上"，说明统治秩序完全被起义者打乱了。

《陈辞》说，"贫民已变成财富的所有者，而不能为他自己制作便鞋的人现在是财宝的占有者"，"陵墓的所有者被赶到高地上，而不能为他自己制造一口棺椁的人现在是宝藏的（所有者）"，"从前为他自己乞求渣滓的人现在是碗盘丰盛的所有

图 2-12　第十三王朝国王索别克荷特普五世供奉像

者"，"袍服的所有者现在衣着褴褛，而不能为他自己穿戴的人现在是精细麻布的所有者"，表明财产关系发生了根本的变化，起义者剥夺了剥削者占有的财产。

参加起义的除贫民以外，还有奴隶。《陈辞》说，"所有的女奴隶随便讲话，而当她们的女主人说话时，女仆是厌烦的"，"奴隶变成了奴隶占有者"。

从《陈辞》看，起义规模很大，推翻了以国王为代表的统治阶级的统治，打击了奴隶主贵族和"强有力的涅杰斯"，起义显示了人民群众的伟大力量。

但《陈辞》并未具体记载起义发生的时间、地点、原因、过程和结果。

（二）喜克索斯人入侵

当埃及国内处于分裂混乱之时，喜克索斯人侵入了埃及。① 喜克索斯人的成分很复杂，其中主要部分应是居住在叙利亚、巴勒斯坦一带的讲塞姆语的游牧部落，同时也可能掺杂进一些胡里特人和雅利安人的成分。

最初，喜克索斯人主要采用了和平渗透的方式侵入埃及。由于叙利亚、巴勒斯坦一带发生干旱等原因，居住于此的游牧部落放牧牲畜发生困难，于是四处寻找牧场。埃及三角洲离他们最近，又水草丰美，因此成为他们理想的目标。他们开始时三五成群，后来则是大规模地向三角洲移居。当时埃及本身无力阻挡他们渗透。中王国时期作为奴隶来到埃及的叙利亚人和巴勒斯坦人也可能帮助过他们。

大约在公元前18世纪后期，入侵的喜克索斯人在三角洲建立起自己的政权，首都是三角洲东部某地的阿瓦利斯。喜克索斯人的首领叫作"赫卡·哈苏特"，意为"外国的国王"或"牧人王"。在埃及建立政权后，他们的国王也采用法老的称号，并逐渐扩大其势力范围，达到中部埃及，建立了埃及历史上的第十五王朝和第十六王朝。他们统治的地区还包括叙利亚和巴勒斯坦的若干地区。埃及南部的第十七王朝也对他们纳贡称臣。

图 2-13　喜克索斯国王
阿波比的圣甲虫戒指印章

喜克索斯人既崇拜埃及的塞特神，也崇拜埃及的太阳神拉神。他们的国王也自称"拉之子"，并在名字中冠有"拉"字，如阿乌舍拉、苏伦舍拉等。国王的名字也写在一个椭圆形的框子里。

为了统治埃及，喜克索斯人可能借用了埃及原有的一套统治机构，如他们也设有下埃及的司库和司库首长等职。

在喜克索斯人统治期间，埃及同西亚的联系更为加强。喜克索斯人把

① 关于喜克索斯人入侵和统治埃及的资料甚少，主要有：曼涅托的残篇记载（保存在约塞夫的著作中）；喜克索斯人自己留下的蜣螂石刻、陶器，以及为数不多的雕刻和石碑；20世纪发现的几份纸草和石碑铭文。根据这些资料现在还很难恢复这一事件的全貌。因此有关喜克索斯人的问题（包括其民族成分、入侵方式、统治情况，乃至王表、其首都位置等），还有许多争论和不清楚的地方。

战车带进了埃及，但马是否是他们带到埃及来的，则还是一个问题。

（三）埃及人反对喜克索斯人的斗争

埃及南方底比斯的第十七王朝国王卡美斯不愿与喜克索斯人分享统治权。他召集大臣会议，向他们讲述面临的形势，并征询他们的意见，看是否要同喜克索斯人进行战争。他的大臣们倾向于同喜克索斯人和平相处，其理由是，他们的牲畜可在喜克索斯人的统治区放牧。但卡美斯决心进行战争。据《涅西石碑》上的铭文，喜克索斯国王曾派使者前往努比亚的库什，企图联合库什共同打击底比斯。但使者在半途被埃及军队抓住，联合打击埃及的企图暴露并破产，埃及人免遭了两面夹击的危险。

卡美斯领导埃及人对喜克索斯人进行了战争，并取得了重大的胜利，收复了不少失地，但他未能完成驱逐喜克索斯人出埃及的夙愿便死了。他的弟弟雅赫摩斯一世继承了他的遗志，继续对喜克索斯人进行战争，终于攻占了喜克索斯人的首都阿瓦利斯（在他当国王的第17年），并将喜克索斯人赶出了埃及。雅赫摩斯一世建立了第十八王朝，埃及由此进入了新王国时期。

图 2-14 雅赫摩斯一世头像（残）

第四节　新王国时期的埃及

新王国时期包括第十八王朝至第二十王朝（约公元前 1567—前 1085年）。这是古代埃及最繁荣的时期。此时埃及通过征服，成为一个地跨西亚、北非的帝国。

一、埃及帝国的形成和统治

(一)埃及帝国的形成

在驱逐喜克索斯人出埃及、争得民族独立后，埃及的统治者立即开始了对外的侵略和掠夺战争，历时约 100 年之久，把埃及从一个囿于尼罗河及其三角洲的地域王国，变成一个地跨西亚、北非的奴隶制帝国。这是古代世界的第一个帝国。

对外征服从雅赫摩斯一世时就已开始。他向北，在追击喜克索斯人的过程中到达了叙利亚的扎西；向南，则为"驱逐努比亚的游牧人而到达了克亨色诺弗尔"。他的继承者阿蒙霍特普一世远征努比亚到达第二瀑布，对西方的利比亚用兵到达伊穆克赫克。

阿蒙霍特普一世的继承人和女婿图特摩斯一世是埃及帝国的奠基人。他多年征战，同西亚的米丹尼强国争夺对叙利亚和巴勒斯坦的控制权，把埃及北部疆界推进到了叙利亚北部和幼发拉底河上游。在南方，他到达了尼罗河上第三瀑布以外的地方，在第二瀑布以南 75 英里①处建立了要塞。图勒的铭文说，他在此国王统治时成了那里的总督，说明埃及对努比亚的征服和统治已经巩固了下来。随后的两个国王很少对外征战：图特摩斯二世仅统治 8 年；女王哈特舍普苏特基本

图 2-15　图特摩斯三世像

① 1 英里＝1609.344 米。

停止了对西亚和努比亚用兵，但发展了同蓬特地方的贸易往来。

　　埃及帝国的最后建立者是图特摩斯三世。他在自己统治的第 22 年（即他复位的第 2 年）就开始远征西亚，在美吉多战役中打败了米丹尼王国支持下的以卡迭什为首的叙利亚联军。在其统治时期，战败了米丹尼王国，迫使其退至幼发拉底河以北。这一胜利震撼了整个西亚：米丹尼从此不再与埃及为敌，且成了埃及的盟友，还多次与埃及联姻；亚述、喀西特巴比伦也纷纷与埃及交好；巴比伦将一位公主嫁给了埃及法老。图特摩斯三世还将埃及的南部边界推进到了第四瀑布以外。他以后的埃及诸王进行的战争（包括阿蒙霍特普二世对叙利亚的战争）都只不过是镇压被征服地区的反抗和起义而已，而无新的征服。

（二）埃及帝国的统治

　　新王国时期，特别是其初期，君主专制更加强化。埃及的国王被称为法老大约是从图特摩斯三世时开始的。从图特摩斯三世给宰相列赫米留的训令可知，国王拥有极大的权威。

　　在国王之下的宰相（维西尔）之职，在新王国时曾一度一分为二，即设立了两个维西尔。其中之一主管上埃及事务（兼管努比亚），另一个分管下埃及（可能还包括西亚）的事务。前者权力较大，国王不在时可代行朝政。从列赫米留的铭文和其他资料可知，行政、经济、司法、宗教、土地诉讼、分家析产、灌溉、遗嘱、农事、赋税等都在宰相的职责范围之内，但在重大问题上他主要是执行法老的指令。

　　宰相之下有管理各种事务的机构，诸如管理北方港口、南方大门（即要塞）、土地等的机构。

　　地方上仍以诺姆为单位，但诺马尔赫的权力已大不如前，他们已无力像中王国时期那样独树一帜地来反对王权。

　　军队是帝国的物质支柱。这时，埃及军队增加了一个新的兵种——战车兵。战车兵大多由富家子弟组成，其生活起居和牲畜饲养均由奴隶、仆人侍候，这是一般人负担不起的。自第十八王朝中叶起，埃及军队中的雇佣兵开始起重要作用。

　　对被征服地区，埃及人一方面派总督治理，派军队驻防，另一方面利用当地土著王公贵族进行统治。埃及人每占领一地，便把当地统治者的孩子作为人质带到埃及去，让他们接受埃及教育，待其父辈死后，便让他们回去接替其父辈的职位："王公们及其兄弟的儿童被运走，以便送往埃及，作为人质。如果这些王公中有人死去，陛下就派他的儿子来接替他们的位置。"以夷制夷的思想十分明确。在努比亚，由埃及王子任总督，被称作"库什王子"，显然是让他们接受行政能力的训练。帝国时代有一个庞大的军事官僚机构，官吏出自奴隶主的不同集团和阶层：贵族奴隶主、神庙祭司奴隶主(尤其是阿蒙神庙祭司)，以及新兴的中小奴隶主涅木虎。

维持庞大帝国的军事官僚机构的经济来源，一方面是向国内人民征收赋税，另一方面则是战争掠夺和向被征服地区的人民征收贡赋。

二、新王国时期的社会经济

(一)经济的发展

新王国时期初年，长期大规模的征服战争给埃及带回大批劳动力和其他的财富，极大地促进了埃及经济的发展。

这时，冶炼金属已采用脚踏风箱以提高炉温，从这时的浮雕可知，一人可同时踩两只风箱。铜制品的制作方法也有改进，除过去的锻造法外，已使用新法——铸造法，这种新方法需要更高的工艺水平。

建筑业是埃及重要的手工业部门之一。第十八王朝中期新建了埃赫那吞的新都——埃赫塔吞，第十九王朝中期又兴建了拉美西斯二世的陪都——培尔-拉美西斯(在三角洲的东部)。底比斯的卡尔纳克和卢克索尔两大神庙的主要部分都是在新王国时期修建的。这说明了当时建筑业队伍之庞大和建筑技术之高。

以亚麻和羊毛为主要原料的纺织业也很发达。从图特摩斯四世和图坦卡蒙墓中发现的残片看，新王国时期纺织技术水平很高。纺织机械也有改进，立式织布机取代了卧式织布机，由一人或两人操作可织出较宽的布幅。

玻璃制造业达到很高的水平。在底比斯发掘出好几座属于第十八王朝时的制造玻璃的作坊。玻璃的品种不少，有紫水晶、黑水晶、蓝水晶、白水晶、红水晶、棕色水晶、黄色水晶，以及无色透明水晶等种类。

农业中出现了一种新的提水装置——类似古代中国的桔槔的沙杜夫，这为高地的开发创造了条件。

商品货币关系也有很大的发展。银的重量被用作价格尺度，借贷关系发展了，真正的商人出现了。

但是，直到新王国时期，埃及的农业技术改进不大；马和轮车都还未在交通运输中起作用；铸币仍未出现，商品货币关系发展得还很有限；商人虽已出现，但人数很少，在经济和政治上的影响都很有限。

(二)奴隶制的繁荣

新王国时期的战争促进了埃及奴隶制的繁荣。从这时军人的铭文中我们看到，他们狂热地追逐俘虏和抓获平民百姓，将之变成奴隶。因此，新王国时期奴隶人数大增。

这时占有奴隶最多的仍是王室、神庙和少数官僚贵族奴隶主。例如，图特摩斯三世一次就捐赠给阿蒙神庙 1578 个奴隶；阿蒙霍特普三世的一个铭文说，卡尔纳克神庙充满了男女奴隶以及所有国家俘获的王公贵族们的孩子。个别奴隶主贵族也占有很多奴隶，如国王用男女奴隶使哈皮之子阿蒙霍特普的礼拜堂不朽，用男女奴隶耕种他的土地。

同以前时期相比，新王国时期奴隶制发展的主要特点是，居民的中下层较广泛地占有奴隶。例如，据法雍地方出土的资料，王家牧人涅布麦西有多个奴隶，他将拿去出租。据老兵桅夫长雅赫摩斯的铭文说，他至少有 19 个奴隶。据底比斯王陵的资料，第十九王朝时期，一个王陵手工业者分队长涅弗尔荷特普拥有 5 个奴隶，一个名叫荷尔的军队书吏至少占有 1 个奴隶等。

奴隶不仅劳动于家务方面，而且用于农业生产和手工业生产。

虽然新王国时期有的奴隶可能被释放，被收为养子，可能独立租种土地，有自己的家庭、自己的经济，甚至可能占有土地，但其奴隶的地位并没有改变，他们仍然是其主人的财产。奴隶可被买卖、转让(如据罗浮宫博物馆藏第 3230 号纸草上的铭文说，第十八王朝时期一个名叫塔伊的司库将自己的一个小女奴转让给了他人；阿蒙霍特普三世的一个总管在一个调色板上的铭文中说，他将自己众多的土地、奴隶转让给普塔赫神的一个雕像作为祭祀基金)、出租，在自由民分家析产时作为财产被分掉。因此，他们的处境仍是十分悲惨的。不仅那些在奴隶主家中的奴隶如此，即使是独立租种土地，甚至占有土地的奴隶也是如此。从《维勒布尔纸草》上的资料可知，他们租种的土地是很少的，大概难以糊口。开罗石碑 $\frac{27}{24}|\frac{6}{3}$ 的资料说，一个女奴对其主人说，希望主人购买她的土地，因为她"度着穷困的生活"。因此，奴隶往往以逃亡(据《波隆纸草》第 1086 号；另见不列颠博物馆藏《阿那斯塔西纸草》V，xix2～xx6，它说到追踪两个逃奴到了边境)、起义(《哈里斯大纸草》记载说，在第十九王朝末，一个叙利亚籍奴隶伊尔苏领导过一次奴隶大起义，规模很大；他自称为王，"把整个埃及大地变成他的附属

物"，"他们对待神也像对待普通人一样，对神不做任何供奉"。第十九王朝就是在奴隶起义中灭亡的)等形式进行反抗。

但是，《维勒布尔纸草》中反映的奴隶独立租种神庙和王室土地的事实具有历史的重要性。它反映了在埃及新王国时期奴隶制已盛极而衰，说明在奴隶起义和反抗的情况下，奴隶主正在寻找新的剥削形式，表明奴隶制已不适应生产力发展的要求了。

(三)土地关系

就总的格局而言，新王国时期埃及的土地关系同古王国时期相比没有根本性的变化，即国家、国王、神庙和官僚贵族仍是土地的主要占有者。

关于国家的土地，据《哈里斯大纸草》，第二十王朝国王拉美西斯三世给各类神庙 1070419 斯塔特土地。这些土地显系国家的土地，而非国王的土地。据有的学者的意见，该纸草仅存 1/3，因而实际给予神庙的土地还要多得多。

关于国王的土地，在《维勒布尔纸草》中记载的土地(在埃及中部)至少也有几千阿鲁尔(1 阿鲁尔＝1 斯塔特)。国王的土地遍布全国各地，为管理王室地产，设置了专门的官吏，如哈特舍普苏特女王的宠臣森穆特受命担任全国的国王地产长官，国王图特摩斯三世设"国王一切劳作的领导人"之职，哈皮之子阿蒙霍特普的铭文提到有"国王地产首席监督"之职等。

关于神庙地产，从《哈里斯大纸草》可以看出，新王国时期神庙占有的土地非常多，在《维勒布尔纸草》中也记载了在埃及中部某地神庙有着大量的用以出租的土地。神庙土地的来源包括国王代表国家捐赠的、国王自己捐赠的、其他私人捐赠的等。和古王国时期不同的是，在新王国时期的神庙土地中，阿蒙神庙占有的土地是最多的，因为这时候阿蒙神被崇拜为主神，是国王的主要保护神，因而国王捐赠的大部分土地给予了阿蒙神庙，这从《哈里斯大纸草》的内容可以清楚地看出(除了埃赫那吞改革的短暂时期以外)。而在古王国时期，国王捐赠的土地主要是给拉神的神庙的(参见《帕勒摩石碑》)。

新王国时期的贵族不是过去的氏族贵族，他们占有的土地，基本上是因为担任官职而获得的职田和兼并而来的土地。因此，就个别的贵族而言，他们可能不如古王国时期的贵族占有的土地多，但他们占有的土地仍然是很多的，如阿蒙霍特普三世的总管阿蒙霍特普至少占地 430 阿鲁尔，第十八王朝末代国王埃耶一次就赐给一个官吏 154 斯塔特土地。

新王国时期，有若干中下层居民占有土地的资料(在古王国时期我们基

本上没有这方面的资料），如《摩塞档案》《屏洛之墓》、开罗石碑 $\frac{27}{24}\Big|\frac{6}{3}$ 等。在这些资料中说到牧人甚至奴隶占有土地。这些人占有的土地的来源是：买来的（如《摩塞档案》中摩塞从涅布麦西那里购买的土地）、继承来的（如在萨卡拉出土的属于第十九王朝时期拉美西斯二世时的一个文件说，一个名叫麦西的人，其祖先涅斯因功而得到第十八王朝开国之君雅赫摩斯一世的赐地若干。这些土地世代相传直至麦西的时候，其父赫维将其作为遗产在赫维及其兄弟姊妹之间分配了）、获赏的（如桡夫长雅赫摩斯就因功而获赏 60 斯塔特土地等），可能还有职田。

有关新王国时期土地买卖的资料仍然不多，现知有《摩塞档案》中记载的王家牧人涅布麦西将 3 斯塔特土地卖给大有角畜牧人摩塞，其价格是值 1/2 德本银的一头乳牛。但这次买卖是以契约的形式出现的，比古王国时期梅腾自传中用酬金获得土地的记载更明确地确认了土地买卖的存在。另一个土地买卖的资料是开罗石碑 $\frac{27}{24}\Big|\frac{6}{3}$ 上的铭文，其内容也是很明确的。

新王国时期，王室、神庙、官僚贵族的土地往往采用出租的方式经营。佃户的成分非常复杂：农民、奴隶、雇佣兵、女市民、养蜂人、马夫、下层祭司、牧人等。其中多数是无地或少地的人，但也有一些富人租种王室和神庙的土地，而且租佃的土地很多（在《维勒布尔纸草》中就记载了一些租种很多神庙和王室土地的人，如有一个"农民"租种了 17 块土地，总数达 222 阿鲁尔）。

关于佃户的情况，据柏林博物馆藏第 8532 号纸草的资料，一个名叫帕涅别纳吉德的努比亚农民，租佃了弓箭手长官、家之书吏洪苏·舍德洪苏的土地。此弓箭手长官却突然给佃户一封信，要他交回土地，后经其妻子干预，才免于被夺佃。在《兰辛克纸草》中，叙述了一个逼租的例子："书吏靠近河岸，登记收获，后面跟着手提棍棒的看门人和手拿树枝的黑人。（书吏）对（农民）说：'给谷子'，而（他）没有。他被打倒，被捆起来，被扔进河渠。他头朝下沉没下去。他的妻子被捆着躺在他面前，他的孩子也遭连累，他的邻居都跑了，因为他们没有谷子。"这说明贫穷的佃户处境非常艰难。

（四）涅木虎阶层的兴起

新王国时期，原来的地方贵族已不能一如既往地在政治舞台上起作用，在政治舞台上起作用的是祭司集团和追随王权的官僚贵族。与此同时，随着社会经济的发展，新兴起一个"涅木虎"（Nmh）阶层，并逐渐地登上了政治舞台。

"涅木虎"一词出现于中王国后期，其确切意思不清楚。从一些具体例子看，其中有孤儿、贫穷的人等。新王国时期，涅木虎具有了与贵族相对立的人的社会意义。属于涅木虎的人可能经营王室土地，称为王室土地的涅木虎，他们享有世袭租佃权，而且身份也世袭。他们租种法老的土地，向法老宝库缴纳租税，甚至可能缴纳黄金。涅木虎也服务于军队，或为国王提供其他服务。涅木虎逐渐成了一个中小奴隶主阶层，占有奴隶，担任官职，成为王权的社会支柱。埃赫那吞改革时，曾提拔了一大批涅木虎担任中央和地方的官吏。例如，大臣麻伊的铭文说："我——按父母双方来说都是涅木虎。君主玉成了我，他使我成为……而（先前）我是一个没有财产的人。他使我得到（很多的）人。他提拔我的兄弟，他使所有我的人关心（？）我。当我成为一村之长时，他下命令，使我兼任大臣之（职）和'王友'，而（先前）我曾（要过）面包。"埃赫那吞改革失败后，这个阶层受到打击、迫害，其财产也被没收。第十九王朝的霍连姆赫布国王曾颁布敕令保护他们的利益，包括豁免涅木虎的欠税，禁止夺去涅木虎运输货物的船只，禁止向涅木虎征收苛捐杂税，还向涅木虎提供某些物质上的帮助，以使其能执行自己的义务等。这大概是因为这个阶层受到打击是于王权不利的。颁布上述敕令的目的显然是为了保护这个阶层的利益，从而保护王权自身的阶级基础。

三、埃赫那吞改革

（一）统治阶级内部矛盾的发展

新王国第十八王朝前期是一个生气勃勃的时期。但到该王朝中期，统治阶级内部，包括王室内部，以及王权与神权、神权与世俗奴隶主之间的矛盾逐步暴露并激化。

第十八王朝中叶，图特摩斯三世幼年即位，由王后哈特舍普苏特（也是他的姑母）摄政。她将幼王贬至阿蒙神庙，而自己当上了女王。她依靠阿蒙神庙祭司森穆特和哈普森涅布辅佐自己，由森穆特做她的总管，由哈普森涅布做维西尔。在女王晚年或死后，图特摩斯三世成年，又依靠阿蒙神庙祭司复位，夺回了政权。由此，阿蒙神庙祭司左右逢源，在政治上、经济上、思想上的实力和影响都大大增强。

阿蒙神庙势力的加强，一方面增强了它对王权的离心倾向，另一方面又引起了它同世俗奴隶主（包括军事官僚贵族和涅木虎）之间的矛盾（在财产和权力上再分配的矛盾）。因为帝国是由军队打出来并保卫的，是靠官吏来

图 2-16　女王哈特舍普苏特像

管理的，但军队和官吏在权力和财产的分配上却越来越不如神庙势力，尤其是阿蒙神庙势力咄咄逼人，这就必然引起不满。

法老同阿蒙神庙势力的矛盾在图特摩斯四世时已显露端倪。其表现是该国王将在西亚的一次战争的胜利归功于阿吞神，而不是像通常那样归功于阿蒙神。在阿蒙霍特普三世时，这个矛盾更趋明朗。该国王娶了一个平民女子提伊为后，已引起了包括祭司在内的贵族的不满。他又提倡崇拜阿吞神，修建阿吞神庙；还为提伊王后修建了一个湖，建造了一艘"阿吞的闪光"号游艇；撤了一位担任维西尔的阿蒙祭司普塔赫摩斯的职，而任命了一个非祭司出身的人拉莫斯为维西尔。

阿蒙神庙祭司当然不甘心，他们企图干预王位的继承，阻止阿蒙霍特普四世继承其父的王位。这最终导致了新国王即位后实行以宗教改革为表现形式的政治改革，即埃赫那吞改革。

（二）埃赫那吞改革

公元前 1379 年，阿蒙霍特普四世冲破重重阻拦登上了王位。他即位后，先是重新推出对拉神的崇拜，以对抗对阿蒙神的崇拜。在遭到阿蒙神庙祭司的激烈反对后，阿蒙霍特普四世决定同神庙势力决裂。在他即位第 6 年，即公元前1373 年，他采取了如下一些果断的措施：

第一，取消对阿蒙神和其他一切神的崇拜，只准崇拜阿吞神（阿吞也是一个古老的太阳神，以太阳圆盘为标志）；

第二，没收阿蒙神庙及其他一切神庙的财产，将其转交给阿吞神庙；

第三，铲除一切建筑物上的阿蒙字样；

第四，将首都从底比斯迁至埃及中部的阿马尔那，新首都取名为"埃赫塔吞"，意为"阿吞的视界"，以摆脱阿蒙祭司集团的影响；

第五，国王也由阿蒙霍特普四世改名为"埃赫那吞"，意为"阿吞的光辉"；

第六，提拔一些出身中下层的人（涅木虎）担任高级官吏，以实施和推进改革，等等。

图 2-17 埃赫那吞像

改革遭到阿蒙神庙祭司集团及其他祭司、贵族的强烈反对和对抗。他们甚至要谋杀国王。

改革期间，埃及停止了对外战争，军队得不到战利品和赏赐。埃及的西亚属地因得不到埃及的关注而离开了埃及，或被小亚细亚强国赫梯夺去。这些必然影响军队和其他奴隶主对改革的支持。

改革阵营内部（包括王室内部）发生了分裂。母后提伊可能是在祭司们的压力下从底比斯来到阿马尔那对埃赫那吞施加压力，要他放弃改革。埃赫那吞动摇了。王后涅菲尔提提和他分手了，她离开王宫搬到城北另一个地方去居住了。他的共治者施门克赫卡勒去了底比斯，可能是作为人质。

图 2-18 图坦卡蒙的面具

公元前 1362 年，埃赫那吞去世，改革也就停止了。他的共治者、女婿施门克赫卡勒在他死后第 4 年也死了。埃赫那吞的儿子、女婿图坦卡蒙当上了国王，时年 9 岁。小国王在他的辅佐者们的压力下放弃了改革，恢复了对阿蒙神庙的崇拜，发还了它们的财产，并赠送了更多的财产给它们，首都也迁回了底比斯……图坦卡蒙在 18 岁时被谋杀而死，维西尔埃耶当了国王。他和他的继任人霍连姆赫布彻底放弃了改革。改革之都被抛弃而荒凉了，变成了一片废墟，被人遗忘达三千多年。

改革失败，神庙势力复辟，支持改革的涅木虎受到打击报复。王权重新与阿蒙神庙势力结盟，但已很难主宰神权势力了。

改革之所以失败，一是因为以阿蒙祭司集团为首的旧贵族势力十分强大，且根深蒂固；二是因为埃赫那吞的某些改革措施失误，导致了改革阵营内部的分裂，原本支持改革的军队、官僚贵族奴隶主背离了改革，从而削弱了改革阵营的力量；三是因为人民群众并未从改革中得到任何好处，相反，他们的负担更为加重，因而也对改革缺乏热情；四是因为埃赫那吞后继乏人。

但改革打击了以阿蒙神庙祭司集团为代表的旧贵族的势力，在思想上也有一定的解放作用，在文学艺术方面出现了一些新的气象。

四、新王国的衰落

第十八王朝前期是埃及帝国的鼎盛时期。埃赫那吞改革的失败，以及随后发生的埃及同小亚细亚强国赫梯的争霸战争，使埃及受到严重的削弱。

(一)埃及同赫梯的争霸战争

在公元前 2000 年代，赫梯是小亚细亚的一个强国，它在向外扩张过程中与新王国时期的埃及发生了尖锐的冲突。争霸战争发生于埃及的第十八王朝末至第十九王朝的前期，历时约一个世纪(公元前 15—前 14 世纪)，目标是叙利亚和巴勒斯坦地区。

叙利亚和巴勒斯坦地区有着非常古老的文明，但直到公元前 2000 年代末都未能形成一个强大的政治实体。这里又是东西方交通的要道、出海口和商道，因而成为周边强国侵略和掠夺的对象。埃及在新王国的第十八王朝的前期战胜了西亚强国米丹尼支持下的当地以纳哈林为首的若干小国的联盟后，曾一度成为叙利亚和巴勒斯坦地区的主宰。但在埃赫那吞改革时期，由于忽视了对这里的关注，甚至对西亚一些属地要求帮助的呼吁置若罔闻，于是，赫梯王国乘虚而入，成为埃及在这里的一个强大对手。

图坦卡蒙和埃耶时期，埃及曾同赫梯交过手，但遭失败。第十九王朝初年的法老们同赫梯进行过多次战争，取得很大胜利，稳住了埃及在这里的统治，但未能夺回埃及往日的全部属地。尤其赫梯正处于鼎盛时期，气势汹汹，咄咄逼人。

争霸战争的决定性战役是在埃及法老拉美西斯二世和赫梯国王穆瓦塔努统治时进行的。为了争霸，拉美西斯二世在三角洲东部营建了一个新都——培尔-拉美西斯，并组建了一支约 3 万人的军队（其中 1 万人为雇佣军）。穆瓦塔努也将首都从哈图沙迁到了靠近叙利亚的达塔什城。当时站在赫梯一边的有许多叙利亚的小国：卢卡、纳哈林、阿尔瓦德、麦沙、卡赫美什、科迪、卡迭什、努格什、乌伽利特和阿勒颇等。

拉美西斯二世在其统治的第 4 年，进行了一次预备性远征，占领了腓尼基沿海地区。第 5 年，他亲率以 4 个神命名的军团及雇佣军约 3 万人，远征叙利亚。穆瓦塔努率领赫梯主力战车兵埋伏于卡迭什城东。当拉美西斯二世同自己的先头部队扎营于该城西部时，遭赫梯军突袭，拉美西斯二世险些被擒。后埃及大军赶到，救出了拉美西斯二世。双方经过激战，损失均极惨重，以致都无力再战。拉美西斯二世在位第 21 年时，赫梯新王哈吐什尔提出与埃及缔结和约，实行和亲，并派人送来了和约草案。拉美西斯二世同意了和约，从而结束了这场为时一个多世纪的争霸战争。和约除说明性的内容外，包括 1 个序言和 9 个条文。和约是两个霸权国家掠夺本质的反映。它们按和约瓜分了彼此在叙利亚和巴勒斯坦的势力范围。和约也是一个军事同盟条约，双方保证在遇到第三国威胁时在军事上互助，并互相支持对付本国内部的危险。

争霸战争给叙利亚和巴勒斯坦人民带来了巨大灾难，因而遭到该地区人民的激烈反抗。战争也削弱了两国自身的实力，加剧了两国内部的矛盾，给两国带来严重后果。不久之后来临的"海上民族"入侵给埃及以沉重打击，赫梯王国则完全因这一打击而陷入灭顶之灾。

（二）新王国的衰落

第十九王朝晚期，埃及连遭外侵和内争的打击。首先是"海上民族"入侵。入侵共两次。第一次发生在麦尔涅普塔赫统治时期，该国王的铭文说，他打败了"海上民族的入侵，杀死 8500 人，俘 1 万多人"；第二次发生在第二十王朝国王拉美西斯三世统治时期。虽然两次入侵都只扫过了三角洲，且都被打退，但还是使埃及实力受到严重削弱。

与此同时，王权与阿蒙神庙祭司集团的矛盾再度激化。国王麦尔涅普塔赫不信奉阿蒙神，而推崇普塔赫神。他把赶走"海上民族"的功劳归于普塔赫神，但这次王权又遭失败。此次王权的失败，使王权更加依赖神庙祭司集团。第二十王朝的拉美西斯三世将大批财富赠给各类神庙(其中阿蒙神庙获利最多,见《哈里斯大纸草》)就是这一依赖的反映。

第十九王朝末,埃及发生了伊尔苏奴隶起义。第十九王朝就是在这一起义的打击下灭亡的。第二十王朝中叶,还发生过首都西部墓地工人的罢工,其起因是该墓地工人应得的各项供应常常中断。在忍无可忍的情况下,工人被迫罢工。

第二十王朝末,埃及在西亚的属地大部分已丧失。《乌奴阿蒙游记》记述的埃及使者乌奴阿蒙去黎巴嫩获取木材遭冷落的情景,反映了埃及帝国的衰落。

公元前1085年,阿蒙神庙祭司赫利荷尔篡夺王位,建立第二十一王朝,新王国时期结束,埃及从此进入自己历史发展的衰落时期和外部不断入侵的时期。新王国的衰落实际上也意味着古代埃及文明的衰落,因为,在此以后,虽然埃及在经济上还有一些发展,但在政治上和军事上却是再未振兴过。

五、后期埃及

后期埃及包括公元前1000年代到公元1000年代中叶,从第二十一王朝至被阿拉伯人占领为止的时期。

在这个时期的埃及,铁器得到广泛使用,手工业相当发达,商品货币关系获得很大发展。据希罗多德记载,第二十六王朝时期,埃及有人居住的市邑有2万座。希腊商人在埃及建立了瑙克拉提斯等殖民地。法老尼科曾雇用腓尼基水手绕航非洲,并曾开凿尼罗河至红海之间的运河,但未完成;后来,运河在波斯国王大流士统治时期得以开通。商品货币关系的发展促进了阶级分化,其表现形式之一是土地兼并的发展,之二是债务奴役的发展。第二十四王朝法老波克荷利斯曾颁布敕令,废除债务奴隶制,限制高利贷,但未取得实效。不过,据说后来希腊雅典的著名政治家梭伦曾借鉴过这个改革。

公元前1000年代前期,先后有利比亚人、埃塞俄比亚人、亚述人统治过埃及,而后埃及又沦于波斯人、希腊人和罗马人的统治之下。波斯人在埃及建立了第二十七王朝(公元前525—前404年),那时埃及成了波斯帝国的一个行省,每年向波斯帝国缴纳700塔兰特白银作为贡赋,此外还有实物税。公元前404—前343年,埃及一度独立,建立了第二十八王朝至第三十王朝。公元前343年,波斯人重新征服埃及,建立第三十一王朝。公元前

332年，亚历山大东征时，占领埃及，埃及成为亚历山大帝国的一部分。亚历山大于公元前323年死后，其部将托勒密于公元前305年在埃及称王，建立托勒密王朝（公元前305—前30年）。其末代女王克娄巴特拉于公元前30年自杀后，罗马人占领埃及，埃及成为罗马元首的私人领地。公元395年，罗马帝国分裂，埃及归属于东罗马帝国。642年，阿拉伯人占领埃及，埃及成为阿拉伯帝国的一个组成部分。在一系列外族入侵和统治下，埃及历史独立发展的进程被打断，其象形文字在公元前后被人遗忘，成为一种死文字。古代埃及文明的灭亡是人类文明发展史上的一大悲剧。

第五节　上古埃及文化

古代埃及人民创造了灿烂的文化，对人类文明做出了重要贡献，对当时和后世有不可磨灭的影响。

一、文字

文明时代的重要标志之一是文字的发明。古代埃及是人类最早进入文明时代的地区之一，也是最早发明和使用文字的地区之一。古代埃及人使用的是象形文字（hieroglyphic）。古希腊人称象形文字为神秘的（hieros）雕刻（glypho），由此得出了象形文字（hieroglyphic）一词。

象形文字是由图画文字演化而来的。涅伽达文化Ⅱ时期蝎王权标头上的蝎子符号是最早的象形文字之一。象形文字一般由3个部分组成：表意符号、表音符号和限定符号（或称部首符号）。表意符号有很强的直观性，它能表达出所要表达的具体事物。表音符号有一音一符、两音一符、三音一符，以及两符一音、三符一音等情况。象形文字有24个单辅音符号，即"字母表"，但只有辅音而无元音，也一直未发展成字母。限定符号，在现代字母文字中，可因夹于两个辅音字母之间或在辅音前后加上元音而组成不同的字。古代埃及人只有辅音而无元音，在辅音相同的情况下，如何知道它所要表达的意思，如何知道它所指何物呢？他们创造了限定符号（类似汉字中的部首符号），即在表意符号和表音符号后加上限定符号，以确定其要表达的是什么意思，或确定其要表达的是哪一类事物。

古埃及人在书写时一般是从右往左、从上往下写，但也可从左往右写。人们如何确定书写的方向呢？主要看铭文中的人和动物面向什么方向。如

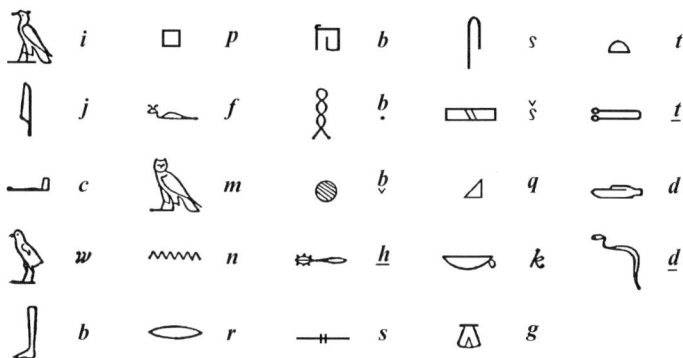

图 2-19　古埃及文字的单辅音符号表，即"字母表"

人和动物面向右，那就是从右往左写；如向左，则是从左往右写。古埃及人用于书写的原料主要是纸草。

　　古埃及文字在其使用的几千年中也几经变化：在第一中间期时演化出祭司体（hieratic，来自希腊字 hieratikos，意为祭司的），公元前 1000 年代前期又演化出世俗体（demote，来自希腊字 demotios，意为大众的、人民的、通俗的），公元前后还演化出科普特文字（coptic）。后来，埃及的象形文字便不为世人所认识，罗马人已视其为魔法符号。

二、文学

　　古埃及人没有创作出大部头的文学著作，也没有史诗性著作传世。但他们留下了形式多样的文学作品：诗歌、短篇小说、神话、寓言、格言、祈祷文、教训、传记、战记等。它们反映了不同时期埃及社会生活的众多方面。

　　在神话传说中，有关奥西里斯死而复活的故事最著名。传说奥西里斯原为埃及国王，其妻子为伊西丝，其子为荷鲁斯，弟为塞特。塞特一直想杀兄篡位，并终于得手。他将奥西里斯的尸体分解后沉入尼罗河中。伊西丝到处寻找其夫，后在尼罗河中找到，并使其死而复活，成为冥世的国王。荷鲁斯为报父仇，与塞特争战多年，后为众神裁决，由塞特统治上埃及，荷鲁斯统治下埃及。但地神格伯在处理此事时觉得这样做不妥，于是让荷鲁斯统治了全埃及，成为全埃及之王。现代埃及学家认为，这个故事中的王位由兄终弟及转为子承父位，反映了母权制被父权制所取代。

　　短篇小说中的《辛努海的故事》《船舶遇难记》《一个能言善辩的农夫》和

《占领尤巴城》等都非常著名。其中《占领尤巴城》讲述了图特摩斯三世的一员将领智取巴勒斯坦地区尤巴城的故事。该将领所用方法类似古希腊人的特洛伊木马计，但在时间上占领尤巴城要早于特洛伊木马计。

诗歌内容多种多样，如劳动者的歌、爱情诗、颂诗等。其中《尼罗河颂》《阿吞颂》歌颂了尼罗河和阿吞神给埃及人带来的恩惠。

战记作品中，最有名的如《图特摩斯三世年代记》，在里面记述了图特摩斯三世第一次远征西亚时在作战会议上讨论如何攻打该地美吉多城的战术。这是我们所知最早的有关战术方面的记载。

古埃及人从古王国时期起就有箴言文学或教训文学作品留传下来，内容十分丰富，在古代文学史上独具一格。它们通常出自帝王或官僚贵族之手，如《对美利卡拉王的教训》等。但也有普通人的长辈对晚辈的教训流传下来，如《杜阿乌夫之子赫琪给其子柏比的教训》。教训文学主要是关于伦理道德规范、普遍存在的社会问题或社会风尚等方面的内容。在这方面，中王国时期的《阿美涅姆赫特一世的教训》就十分典型。

三、科学

古埃及人在天文、历法、数学和医学等方面有不少的成就。

古埃及人很早就开始观测天文。第十二王朝的一个墓里就发现有一份星相图，在第十八王朝的哈特舍普苏特的宠臣森穆特的墓里也有一份星相图，第十九王朝和第二十王朝有星体图和星位表传世。

古埃及人在天文方面的成就之一是历法的制定。他们用的是太阳历。他们发现，每年阳历 6 月 15 日（古埃及历的 7 月 19 日），在三角洲地区，尼罗河水上涨与太阳、天狼星升起在东方地平线是同时的。他们把两个这样的现象之间的这段时间定为 1 年，把 1 年分为 3 季（泛滥季、播种季、收割季）。每季 4 个月，共 12 个月。每月 30 天，全年共 360 天，余 5 天在岁末为节日。这样，每年实际上只有 365 天，比现在的阳历少约 1/4 天。初时人们还不知道，久而久之，人们发现，本应在冬天庆祝的节日却在夏季举行，而应在夏季举行的节日又不得不在冬天里举行，这要经过 1460 年才能纠正过来。古埃及的太阳历成为后来罗马恺撒制定朱里亚历的依据，而朱里亚历又是我们现代历法的基础。

古埃及人的数学知识的产生和积累也很早，这可能与他们要在尼罗河每年泛滥后重新丈量土地、确定土地面积、推算谷物的体积和谷仓的容积有关，也与他们修建金字塔等建筑有关。

古代埃及保存下来若干数学纸草文献：《莫斯科数学纸草》《林德纸草》（又称《阿赫摩斯纸草》，现存于不列颠博物馆）、《阿那斯塔西纸草》（也存于不列颠博物馆）。《莫斯科数学纸草》上记有 25 道数学题，《林德纸草》上有 85 道数学题。它们均属中王国末期和第二中间期的作品，但反映的数学问题却肯定要早得多，起码在古王国时期就已熟知了。《林德纸草》是以"获知一切奥秘的指南"为开头的，说明古埃及人对数学的重视。

古埃及人创造了自己的十进位的计数制度，并创造了用以表示数字的若干符号：1～9 的符号为竖画，是几就画几竖；10、100、1000、1 万、10 万、100 万、1000 万这些数字都有独特的符号，每个符号都可重复 9 次（1～9、10～90、100～900……），其写法是从右往左；也有分数符号。加法的符号是用一个人走近来的腿形 ∧ 表示，减法则用走开去的腿形 ∧ 表示。古埃及人没有位置制，因此，要写某些数就要用很多符号。例如，986 这个数要用 9 个 100 的符号、8 个 10 的符号和 6 个 1 的符号，共 23 个符号。

古埃及人熟悉四则运算。加减法很简单，往往只是增添或减少一些符号，以求得最后的结果。乘法采用的是迭加法。他们已知分数和解一次方程。数学纸草文献中的题涉及最简单的二次方程。在几何学方面，他们已能计算等腰三角形、长方形、梯形及圆的面积，其圆周率为 3.16。在《莫斯科数学纸草》中还有求截头角锥体、半球的面积等题的答案。

四、建筑和艺术

古代埃及留下了丰富的建筑遗存，它们充分表明了古埃及人的智慧。大金字塔和亚历山大里亚港的法洛士灯塔是古代世界的奇迹。底比斯的卡尔纳克和卢克索尔神庙规模之大，气势之宏伟，也是世所罕见的。

卡尔纳克神庙始建于古王国时期，后来一直断断续续地建设，直到托勒密王朝时期才完成，前后近两千年。该神庙北墙长 530 米，西墙长 700 米，南墙长 170 米。这座神庙主要由崇拜阿蒙神、其妻穆特女神和他们的儿子洪苏的建筑群构成，此外，还有一些国王的祭祀神庙。在 2 号门和 3 号门之间的圆柱大厅，长 84 米、宽 54 米，共有石柱 134 根，分成 14 行，圆柱直径 3.5 米。其中有 12 根圆柱稍高，柱头呈开花状。卢克索尔神庙长约 190 米，宽约 55 米，其最雄伟的部分也是大柱廊。在这两个神庙的柱子和墙上刻满了铭文，著名的《图特摩斯三世年代记》就刻于其上。

图 2-20 卡尔纳克神庙圆柱大厅

图 2-21 卢克索尔神庙大柱廊

古代埃及留下的艺术品非常丰富，有圆雕、浮雕、绘画等。

雕刻的原料有木、石、象牙等。其中石雕最多。石雕中大者如哈佛拉金字塔前的狮身人面像、阿蒙霍特普三世的门农巨像以及阿布·辛贝尔神庙前的拉美西斯二世像等，小者如书吏像和埃赫那吞王后涅菲尔提提像等，都是世人皆知的杰作。拉美西斯二世的一个坐像也非常精致。木雕著名的有古王国时期的《村长像》等。象牙雕刻比较早的有大金字塔的主人胡夫的一个小雕像。古代埃及人早已用铜铸造像，据《帕勒摩石碑》上的铭文记载，早在第二王朝哈谢海姆威时就已用铜铸造过像，而第六王朝的培比二世的铜像至今犹存。

图 2-22 门农巨像

图 2-23 书吏凯伊石雕像

图 2-24 埃赫那呑皇后
涅菲尔提提石雕像

图 2-25 拉美西斯二世坐像

图 2-26 木雕《村长像》

　　浮雕保存下来的更多，前王朝时期就有很多的浮雕作品保存下来，如"战场调色板""猎狮调色板""蝎王权标头"、早王朝时期的"纳尔迈调色板"和"纳尔迈权标头"等。古代埃及浮雕的内容多种多样，反映了社会生活的方方面面：农业、手工业、畜牧业、宗教祭祀、战争等。它们为研究古代埃及历史提供了丰富的形象化的资料。

　　古代埃及的绘画有多种风格，有许多精品，如古王国时期的群雁图、新王国时期的《三个女音乐家》等都画得栩栩如生。第十九王朝时期国王拉美西斯二世的王后涅菲尔塔利二世墓里的壁画，特别是涅菲尔塔利二世的图像精美绝伦。阿马尔那王宫中的壁画也很有名。

图 2-27　群雁图

图 2-28　《三个女音乐家》(局部)　　　图 2-29　涅菲尔塔利二世的画像

　　浮雕和绘画最初出现与埋葬和神庙有关，即它们最初是用于装饰墓墙和神庙的。

五、宗教

古代埃及是一个多神崇拜的国家，图腾崇拜、自然崇拜十分盛行。狮、鹰、鳄鱼、眼镜蛇、太阳、月亮、天、地、尼罗河都被神化而加以崇拜。它们先是作为氏族部落的图腾、标志和保护神，后来又作为每个小国家（斯帕特）的标志和保护神。

早王朝时期，埃及逐渐走向统一。与此同时，鹰神荷鲁斯成了全国崇拜的主神和王权的保护神。古王国时期，太阳神逐渐取代荷鲁斯成为全国崇拜的主神和王权的主要保护神。中王国时期，底比斯统一了埃及，该地的阿蒙神地位逐渐上升，成为全国崇拜的主神和王权的主要保护神，并与拉神相结合，成为阿蒙—拉神。但是，其他原来崇拜的各种神依然存在。

古代埃及王权与神权结盟，全国崇拜的主神和王权保护神因政治斗争而时有变化。最明显的是埃赫那吞改革时取消对阿蒙神的崇拜而推出对阿吞神的崇拜，改革失败以后一切又恢复如常。

古代埃及是一个农业国，对农业神奥西里斯的崇拜占有重要地位，其主要祭祀地是埃及中部的阿卑多斯。奥西里斯死而复活的传说，反映了植物一岁一枯荣的现象。对天神的崇拜，可能反映了母权制的影响。据说天神努特是自生的，没有父母，它本身呈妇女状或乳房状。

古代埃及的宗教学说中只有保护或惩罚，或神带来恩惠的说教，而没有救赎的理论。另外，古代埃及的神虽然已从氏族部落神发展成了国家神，但未发展成世界神。

复习思考题

1. 古代埃及历史发展有哪几个阶段？各阶段的主要内容是什么？

2. 埃及国家形成于何时？其主要标志是什么？早王朝时期埃及统一和君主专制形成的原因和作用是什么？

3. 古王国时期埃及土地占有的基本格局如何？

4. 古王国时期埃及君主专制的主要表现有哪些？

5. 古王国时期埃及的劳动者状况如何？

6. 中王国时期王权与地方贵族斗争的原因是什么？

7. 埃及帝国形成的背景是什么？

8. 帝国时期大规模的征服战争对埃及社会经济发展有何影响？

9. 简述埃赫那吞改革的背景、内容、失败原因和作用。

10. 简述埃及与赫梯争霸的背景、过程、结果和影响。

11. 古埃及文明对人类有哪些贡献？

12. 试分析古埃及文明衰落的原因。

第三章　上古西亚

概　论

上古西亚又称"前亚"，东起伊朗高原，西至地中海东岸，包括伊朗高原、两河流域、小亚细亚、叙利亚、巴勒斯坦和阿拉伯半岛等地。这里是人类文明的发源地之一。

一、两河流域的自然环境

由于西亚地区辽阔，各地的自然环境差异很大，居民成分也很复杂，所以我们这里将介绍的是历史发展最早的两河流域地区。两河流域，古希腊人称之为"美索不达米亚"，意为"两河之间的土地"，大致包括今伊拉克的大部分地区。两河指的是底格里斯河和幼发拉底河，它们都发源于亚美尼亚高原。底格里斯河发源于凡湖西部160千米左右的哈扎古鲁小湖，全长2045千米。幼发拉底河则有两个源头，都位于凡湖和厄泽鲁姆之间，全长2750千米。两河在巴格达附近相距最近，中间只隔30多千米，但很快又分开，直到在巴士拉附近才汇合，最后分别注入波斯湾。

两河流域分为南北两部分，大体以今巴格达为中心，北部称"亚述"（得名于阿淑尔城），南部称"巴比伦尼亚"（得名于巴比伦城）。巴比伦尼亚又以尼普尔（今努法尔）为界分为南北两部分，南部称"苏美尔"（得名于苏美尔人），北部称"阿卡德"（得名于阿卡德人）。

美索不达米亚的农作物十分有限，主要是耐盐碱的大麦和椰枣。

美索不达米亚南部的矿产资源十分匮乏，金属奇缺自不必说，甚至连建筑所用的石块和木材都得从周围进口，所以多数房屋只能用泥土和芦苇建造。

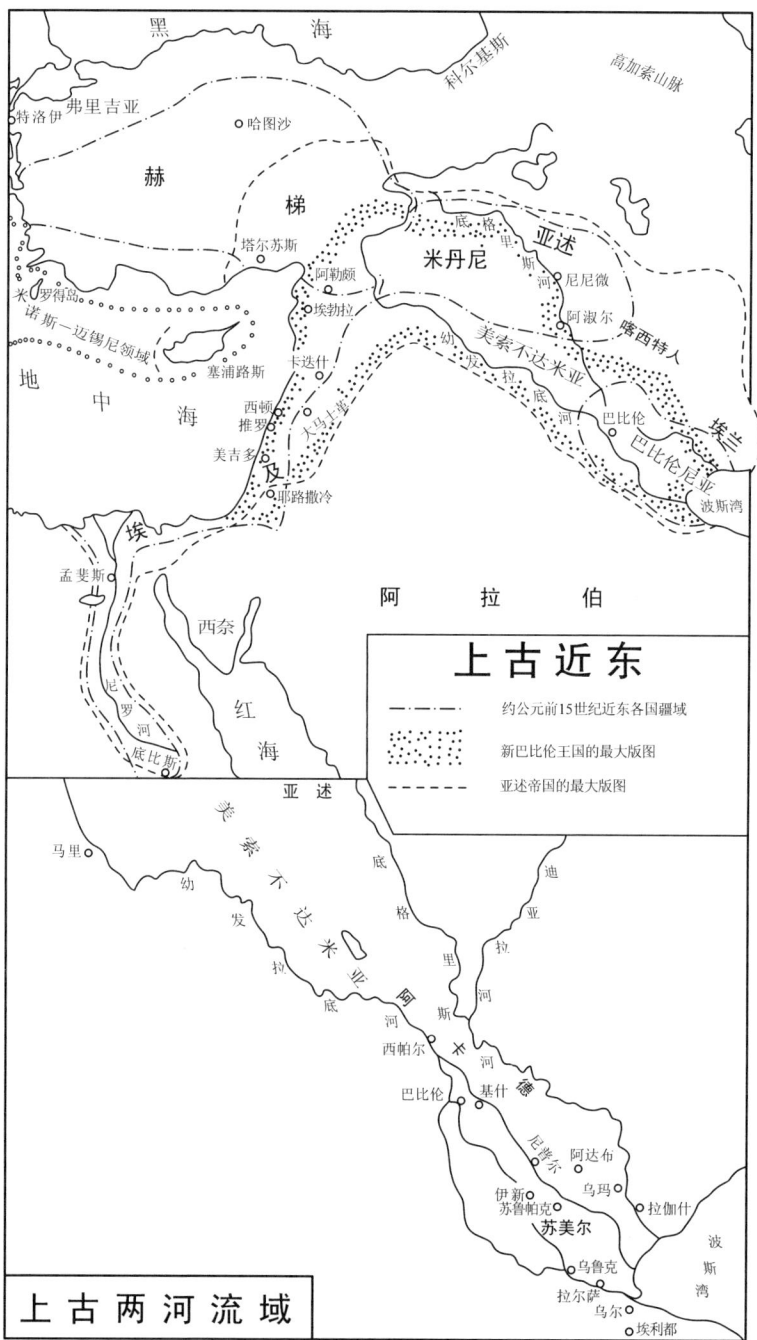

图 3-1　上古近东与上古两河流域

二、两河流域的居民

早在旧石器时代，两河流域就有人居住，考古学家发现了许多这一时期的洞穴遗址。不过迄今所知这一地区最早的居民是欧贝德人①，公元前5000年时，他们已定居于此。

公元前3500年左右，苏美尔人来到两河流域南部，主要居住在苏美尔地区，说苏美尔语，是此地最初文明的真正创造者。比苏美尔人稍后，塞姆人的东支阿卡德人来到了美索不达米亚南部苏美尔以北的阿卡德地区，亚述人则进入了北部的亚述地区。这时期在巴比伦尼亚四周还居住着其他许多部落，如北部的苏巴里人和胡里特人，东部的古提人、喀西特人和路路贝人，以及东南的埃兰人等。公元前3000年代末，阿摩利人从叙利亚阿拉伯沙漠地带来到两河流域，他们是塞姆人西支迦南人的一部分。古巴比伦王国灭亡后，喀西特人和迦勒底人先后统治这一地区。两河流域的古文明就是在这些民族互相影响、互相继承、共同创造的基础上发展起来的。

三、史料

研究古代美索不达米亚历史的史料主要由三部分组成：考古学资料、古代文献资料和古典作家的有关记述。

古代美索不达米亚的历史是建立在考古学基础上的。对这里的考古发掘始于19世纪中叶，它所提供的实物资料证据大致包括以下几类。

第一，古代城市遗址。亚述首都尼尼微和尼姆鲁德在19世纪中叶首先被发现，随后在19世纪后半叶苏美尔古城拉伽什和古代两河流域最大的城市巴比伦城的遗址被发掘。20世纪初，考古学家发掘出了乌尔、埃什努那和马里三大城市。

20世纪中期，考古学家又发掘了被认为是两河流域最早城市的埃利都。这些城市向人们展示了复杂的布局、高超的建筑水平、城区的防御系统、居民的居住条件和日常生活等。

---

① 考古学家称其为欧贝德人是因为他们最初的生存遗迹发现于乌尔城附近埃尔·欧贝德的小土丘中。关于欧贝德人与后来的苏美尔人的关系问题，学者们存在较大分歧。参见〔英〕格林·丹尼尔：《考古学一百五十年》，201页，北京，文物出版社，1987。

第二，大型宫殿和神庙等建筑。例如，在尼姆鲁德发现了公元前 9 世纪至公元前 7 世纪的 5 座亚述王宫，在宗教中心尼普尔发现了许多神庙和殿塔，在巴比伦发现了被誉为古代世界七大奇迹之一的巴比伦"空中花园"等。建筑在一定程度上揭示了当时的政治、宗教和教育生活。

第三，雕刻、壁画等艺术品。例如，尼姆鲁德出土有巨大的带翼人首牡牛雕像，其宫墙上有涉及战争与狩猎、押解俘虏以及宫廷生活等方面的浮雕；在马里宫殿里有马里国王授权仪式壁画等。这些雕刻和绘画为历史学家研究当时社会的政治、经济、宗教、文化和日常生活提供了珍贵的线索。

第四，陶器、圆筒印章和其他各种小器具。

第五，墓葬。墓葬在考古学上具有特殊意义，它一方面可以反映出当时人们的宗教思想和民风民俗等精神特质，另一方面从随葬品中也可看出当时物质生产的发展水平和社会关系的发达程度。

第六，碑铭和泥板文书。考古学家在美索不达米亚发现了许多文献史料，主要是楔形文字泥板文书和石碑铭文。内容涉及政治、经济、法律、军事、外交、宗教、文学和文化教育等诸多方面，是研究美索不达米亚历史的最主要史料。

首先要提及的是《苏美尔王表》和《吐马尔铭文》。《苏美尔王表》记载的是从苏美尔人历史开端——"王权自天而降"——到伊新王朝（公元前 1993—前 1930 年）这期间各城邦大部分王的名字及统治时间，是研究苏美尔人政治史尤其是苏美尔时代的政治结构、王权起源、王位继承及人神关系思想等问题的重要文献。

《吐马尔铭文》是向神奉献和敬修神庙等活动的铭文。吐马尔是尼普尔城守护神、苏美尔主神恩利尔之妻宁利尔女神的神龛所在地，是尼普尔的一个区。《吐马尔铭文》可以补《苏美尔王表》在年代学上的局限，使《苏美尔王表》所载的年代得到科学的校订。

一些统治者改革的铭文，如拉伽什王乌鲁卡基那改革的铭文、波斯王大流士著名的《贝希斯顿铭文》、国王们颁布的各种诏令、修建神庙和运河时刻下的铭文（如巴比伦王发布的减免债务的《巴比伦解负令》等），都是重要的历史资料。喀西特王朝统治时期的库都鲁石碑所刻写的铭文，对了解该历史时期的土地关系甚至社会制度具有重要的参考价值。

在拉伽什、马里、卡帕多西亚和努西等地都发现了大量的经济文书。这些材料对研究古代美索不达米亚的经济制度、土地所有制和商品货币关系等的发展具有重要意义。

古代西亚的法律相当发达，包括法典和法庭审判判决文件，如《乌尔纳木法典》《汉谟拉比法典》以及《苏美尔亲属法》、埃什努那王《俾拉拉玛的法典》、伊新王《李必特·伊丝达的法典》《中期亚述法典》《赫梯法典》和《摩西律法》等。

古代美索不达米亚战争不断，留下了许多有关战争与媾和的铭文，如著名的亚述国王辛那赫里布年代记，拉伽什国王安那吐姆所立的著名的鹫碑，马里的许多外交文件等。

图 3-2　喀西特王朝统治时期的巴比伦"库都鲁"界碑①

书信材料构成了古代美索不达米亚史料的一大特色。例如，古巴比伦著名国王汉谟拉比与他的地方行政官员沙马什·哈西尔和卢·尼努尔塔的大量书信提供了古巴比伦时期行政管理、司法、经济、土地所有制及社会结构等多方面的信息。古巴比伦时期大量的私人书信更直接地反映出私有经济的发展水平。

古文字及其语法结构本身也越来越成为一种重要的研究手段，其他如文学、宗教—魔法和科学方面的材料也都具有借鉴价值。

除了考古学资料和楔形文字古文献外，史料的另一重要来源是古典作家的有关记述，如"历史之父"希罗多德的《历史》，生活在公元前 5 世纪后半

_____

① 　约公元前 1125—前 1100 年。现存于大英博物馆。

期的波斯王阿塔薛西斯的御医克尼多斯的克泰西乌斯的《亚述史纲》，生活在公元前1世纪的狄奥多罗斯的《历史集成》，生活在公元前后的著名地理学家斯特拉波的《地理学》。与马其顿王亚历山大同时代的巴比伦人贝罗苏斯，用希腊语撰写了一部《巴比伦史》。可惜贝罗苏斯的著作只有残片保存下来，其他只散见于别人的著作中。

四、史学史

亚述学①产生于19世纪上半叶，是随着西亚楔形文字的释读成功而兴起的。欧洲学者最早见到的楔形文字是17世纪的意大利商人和旅行家佩德罗·戴拉·瓦莱(Pietro Della Valle)从波斯古都波斯波利斯大流士王宫的墙壁上临摹来的。最早对楔形文字进行释读的是17世纪末的英国旅行家赫伯特(Herbert)。他根据波斯王宫保存完好的铭文，正确地推断出这种文字是从左向右读的，并确认其为波斯人的语言。但在释读楔形文字方面，第一位取得突破性成就的是德国哥廷根的中学教师格罗特芬德(Georg Friedrich Grotefend)。1802年9月4日，他在哥廷根学院宣读了他的论文。他的最大成就在于，他读出了阿黑明尼德王朝的波斯王大流士、其子薛西斯及其父胡斯塔斯普的名字，并正确地分辨出古波斯楔形文字的9个字母，为楔形文字的最终释读成功打下了坚实的基础。随后，德国东方学家拉森(Christian Lassen)和巴黎著名的波斯学家鲍尔诺夫(Eugène Bournouf)又确定了若干其他古波斯楔形文字字母。最终打开巴比伦楔形文字之谜的是以英国东方学家H. C. 罗林森(Sir Henry C. Rawlinson)为首的一些学者。1835年，罗林森在波斯摹写了许多楔形文字的铭文，其中包括著名的《贝希斯顿铭文》。他在对格罗特芬德的研究一无所知的情况下，正确地断定了18个波斯楔形文字字母。到1839年，他已能读懂《贝希斯顿铭文》中的200多行波斯文。波斯楔形文字的破译和其他楔形文字材料的不断丰富，使释读其他各种楔形文字成为可能。1857年，罗林森、兴克斯(Edward Hincks)、欧佩尔特(Jules Oppert)和塔尔博斯(W. H. Fox Talbot)等共同合作，释读阿卡德文成功，为亚述学奠定了基础。

在楔形文字释读成功后，西方的考古学家在西亚广阔的地区里进行了

---

① 研究古代美索不达米亚语言文字、历史和文化的学科，因始于对亚述国家的文字和文物的研究而得名。

大量的、系统的考古发掘，获得了丰富的文献资料和实物资料，为西亚历史的研究奠定了坚实的基础。

西方学者还对古代西亚的历史和语言进行了深入的研究。在语言文字方面，芝加哥大学东方学院组织众多专家学者编纂的《芝加哥亚述词典》对推动亚述学的发展起了重要作用。该词典按字母分卷，基本上一个字母一卷，词汇量大的字母则分多卷出版，共 20 多卷。该词典不仅是亚述学者必备的工具书，而且也具有较高的史料价值，因为它的所有例句均选自不同历史时期的铭文、契约和书信。在文献的翻译、出版方面西方学者也有不少贡献，如出版了《汉谟拉比书信铭文集》《亚述王家铭文集》《古巴比伦法》……在政治、历史、文化、经济等方面的研究中，他们也做出了不少贡献，出版了诸如《剑桥古代史》《剑桥伊朗史》等大量专著，发表的论文更是不可胜计。另外，还出版了如《近东研究杂志》等专门发表研究这一地区古代史的论文的刊物。尤其应指出的是，在这一百多年中，培养了一批批的亚述学家。苏联在古代西亚史的研究方面也取得了许多成就。20 世纪 50 年代出版的苏联科学院编写的《世界通史》第 1、2 卷，不同版本的《古代东方史》，以及在《古史通报》等杂志中发表的文章，都反映了他们的研究成果。他们力图运用马克思主义的基本观点分析古代西亚的各种事件、人物、阶级、阶层，给人们留下了深刻的印象。他们的许多成果也为西方学者所承认。苏联也培养了一大批亚述学家，他们工作在亚述学的各个领域之中。

第一节　两河流域南部国家的形成与统一

一、苏美尔时代

(一)苏美尔文明的产生

美索不达米亚国家形成的过程大体上经历了 3 个文化时期：欧贝德文化期(约公元前 4300—前 3500 年)、乌鲁克文化期(公元前 3500—前 3100 年)和捷姆迭特·那色文化期(公元前 3100—前 2700 年)。

欧贝德时期属于铜石并用时代晚期，是美索不达米亚由野蛮向文明转变的过渡时期。此时出现了初期的以神庙为中心的城镇，已能用陶轮制陶，出现男性雕像，表明母权制社会正在向父权制社会过渡。

乌鲁克时期，各地出现小城市和神庙建筑，晚期出现象形文字和标志所有权的陶制圆筒印章。

到捷姆迭特·那色时期，文字普遍应用，出现泥板文书，在计算上则采用了十进位制和六十进位制。文书上有表示"女奴"和"男奴"的词汇。

公元前4000年代末至3000年代初，在苏美尔地区形成了众多小国家，如埃利都、乌尔、拉尔萨、乌鲁克、拉伽什、乌玛、苏鲁帕克、尼普尔、基什和西帕尔等。它们一般以一个城市为中心，城市周围有若干个村镇。城内包括王宫建筑、神庙和贵族住宅等，周围建有城墙。国家的规模都不大，人口也不多。例如，著名的乌尔初期由3个城镇和若干村庄组成，面积不过90平方千米，人口只有6000人。

(二)苏美尔时期的政治制度

苏美尔各国都有自己独立的王朝，如基什第一王朝、乌尔第一王朝和乌鲁克第一王朝等。

各国的王有的称"恩"(EN)或"恩西"(ENSI)，表意符号为PATESI("帕铁西")，有的称"卢伽尔"(LU. GAL)。恩和恩西都是国家主神代理人的称号，职责为代神理财、管理神庙经济、主持修建公共工程等。此外，可能还拥有军权和司法权。"卢伽尔"原意为"大人"，后才有"主人"和"王"的意思。他们最初可能只是在发生战争等紧急情况时临时选举的"独裁官"，后来由于战争连绵不断而逐渐演变成常设职位。卢伽尔和恩西的职位一般都是世袭的。相比之下，卢伽尔的权力更大一些，只有强大的国家的统治者或霸主，才有资格称卢伽尔。例如，拉伽什的一位强有力的王朝创建者称卢伽尔，继他之后先后统治拉伽什的7位统治者都很软弱，因此放弃了卢伽尔的称号，改称恩西，他们称其城市的保护神为"真正的卢伽尔"。但无论是恩西还是卢伽尔，都不是专制君主。这时的苏美尔各国还有其他两个权力机构，即长老(abba)会议和公民(guluš)大会。两者合称为城邦会议(苏美尔语为unken，阿卡德语为puhrum)。长老会议由贵族组成，公民大会则由"成年男子"组成，它们限制和制约着王权。据《吉尔伽美什和阿伽》，基什王阿伽遣使要乌鲁克王吉尔伽美什派人为基什挖井修渠，并威胁说，若不从即兵戎相见。吉尔伽美什召开城市长老会议，以决定战与降，长老会议主张投降。他又召开公民大会，公民大会主张拒绝基什的要求，进行抵抗。

(三)土地关系和阶级结构

在苏美尔各国中，土地大致可分为三类：神庙土地、公社土地和私人土地。神庙经济在苏美尔各邦经济中占有重要地位。苏联学者贾可诺夫认为，在乌鲁卡基那时代，拉伽什的神庙土地占全国总数的 25%～33%。神庙土地分为三类："主神之地"，即神庙公用地，由神庙所属人员共同耕种，收入仅供神庙公用；供养田，以小块分配给依附神庙之人，以维持生计，不能继承和转让；出租地，分成小块出租给佃农（主要是神庙的服役人员），以收成的 1/8 或 1/7 作为地租。神庙土地不得买卖。

公社也占有相当数量的土地，这些土地已分配给了各个家族，从恩赫伽尔购地文书的内容看，这些土地可以转让和买卖。

除了神庙土地和私有化了的公社土地外，少数权贵人物还可能拥有私人土地。

苏美尔各邦的居民由以下四种成分构成：第一，奴隶主贵族，包括以神庙高级祭司为代表的氏族贵族和以国王为代表的世俗新贵族，他们或者拥有大量地产，或者支配神庙地产，剥削失去公社份地的自由民和奴隶；第二，在公社中拥有土地的公社成员，他们拥有公民权，也承担相应的义务；第三，丧失土地和公民身份的依附民，称为"苏不路伽尔"或"古鲁什"；第四，处于社会最底层的奴隶。

（四）各邦混战与内部社会矛盾

苏美尔各城邦为争夺领土、奴隶和霸权经常发生战争。最早取得霸权的是基什。公元前 2600 年，基什王麦西里姆以霸主身份出面调停拉伽什和乌玛之间的边界争端，并为两国立了界碑。但一百多年后，乌玛毁碑侵入拉伽什境内。拉伽什国王安那吐姆率军迎战，取得巨大胜利，并立碑纪念战功。因碑上刻有飞翔的鹫鸟，故称"鹫碑"。安那吐姆还进攻其余苏美尔各邦，自称"基什之王"，成为全苏美尔的霸主。直到乌鲁卡基那被乌玛的卢伽尔扎吉西击败，拉伽什才失去其霸权。而卢伽尔扎吉西先在南方称霸，然后兴兵北上，征服基什，大有完全统一苏美尔之势。就在此时，苏美尔北部的阿卡德王国兴起，才扼制住其兵锋。

连年的争霸战争加剧了苏美尔各邦内部的阶级矛盾。各邦土地兼并严重，城市公民内部分化加剧，尤以拉伽什为甚。在卢伽尔安达统治时期（约公元前 2384—前 2378 年），拉伽什内部阶级矛盾异常尖锐。卢伽尔安达及其家属兼并了拉伽什主神宁吉尔苏及其妻巴乌女神神庙的土地，并要求原来免税的神庙向国家缴纳赋税，加强了对依附于神庙的各种劳动者的监督和剥削。他还在全国设立监督、税吏，巧立名目增收苛捐杂税，祭司贵族则向百姓增收葬礼费。此外，平民战时还要负担兵役。卢伽尔安达的暴政终于激起广大平民的暴动。公元前 2378 年，卢伽尔安达的统治被推翻，贵族出身的乌鲁卡基那乘机夺取政权，成为新的统治者(约公元前 2378—前 2371 年)。

乌鲁卡基那先称恩西，后改称卢伽尔，为缓和阶级矛盾而实行了一系列改革。他将卢伽尔安达及其妻子霸占的神庙土地和建筑归还给神庙，取消改革前向部分僧侣征收的捐税；免除平民所欠王室之赋税，撤销派往各地的监督和税吏；禁止以人身作为债务抵押，释放因债务而被奴役或遭拘禁的平民；降低丧葬费用；改革军事制度，建立以平民为军队主力的制度，由平民组成的步兵代替由贵族组成的战车兵。

改革限制了贵族的利益，减轻了平民的负担，扩大了公民人数，废除了先前的种种弊政，实际上是对平民反对贵族斗争胜利成果的承认。

图 3-3　刻写乌鲁卡基那改革内容的锥形黏土铭文①

①　约公元前 2350 年。出自特罗，即古代吉尔苏。现存于巴黎罗浮宫博物馆。

在乌鲁卡基那执政的第 4 年，乌玛王卢伽尔扎吉西与乌鲁克结成同盟，再次发动对拉伽什的战争，拉伽什遭惨败。乌玛军队攻占了拉伽什城及其郊区，改革失败。

苏美尔各邦之间的长期混战，使各邦实力均大为削弱，北面的阿卡德王国趁机兴起，并最终击败苏美尔霸主乌玛王卢伽尔扎吉西，统一了苏美尔和阿卡德。

二、阿卡德王国时代

在苏美尔各邦混战后期，各国的实力已消耗殆尽。公元前 2371 年，基什王乌尔-扎巴巴的近臣和"持杯者"萨尔贡（公元前 2371—前 2316 年在位）乘机推翻了基什王的统治，自建新城阿卡德，创立了阿卡德王国（约公元前 2371—前 2191 年）。

根据传统说法，萨尔贡原是个弃婴，被一园丁收养，后来自己也当过园丁，并进入基什王宫，成为近臣。攫取了基什后，萨尔贡随即进军乌玛，击败苏美尔霸主卢伽尔扎吉西，并用套狗圈把他掳至基什。他又进攻乌尔、拉伽什和乌鲁克等，"所到之处皆大胜，所见之城皆摧毁"。征服苏美尔、统一巴比伦尼亚之后，他兵锋远指埃兰，掠取苏撒、阿凡和巴拉西等城，还征服了苏巴尔图王国，占领埃勃拉和巴勒斯坦，领土"从日出处"（即东部的埃兰）到"日落处"（即西部的叙利亚和巴勒斯坦），从"上海"（即地中海）到"下海"（即波斯湾）。

萨尔贡开始建立君主专制（铭文说"他使国家只有一张嘴"）。他自称"沙鲁金"（意为"正义之王"）和"天下四方之王"；任用阿卡德人担任城市的总督，同时吸收苏美尔及其他被征服地区的代表人物参政；以阿卡德度量衡为基础，统一了度量衡；建立了一支由 5400 人组成的常备军（铭文说"每天都有 5400 名士兵在他面前进食"）；为神化自己的权力，他自称为"最高女神伊丝塔尔所宠爱之人"，主神"恩利尔不许敌人统治的国家之王"；以阿卡德语代替苏美尔语，成为官方语言。萨尔贡并不排斥苏美尔人的宗教，他让自己的女儿成为乌尔城的月神南娜的女祭司。他还尊重苏美尔人的文化，采用苏美尔人的天文历法、数学、文学和宗教等，并把有关著作编目收藏于书库，成为两河流域最早的书林。

图 3-4　萨尔贡铜制头像①

　　在萨尔贡统治的晚年,"所有地区都起来反抗他,并把他围困在阿卡德城中",其子里姆什(约公元前 2315—前 2307 年在位)镇压了起义。但他统治末期也爆发了起义,其兄玛尼什吐苏(约公元前 2306—前 2292 年在位)也不得不花费相当大的精力,镇压各地的起义。阿卡德王国最后一位强大的国王是纳拉姆辛(约公元前 2291—前 2255 年在位),他长达几十年的统治几乎都是在征战中度过的。纳拉姆辛死后,阿卡德王国由盛转衰。

　　阿卡德王国的经济和社会比苏美尔时代有了较大的发展和变化。这时,神庙大地产经济大概已不存在②,私人经济有了更大发展,最明显的表现就是私人土地买卖非常活跃。玛尼什吐苏方尖碑和西帕尔石刻表明,一个买

---

　　①　铸于阿卡德时期,约公元前 2350—前 2250 年。出自尼尼微。现存于伊拉克国家博物馆。

　　②　正如 I. M. 贾可诺夫(I. M. Diaknoff)所说:"从这时期起,国家已完全控制了神庙,神庙土地实际上已成为王室土地的一部分。"参见 I. M. Diaknoff, "On the Structure of Old Babylonian Society"(《论古巴比伦时期的社会结构》), in H. Klengel ed. , *Beitrage Zur Sozialen Structure des Alter Verderasien*, Berlin, 1971, p. 19.

主往往同时从许多卖主那里购得土地，卖主不仅有平民，而且还有总督、军事长官、书吏、检察官和牧人等。[1] 值得一提的是，妇女也参与土地的买卖。买主通常以银、铜、大麦和其他实物支付地价，有时也以奴隶支付。许多材料还表明，阿卡德王国同印度河流域保持着商业往来。例如，在乌尔和埃什努那等地发现了印度印章，上面刻有动物图案和尚未破译的印度文字。贸易往来可能通过水路进行，沿波斯湾和马卡兰、卑路支斯坦沿岸，经过底尔蒙、马干和梅路哈等地。

纳拉姆辛死后，阿卡德王国迅速衰落。周边地区相继独立，甚至有人自称"宇宙之王"。同时，内部纷争严重，苏美尔人的反抗不断发生，东北

图 3-5　纳拉姆辛胜利纪念碑[2]

---

① 《剑桥古代史》认为其原因在于新的阿卡德统治者带来了更加世俗化的社会结构和土地制度。参见［英］爱德华兹等主编：《剑桥古代史》，第 1 卷，第 2 分册，450 页，剑桥，剑桥大学出版社，1971。

② 约公元前 2250 年。树立于西帕尔城，出土于苏撒。现存于巴黎罗浮宫博物馆。

部山区的古提人乘虚而入。纳拉姆辛的继承人、其子沙卡利沙根本无力应付这种内忧外患的局势，在公元前2230年的一次宫廷政变中失踪，阿卡德王国灭亡。此后，古提人入主两河流域达一个世纪之久。

三、乌尔第三王朝时代

古提人在两河流域地区统治的具体情况目前尚不清楚。据苏美尔王表记载，古提人共有21个王，但只有5位国王留下了一些铭文。公元前2150年，拉伽什的恩西古地亚摆脱古提人的统治而独立，宣称"神宣布古地亚为一邦之公正牧者，并从21.6万人（按：可能非拉伽什一城公民数，而是多邦居民数）中确立他的权力"。古地亚以其建筑活动和修复古代建筑物而受到歌颂，在他统治时期，苏美尔文学和艺术取得了巨大成就。但古提人的统治并未完结。公元前2113年，乌鲁克驻乌尔总督乌尔纳木攫取了"乌尔之王、苏美尔和阿卡德之王"的头衔，开创了乌尔第三王朝（约公元前2113—前2006年）。

乌尔纳木致力于复兴农业，修造运河，改善交通，恢复在古提人统治时一度中断的与马干等地的商业往来及加强城市的防卫设施等。他大兴土木，在乌尔等许多城市修建层级塔。他还颁布了迄今所知历史上最早的一部成文法典——《乌尔纳木法典》，可惜只保留下来一些残片。其基本内容为规定不准非法占用他人田地；不许女奴擅居其女主人的地位；反对行巫术；带回逃往城外的奴隶，主人要给予适当的报酬；伤害他人肢体、器官要处以罚款等。

乌尔纳木死后，其子舒尔吉继位。舒尔吉统治长达47年之久（公元前2095—前2048年）。舒尔吉统治时改革了历法；设置了新的"皇家"谷物计量单位"古尔"（gur，约合7布舍尔），以代替以前使用的"地方"计量单位；采取军事征伐和外交手段并用的策略，使周围国家纷纷归附；继阿卡德的强大国王纳拉姆辛之后，第一次恢复了"天下四方之王"的称号。

乌尔第三王朝为加强中央集权统治，采取了一系列措施：把以前具有国王地位的恩西（阿卡德语称为"伊沙库"）降为地方总督；恩西之职不再世袭，由国王任免；国王经常派监察官监督恩西的工作；恩西丧失了先前的特权；边疆地区的恩西通常由当地人担任，而中心地带的官员则由苏美尔人和阿卡德人担任；为防止地方势力膨胀和过于强大，城市总督经常被从一个城市调到另一个城市；国王在全国范围内遍派信使，定期、及时地把

图 3-6　乌尔纳木浮雕^①

各地情况报告给国王；改善道路交通系统，在主要交通要道上建立堡垒，由警察把守等。

乌尔第三王朝时期，王室经济在全国经济中占有相当大的比例。它占有全国 3/5 的土地，拥有自己的庄园、工场、商人、工匠、劳力和奴隶，还支配着大批劳动力，从事公共工程的建设。这时，国王已成为最高祭司，神庙经济已从属于王室经济。在王室庄园和各种作坊劳动的为依附于王室的自由民——古鲁什和奴隶。这种依附民已不像从前那样可以领种小块份地，而是同奴隶一样只能领取口粮，实际地位也同奴隶无多大区别。他们

---

①　约公元前 2097—前 2080 年。出自乌尔。现存于美国宾夕法尼亚大学考古学与人类学博物馆。

整天从事繁重的劳动，死亡率很高。王室经济的管理人员必须记载各种劳动者的口粮分配情况和死亡状况，上报给中央政府。

在王室经济以外，私人经济也得到了很大发展。很多私人买卖奴隶、土地和房屋的文书保存了下来。随着社会经济的发展，自由民分化也不断加剧，贫富差别日益悬殊。

乌尔第三王朝保持了半个多世纪的强盛。公元前 2029 年伊比辛即位，王国开始崩溃。东部的行省和城市(如埃什努那和苏撒等)纷纷摆脱乌尔第三王朝的统治，宣布独立。与此同时，阿摩利人在其统治的第 5 年进入苏美尔的心脏地带。公元前 2017 年，伊比辛的将领之一伊什比·伊拉在伊新拥兵自立，宣称为王，埃兰人也乘机入侵苏美尔。伊比辛试图与阿摩利人结盟，以抗击埃兰人的入侵和伊什比·伊拉的反叛，未获成功。公元前 2006 年，埃兰人攻破了乌尔城墙，伊比辛被俘往埃兰，并死在那里。乌尔第三王朝灭亡。

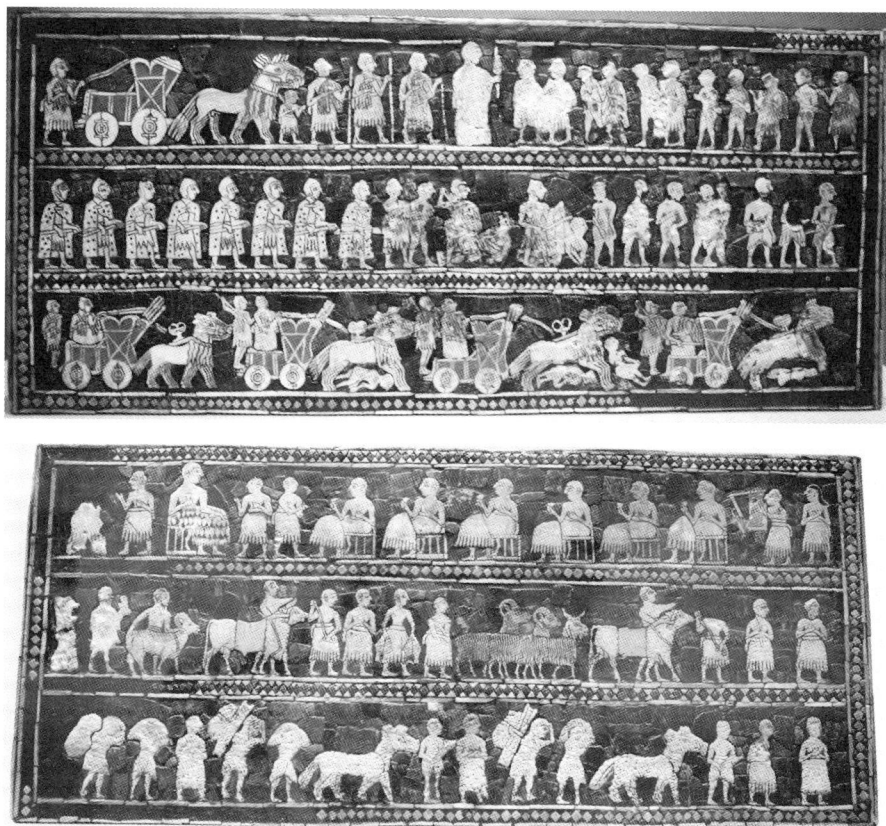

图 3-7　乌尔王陵出土的乌尔皇家军旗(两个主面)

第二节 古巴比伦王国时代

一、古巴比伦王国的兴起

乌尔第三王朝的灭亡标志着苏美尔人在美索不达米亚政治舞台上的终结。此后相当长的一段时间里，美索不达米亚处于多国林立的列国时期。在这些国家中，最重要的有南部的伊新和拉尔萨，北部的埃什努那、马里和亚述，它们共存达两个世纪之久。伊新王朝建于公元前 2017 年，创立者是伊什比·伊拉。拉尔萨王朝建于公元前 2025 年，创立者纳波拉努，是第一个在巴比伦尼亚建立统治的阿摩利人。

在拉尔萨国王苏姆·埃尔统治的第一年即公元前 1894 年，阿摩利人的首领之一苏姆·阿布建立了另一个重要王国。他选择位于基什以西几英里、幼发拉底河左岸的一个城市作为都城。该城在美索不达米亚历史上具有重要的战略地位，它就是后来闻名世界的巴比伦城①。他建立的王国史称"古巴比伦王国"，或称"巴比伦第一王朝"。伊新和拉尔萨的长期征战，客观上为古巴比伦王国的发展创造了外部条件。巴比伦的前 5 位国王花了将近 60 年的时间积蓄力量，逐渐地控制了整个阿卡德地区。公元前 1792 年，巴比伦出现了一位杰出的政治家——汉谟拉比（公元前 1792—前 1750 年在位）。

汉谟拉比从他父亲辛·穆巴里特手中接过的只是大约 80 英里长、20 英里宽的小国，领土只限于西帕尔和马拉德之间，周围强敌林立。他首先致力于巩固内部、发展经济，积蓄了一定的力量后，才开始对外扩张。他采取远交近攻的策略，先承认亚述的统治，而与北方的马里和南方的拉尔萨结盟，灭亡了南方的近邻伊新。随后继续与马里修好，准备进攻拉尔萨。他帮助马里摆脱了亚述的控制，又于公元前 1764 年击败了马里的劲敌、经常入侵马里的埃什努那。次年，汉谟拉比打败了拉尔萨。之后，他立即挥

---

① 在乌尔第三王朝时期，巴比伦由一位恩西统治，在政治上无任何地位。其苏美尔语名字为 KÁ DINGIR. RAKI，阿卡德语的名字为 Bāb-ilim，两者的意思均为"神之门"。现在的名称巴比伦（Babylon）源于希腊人的称呼。

图 3-8 汉谟拉比青铜像①

师北上，征服马里，并于公元前 1757 年把马里这座一度繁荣的城市夷为平地。此时汉谟拉比的强敌只剩下亚述和埃什努那。他多次战胜亚述及其盟军，并占领其南部疆土，但未能征服之。在他统治的第 38 年，他灭亡了埃什努那。至此，汉谟拉比建立了一个从波斯湾到地中海的奴隶制大国，两河流域得到了空前的统一。汉谟拉比自称"强大之王，巴比伦之王，阿穆鲁全国之王，苏美尔和阿卡德之王，世界四方之王"。

二、汉谟拉比的统治

在汉谟拉比统治时期，国王具有绝对的权威，事无巨细他都要亲自过问。在享有一定程度的自治权的城市，国王则通过城市行政机关贯彻自己

---

① 约公元前 1750 年。出自拉尔萨。现存于巴黎罗浮宫博物馆。

的意志，中央政府通过与地方行政长官的书信往来及派遣王室官员或国王的私人代表与城市保持联系。汉谟拉比拥有一套高效率的官僚体系，各种官吏由国王本人任免。各行省和城市总督（现存材料较多的是涉及拉尔萨总督沙马什·哈西尔和另一职位比他高的名叫辛·伊丁纳姆的人的书信）的重要职责有：管理王室土地；对合法占有的土地给予保护，对非法占有的土地予以没收①；出租王室土地，征收各种租税。例如，在给沙马什·哈西尔的一封信中，汉谟拉比这样写道："你先前获取的、现在仍在你手中的恩利尔·沙杜舒的土地……如果你尚未全部出租，请记录下他先前的俸禄田 20 布尔，并通知我……如果你已全部出租出去，记录下你手中现有的 20 布尔灌溉田，并通知我。"又如，汉谟拉比命令辛·伊丁纳姆把两个商人头领送到巴比伦，每个人带去所欠的 1000 库尔大麦和若干银子。另外，各行省和城市总督还负责挖掘、修复和疏通运河，以确保灌溉顺利进行。汉谟拉比和中央政府对地方官员实行严密的监督和控制，国王的信使遍及全国，及时把各地情况上报给国王和中央政府。地方官员如有不轨之举，受害者可直接上诉中央政府甚至国王本人。例如，一位叫伊什米阿尼的人写信给汉谟拉比，状告沙马什·哈西尔剥夺了他传自父亲的田产，并给了另一人。汉谟拉比立即写信责问沙马什·哈西尔："曾几何时可以没收永久性财产？核查此事，如田产确系伊什米阿尼得自其父，应把土地还给他！"关于汉谟拉比的中央政府组织情况，目前所知甚少。从材料看，汉谟拉比身边有一些官居要职（具体职位不详）之人，他们构成中央政府的核心。其中较著名的是鲁·尼努尔塔。他不仅掌管王室事务，也负责公社事务，不单单是执行国王的命令，而且在某些方面有独立决定权。如果有人在地方蒙冤，可直接上书鲁·尼努尔塔，他有时直接做出最后裁决，有时移交给地方行政机关，后者根据他的指示进行处理，并把处理结果报告给他；地方总督直接听命于他（例如，他经常写信批评沙马什·哈西尔工作中的过失）；他参与国王政策的制定，汉谟拉比在一些问题的处理上经常征求并采纳他的意见。无论是王室依附民还是自由的公社成员，如遭受不公，都可直接上书国王或中央政府（如鲁·尼努尔塔），求得公正解决。上诉到国王的案子通过三种途径解决：一是国王（或国王的法官）亲自审理并做出最后裁决，一

---

① 例如，汉谟拉比在给辛·伊丁纳姆的一封信中指示他，把一位名叫埃亚·鲁·巴尼的人在某一城中的一块土地还给他，因为根据一块泥板，他在很久以前就享有这块土地的所有权。参见 L. W. King, *Letters and Inscriptions of Hammurapi*, Vol. 3, London, 1900, p. 28.

般情况下证人要前往巴比伦出庭；二是国王做出指示，然后移交地方当局执行，国王要听取最后的处理结果；三是国王将整个案子全权交由地方法官办理，最后听取结果。国王或中央政府对地方法庭实行监督和控制。

汉谟拉比建立了严格的军事制度，军队的最高指挥官称将军（VGVLA. MARTU），由国王任命。阿摩利人是其军队的核心。汉谟拉比实行份地与军事义务相关联的兵役制度，即王室为所有服兵役之人提供相应的土地（包括田园、房屋等），军人的财产受到保护。汉谟拉比亲自掌管军队大权，他可以任意调拨军队。例如，汉谟拉比曾命令辛·伊丁纳姆把他所控制的一支240人的军队并入另一人统领的军队，不得延误。在另一封给辛·伊丁纳姆的信中，汉谟拉比命令他"从乌尔城一带的部队中抽出90人"，派到一条船上去。

汉谟拉比还加强了对国内经济的控制。他把神庙经济完全纳入王室经济，使其成为王室经济的一部分。在汉谟拉比以前，神庙官员自称为"神庙仆从"，或某位神的仆从。从汉谟拉比开始，他们改称"国王的仆从"。汉谟拉比还控制了地方神庙的收入。例如，他曾命令辛·伊丁纳姆催促一些神庙官员迅速到巴比伦向国王报账。灌溉农业在两河流域经济中占有重要地位，因此汉谟拉比非常重视水利工程的建设和管理。汉谟拉比在位的第8、9、24、33年都是开凿运河之年、兴修水利之年，尤其是第33年重凿的"安努与恩利尔所宠爱的汉谟拉比运河"，工程浩大。汉谟拉比控制着大量劳动力从事公共工程的建设，他经常写信给辛·伊丁纳姆，让他组织劳动力。

汉谟拉比竭力神化自己。他自称为"天神安努与地神恩利尔所宠爱之人"，"恩利尔所任命的牧者"，"战神萨巴巴的堂兄弟"及"众神之王"，其权力得自享有统治全人类大权的马尔都克的神授。为适应中央集权制的需要，他将巴比伦城主神马尔都克的地位提高到众神之上，同时为各城之神修建或重建庙宇，以求得被征服地区居民在精神上的归附。

三、《汉谟拉比法典》及其反映的社会

（一）法典概况

古代美索不达米亚很早就有立法传统，汉谟拉比在统一了两河流域之后，便效仿其前辈，制定了著名的《汉谟拉比法典》。

《汉谟拉比法典》的石碑是1901年12月至1902年1月由J.摩尔根率领的法国考古队在埃兰古都苏撒遗址发现的，原树立于西帕尔。石碑为黑色

玄武岩，高 2.25 米，上部周长 1.65 米，底部周长 1.90 米。石碑上部刻有太阳神、正义之神沙马什授予汉谟拉比王权标的浮雕，下部是用阿卡德语楔形文字刻写的法典铭文，共 3500 行。石碑现存于巴黎罗浮宫博物馆。

图 3-9　《汉谟拉比法典》石碑顶部的浮雕

　　《汉谟拉比法典》由前言、正文和结语三部分组成。前言大致包括三方面的内容：第一，神化王权，宣扬其权力来自神授；第二，炫耀他的伟大功绩；第三，表明他的立法目的，即"发扬正义于世，灭除不法邪恶之人，使强不凌弱"。在结语中，汉谟拉比主要宣扬他的法典之"公平"与"正义"，希望垂之后世，并诅咒敢于破坏其法典之人。正文共 282 条，内容涉及诉讼程序、盗窃处理、土地管理、租佃、雇佣、高利贷、债务、买卖奴隶、合伙经商、婚姻家庭、继承以及行医、建筑等技术性劳动。

（二）土地制度

　　汉谟拉比时代土地制度的最基本格局是王室土地和私人占有土地并存。汉谟拉比在征服过程中，不断地把被征服地区的土地划归王室所有，因此王室占有大量的土地。王室土地大体上可分为以下三类。

第一类是王室直接享用的土地（eqlut ekallim 或 eqlum sares ekallim ukallu），包括王室庄园和皇家牧场、花园等。

第二类是分配给为王室服务的人员的土地，称为"服役田"（ilkum-land）或"供养田"（eqlum Kurumatum 或 sukūsum）。凡为王室负担某种义务之人，均可享有与其所负义务相当的一份土地，作为其报酬。这些人包括祭司、商人、军人、官吏和各种以技能为王室服务之人，如书吏、占卜者、歌手、金银细工、碑铭刻工、宝石工、木工、石工、纺织工、轿夫、渔人、牧人和厨师等。这类土地的所有权归王室，服役之人具有使用权和支配权。一般说来，服役的内容和期限以及与此相适应的享有土地的份额，均有明确规定。只要坚持承担义务，服役者可长期享用其份地，甚至可达 20 年或 40 年。这类土地又分两种情况。一种土地可以有条件地转让和出卖，包括祭司和商人等的份地，条件是买者在买得土地的同时，必须承担附着在土地上的相应的义务（参见法典第 40 条）。另一种禁止买卖和转让的土地是士兵（redûum 和 bai'rum）的份地。士兵不得将与其所负义务相关的田园房屋出卖、遗赠给其妻女及抵偿债务，但自行买得的田园房屋不受此限制（参见法典第 36～39 条）。如果士兵在战争中被俘，其子能代父服役，他就可以继承其父的那块土地；如其子年幼不能代父服兵役，就只留 1/3 的土地给其妻，让她养育幼子。接替被俘者服役之人可以享有其土地，被俘者回来后仍可领回土地；如果士兵自己离开职守而放弃土地，他人占用其地并代其服役超过 3 年，即使他再回来也不能领回原来的土地（参见法典第 27～31 条）。

第三类为出租地（eqel biltim）。王室将这类土地出租出去，以收取租税，这是王室的主要收入来源之一。领取和租种这类土地之人被称为纳贡人（nāši biltim）。这类土地同样不能买卖和转让。通常纳贡人要将所租种土地收成的一半或 1/3 交给王室，自己则留下另一半或剩余的 2/3。这类土地直接归王室管理，王室负责组织和安排这类土地的耕种。

古巴伦时期私人占有土地的现象比较普遍。从《汉谟拉比法典》中可以看出，一般的公民（城市公社成员）都拥有自己的土地，可以转让、抵押和买卖（参见法典第 39、49、50、137、150、165、198 等条）。这时期有关土地买卖的文书相当多，反映出私有经济比较活跃。国家承认私人土地的买卖和转让，并给予保护。例如，在一件土地纠纷中，一人声称从另一人手中买得了一块土地，汉谟拉比命令沙马什·哈西尔调查此事，把土地判给买者。

（三）等级制度

从《汉谟拉比法典》中可以看出，古巴比伦社会的居民明显地划分为 3 个等级：阿维鲁（Awilum）、穆什钦努（Muš kēnum）和奴隶（男奴为 Wardum，女奴为 Amtum）。

一般认为，阿维鲁是在公社中占有土地并享有全部权利、处于公社司法管辖之下的全权公民。[①] 在公社中拥有土地是保持公民身份和地位的必要前提，一旦丧失公社土地，也就丧失了阿维鲁身份或公民地位。阿维鲁中的上层为少数的王族、大官吏、高级祭司和大商人等，下层主要为拥有小块土地的小土地所有者、自耕农以及自由的小手工业者。大商人塔木卡和高级祭司无疑属于阿维鲁。在许多材料中，塔木卡被直接称为"某某城市的阿维鲁"，如"西帕尔城的阿维鲁"等。

穆什钦努是没有公民权的自由民，他们自己没有土地，靠为王室服务获得王室报酬，他们不是一个统一的阶级，其内部也有贫富之别。穆什钦努中的少数富有者有一定的私人经济，甚至拥有奴隶，大部分人则很贫穷，境况不断恶化。阿维鲁的上层和穆什钦努的上层构成统治阶级，下层则成为被统治、被剥削阶级。

奴隶处于社会的最底层，他们同牲畜一样被视为奴隶主的财产，可以任意买卖、转让、交换、租借和赠送。据《汉谟拉比法典》，奴隶的价格一般为 20 舍克勒。奴隶大多数控制在王室、神庙、大官吏和大商人手中，一般自由民拥有的数量为三到五个，最多十几个。三个等级的人的法律地位显然不同。例如，伤害了阿维鲁的眼睛或骨头，必须受到同样的惩罚；伤害了穆什钦努的眼睛或骨头，只需赔偿 1 明那银子（合 505 克）；伤害了奴隶的眼睛或骨头则只需向奴隶主赔偿奴隶身价的一半。

（四）社会经济的发展

古巴比伦时期的社会经济与以前相比，得到了巨大发展。在农业方面，

---

① 少数学者对此有不同看法。例如，米克认为，阿维鲁有时指贵族，有时指任何自由民，偶尔指从国王到奴隶的任何阶级成员；穆什钦努本来指平民，但有时指不同于神庙和国家的私人。参见 J. B. Pritchard, *Ancient Near Eastern Texts*, Princeton：Princeton University Press, 1955, p. 166. F. R. 克劳斯则认为，阿维鲁是极少数贵族，穆什钦努是国王所有臣属的统称，参见 F. R. Kraus, *Ein Edikt des Königs Ammi-Ṣaduqa von Babylon*, Leiden：E. J. Brill, 1958, pp. 149-151。

青铜工具已广泛使用，农业工具除巴狄勒犁和淑金犁以外，还有修整土地的窄斧、镐及平整土地的耙等。灌溉技术也已达到相当高的水平，对灌溉网的管理和使用被纳入国家的立法之中。这一时期，农人已懂得总结长期以来的农耕经验，出现了一部用苏美尔语写成的农人历书。这是目前所知世界上最早的一部农人历书。历书记述了从灌溉、耕作到收获的过程，并提出了各环节应注意的问题。王室的手工工场和私人手工作坊都得到了不同程度的发展，仅《汉谟拉比法典》中提及的工匠就达十几种，如制砖工、织麻工、刻石工、珠宝匠、冶金工、皮革工、木工、造船工和建筑工等。

这时期商品经济比较发达，除国家和神庙控制和组织的商业贸易外，私人的商业活动也十分活跃。出现了一些商业中心，如巴比伦、乌尔、西帕尔和拉尔萨等，其中以巴比伦和乌尔最为著名。许多商船云集在巴比伦的码头，这里成为商贸的集散地。这些商业活动多半是属于私人性质的。古巴比伦时期的对外贸易具有如下特点：首先，商人在生意结束后往往向神庙和国家交税；其次，商人常常采取合伙经营的方式①；再次，商业资本多半来自私人，一般的借贷契约都有 5～8 位证人，并有证人的印章；最后，这时期出现了专营某种商品的大商人。

《汉谟拉比法典》中提到了两种主要商人，一是"大商人"（ŠAB. GAL）塔木卡（Tamkārum），二是"小商人"（ŠAB. TUR）沙马鲁（Šamallūm）。塔木卡的活动包括：从事商业贸易、放高利贷（法典中有 30 多条涉及塔木卡的借贷活动）、贩卖奴隶、为国家征收租税。塔木卡因此享有王室份地。② 沙马鲁既是塔木卡的代理人，也是其商业伙伴（参见法典第 100～107 条），他们所从事的商业活动有的是为塔木卡推销商品，塔木卡付给其工资；有的则是与塔木卡合伙经营，参加分成。沙马鲁在社会经济地位上虽比不上塔木卡，但也可能比较富有，基本是独立的私商，而不是王室官员。

《汉谟拉比法典》是现知古代世界一部相当完备的法典。法典在法律上肯定了自乌尔第三王朝灭亡以来两河流域在社会经济方面出现的新秩序，

---

① 例如，一份契约记载了两位铜商合伙向另一人借得银、油和衣服到底尔蒙进行买卖。根据契约，债权人不承担损失，只拿取固定的利息。见《乌尔发掘文书》（UET）5：367，转引自 W. F. Leemans, *Foreign Trade in the Old Babylonian Period as Revealed by Texts from Southern Mesopotamia*（《古巴比伦时期的对外贸易》），Leiden：E. J. Brill，1960，pp. 36-37.

② 参见法典第 40 条。但塔木卡绝不仅仅是王室代理人，他们在征税过程中有利可图。从塔木卡从事的活动判断，塔木卡基本是独立的私商、富有的奴隶主。

从而有利于巩固奴隶制经济的基础，促进私有制和奴隶制经济的迅速发展。

四、古巴比伦王国的衰亡

古巴比伦王国的鼎盛在很大程度上依靠的是汉谟拉比的强权，其内部根基并不稳固。公元前 1750 年汉谟拉比死后，其子萨姆苏伊鲁纳继位（公元前 1749—前 1712 年在位），王国开始陷入内外交困的境地。在其统治早期，埃兰边界地区发生暴动，领导者自称"里姆辛"（拉尔萨王朝末代国王之名），坚持战斗了两年多，最后被镇压。公元前 1740 年左右，一位名叫伊鲁玛·伊鲁的人在苏美尔举起独立的旗帜，他假称伊新王朝末代国王之后代，成为尼普尔以南整个地区的主人，建立了所谓巴比伦第三王朝或海国王朝。萨姆苏伊鲁纳在应付内部反叛的同时，还面临着外敌入侵的压力。在其统治的第 9 年，东北部山区的喀西特人开始入侵巴比伦，这一次入侵虽然被打退，但他们后来逐渐对巴比伦构成威胁。在他统治末年，其父所开拓的疆土已丧失殆尽，王国的领土又缩回到汉谟拉比以前的疆域，即仅限于阿卡德地区。

萨姆苏伊鲁纳的 4 位后继者又勉强维持了约一个世纪。在这期间，巴比伦社会内部矛盾异常尖锐，抗租抗债问题非常严重。巴比伦国王不得不经常写信给地方城市官员，命令他们催缴拖欠的租税，包括谷物、牲畜和税银等；与此同时，颁布《米沙鲁姆法令》(Mišarum)，即《巴比伦解负令》，宣布减免债务。

外部威胁也有增无减。萨姆苏伊鲁纳之子阿比舒统治时期（公元前1711—前 1684 年），喀西特人向巴比伦发动了第二次进攻。这次进攻虽然和第一次进攻一样遭到了失败，但许多喀西特人却在巴比伦尼亚定居下来，成为耕种土地的农民。不仅如此，喀西特人的首领卡什提利什一世还在仅距巴比伦城 200 英里远的幼发拉底河畔的哈纳建立了立脚点。阿比舒还试图赶走统治苏美尔的海国王朝，但遭到了失败。公元前 1595 年，赫梯入侵巴比伦尼亚，巴比伦城惨遭洗劫，主神马尔都克及其妻子的雕像作为战利品被入侵者带走，古巴比伦王国灭亡。赫梯人退去后，喀西特人开始统治美索不达米亚。

第三节　古代亚述

亚述位于巴比伦尼亚以北相当于今伊拉克的库尔德地区。这里多山，矿产和木材资源丰富。亚述地区也是农业较早发展的地区之一，在公元前6000年代以后就出现了农业居民定居点，著名的如萨威克米-沙尼达尔、哈孙纳、耶莫、卡里木沙希尔等。在公元前3000年代末亚述进入文明时代，其时间虽比巴比伦尼亚地区要晚一些，但也是一个古老的文明地区。

亚述地区最早的居民是胡里特人，他们至少在公元前3000年代就已在这里定居，并分布在一个广大的地区。但他们来自何处，以及属于哪一个语系尚不清楚。从名字判断，尼尼微就是一个胡里特人的城市。后来，属塞姆语系的亚述人来到亚述地区，阿淑尔就是一个塞姆语的名字。亚述的古代文明就是由胡里特人和亚述人共同创造的。

亚述的历史可分为3个时期，即早期亚述、中期亚述和亚述帝国（或称新亚述）。

一、早期亚述

早期亚述时期（公元前3000年代末至公元前2000年代初）是古代亚述国家形成时期。那时，该地区有不止一个国家，阿淑尔是其中之一。阿淑尔国家是以阿淑尔城为中心，联合了周围几个公社组成的，每个公社都由贵族会议和行政长官领导。它的国王叫"伊沙库"，权力世袭。虽然国王既是祭司，又是行政长官和军事首领，类似苏美尔地区的恩西，但权力并不是很大。除国王以外，还有一个官职叫"里模"，是名年官。里模同时也是国家的司库官。此外，还有贵族会议——长老会议，可制约王权。当时是否存在公民会议，没有资料说明。

阿淑尔国家曾依附于阿卡德王国和乌尔第三王朝。亚述王家铭文称，"曼尼什吐苏，基什之王；阿祖祖，他的仆人。（将此矛）奉献给阿淑尔神"；扎库里姆，"阿淑尔的统治者，他（按：指乌尔第三王朝的国王阿马尔辛）的仆人"。

国王伊苏马在位时，阿淑尔曾一度强盛，甚至侵入过两河流域南部。他的一个铭文说："我确立了阿卡德人及其孩子们的自由，我精炼了他们的铜，我从沼泽地和乌尔、尼普尔、阿渥尔和基什马尔……的边界起确立了他们的自由。"

由于亚述地处交通要道上，其本身资源也较丰富，可和其他地区交换，所以商业贸易异常活跃。当时亚述人在小亚细亚建立了不少商业殖民地，他们同这些殖民地之间有活跃的商业贸易往来，这促进了亚述地区的富裕。

在国王沙马什阿达德一世时（公元前 1815—前 1783 年），阿淑尔的王权有所加强，他自称"宇宙之王"。他还曾向两河流域南部进行扩张："由阿淑尔神的命令而平定了底格里斯河和幼发拉底河之间的土地。"但他还不是全亚述的王，而只是阿淑尔之王。

沙马什阿达德一世统治晚期及以后，古巴比伦王国在南方兴起，亚述的势力受到打击。不久，属胡里特人的米丹尼王国兴起，亚述落入其统治之下。

二、中期亚述

中期亚述时期（公元前 15—前 11 世纪），国际环境对亚述十分不利：埃及正处在其鼎盛时期——新王国时期，对叙利亚和巴勒斯坦拥有霸权；小亚细亚有赫梯王国，它不仅称霸于小亚细亚，且同埃及争霸于叙利亚和巴勒斯坦，还灭亡了古巴比伦王国；米丹尼王国和喀西特巴比伦都声称对亚述拥有主权。

但中期亚述诸王不甘处于附庸地位，而是力图自立于诸强之中。公元前 1419—前 1411 年，阿淑尔城统治者恢复被米丹尼人破坏的城墙时，米丹尼人未能阻止他；他还越过米丹尼和喀西特巴比伦而直接同埃及打交道。阿淑尔的统治者亚述路巴里特一世（公元前 1363—前 1330 年在位）在自己的铭文中称自己为"亚述国家之王"，并把埃及法老称为自己的"兄弟"。他还不止一次地干涉巴比伦的内部事务，参与其王位争夺。他经常同巴比伦发生军事冲突，虽然并不总是胜者。

阿达德-尼拉里一世统治时（公元前 1307—前 1275 年），亚述王权得到加强。他给自己增加了里模的职务，即兼有了名年官和司库官之职。他还自称"大王"，贵族会议不再能制约王权，国王具有了专制君主的性质。他拥有一支强大的军队，其基础是"国王的人"，即通过服役而获得份地的人们，还有雇佣兵。他同喀西特巴比伦进行战争，捍卫了自己国家的南部边疆。他两次进攻米丹尼王国，推翻了它的国王，将其部分国土并入亚述。

其子萨尔曼那沙尔一世统治时(公元前 1274—前 1245 年),亚述灭亡了米丹尼王国,并将其国土并入亚述。萨尔曼那沙尔一世同东北方的乌拉尔图也进行了胜利的战争。

国王吐库尔提尼努尔塔一世统治时(公元前 1244—前 1208 年),亚述已成为一大强国,其领土包括了美索不达米亚的整个北部。吐库尔提尼努尔塔一世甚至曾侵入赫梯王国,俘获甚众。他同北方和东方的山地部落和游牧部落作战,特别是同联合了 48 个纳伊里部落领袖("国王")的亚美尼亚人作战;在南方,他曾于公元前 1223 年一度占领巴比伦,统治了那里近 8 年时间。阿淑尔的统治者第一次抛弃了传统的"伊沙库"的称号。为了完全排除长老会议的影响,他将自己的官邸迁至离阿淑尔城不远的一个新建的城市——"卡尔-吐库尔提尼努尔塔城"。但贵族势力推翻了他的统治,杀死了他,国王的新官邸亦被抛弃。

喀西特巴比伦利用了亚述内部的混乱,使其成了自己的附庸。

提格拉特帕拉沙尔一世统治时(公元前 1115—前 1077 年),国际环境对亚述较为有利:"海上民族"使赫梯垮掉了;埃及、叙利亚、巴勒斯坦也损失惨重,埃及已无力在西亚称霸;巴比伦受到迦勒底人的入侵。于是,亚述成了西亚唯一一个强国。提格拉特帕拉沙尔一世挡住了为数众多的游牧部落的侵袭,并把战争引向国外:在北方,他一直远征到了今天黑海东岸的巴统;在南方,他两度入侵巴比伦尼亚,占领过巴比伦等重要城市。但其成果并不巩固。公元前 1089 年,亚述被赶出了巴比伦。后来,亚述在阿拉美亚人的打击下衰落下去,大部分土地被阿拉美亚人占有,真正的亚述国家只占有很小的一个地区。

国际形势的不利,使亚述人的商业资本转入国内,形成高利贷资本,从而造成土地买卖和债务奴役的流行。公元前 16 世纪编成的《中期亚述法典》反映了这种情况。该法典的第一表反映了土地买卖的各种实践,第二表则反映了商业高利贷和债务奴役的情况。

三、亚述帝国

(一)亚述帝国的形成

公元前 1000 年代,亚述进入铁器时代。铁器的使用,不仅有利于多山的亚述的开发,而且使它有了更加锐利的武器,从而有利于它的对外征服。同时,埃及新王国的衰亡、赫梯王国的崩溃和阿拉美亚人的势力的削弱,为亚述的重新崛起提供了良好的国际环境。公元前 10 世纪末，亚述开始复兴，进入其历史的第三个时期——亚述帝国时期(公元前 10 世纪末至公元前612 年)。

亚述的复兴开始于阿淑尔-丹二世和阿达德尼拉里一世。他们使亚述摆脱了阿拉美亚人的威胁，为亚述的复兴奠定了基础。

亚述大规模的对外征服开始于亚述那西尔帕二世，他恢复了提格拉特帕拉沙尔一世时的疆界。其子萨尔曼那沙尔三世统治时，向叙利亚扩张，使亚述控制了从幼发拉底河至地中海的商道，并使小亚细亚的西里西亚向亚述纳贡称臣。阿达德-尼拉里三世统治时，镇压了叙利亚的反叛，迫使参与反对亚述的叙利亚各同盟国重新向亚述纳贡。但此后的 40 年间，亚述内部陷入无政府状态，各地(包括亚述本身在内)起义不断，使亚述无力再向外扩张。

公元前 745 年，提格拉特帕拉沙尔三世通过政变夺得政权后，进行了政治、军事改革，加强了亚述的实力，并加大了对外征服的力度。他赶走了亚述周边的游牧部落，开辟了通过东方扎格罗斯山进入伊朗的道路。他不止一次地镇压了由乌拉尔图支持的叙利亚反对亚述的活动，巩固了对叙利亚的统治。他打败了乌拉尔图(但并未征服)，在亚述北部边界一带建立起一系列要塞，巩固了北部边疆。他使犹太成为向亚述交纳年贡的附属国。公元前 729 年，他夺取了巴比伦尼亚，采取了亚述与巴比伦联合的形式，而不是将其变成一个行省，从而形成一个二元帝国。他自称"巴比伦、苏美尔和阿卡德之王"，并以巴比伦之王的名义进行加冕。

萨尔贡二世统治时，在西方打败了埃及支持下的叙利亚城市哈马特和盖泽的反亚述活动，进一步巩固了亚述在该地的地位；在东方，他战胜了乌拉尔图联合的 23 个"国家"；在小亚细亚，他打败了由弗吉尼亚组成的反亚述同盟，巩固了亚述在小亚细亚和叙利亚沿海地区的统治；在南方，他一度为巴比伦和埃兰所败，但后来他终于恢复了亚述对巴比伦尼亚的统治，巩固了同埃兰的边界。

辛那赫里布时同支持犹太人的埃及进行了战争，并可能侵入过埃及。他四次镇压反叛的巴比伦尼亚(公元前 704 年、公元前 700 年、公元前 694年和公元前 689 年)。巴比伦城被夷为废墟，而巴比伦尼亚也被降为一个行省，由亚述派总督治理。

图 3-10　提格拉特帕拉沙尔三世浮雕像①

　　阿萨尔哈东统治时战败了埃及（公元前 675 年），占领了尼罗河三角洲，部分上埃及地区也向他纳贡称臣，从而使亚述成为又一个地跨西亚、北非的帝国。

　　亚述帝国的征服以野蛮残暴而闻名。例如，亚述巴纳帕尔在自己的铭文中直言不讳地说："我用敌人的尸体堆满了山谷直达峰顶；我砍掉他们的首级；我用他们的人头装饰城墙；我把他们的房屋付之一炬；我在城的大门前筑了一道墙，包上一层由反叛者首领身上剥下来的皮；我把一些人活着砌进墙里；另一些人沿墙活着插进木桩，并加以斩首。"因此，各地的反抗不断。

（二）亚述帝国的统治

　　亚述帝国初期都于阿淑尔，后迁至尼尼微。

----

　　① 约公元前 728 年。出自尼姆鲁德。现存于大英博物馆。

　　亚述帝国时期的统治形式是君主专制，王位是世袭的，但神庙祭司贵族、军事贵族在政治上实力非常雄厚。在一些城市里，工商业奴隶主也拥有很大的势力。因此，一些城市，如西帕尔、阿淑尔、巴比伦、尼普尔、波尔西帕等，争得了自治权，拥有免税权。帝国在政治上依靠这些奴隶主集团进行统治。

　　各奴隶主集团之间的利益并不一致，有时甚至存在尖锐的矛盾。提格拉特帕拉沙尔三世进行的政治、军事改革正是这些集团矛盾的反映和结果。其政治改革的内容是：缩小行省总督的权力，加强君主专制；改变对被征服地区居民的政策，对被征服地区不再烧光、杀光和抢光，而是采取将被征服地区居民混合迁居的办法，使不同民族、不同地区、讲不同语言的居民迁居在一起。在迁居时，允许他们携带少量财物和牲畜。其军事改革的内容是：将征兵制改为募兵制，且常从被俘者中征集弓箭手等；军队被划分为重装步兵、轻装步兵、攻城兵、辎重兵、工兵等兵种，军队的装备由国家供给；建立王家兵团，作为军队核心，加强国王对军队的控制等。

　　亚述帝国时期，将被征服地区划分为若干行省，派总督治理。巴比伦尼亚作为一个行省，常常由亚述的王子担任总督。例如，辛那赫里布之子和阿哈尔萨东之子均被派去担任过巴比伦尼亚的总督。行省居民要向亚述人缴纳贡赋，税额是收成的1/10（包括耕地和葡萄园）、谷草的1/4，并征收一定比例的大有角畜的仔畜作为贡赋。居民利用灌溉设施、捕鱼、狩猎等也要交税。除赋税外，还征发劳役。

图 3-11　人首牛身带翅膀的神兽，集力量、灵巧和智慧于一身，亚述雕塑的代表作之一

（三）亚述帝国的社会经济

公元前 2000 年代末，赫梯王国崩溃后，其垄断的冶铁技术逐渐向外传播。亚述作为其近邻，自然是最先受益者。冶铁技术的传播使亚述的农业生产得到迅速发展，这对支持其不断进行大规模的征服战争起了巨大作用。

长期不断的征服战争使亚述获得大量土地、劳动力和其他财富。《圣经》说："亚述王普勒来攻击以色列国，米拿现给他 1000 塔兰特银子，请普勒帮助他坚定国位。米拿现向以色列一切大富索要银子，使他们各拿出 50 舍克勒，就给了亚述王。"亚述那西尔帕二世在叙利亚一次就弄到 20 塔兰特银、1 塔兰特金、100 塔兰特锡、100 塔兰特铁、1000 头牲畜、1 万只绵羊。阿达德尼拉里三世在巴勒斯坦掠夺到 2300 塔兰特银、5000 塔兰特铁等。战后亚述又从被征服地区获得大量贡赋。这促进了亚述经济的发展。

征服战争也使亚述的奴隶制获得巨大发展。最初，亚述人每征服一地后，便把当地居民的耕地变成亚述国王的地产，或分给亚述奴隶主，而把当地居民变成奴隶。例如，辛那赫里布的一个铭文说："我夺走了不顺从我的阿拉美亚部落：208000 个大人⋯⋯以及马、骡子、骆驼、大小牲畜无数。"他的另一个铭文说，他"从犹太带走 200150 人，各种牲畜"。后来，在提格拉特帕拉沙尔三世统治时，实行异地迁居。例如，他的一个铭文说："我把 30300 个居民从他们的城中放逐走，把他们移居到库⋯⋯城；把 1223 个居民移居到乌拉巴国的省里去。""我改组了这些城市的（行政），并把我亲自征服的东方各地的人民移居到这里。"因此，亚述帝国时期的奴隶人数大增，不仅王室、神庙和官僚贵族有众多的奴隶，而且一般的亚述人也都可能有几个奴隶和土地，债务奴隶因此而不复存在。

提格拉特帕拉沙尔三世改革后，亚述帝国在剥削奴隶的方式上发生了重大变化。被征服地区的被迁居的居民被分给了个别亚述人为奴隶，他们获得一小块土地，一家一户独立耕种，向主人缴纳租税；他们可随土地一起买卖和转让。

在亚述帝国时期，被征服地区的社会经济遭到严重破坏，其居民或被杀，或被带走，财产被掠夺，许多城市、村庄被毁。即使在提格拉特帕拉沙尔三世改革后，情况也好不了多少。尤其是辛那赫里布毁灭巴比伦城，对两河流域南部的工商业是一个沉重打击。

（四）亚述帝国的灭亡

亚述帝国是靠野蛮的征服战争建立起来的，它对被征服地区的政策极其残暴。因此，亚述同被征服地区居民的矛盾一直非常尖锐。被征服地区居民反对亚述统治的起义此起彼伏，一直未断。公元前 672 年米底争得独立，这是亚述帝国解体的第一个征兆。公元前 669 年，新被征服的埃及出现不稳，辛那赫里布再次出兵埃及，但死于途中。公元前 663 年，阿萨尔哈东也前往埃及，但最终未能保住埃及。公元前 655 年，埃及获得独立。公元前 626 年，巴比伦尼亚获得独立，迦勒底人建立了新巴比伦王国。这对亚述帝国是一个沉重打击。

帝国时期，亚述内部矛盾重重。普通亚述人因连年征战，苦不堪言。公元前 9 世纪中叶，由于人民不满，亚述陷入无政府状态，人民起义时有发生，甚至在京畿之地也有起义。亚述统治集团内部也一直矛盾重重，王权同贵族、王室内部都有尖锐而复杂的矛盾，而且这两者还时时交织在一起，从而使矛盾更加复杂化。提格拉特帕拉沙尔三世是靠政变上台的。萨尔曼那沙尔五世因剥夺阿淑尔城及其他一些城市的神庙的特权而招致抱怨，并因此而被杀。继承其王位的萨尔贡二世出身不明，可能是一个王子，也可能是一个贵族，总之是靠篡夺而登上王位的。萨尔贡二世为摆脱贵族影响而另行营建新都。其子辛那赫里布也继续与贵族斗争，并迁都尼尼微，还剥夺了阿淑尔城和一些神庙的特权。他毁灭巴比伦城的做法不得人心。他不将王位传给长子，而传给小儿子阿萨尔哈东一事，也引发了一场内乱。阿萨尔哈东也不将王位传给长子沙马什-苏姆金，而传给幼子亚述巴纳帕尔。沙马什-苏姆金被派任巴比伦王，后来他在巴比伦发动起义。阿萨尔哈东死后，眼看一次新的叛乱即将发生，幸被其母后纳基亚-扎库吐及时制止。这些矛盾严重削弱了亚述统治者的实力，分散了他们的精力。

亚述帝国与周边世界的矛盾也很尖锐。帝国末年，斯基泰人进攻亚述帝国西北部，给亚述以巨大压力，阿萨尔哈东不得不采取和亲政策，将自己的女儿嫁给斯基泰人的领袖，从而防止了帝国北部反亚述同盟的建立。亚述还长期同埃兰争夺巴比伦尼亚。

公元前 612 年，新近获得独立的新巴比伦王国同伊朗高原的米底王国联合，攻破亚述首都尼尼微，亚述帝国灭亡。帝国疆土被新巴比伦王国和米底王国瓜分。

第四节　新巴比伦王国

一、新巴比伦王国的建立

新巴比伦王国是迦勒底人在两河流域南部建立的国家。迦勒底人原是属于塞姆语系的一个游牧部落。公元前 2000 年代末，当阿拉美亚人向两河流域迁徙时，迦勒底人亦随之侵入两河流域。当时阿拉美亚人的主攻方向是两河流域北部，而迦勒底人则向两河流域南部渗透。公元前 11 世纪中叶，他们在巴比伦尼亚南部靠近波斯湾一带定居下来。最初，他们对城市的重要性认识不足，因而许多城市，诸如乌鲁克、尼普尔、西帕尔和库利加勒祖等均被其摧毁。公元前 9 世纪时，迦勒底人建立了若干小王国式的部落联盟。那时，巴比伦尼亚原有的居民无力阻止其渗透。逐渐地，迦勒底人把自己看成是这片拥有古老文明的土地的主人，是古巴比伦王国的合法继承人。

公元前 732 年，巴比伦发生王位争夺，一个迦勒底人的领袖成了巴比伦王。提格拉特帕拉沙尔三世借机进行干涉，吞并了巴比伦尼亚。公元前 626 年，被亚述人任命为巴比伦尼亚总督的迦勒底人那波帕拉沙尔起义反抗亚述，建立了新巴比伦王国。但巴比伦尼亚的一些大城市，如尼普尔、乌鲁克等有强烈的亲亚述倾向，迦勒底人在很长时期里只能占领巴比伦尼亚北部，且未能夺取城市。那波帕拉沙尔对尼普尔和乌鲁克进行了长期围困。公元前 616 年，乌鲁克被攻克。过了一年，即公元前 615 年，尼普尔也被那波帕拉沙尔占领。于是，新巴比伦王国统治了整个巴比伦尼亚。

同时，新巴比伦王国还同米底王国结成联盟，发动了反对亚述的战争。公元前 612 年，联军攻陷了亚述首都尼尼微，亚述帝国灭亡。胜利者瓜分了亚述帝国的遗产：米底王国占有了亚述本土和哈兰地区，新巴比伦王国则分取了亚述帝国的其余地区——叙利亚和巴勒斯坦。不过，埃及人认为这些地区是它的属地，因而，新巴比伦王国若要实现对这些地区的统治，还得用战斗去夺取。

二、尼布甲尼撒二世的统治

公元前 607 年，年迈的那波帕拉沙尔把军权交给了儿子尼布甲尼撒二世，而自己只管理国家内部的事务。当时，摆在尼布甲尼撒二世面前的首要任务，是同埃及争夺叙利亚和巴勒斯坦。为免除自己的后顾之忧，他继续与米底王国结盟，并娶了米底公主阿米蒂斯，以巩固这一联盟。

公元前605年春，尼布甲尼撒二世率军西进，攻取叙利亚。他的军队从南北两个方向夹击了西进叙利亚的必经之地卡尔赫米什，同驻守在这里的埃及军队进行了激烈的战斗，歼灭了埃及驻防军，该城亦被夷为平地。这一结果不仅打开了新巴比伦王国通往叙利亚的门户，而且实际上是把叙利亚和巴勒斯坦交到了尼布甲尼撒二世手中。

公元前604年8月，老国王那波帕拉沙尔死去，正在叙利亚巩固胜利成果的尼布甲尼撒二世立即回到巴比伦继承了王位。

公元前601年，尼布甲尼撒二世率军向埃及边界推进，同埃及军队发生战斗，双方损失都很惨重。公元前598年年初，他又远征阿拉伯，目的是要控制经过阿拉伯的商队道路。这时候，在埃及鼓动下，犹太国王伊阿基姆宣布脱离新巴比伦王国。于是，尼布甲尼撒二世兵围犹太首都耶路撒冷，并于公元前597年3月占领了该城，3000多名犹太人被俘往巴比伦尼亚，谢德基亚被扶上犹太国王的宝座。

公元前595年12月至公元前594年1月，巴比伦尼亚发生军队骚动。尼布甲尼撒二世残酷地镇压了这次骚动，密谋的参与者被送上以国王为首的军事法庭。他们被控背叛国家，破坏对国王的誓约而被判处死刑，其财产也被没收。尼布甲尼撒二世巩固了自己的统治。

公元前590年，埃及新即位的国王阿普利伊鼓动腓尼基和巴勒斯坦地区起来反抗新巴比伦王国，以达到由埃及控制这一地区的目的。这些地区中的一部分倒向了埃及。公元前587年，尼布甲尼撒二世再度进军巴勒斯坦，围困了耶路撒冷。由于埃及在这时候抛弃了倒向自己一边的犹太国王谢德基亚，结果耶路撒冷城在被围困一年后被攻破，城市遭到大肆抢劫和严重破坏，大部分居民被掳往巴比伦尼亚，史称"巴比伦之囚"。由此，新巴比伦王国在叙利亚和巴勒斯坦的统治稳定了下来。

此时，新巴比伦王国同米底王国出现了裂痕。为防止米底人的入侵，尼布甲尼撒二世在西帕尔以北筑了一道长城，横越两河流域平原，以作为两河流域南部的屏障。不过，由于米底另有强敌，因而它与新巴比伦王国的矛盾未曾激化。

尼布甲尼撒二世虽将大部分精力用于对外征战，却未忽视国内建设。

他注意发展经济，在尼普尔附近修建了一个巨大的水库，使很多水渠流往这里，以便在干旱时调节水的分配。他注重巴比伦的城市建设，使该城成为当时一个重要的国际商业贸易中心。在他统治时期可能制定过法典，有一部新巴比伦王国时期的法典保留了下来。当时，巴比伦城有豪华的宫殿、著名的"空中花园"、马尔都克神庙、伊丝塔尔女神庙、巴比伦塔等著名建筑。在他统治时，巴比伦城修有两道城墙和一条护城河，城门装饰华丽，成为一座坚固的军事堡垒。

图 3-12　新巴比伦时期的橄榄形圆筒印①

三、新巴比伦王国的社会经济

两河流域一向是社会经济十分发达的地区，农业、手工业和商业贸易

---

　　①　造于尼布甲尼撒二世统治时期（公元前 604—前 562 年）。出自西帕尔。现存于大英博物馆。

有很好的基础，过境贸易也很活跃，又加上尼布甲尼撒二世牢牢地控制了叙利亚和巴勒斯坦地区，使两河流域同地中海的联系通行无阻，更加促进了它商业贸易的发展。

当时，巴比伦、尼普尔、乌鲁克、西帕尔、波尔西帕等城市都是十分发达的手工业和商业中心。它们在国家经济生活中起了重要作用，并因而在政治生活中也有重要影响。它们享有免税特权，有自己的自治组织。这时候的铭文提到了多种手工业部门，如制革、服装、糕点、烤面包、纺织、建筑等。在商业贸易中，作为商品的除了手工业产品外，还有农产品（粮食、蔬菜、枣椰子等）。

这个时期商业贸易的发达，除了表现在城市生活的活跃外，还表现在大商家的出现。在新巴比伦王国时期活动的有一个著名的大商家，就是埃吉贝商家。该商家虽然在亚述帝国时期就已存在，但是在新巴比伦王国时期才活跃起来。考古学家发掘出该家族的活动档案有1000多块泥板，现存于世界各地的博物馆中。从该家族的档案可知，该家族的业务包括银钱借贷，商业活动，土地、房屋的买卖、租赁，奴隶的买卖和出租等。其商品经营的品种包括枣椰子、谷物、金属、金银项链、宝石、啤酒等。他们不仅自己直接经营各种业务，而且还让奴隶代理人去经营。埃吉贝商家的几个奴隶代理人的若干档案也保存了下来。从档案材料可知，该家族经济活动的范围很广，包括巴比伦、基什、乌鲁克、西帕尔，甚至延伸到了国外。在波斯人征服了巴比伦尼亚之后，该家族的经营活动的触角伸展到了伊朗高原。

新巴比伦王国时期，两河流域南部的奴隶制到达了自己的繁荣时期。这时候的奴隶人数大量增加，王室和神庙都拥有成百的奴隶，一些私人也有几十个、上百个奴隶。例如，埃吉贝商家在一次分配遗产时，就有100多个奴隶被分配。该商家拥有的奴隶最多时曾达200个以上。

奴隶的来源有战俘、债务、家生、购买等。关于战俘奴隶，《圣经·旧约》中说："凡脱离刀剑的，迦勒底王都掳到巴比伦去，作他和他子孙的仆婢，直到波斯国兴起来。"

关于债务奴隶，一个铭文说，尼布甲尼撒二世时，一个名叫希拉的女人欠了纳布-姆金-吉尔的钱，希拉便将自己的女儿利穆特-南纳带去抵债。利穆特-南纳住在债主家，给养由希拉本人供给。如果她女儿逃跑了，那么希拉要给债主银子。

关于家生奴隶，一个铭文说，尼布甲尼撒二世时，一个名叫埃布纳的奴隶主将自己的奴隶萨纳赫及其3岁的女儿沙-南纳-巴尼卖给了阿卡德城的一个祭司沙马什-丹努，价钱是 0.5 明那又 3 舍克勒银子。

关于购买来的奴隶，一个铭文说，女奴隶白利利吐将自己的奴隶巴祖祖以 0.5 明那又 5 舍克勒银子卖给了埃吉贝的后代。

关于将自己孩子卖为奴隶，一个铭文说，在那波尼德第 15 年（即公元前 549 年），一个名叫巴那特-伊丁的人，由于饥荒，丈夫死了，于是她把自己的两个年幼的孩子烙上奴隶的印记，送到乌鲁克的一个神庙当了奴隶，而且是终生的。

此时，奴隶被用于从事农业、手工业、商业贸易、家务等各种劳动，还被用来作为妓女。

新巴比伦王国时期，在更广泛的范围内实行了亚述帝国时期让奴隶独立经营的剥削方式，即不仅让奴隶独立租种土地，还允许他们经商、开办手工作坊、放高利贷、开办钱庄等。关于奴隶独立租种土地的事实，一份资料说，一个名叫伊丁-马尔都克的人的奴隶阿拉德-贝尔，租种了埃吉达-吐库尔苏之子阿拉德-纳（……）的土地，年租金是 9 库尔枣椰子。

有的奴隶成了手工作坊主，如一个名叫纳布-列姆-苏昆的奴隶，是一个生产帽子的手工作坊主。

有的奴隶放高利贷，成为债主。例如，埃吉贝商家的一个奴隶代理人纳布-乌提尔，借给一个名叫纳布埃列什的人 1 明那又 15 舍克勒银子，作为抵押品而给予纳布-乌提尔的是一块土地。他还借给另一个名叫乌里姆-巴乌的奴隶 1 舍克勒银子。

关于奴隶经商的例子，如贝尔苏纳的奴隶艾萨吉利伊，一次就向一个自由民购买了 1200 捆葱。显然，这不会是他自己食用，而是拿去出卖的。

有的奴隶在独立经营时积累了一定的财富，并用自己积累的财富购买奴隶，从而也成了奴隶主。例如，希利姆-贝尔的奴隶纳布-列姆-苏昆用 5/6 明那银子购买了属于纳布-乌提尔的奴隶纳布-努-萨里姆，在此奴隶手上烙有苏姆-乌初尔之子沙马什-伊布尼的名字。

有的奴隶成了自己主人的业务代理人，如上面提到的埃吉贝商家，先后有几个著名的奴隶代理人：纳布-乌提尔、涅尔伽尔-利初阿、达维恩-贝尔-乌初尔等。他们在为自己的主人经营各种业务的同时，往往也利用自己积累的财产经营商业、高利贷业务，赚取利润。例如，纳布-乌提尔是埃吉贝商家的后代伊提-马尔都克-巴拉吐活动初期的奴隶代理人，埃吉贝商家档案中的不少文件都提到他。

尽管新巴比伦王国时期有的奴隶可独立经营，并获得了一定的财富，甚至也占有了奴隶，或雇用奴隶和自由民劳动，但这些奴隶就其地位而言，仍然是其主人的财产。独立经营的奴隶在与其他人发生经济联系时，只能用自己的财产去抵押，而不能用自己的人身去做抵押，因为他的人身不属于他自己，而是属于他的主人。这些独立经营的奴隶，除向他的主人缴纳地租或利润以外，还要缴纳人身租。一个奴隶一年的人身租为 12 舍克勒左右的银子，大约相当于一个雇工一年的工资。这种人身租是奴隶主对奴隶拥有所有权的经济表现。人身租往往以债务的形式在契约中表现出来，即写明奴隶欠其主人多少舍克勒银子，必须偿还。独立经营的奴隶所积累的财产，其最终所有权也仍然在其主人手中，主人可将其收归己有。即使是一些富有的奴隶代理人，主人在分家析产时，也会将他们作为财产分掉，或作为财产转让给他人。例如，达雅恩-贝尔-乌初尔原是伊提-马尔都克-巴拉吐的岳父伊丁-马尔都克的奴隶，后来伊丁-马尔都克将其作为自己女儿的嫁资转让给了伊提-马尔都克-巴拉吐。公元前 508 年，当伊提-马尔都克-巴拉吐分配财产时，达雅恩-贝尔-乌初尔及其家庭又作为主人的财产被转让给了别人。

新巴比伦王国时期，奴隶作为主人的财产，可以买卖、转让、继承、出租和抵押。奴隶身上烙有作为奴隶的标志或其主人名字的印记。有的奴隶甚至烙有两个印记，即当奴隶被出卖、转让时，他身上除原有主人烙的印记外，又要烙上新主人的印记。

因此，新巴比伦王国时期奴隶与奴隶主的矛盾仍然十分尖锐。虽然我们没有奴隶起义的资料，但奴隶常常以否认自己的奴隶身份的形式，或以逃亡的形式表明自己的反抗。有的奴隶甚至在主人已经写了让其享有有条件的自由的文件后还是逃跑了。

四、新巴比伦王国的灭亡

公元前 562 年，强有力的尼布甲尼撒二世死后，新巴比伦王国的政局骤然恶化，在 5 年的时间里换了 3 个国王。公元前 561 年即位的阿麦尔-马尔都克在军队的参与下很快被推翻，新上台的国王涅尔伽尔-沙尔-乌初尔又于公元前 556 年被赶下台，一个阿拉美亚人部落领袖的儿子那波尼德上台当上了国王(公元前 556—前 539 年在位)。

从私法文书的情况看，那波尼德统治时期的商品货币关系仍然非常活跃。那波尼德为了国家的经济发展，离开两河流域，在阿拉伯待了 10 年，目的是为国家开辟一条新的商道。①

图 3-13　那波尼德石碑像②

但有几件事引起了统治阶级中相当多的人的不满。第一件事情是那波尼德不再崇奉原来巴比伦的主神马尔都克，而信奉月神（辛神），而且这个月神又不是原来巴比伦尼亚的月神，而是一个阿拉美亚人的月神，这引起了巴比伦祭司集团的不满；第二件事是他长期离开巴比伦，而将朝政交给他的儿子贝尔-沙尔-乌初尔（《圣经》中的瓦尔塔沙尔），这不为统治阶级所理解；第三件事是当时波斯人灭了米底王国和小亚细亚的吕底亚王国，这不仅使巴比伦尼亚同小亚细亚的希腊人的贸易受阻，而且使巴比伦尼亚处于被半包围的状态，使新巴比伦王国在国际上处于孤立地位。因此，巴比伦尼亚的工商业奴隶主同那波尼德的矛盾也尖锐化了。而新巴比伦王国内部

---

①　因为当时两河流域的波斯湾沿岸被泥沙淤积，经乌尔港的海路受阻。那波尼德企图开辟一条沿沙漠经提马绿洲前往埃及南部和南阿拉伯的商道，而且他已占领了提马。

②　公元前 555－前 539 年。现存于大英博物馆。

的阶级矛盾和民族矛盾（尤其是同犹太人之间的矛盾）本来就很尖锐。

因此，当波斯人于公元前539年大举入侵巴比伦尼亚时，虽然巴比伦城有两道城墙环绕，还有一条护城河包围，本是固若金汤的，却未经战斗便被波斯人占领了。① 新巴比伦王国存在了不到一百年便灭亡了。

新巴比伦王国虽然持续时间短暂，但它存在的时期却是两河流域历史上奴隶制经济最繁荣的时期，它在两河流域历史上留下了深深的印记。新巴比伦王国的灭亡标志着两河流域历史独立发展的完结。从此它被一个又一个的外族入侵和统治，直到公元7世纪阿拉伯人入侵并统治这里。

第五节　古代叙利亚、赫梯、腓尼基和巴勒斯坦

一、古代埃勃拉

(一)埃勃拉的发现

埃勃拉是叙利亚地区的一个古国，约存在于公元前3000年代后期至公元前2000年代初期，后来便从历史舞台上消失了。现代学者虽在两河流域和埃及的古文献中不止一次地见到过埃勃拉的名字②，却不知其确切位置③。因此，找到埃勃拉，是考古学家和历史学家梦寐以求的事。

从1964年起，意大利考古学家在叙利亚的泰勒-马尔狄克赫进行发掘。1968年，他们在该地古遗址中发现了一个埃勃拉王子的雕像，初步确定这就是埃勃拉古国的所在地。此后，他们又在这里发掘出了王宫、档案馆、城墙、神庙等。在该王家档案馆中发现了1万多块用楔形文字写成的泥板文书(这些楔形文字不同于苏美尔和阿卡德的楔形文字)，其内容涉及行政、经济、外交、司法等方面的问题，此外，还有神话和词典(苏美尔和埃勃拉的楔形文字字典)，从而揭开了埃勃拉之谜。埃勃拉古国的发现，被认为是

---

① 关于巴比伦被波斯人占领的情况，史料说法不一。此据《巴比伦年代记》。而据希罗多德，则巴比伦是在激烈的战斗后才被波斯人占领的。参见[古希腊]希罗多德：《历史》，1，188~191。

② Giovanni Pettinato, *The Archives of Ebla: An Empire Inscribed in Clay*, New York:Doubleday & Company,Inc.,1981,pp.14-19.

③ 关于埃勃拉的具体地点，现代学者约有十多种说法，参见 Giovanni Pettinato, *The Archives of Ebla: An Empire Inscribed in Clay*, New York: Doubleday & Company, Inc.，1981，pp.20-21.

第二次世界大战后"古代世界在语言学、考古学和历史学方面的最大发现"①，也是 20 世纪在这方面的重大发现之一。

（二）埃勃拉的历史

埃勃拉文化大约是由迦南人和胡里特人创造的。埃勃拉这个地方，至少在公元前 4000 年代就已有人居住了。公元前 3000 年代后期，在这里出现了王宫和档案馆，它的王宫曾两次遭到破坏。公元前 2000—前 1800 年左右，该地文化显示出与以前的文化有所不同。公元前 1800—前 1600 年时，埃勃拉被彻底毁灭。

在埃勃拉古国强盛之时，它同周围的埃及、两河流域、小亚细亚、腓尼基等有着广泛的联系。阿卡德王国国王萨尔贡曾远征过埃勃拉，其孙纳拉姆辛也曾征服过它。拉伽什第二王朝的统治者古地亚统治时期曾同埃勃拉有过密切的商业联系。在乌尔第三王朝的档案中，埃勃拉同马里、图图尔一起被提到。而且此时的经济铭文表明，埃勃拉人经常造访两河流域南部。埃勃拉还同叙利亚的另一古国阿拉拉赫联过姻，埃勃拉国王的公主嫁给了阿拉拉赫国王米塔库。

埃勃拉虽不处于大河流域，但农业相当发达。埃勃拉城周围的郊区是一片平原，有丰富的水源。农业不仅靠天然雨水灌溉，也可用河水灌溉。居民主要种植大麦和小麦。此外，畜牧业在经济中也占不小的比重。

在埃勃拉的经济中，手工业和商业相当发达。铭文中提到的手工业者有陶工、雕刻工、金属工、面包师、木匠、纺织工、制香料者、磨坊工等。商人有两类：国家商人和私商。

在埃勃拉社会中，"埃勃拉之子"和外国人的界限十分清楚。前者享有一切权利，而后者虽是自由民，但不能享有任何权利，因为他们只不过是居住在埃勃拉的外国人。

在政治上，埃勃拉是一个君主制的国家。铭文中提到过 6 个国王的名字：伊格里斯-哈拉姆（Igris-Halam）、阿尔-恩努姆（Ar-Ennum）、埃勃里乌姆（Ebrium）、伊比-希庇斯（Ibbi-Sipis）、杜布呼-哈达（Dubuhu-Hada）、伊尔卡布-达姆（Irkab-Damu）。但他们的关系如何则不清楚。可能，当时埃勃拉实行的是王位世袭制，因为从铭文可知，第 5 位国王杜布呼-哈达是第 4 位国王伊比-希庇斯之子。另外，人们推测，在埃勃拉，国王的任期有一定

---

① 参见《古代埃勃拉》文集（莫斯科，1985）俄译文出版者的话。

的规定，因为从铭文可知，当埃勃里乌姆早已是国王时，其父阿尔-恩努姆还健在。

埃勃拉国王也拥有两河流域苏美尔时代的王的称号——"恩西"。国王虽是国家领导人和国内、国际政策的负责人，但还不能专权。王室成员（王后、母后）都可同他分权，王子可成为共治者。行政铭文中常常用"国王和长老"的表示方法表明，长老在国家政治生活中的作用还很大，王权还要受其制约。

鼎盛时期的埃勃拉曾控制了广大的地区，但到公元前 2000 年代初，埃勃拉便衰落了。其原因何在？学者们提出了种种说法：阿摩利人的影响，埃及古王国的衰落以及由此而引起的埃及与亚洲商业贸易联系的削弱，克里特在贸易方面作用的增强，贸易中心转移到了伊朗高原，幼发拉底河和地中海之间贸易商道的北移，农业条件的恶化等。但究竟是什么原因学者们还不清楚。

二、古代赫梯

（一）赫梯的发现

赫梯是小亚细亚的古国，其最早的居民为讲原始赫梯语的哈梯人，后来来了讲印欧语的涅西人。他们二者融合，创造了古赫梯文化。

关于赫梯，虽然《圣经》中曾提到过它，埃及的象形文字和两河流域的楔形文字也证实了它的存在，但在 20 世纪以前，人们并不知其确切位置。

1906—1912 年，德国东方学家温克列尔在土耳其的波加兹-科伊（约在安卡拉以东 150 千米处）进行发掘时，发现了几千块楔形文字泥板，其中一部分是用阿卡德语写成的，但大多数却是用当时还不为人知的一种古代语言写成的（虽然也是用的阿卡德楔形文字）。1915 年，经捷克学者格罗兹尼释读，确定其属印欧语系。根据铭文，波加兹-科伊就是赫梯首都，而赫梯王国的中心并不像以前人们推测的那样是在叙利亚和巴勒斯坦，而是在小亚细亚中部。

波加兹-科伊的发掘及其楔形文字的释读成功，奠定了一门新的学科——赫梯学的基础。赫梯学的主要内容是研究从远古到公元前 1000 年代中期小亚细亚居民的历史、文化和语言。

（二）赫梯兴起前的小亚细亚

小亚细亚是一个古老的文明地区。20 世纪以来，在这里发掘出了很多新石器时代的文化：1960 年在哈奇拉尔发现的无陶新石器文化和有陶新石器文化，前者定年为公元前 6750±180 年，后者定年为公元前 5820—前 5393 年；1961—1965 年在沙塔尔休于发现的有陶新石器文化定年在公元前 6300—前 5500 年；1964—1970 年在萨约吕发现的无陶新石器文化定年为公元前 7570±100 年到公元前 6620±250 年等。

公元前 3000 年代末，亚述人在小亚细亚东部建立了若干商业殖民地，卡尼什是其中最著名的一个。小亚细亚在公元前 2000 年代初进入了文明时代，在这里形成了若干小国家。这里的人们从亚述学会了楔形文字。

初时，普鲁汗达在各小国中较为强大，其统治者称为"大王"。但后来，库萨尔夺得了霸权，它的统治者中最早的是阿尼塔及其父亲彼特哈那。他们攻占了涅西城，俘虏了它的国王。阿尼塔未经战斗便使普鲁汗达的国王投降，从而使库萨尔王国成为赫梯国家兴起前小亚细亚中部最强有力的政治实体。但随着它的征服，亚述在小亚细亚的商业殖民地也消失了。

（三）古王国时期的赫梯

赫梯兴起于公元前 2000 年代前期，其历史可分为古王国时期（公元前 1650—前 1500 年）、中王国时期（公元前 1500—前 1400 年）和新王国时期（公元前 1400—前 1200 年）。

赫梯古王国的历史开始于塔巴尔纳统治时期。塔巴尔纳不断征服，使赫梯统治的地区从小亚细亚北部的黑海沿岸达于地中海南部沿岸。其子哈吐什尔一世时，征服了小亚细亚的若干地区，赫梯始成为一个国家的名字，首都设在哈图沙。他还出兵北叙利亚，使该地胡里特人—塞姆人的强大国家阿拉拉赫臣服于自己。他占领了乌尔沙和哈苏两大城市，并同阿勒颇进行了长期斗争，但未能征服它。他的继任者穆尔西里一世，不仅征服了阿勒颇，还于公元前 1595 年远征并灭亡了古巴比伦王国。

赫梯统治者每征服一地，便派自己的王子去进行统治，那里的居民就被称作"王子的奴隶"。赫梯征服者同当地居民的矛盾很深，终于导致了"王子们的奴隶"的起义。

赫梯王室内部的矛盾也很尖锐，常常引起王位争夺，互相杀戮。公元前 16 世纪末，国王铁列平为防止王室内部争权夺利的斗争而进行改革，其改革的主要内容为确定王位继承法。他规定，王位应由国王诸子按长幼顺序继承，在没有王子时则由长女婿继承，其他人均无权继承王位。他还规定，由彭库斯会议保证王位继承法的执行；王子犯法，不得株连其他亲属，也不得剥夺他们的田产和奴隶。但改革并未能消除王室内部对王位的争夺。

（四）新王国时期的赫梯

有关赫梯中王国时期的资料十分贫乏，所以，中王国时期的历史情况极不清楚。

新王国时期是赫梯历史上最强盛的时期。这时它与埃及、喀西特巴比伦、中期亚述、米丹尼王国等一起成为近东诸强，而赫梯与埃及又是强中之强。当时，赫梯垄断了冶铁技术。这不仅促进了它的土地的开垦，也成为它对外贸易的一张王牌。

新王国时期，赫梯征服了小亚细亚西南部总名为阿尔查瓦的地区，在南方征服了与赫梯有血缘关系的努维亚人，在北方和东北方征服了黑海沿岸的卡斯克人。但最使赫梯声名大振的是它同埃及进行的几乎长达一个世纪之久的争霸叙利亚和巴勒斯坦的战争。当时埃及正忙于埃赫那吞改革，无暇顾及其西亚属地，赫梯便乘虚而入，抢占了埃及在叙利亚的许多属地。国王穆瓦塔努更率军同埃及第十九王朝法老拉美西斯二世会战于叙利亚的卡迭什，重创了埃及军队，并险些俘虏了拉美西斯二世。但赫梯军亦遭重大损失，以致无力再战。哈吐什尔三世统治时，向埃及提出缔结和约，并将自己的女儿嫁给了拉美西斯二世，实行和亲，从而结束了它们之间的争霸战争。

公元前13世纪末至公元前12世纪初，"海上民族"入侵地中海东部，赫梯是最大的受害者，其首都哈图沙陷落，王国西部地区为"海上民族"所占领，东部地区残存了几个世纪后，于公元前8世纪为亚述所灭。

新王国时期赫梯制定了自己的法典，共两表，其内容反映了奴隶制度、土地制度、商品货币关系等多方面的情况，是研究赫梯社会历史的重要资料。

三、古代腓尼基

腓尼基①地处地中海东岸，其北为小亚细亚，南为巴勒斯坦，东为叙利亚，西临地中海，约相当于今天的黎巴嫩这个地方。

古代腓尼基文化是由迦南人和胡里特人共同创造的。

(一)腓尼基的经济

腓尼基适于农耕的地方不多，但土地肥沃，雨量充沛，沿海地区适宜于种植葡萄和橄榄。

腓尼基的手工业原料丰富，黎巴嫩雪松是远近闻名的优质木材，还有若干矿产品。因此，它的手工业相当发达，著名的有造船业、以羊毛为原料的纺织业、玻璃制造业、制陶业、木器加工业、金属冶炼和加工等。

腓尼基处在东西方交通的连接点上，又近海，有众多良港，因此海外交通、商业贸易十分发达，是古代有名的商业民族。它很早就同埃及、埃勃拉、两河流域诸文明古国有了往来，同北非地区、西班牙南部沿海地区等交往也很密切，它的商人甚至到过英格兰和爱尔兰，到过大西洋。这既是探险，也与贸易有关。

腓尼基人从埃及输入亚麻，从塞浦路斯输入铜，从小亚细亚输入锡，从西班牙输入铝、铜、锡和奴隶等，而自己则输出木材、象牙制品、紫红色染料染过的纺织品等。腓尼基人还利用自己发达的造船业和众多的优良港口，经营转口贸易。他们也进行奴隶买卖，是古代著名的奴隶商人。《圣经》记载说，推罗国王希兰曾派遣熟悉航海的船家同以色列国王所罗门派遣的人一起航海到俄斐，运回420塔兰特黄金、檀香木、宝石、象牙、猿猴和孔雀等。

腓尼基人在古代不仅以一个商业民族著称于世，它还以其广泛殖民于地中海沿岸和各岛屿而闻名，其殖民活动早于希腊人。腓尼基最著名的殖

---

① 腓尼基这个名字来源于这里海中出产的一种紫红色染料，这种染料在古代名扬四海。在迈锡尼文明的铭文中已使用过 Po-ni-ki ya（意为"红色的"）这个词，在《荷马史诗》中也曾以 Phoinix 来称呼这个民族和地区。巴勒斯坦一带的迦南人也同紫红色这一概念有关，只是"迦南"的概念比"腓尼基"的概念要广泛些，它包括了腓尼基、叙利亚和巴勒斯坦。

民地当属由推罗人在北非建立的殖民地迦太基（建立于公元前 814—前 813
年）。腓尼基人殖民地的建立是由各城市国家单独进行的。众多殖民地的建
立，促进了腓尼基商业贸易的发展，并为腓尼基本土提供了手工业原料、
奴隶和市场。

（二）腓尼基的政治状况

　　有关腓尼基的政治状况的资料保存下来的很少，我们只知道，从公元
前 3000 年代起，腓尼基的一些地区便陆续地建立起若干以城市为中心的小
国，如推罗、西顿、贝鲁特、毕布勒斯、乌伽里特等。它们互不相属，且
互相对立，从未形成一个统一的国家。

　　这些城市国家中，有的是王国，如据阿马尔那档案，在埃及第十八王
朝时，毕布勒斯是一个王国，其国王曾给埃赫那吞写过信。但国王也并非
专制君主，在这些国家里还有长老会议等机构。也有的国家是共和国，如
推罗，在公元前 6 世纪的一个短时期里就曾是一个共和国，领导这个国家的
是一个由选举产生的行政官吏，称作"萨非塔斯"（Suffutas），即法官。但其
政治制度有过变化（《圣经》中说到过它有国王）。在公元前 4 世纪时，在西顿
和推罗存在过城市的议事会和公民会议，它们拥有审议的权力。

　　腓尼基同叙利亚和巴勒斯坦一样，处在一些大国中间（埃及、赫梯、亚
述、米丹尼、巴比伦等），在其历史上有限的独立时期里，各城市国家之间
又互相争斗，这严重削弱了它们自己的实力，不能团结一致以御外侮。因
此，它成了各大国争夺和掠夺的对象，经常处于外国势力的统治之下。

　　但腓尼基人在人类文明史上做出了许多重要贡献，其最大者莫过于腓
尼基字母文字的发明。

四、古代巴勒斯坦

　　巴勒斯坦位于地中海东南岸，北为腓尼基和叙利亚，南为西奈半岛，
经西奈半岛与埃及和非洲相通，东为约旦和阿拉伯沙漠。

（一）早期巴勒斯坦

　　巴勒斯坦是一个古老的文明地区。20 世纪以来，在这里发现了若干新
石器时代的文化：1928 年发现的纳吐夫文化，存在于公元前 9000—前 8000
年代；1956 年发现的贝哈文化，存在于公元前 7200—前 6600 年；自 1868

年以后多次发掘的耶利哥，其遗址有自中石器时代至铁器时代的文化层，时间是公元前9200±107年至公元前8000年代初，在这里发现了现知世界上最早的有碉堡和围墙的城市；1964年发现的穆勒贝特文化，时间为公元前9000年代后期至公元前8000年代中叶等。公元前3000年代，迦南人已定居巴勒斯坦。公元前2000年代前期，喜克索斯人建立了包括巴勒斯坦在内的喜克索斯人的国家。公元前2000年代后期，这里又出现了一些迦南人的小国家。公元前2000年代末，"海上民族"的一部分留居于此，称"腓力斯丁人"（巴勒斯坦即由"腓力斯丁"一词转化而来）。希伯来人也约于此时迁来此处，并逐渐由游牧转向农业。

(二)希伯来人的国家

据《圣经》记载，希伯来人的祖先原住在两河流域的乌尔城（而据现代学者考证，并非如此），他们在亚伯拉罕的带领下来到巴勒斯坦。其中一部分希伯来人去了埃及，另一部分留在了巴勒斯坦。去到埃及的希伯来人初时境遇还好，后来埃及统治者对他们的统治逐渐严酷起来，"派督工辖制他们，加重担苦害他们"。于是，在摩西率领下，他们走出埃及，回到巴勒斯坦（据传《摩西律法》即制定于此时）。他们同已住于此的迦南人争夺地盘。后一部分迦南人与之融合；另一部分则与之为敌，关系十分紧张。从希伯来人占领迦南（公元前1230年）到扫罗称王（公元前1020年）的这一时期，在希伯来人的历史上被称为"士师时代"①。这是继祖先时代之后的一个时代，是希伯来人的氏族制度解体的时代。当时，希伯来人分为两大部落联盟：住在北方的以色列部落联盟和住在南方的犹太部落联盟。他们夺取迦南人的土地分给各部落内各家族，还把一些迦南人变成奴隶。同时，希伯来人内部也发生了阶级分化。

公元前13世纪末至公元前12世纪初，腓力斯丁人侵入巴勒斯坦地区。希伯来人同腓力斯丁人的斗争加速了其内部的阶级分化，并形成了国家。《圣经》把希伯来人国家的形成说成是民约论的产物。据《撒母耳记》，当希伯来人同腓力斯丁人做斗争时，其领袖撒母耳年纪老迈。他原先立自己的儿子约珥为士师，继承自己的地位，但一些人向撒母耳请求说："你年纪老迈了，你儿子不行你的道，现在求你为我们立一个王治理我们，像列国一

---

① 所谓"士师"，乃是希伯来人的先知、统帅和救世主三位一体的，被看成是上帝选定的、被赋予上帝智慧的人。

样。"开始时撒母耳不同意，他告诉人民说这很危险，对人民没有好处。但"人民"逼迫他，使他不得不同意派一个王去进行统治。于是，在耶和华的指引下，出身便雅悯部落的扫罗被选中为王。

扫罗是希伯来人的第一个王，从他开始（公元前 1020—前 1000 年），希伯来人的历史进入文明时代。扫罗的统治得到多数希伯来人的承认。在他的领导下，希伯来人建立了一支强有力的军队，战胜了腓力斯丁人，并向自己周围的其他邻人进攻。他的成就促进了希伯来人的觉醒和统一。

但扫罗的统治并不为所有希伯来人所拥护，犹太部落联盟的领袖大卫背叛了他，率领南方犹太人的军队投奔了腓力斯丁人，使扫罗遭到失败。扫罗及其诸子均死于战场，扫罗的尸体还被腓力斯丁人悬挂于伯珊城头。

扫罗死后，大卫脱离腓力斯丁人，在犹太即位为王，统一了犹太和以色列，定都耶路撒冷。他同腓尼基的推罗结成同盟，同腓力斯丁人做斗争，并征服约旦河以东、死海以南地区。其子所罗门继续同推罗结盟，还同埃及保持友好关系，积极发展海外贸易，尤其是发展对红海一带的贸易。他广招工匠，在巴勒斯坦各城市大兴建筑，发展手工业。他将以色列犹太国家划分为 12 个行省，建立赋税和徭役制度，建立常备军，巩固君主专制统治。

所罗门死后，希伯来人的国家分裂为以色列和犹太两个国家。其中，北方的以色列王国存在了约 200 年，便从历史上消失了。南方的犹太国家断断续续地存在到罗马人统治时期。它先后被埃及、亚述帝国、新巴比伦王国、波斯帝国、希腊马其顿亚历山大帝国、塞琉古王国统治，最后被罗马人征服。新巴比伦王国的尼布甲尼撒二世两次攻占耶路撒冷，掳走它的居民，史称"巴比伦之囚"。以色列人和犹太人多次反抗罗马人的统治，均遭镇压。罗马人大肆杀戮，并将许多人卖为奴隶，迫使以色列人和犹太人离乡背井，远走他乡。

（三）社会状况

希伯来人原以游牧为生，入居巴勒斯坦后，逐渐定居，学会农耕。国家形成后，它的手工业和商业贸易都有很大发展。

在希伯来人的国家里，奴隶制曾有一定程度的发展。奴隶有以下几个来源。一是战俘奴隶，《圣经》记载说："你临近一座城……若不肯与你和好，反要与你打仗……你就要用刀杀尽这城的男丁。惟有妇女、孩子、牲畜，和城内一切的财物，你可以取为自己的掠物。"二是债务奴隶。《圣经》说，有一个先知门徒的妻，哀求以利沙说："你仆人我丈夫死了，他敬畏耶和华是你所知道的。现在有债主来，要取我两个儿子作奴仆。"摩西制定的律法中，也有关于债务奴隶的律法。例如，规定债务奴隶的期限为 6 年，第 7 年准予自由。"他若孤身来，就可以孤身去；他若有妻，他的妻就可以同他出去。他主人若给他妻子，妻子给他生了儿子或女儿，妻子和儿女要归主人，他要独自出去。倘或奴仆明说：'我爱我的主人和我的妻子儿女，不愿意自由出去。'"则可经过一定手续"永远服侍主人"。三是买来的奴隶。《圣经》说："人若卖女儿作婢女，婢女不可像男仆那样出去。主人选定她归自己，若不喜欢她，就要许她赎身；主人既然用诡诈待她，就没有权柄卖给外邦人。主人若选定她给自己的儿子，就当待她如同女儿。若另娶一个，那女子的吃食、衣服、并好合的事，仍不可减少。若不向她行这三样，她就可以不用钱赎，白白地出去。"

希伯来人的高利贷很发达，为数不少的人欠了很重的债，以致不得不用田产，乃至人身作抵押，统治者也不得不经常宣布豁免债务："每逢七年末一年，你要施行豁免。豁免的定例乃是这样：凡债主要把所借给邻舍的豁免了，不可向邻舍和弟兄追讨，因为耶和华的豁免年已经宣告了。若借给外邦人，你可以向他追讨；但借给你弟兄，无论是什么，你要松手豁免了。"

贫穷破产的人不少，他们只有靠打短工维持生计。

剧烈的阶级分化，引起了尖锐的阶级矛盾。这在《圣经》中有明显的反映："他们为银子卖了义人，为一双鞋子卖了穷人。他们见穷人头上所蒙的灰也都垂涎，阻碍谦卑人的道路。""你们这些要吞吃穷乏人，使困苦人衰败的，当听我的话。你们说：月朔几时过去，我们好卖粮；安息日几时过去，我们好摆开麦子；卖出用小升斗，收银用大戥子……用一双鞋换穷乏人，将坏了的麦子卖给人。""祸哉！那些在床上图谋罪孽造作诈恶的。天一发亮，因手有能力，就行出来了。他们贪图田地就占据，贪图房屋便夺取。他们欺压人，霸占房屋和产业。"

（四）犹太教

犹太教是希伯来人的宗教，它崇拜上帝耶和华。

希伯来人历经苦难，遭受迫害，被迫四散他乡，犹太教成为其维系民族意识的重要纽带。

犹太教坚持信仰一神，即上帝耶和华，宣称希伯来人是上帝的选民，与神订有契约。当大批犹太人被掳往巴比伦时，犹太人中产生了希望耶和华会派救世主来拯救他们并恢复犹太国家的思想。波斯人灭亡新巴比伦王国、大批犹太人返回耶路撒冷后，犹太教逐渐形成。犹太教在形成过程中，其上帝观亦经历了从氏族部落神到民族神的发展过程。

犹太教的经典是《圣经》，共24卷，约于公元前12—前2世纪用希伯来文写成，后来基督教从犹太教中脱胎而出，犹太教的《圣经》成为基督教《旧约全书》的一部分。

第六节　波斯帝国

一、自然环境与研究概况

(一)自然环境和居民

古代波斯帝国起源于伊朗高原，后来，它征服了整个伊朗高原和其他许多地方。伊朗高原东起兴都库什山（通过山口可与印度河流域往来），西至扎格罗斯山（山的西边就是两河流域），南临印度洋，西南为波斯湾，北边有里海和高加索山，并与南俄罗斯草原相连。伊朗高原四周多高山，东部多沙漠，境内无大河，只有一些季节性的内陆河，且都在沙漠中消失了，没有通向大海的河流。其西部地区和靠近里海的地区比较适宜于农耕，是世界上农业的发源地之一。

伊朗高原很早就有人居住，他们创造了那里的旧石器时代和新石器时代的文化。在古代伊朗，最早的文明是在公元前3000年代就已存在的埃兰文明。后来，在公元前2000年代末，一些讲印欧语的部落来到高原西部，其中一支是米底人，定居在高原的西北部；另一支是波斯人，定居在高原的西南部（波斯帝国就是他们建立的）。在高原的东部则有为数众多的游牧部落。

(二)史料和史学

研究波斯帝国史有多方面的资料：其一，王家铭文，如居鲁士二世的有关征服两河流域的圆柱铭文、大流士的镇压各地起义的《贝希斯顿铭文》等；其二，经济方面的文献，如《宝库铭文》《要塞墙铭文》、两河流域地区的著名商业高利贷家族——埃吉贝商家和穆拉树商家的档案；其三，古代希腊作家的作品，如希罗多德的有关希腊波斯战争的《历史》、色诺芬的有关公元前4世纪末小居鲁士叛乱的《长征记》等；其四，犹太教的《圣经》里面有若干篇与波斯帝国史有关。

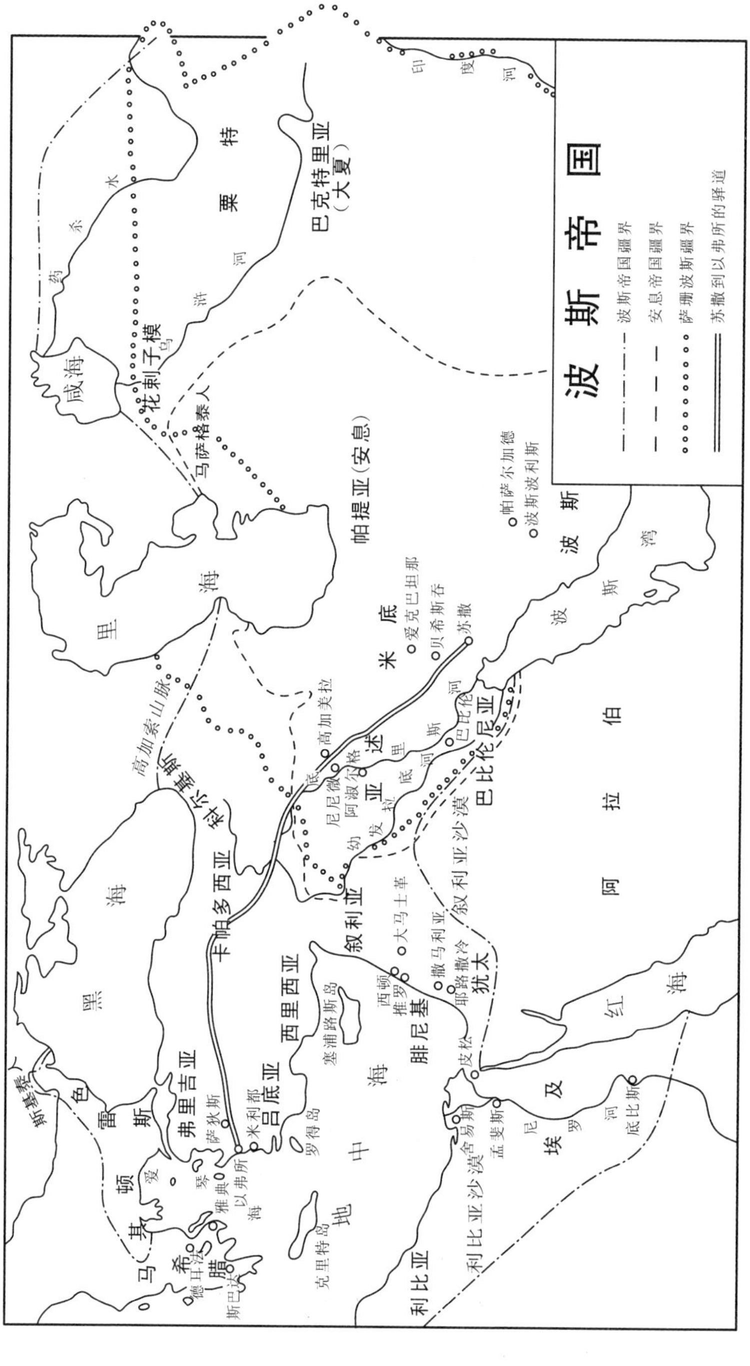

图3-14 波斯帝国

由苏美尔人创立的楔形文字，广泛流行于西亚地区，其中也包括伊朗地区西部，波斯帝国就使用楔形文字。解读西亚楔形文字正是从解读波斯人的楔形文字开始的，如第一个在释读楔形文字方面取得突破性成就的格罗特芬德所依据的就是波斯人的楔形文字资料——波斯帝国的著名国王大流士的一个短的铭文，而最终揭开楔形文字秘密的罗林森也是依据波斯人的楔形文字资料——特别是大流士的《贝希斯顿铭文》。自罗林森成功释读波斯的楔形文字后的一百多年来，对波斯帝国的历史的研究取得了长足进展。出版了若干有关的杂志，发表了很多的文章；在有关伊朗史的出版物中，波斯帝国史部分占有较大的分量（如《剑桥伊朗史》）；出版了一批有关波斯帝国的专著（如奥姆斯特德的《波斯帝国史》、丹达马耶夫的《阿黑明尼德强国政治史》等）。在伊朗的波斯波利斯和苏撒等地，与波斯帝国有关的考古发掘也取得了很大成就。

二、波斯帝国的兴起

（一）波斯帝国兴起前的伊朗

伊朗高原是世界上的农业发源地之一。20世纪以来，考古学家在里海一带和扎格罗斯山地区发现了众多的新石器时代的文化遗址。[①] 伊朗高原也是较早进入文明时代的地区之一。早在公元前3000年代后期，在其西南部就兴起了埃兰王国。埃兰王国同两河流域有着密切的交往。乌尔第三王朝是它同阿摩利人灭掉的，刻有《汉谟拉比法典》的石碑就是在埃兰首都苏撒发现的。公元前1000年代初，埃兰王国曾同亚述帝国争夺两河流域南部，但遭失败，还一度被亚述征服。亚述帝国灭亡后，它成了米底王国的一部分。

公元前2000年代后期，与波斯人同属印欧语系的米底人定居于伊朗高原西北部。米底人曾臣服于亚述帝国。据希罗多德的记载，在亚述统治下的各民族中，米底人是最先起来反抗亚述人统治的。公元前672年，它争得独立，建立了自己的国家米底王国，定都爱克巴坦那。在希罗多德的笔下，米底国家的形成乃是社会契约论的产物。不过，从他的记述中可以看出，

---

① 参见《近三十年来前陶新石器公社的发现》，见北京大学、东北师范大学历史系古代史教研室：《世界古代史论丛》，第1集，25～126页，北京，生活·读书·新知三联书店，1982。

米底王国的形成实际上仍是阶级矛盾和民族矛盾的产物，即除了反抗亚述人的统治以外，它内部也有激烈的阶级矛盾，王权是在调解纷争（即解决矛盾）中形成的，而随着王权的形成，也形成了暴力机器（军队和法庭），形成了脱离人民的国家机关。

米底王国曾强大一时，它统治了伊朗高原的广大地区（包括米底、波斯、帕提亚等地）和小亚细亚的部分地区。公元前7世纪后期，米底同新巴比伦王国结盟消灭了亚述帝国，它分得了亚述帝国的西半壁江山。它还同小亚细亚的吕底亚王国争夺对小亚细亚的统治权，最后双方缔结了和约。

公元前6世纪中叶，波斯兴起于伊朗高原西南部，并灭了米底王国。

（二）波斯的兴起

波斯人是与米底人一起来到伊朗高原的，他们定居在伊朗高原西南部靠近波斯湾的地方。他们有10个部落，其中6个从事农业，4个从事畜牧业。波斯人在兴起前曾臣服于米底人。

公元前558年，出身于阿黑明尼德氏族的居鲁士二世[①]在波斯称王（在位时间为公元前558—前530年），都波斯波利斯。公元前553年，居鲁士二世起兵反抗米底人的统治。公元前550年，波斯人战败米底人获得独立，并灭亡了米底王国，其首都爱克巴坦那也成了波斯的首都之一。原属米底的埃兰、帕提亚、基尔卡尼亚、亚美尼亚等在公元前549—前548年也相继归降了波斯。米底的被征服，不仅扩大了波斯统治的范围，增强了波斯的实力，而且使以前名不见经传的波斯，一下子跃上了世界历史的广阔舞台。

公元前547—前546年波斯人同小亚细亚强国吕底亚发生战争。吕底亚是一个十分富庶的国家，在其强盛时，曾控制了希腊世界和东方之间的海上和陆上的贸易。米底王国灭亡后，吕底亚于公元前547年出兵卡帕多细亚（原属米底），从而引发了吕底亚与波斯人之间的战争。居鲁士二世打败了吕底亚，俘虏了吕底亚的国王克洛伊索斯。不久，波斯人又借镇压吕底亚人起义的机会，征服了小亚细亚西海岸各希腊人的城邦。

公元前546—前539年，波斯人先后征服了伊朗东部和中亚的许多地区：巴克特里亚（大夏）、马尔吉安那、花剌子模、索格地安那、格德洛西亚、萨塔吉地亚、阿拉霍西亚、德兰吉安那以及萨克人的地区和阿富汗等

---

① 据希罗多德说，关于居鲁士二世的出身至少有4种说法。参见［古希腊］希罗多德：《历史》，Ⅰ，95。

地，其统治范围在东方接近印度河流域。

图 3-15　居鲁士圆柱铭文

公元前 539 年，居鲁士二世转而向西，去征服新巴比伦王国。是年春，他的军队来到两河流域。10 月 12 日，巴比伦城被波斯人占领，新巴比伦王国灭亡。原属其统治的腓尼基、叙利亚、巴勒斯坦及阿拉伯都自动归降了波斯人。被强制迁居巴比伦尼亚的犹太人以及其他外国人都被允许返回自己的祖国。

公元前 530 年，居鲁士二世远征中亚游牧部落马萨格泰人，战败身亡，葬于帕萨尔加德(今伊朗境内)。①

图 3-16　居鲁士墓

(三)冈比西斯二世的统治

公元前 530 年前，在远征马萨格泰人之前，居鲁士二世立冈比西斯二世

① 据希罗多德说，关于居鲁士二世的死有多种说法。参见[古希腊]希罗多德：《历史》，Ⅰ，214。

为共治者。居鲁士二世死后，冈比西斯二世即位为王。

公元前 525 年冈比西斯二世出兵征服埃及，俘虏了埃及国王普萨美提克（后他因参与反对波斯人的起义而被处死）。波斯人在埃及建立了第二十七王朝。由此，波斯人建立起一个地跨西亚、北非的大帝国，其版图比埃及新王国和亚述帝国大得多。此后，冈比西斯二世还曾出兵利比亚和努比亚，但都不顺利。据希罗多德记载，冈比西斯二世远征利比亚的军队毁于沙漠风暴，而远征努比亚的军队则败于准备不足。于是，埃及爆发了反对冈比西斯二世的起义。公元前 524 年年末或公元前 523 年年初，冈比西斯二世回到埃及首都孟斐斯，镇压了起义。

希罗多德说，冈比西斯二世在埃及滞留期间，犯下了一系列罪行：杀死埃及圣牛阿庇斯；命令部下杀死了自己的弟弟司美尔迪斯，原因是嫉妒其才能；其妻因不满丈夫杀死亲弟弟，也遭杀害；杀死波斯人普列克萨佩斯之子，并要杀死原吕底亚国王克洛伊索斯……"因此，不管从哪一点来看，我以为都可以肯定，冈比西斯是一个疯狂程度甚深的人，否则他不会做出嘲弄宗教和习俗的事情。"①

公元前 522 年，在波斯发生了高墨塔暴动。冈比西斯二世闻知此事，立即动身返回波斯，但死于途中。

三、高墨塔暴动和大流士改革

(一)高墨塔暴动

虽然，在公元前 522 年高墨塔暴动时，波斯帝国才形成不久，但其阶级矛盾、民族矛盾乃至统治阶级内部的矛盾都十分尖锐。据《贝希斯顿铭文》，"冈比西斯(二世)到埃及后，人民叛乱了。此后在国内，无论在波斯、米底，还是在其他地区，谎言到处蔓延"。而当冈比西斯二世在利比亚和努比亚的征服遇到挫折时，终于引发了高墨塔暴动。

暴动于公元前 522 年 3 月爆发于波斯国内的庇里瓦什德地方的阿尔卡德里什山。暴动者打着冈比西斯二世的弟弟巴尔狄亚(据《贝希斯顿铭文》)；而

---

① ［古希腊］希罗多德：《历史》，Ⅲ，27～38，北京，商务印书馆，1959。但现代研究者，如丹达马耶夫认为，真实情况并非如此。参见［苏］丹达尼耶夫：《阿黑明尼德强国政治史》，55～77 页，莫斯科，科学出版社，1985。

据希罗多德，则为司美尔迪斯）的旗号起兵。①　暴动引起强烈反响，各地纷纷响应，"于是，所有的人民，波斯、米底以及其他地区都叛变了冈比西斯（二世），倒向他（高墨塔）一边。他占据了这个王国……"

高墨塔自立为王，号召各地人民（包括波斯人和各被征服地的人民）拥戴他而抛弃冈比西斯二世。他还派人到各地去"宣布免除 3 年兵役和赋税"，从"人民"手中夺走了"牧场、牲畜、奴仆、房屋……"

公元前 522 年 9 月，出身阿黑明尼德氏族的大流士同其他 6 个波斯贵族一起谋杀了高墨塔及暴动的其他领导人，镇压了各地起义。暴动历时 7 个月，动摇了波斯帝国的统治。②

(二)大流士的改革

关于大流士其人，对他夺取政权以前的情况，人们所知甚少。从《贝希斯顿铭文》等知道，他的父亲是维斯塔斯帕。据希罗多德记载，大流士曾作为冈比西斯二世的随从远征埃及。在参与谋杀高墨塔的事件中，他是 7 人中最后一个参加的，但他却夺取了政权。

大流士上台以后，各地人民（包括波斯人）曾两次起义反对他的统治。他严厉镇压了起义，并将镇压高墨塔暴动和两次起义的情况用波斯语、埃兰语和巴比伦语（均为楔形文字）刻在贝希斯顿山崖上，此即著名的《贝希斯顿铭文》。

公元前 517 年，大流士远征印度，夺取了印度河流域。约在公元前 515—前 513 年，他又远征巴尔干半岛的斯基泰人，虽遭失败，却征服了色雷斯地区，并使马其顿向其纳贡称臣，从而使波斯帝国成为古代世界第一个地跨亚、非、欧三大洲的大帝国。

帝国版图如此辽阔，民族成分极其复杂，阶级矛盾极其尖锐，各地政治、经济、文化发展极不平衡，而波斯的统治阶级又十分年轻，波斯的国家机器十分薄弱，因此，其统治极不稳定。为了巩固帝国的统治，大流士

---

①　有的学者认为，高墨塔就是巴尔狄亚。参见［苏］丹达马耶夫：《阿黑明尼德王朝统治初期的伊朗》，121 页以下，莫斯科，东方文学出版社，1963。

②　对这个暴动的性质看法不一。苏联科学院编《世界通史》的作者认为，它具有米底贵族恢复自己特权的性质。丹达马耶夫则认为，暴动并非爆发于米底，而是爆发于波斯；参加暴动的除米底人外，还有波斯人和其他各民族的人；暴动并未提出什么恢复米底贵族特权的特殊口号或采取这方面的措施；暴动提出的口号和采取的措施并非只对米底人有效，而是对波斯人也有效，因此不能认为暴动是米底贵族反波斯的活动。他认为高墨塔就是冈比西斯二世的弟弟巴尔狄亚。

图 3-17 《贝希斯顿铭文》浮雕

在巩固了自己的统治以后，采取了一系列措施，这在历史上称作大流士改革。改革内容包括以下几方面。

第一，加强王权，确立君主专制的统治形式。① 大流士神化自己的权力，说他的权力是善神阿胡拉·马兹达恩赐于他的。他控制了行政权、军权、司法权，建立起王室经济。在国王之下设有办公厅，内有通晓帝国内各种语言的人，以了解情况。他经常巡行各地，或派人到各地去了解情况，以加强控制。他还建立特务组织，刺探各地情报（主要是了解各地总督和高级军官的情况）。

第二，将全国划分为若干行省（称"萨特拉庇亚"）②，设总督（称"萨特拉庇"）治理。总督在大流士统治时可能不管军事③，只管地方行政、司法、征税④。

---

① 据希罗多德载，大流士等 7 人在镇压了高墨塔暴动后，曾就波斯帝国的统治形式问题进行过一次讨论。在讨论中，有人主张民主制，有人主张贵族制，大流士主张君主专制，并获得多数赞同，但仍有人持保留态度。

② 从大流士的铭文看，行省有 28 个或 29 个。希罗多德说有 20 个，《圣经》说有 70 个，可能波斯帝国时期的行省数目时有变化。

③ 但后来也管军事，如小居鲁士在担任小亚细亚总督时，就兼管军事。参见［古希腊］色诺芬：《长征记》，Ⅰ，Ⅰ，1 页，北京，商务印书馆，1989。

④ 过去广泛流行的一种意见认为，波斯帝国时期实行过包税制。1951 年法国学者卡尔达西亚根据对穆拉树商家档案材料的研究得出结论，说波斯帝国实行包税制是没有根据的。参见［苏］丹达马耶夫、卢康宁：《古代伊朗的文化和经济》，俄文版，197～198 页，莫斯科，科学出版社，1980。

他规定了各省应缴纳的税收数量。①

第三，在军事方面，他将全国划分为 5 个大军区，每个军区下辖若干省军区。军事长官和总督互不相属，使其互相牵制。波斯帝国在战时可从各省征集到一支相当庞大的军队（如在希波战争时期那样）。在平时，它的军队由步兵、骑兵、战车兵、象兵、海军、工兵等组成。战斗力最强的是由 1 万名波斯人组成的"不死队"。军官多为波斯人（战时从各省各个部落征召的军队则由各省总督和各部落首领指挥）。为加强对军队的控制，国王每年要对军队进行检查，边远地区则由国王派人检查。

第四，国家统一铸币制度。他规定，帝国中央铸造金币，行省铸造银币，自治市铸造铜币。金币称"大流克"，每枚重 8.4 克。这种大流克是否在全帝国流通？从巴比伦尼亚的资料看，似乎没怎么流通，因为在埃吉贝商家和穆拉树商家的文件中都没有使用大流克的资料，但在犹太地区可能是使用大流克的，例如，在《圣经》中说："有些族长为工程捐助。省长捐入库中的金子一千达利克（按：即大流克）……又有族长捐入工程库的金子二万达利克……其余百姓所捐的金子二万达利克。"

第五，在全国建立驿道，方便军队调动、国王命令下达和下情上传，加强帝国各地的联系。在驿道沿途设有驿站，配备有人员、马匹、粮草。最长的一条驿道起自小亚细亚西海岸的以弗所，东至伊朗高原的苏撒，全长 2400 千米，称为"御道"。另一条著名驿道是从巴比伦经伊朗高原至印度河。这种驿道可能是在原有的商队道路和亚述帝国时期的一些驿道的基础上修建的。

第六，调整波斯人与各被征服地的原有统治阶级之间的关系，在制定法律时尽可能参考各地原有法律，对各地宗教采取宽容态度，不加排斥，借以拉拢各地上层人物。

改革巩固了波斯帝国的统治，但并未消除帝国内的阶级矛盾和民族矛盾，也未消除帝国境内政治、经济、文化发展的不平衡性。

大流士还开通了尼罗河至红海之间的运河。公元前 518 年，大流士派斯基拉克调查印度河口。斯基拉克率领船队从印度河口西行至红海，历时 30

① 据希罗多德载，波斯帝国每年从各省征税的总额约为14560塔兰特银。参见[古希腊]希罗多德：《历史》，Ⅲ，89～95，北京，商务印书馆，1959。除货币税外，还有实物税，以及其他苛捐杂税，如国王军队路过时的招待费，往往使整村的人倾家荡产。参见[古希腊]希罗多德：《历史》，Ⅶ，118～120，北京，商务印书馆，1959。

个月，从而建立了印度和波斯帝国的海上联系。他还在中亚修建水库。

四、波斯帝国的社会经济

波斯帝国包罗了为数众多的地区和民族，其社会经济结构五花八门。帝国内的一些地区（如埃及、两河流域、印度河流域、小亚细亚、叙利亚和巴勒斯坦等地）奴隶制经济已发展1000～3000年；另一些地区则较落后，刚刚进入文明时代，处于奴隶制社会初期；有的地区还处在原始社会阶段。即使是米底和波斯，也都还处在文明时代的初期阶段。帝国内有的地区有发达的农业、手工业和商业贸易，而另一些地区畜牧业较为发达，农业、手工业和商业贸易则不那么发达。

波斯帝国将被征服地区的许多肥沃土地掠夺过来，分给波斯王族成员、官僚贵族和军事殖民者。从资料可以看出，分给王族成员的土地数量很多，还拥有灌溉系统。例如，王子、埃及总督阿尔沙马，在埃及至苏撒的沿途都拥有地产。王后帕莉萨蒂斯在巴比伦尼亚有一座"帕莉萨蒂斯城"和许多地产，在米底有一些村庄也属于她；她在这些村庄里拥有奴隶、谷物、牲畜和其他财产，有一个村庄是供给她零花钱的。官僚贵族也有许多土地，如波斯驻巴比伦的一个总督特里塔伊克美斯拥有的部分财产是：在他的私人马厩里，除去军马外，还有800头种马、1.6万头牝马，即每20头牝马有1头种马；此外还有许多印度犬，以至平原上的4个大村庄由于供应这些印度犬的食物而被免了一切贡税。波斯贵族们住在巴比伦等大城市，其地产并不由他们管理，而是由地产管理人经管。例如，据阿尔沙马给他的管理人的信可知，他的地产管理人有纳赫特-荷鲁斯、马尔都克、纳布-达拉尼、扎托希、乌巴斯塔拉、哈尔初、马特哈勒-刀巴沙、巴伽法尔纳、弗拉达法尔和伽瓦什纳等。这些地产管理人多半是当地土著（如阿尔沙马在埃及的地产管理人纳赫特-荷鲁斯就是个埃及人）。他们经管这些土地，给地产的主人带来收入（王子瓦洛希在埃及的地产管理人未将地产上的收入送给他，于是瓦洛希要阿尔沙马的地产管理人纳赫特-荷鲁斯去帮助催要）。这些地产多半是出租的，穆拉树商家就租种了大量王室、贵族和军事殖民者的土地，例如，他们租种了王后帕莉萨蒂斯在巴比伦尼亚的尼普尔的土地。但这些地产也可能由奴隶耕种，例如，据色诺芬的《长征记》记载，一个名叫阿西达提斯的波斯人拥有大量奴隶，当色诺芬率领希腊雇佣军去攻击其城堡时，虽然城堡周围的奴隶已经逃跑了，但他们仍"得了约二百奴隶和足供祭献牺牲用的羊只"。

军事殖民者(即波斯人派驻各地的驻军)被分给服役份地,它们被叫作"弓的份地""马的份地"等。持有这种份地的人须服兵役,以后不服兵役时便须纳税。军事殖民者的份地大多是租出去,自己收取地租的。穆拉树商家就租种了许多这类份地,租期往往长达 60 年。

神庙也拥有大量土地,这些土地也大多是租佃出去的。神庙在出租土地时,还往往出租农具、种子、牲口以及依附于神庙的劳动者。

王室、神庙和官僚贵族奴隶主经济中的劳动者有"依卡努"(Ikkaru)、"艾列苏"(Errsu)、"苏沙努"(Susanu)和"格尔达"(Garda)。"依卡努"和"艾列苏"通常译作"农民""庄稼人"。"依卡努"也译作"农业经济劳动者","艾列苏"则译作"农业租佃者"。依卡努或者租种神庙土地,连同牛、犁、种子,有时还获得份粮;或者随神庙土地一起被租出去。苏沙努是宫廷的依卡努,他们地位世袭、有自己的家庭,不能被出卖;他们被固定在土地上,有专门的官吏监督其劳动。在苏沙努中,除农民外,还有掌握一定专长的手工业者。

在王室经济中劳动的还有一类劳动者,叫作"格尔达"(或"库尔塔什"),他们也是在别人的监督下劳动的,是非波斯人(如埃及人、巴比伦尼亚人、吕底亚人等)。他们中有从事农业劳动的,也有从事手工业劳动的,还有牧人。在《要塞墙泥板》铭文中,记有由格尔达交纳的实物租金(谷物、面粉、牡羊、酒和啤酒);《宝库泥板》中有向格尔达支付银子和粮食的记录。据《宝库泥板》,格尔达可从一个地方调动到另一个地方,他们组成一个个劳动队,有时一个队的人多达几百,甚至上千。格尔达的份粮通常为男人每月 30 千克谷物,妇女每月 20～30 千克谷物,除谷物外还有酒、啤酒、植物油。

波斯帝国的统治基本上未改变被征服地区的社会经济制度。为了巩固自己的统治,波斯当局的某些措施也为各地经济生活的正常进行创造了条件,如实行铸币制度、维持各地原有的市场价格、修建驿道、保证商旅安全、发展过境贸易等。在新巴比伦王国时代就已十分活跃的埃吉贝商家,在波斯帝国初期仍继续活动,直至公元前 480 年左右。在公元前 5 世纪中叶至该世纪末叶,在巴比伦尼亚又有穆拉树商家等进行活跃的商业高利贷活动。

在波斯帝国时期,中亚和西亚地区的经济文化交流无疑得到了加强,这在客观上对中亚和伊朗高原经济文化的发展起了积极作用。由于先进的生产技术、灌溉农业的传入，中亚和伊朗高原获得了较为明显的进步，而两河流域和埃及等地的经济发展则受到了阻碍。

五、波斯帝国的衰亡

大流士统治时期是波斯帝国的鼎盛时期。但他挑起的希波战争却以失败告终，从而也成为波斯帝国由盛而衰的转折点。希波战争消耗了波斯帝国大量的人力和物力，严重削弱了它的实力。此次战争尤其暴露了它的弱点，激化了帝国内部的阶级矛盾和民族矛盾。

希波战争以后，波斯帝国统治者一方面割断了帝国内小亚细亚的希腊各邦同希腊世界的联系，从而导致了这一地区的衰落；另一方面，波斯统治者又经常插手希腊事务，挑起希腊内部的不和与冲突。不过，波斯帝国先前那种东征西讨的势头再也不见了。

大流士改革以后，在波斯帝国内虽未发生过像大流士执政前后那样大规模的起义，但小规模的起义仍时有发生。公元前404—前343年，埃及一度争得独立。这预示了波斯帝国的瓦解。

波斯帝国的统治集团，尤其是王室内部争权夺利的斗争从始至终一直不断，几乎每个国王死亡的前后都发生过王位的争夺，公元前5世纪末更发生了小居鲁士与其兄阿塔薛西斯二世的争权战争。后来又不断发生宫廷政变。公元前357年，一度有所作为而企图复兴波斯帝国的阿塔薛西斯三世被自己的宫廷医生所杀。其子阿勒西斯也在公元前337年成为一次新的阴谋的牺牲品，他同其家人一起被杀。宫廷贵族把亚美尼亚总督拥立为王，是为大流士三世。同时，各地方总督之间、总督与王室之间也矛盾重重。这些矛盾和争斗不仅严重削弱了帝国的实力，而且削弱了对外部危险的注意。

公元前334年，希腊马其顿的亚历山大为了称霸希腊，打着为希腊复仇的旗帜，率军远征波斯帝国，经过格拉尼库斯河战役、伊苏斯战役和高加美拉战役，摧垮了波斯帝国的军事实力。大流士三世每战必逃，终于在逃到巴克特里亚后被杀。公元前330年，波斯帝国被亚历山大所灭。

伊朗高原地处东西方交流的交通要道上，波斯帝国发源于伊朗高原，在其存在的近3个世纪中，对东西方的经济文化交流起过重要作用，早期丝绸之路的开辟大约就在此时期的前后。据说，在波斯帝国发现过中国生产的丝绸。

古代西亚的文明对人类做出了重要贡献，它的灭亡和古代埃及文明的灭亡一样，是人类历史的一大悲剧。但它所创造的文化，如腓尼基字母文字对人类的贡献是永远不会被人类遗忘的，而犹太人的犹太教的经典，在两千多年里影响了很多人，而且直到现在还影响着很多人。

第七节　上古西亚文化

古代西亚是人类文明的重要发源地。这里地域辽阔、民族众多，创造出了灿烂丰富的文化。

一、文字

古代西亚尽管民族众多（苏美尔人、阿卡德人、阿摩利人、喀西特人、亚述人、胡里特人、埃勃拉人、赫梯人、迦南人、迦勒底人、波斯人、埃兰人、希伯来人等），语言各异，但大多使用楔形文字，即用楔形文字来书写他们的语言（只有希伯来人等少数西亚的居民不使用楔形文字）。

楔形文字是苏美尔人发明的。公元前 4000 年代后期的乌鲁克时期，在苏美尔地区出现了图画文字，后来演变成了楔形文字。

楔形文字是由表意符号、表音符号和限定符号 3 部分组成。其表意符号和限定符号与埃及象形文字的同类符号作用相同，而表音符号在构造上与埃及的表音符号有所不同。埃及的表音符号没有元音，只有辅音，而楔形文字却有可以明确划开的、含有元音的音节。这些音节或是由辅音加元音，或是由元音加辅音，或是由辅音加元音再加辅音构成，其中第三种情况较为少见。楔形文字不能用辅音表达出单独的音节。

早在苏美尔时代，楔形文字符号就已达 600 多个，常用符号也有 300 多个，而且每个符号都至少有一两个字义，因此掌握起来较为困难。认识一种楔形文字并不能使你必然认识另一种楔形文字。例如，你认识苏美尔人的楔形文字却不一定认识赫梯人的楔形文字、埃勃拉的楔形文字……

古代西亚人民不仅发明了楔形文字，而且较早地发明了字母文字，这就是腓尼基人的字母文字。腓尼基的字母文字对当时及后世产生的影响很大。在它的影响下，在东方出现了阿拉美亚文字，而阿拉美亚文字又对古波斯字母（外形为楔形）、安息字母、阿拉伯字母、希伯来字母、印度的梵文等产生过重大影响；在西方，希腊字母也是在它的基础上产生的，而希腊字母又是拉丁字母以及欧洲其他字母文字的基础。

二、文学

　　古代西亚人民留下了不少文学遗产，包括神话、传说、英雄故事、史诗、箴言诗、战争文学、宗教文学等。

　　创世神话《埃努玛·埃立什》记载在 7 块泥板上，它是有关马尔都克成为巴比伦主神的故事，反映了古巴比伦王国统一两河流域南部的事实。故事说，世界原为一片混沌，后出现母神提阿马特。她生下诸神，诸神却反叛她。她欲惩治诸神，诸神惊恐万分。只有马尔都克神临危不惧，战胜了她，掌握了世界的命运。马尔都克还将提阿马特一分为二，创造了天地，在天上安置了群星，也安排了太阳、月亮和众行星的运行轨道；在地上创造了动物和植物、水流和鱼类，还创造了人，以便为众神提供牺牲和祭品。从苏美尔时期的《伊尼娜赴冥府》发展而成的《伊丝塔尔赴冥府》，是说爱情与生命之神伊丝塔尔的丈夫、植物之神塔木兹不幸落入冥府。伊丝塔尔毅然闯入冥府，与众冥神斗争，但她也深陷冥府。这一对司爱情、繁殖与生命之神的消失，使得大地上百草凋零，万物枯萎，田园荒芜，诸神无人祭祀。于是诸神命令冥神放还伊丝塔尔夫妇，从而使大地重新欣欣向荣。

　　两河流域南部每年的洪水泛滥对人民的生活产生了重大影响，人类为了生存必须同洪水斗争。关于洪水的传说反映了这种情况。其内容是，诸神要用洪水泛滥的办法淹没世界，毁灭人类。但赛苏陀罗却预先得到了神的启示，建造了大船，把一切生命的种子(即各种动物雌雄各一以及各种植物的种子)都带到船上，躲过了七天七夜的汹涌洪水，从而为世界保存了人和各种动植物的种子。这个故事成了后来《圣经》中挪亚方舟的原型。

　　在箴言文学中著名的有《咏正直的受难者的诗》和《主人与奴隶的对话》。前者叙述了一个笃信宗教的受难者的故事，其主人公正直而虔诚，竭力按神和国王的意愿行事，却不得好报，处处受苦受难，最后对神的公正产生了怀疑："我召唤我的神，但是他并不转过脸来向着我。我向自己的女神祈求，但她甚至连头都不抬。"后一篇作品，描述了主人同奴隶针对 12 个问题进行的对话。在对话中，主人说什么，奴隶也随声附和，说这样做会有什么好处，然后主人又说不想做了，奴隶也便说不做也好，并讲了好的理由。在最后一个问题的对话中主人说不知怎么好了，奴隶则说，那就把两人的头砍下投入河中。主人说要让奴隶先死，奴隶回答说："我死之后，你还能活上 3 天吗?"奴隶的回答反映了"与汝偕亡"的气概。

在两河流域的文学中,《吉尔伽美什史诗》占有重要地位。该史诗分别记载在 12 块泥板上, 共 3000 多行。其基本内容在苏美尔和阿卡德时期就已具雏形, 在古巴比伦王国时期第一次编成定本。而最完备的编辑本当在公元前 7 世纪亚述帝国国王亚述巴纳帕尔时期编定。史诗的情节大致可分为四个部分: 第一部分写主人公吉尔伽美什在乌鲁克的残暴统治及他与恩启都的友谊, 第二部分叙述了他与恩启都的英雄业绩——战胜林中妖怪洪巴巴和杀死残害乌鲁克居民的天牛, 第三部分写吉尔伽美什为探索人生奥秘而进行的努力, 第四部分叙述了他与恩启都的幽灵的谈话。

图 3-18　记载《大洪水故事》的泥板, 属于《吉尔伽美什史诗》第 11 块泥板

在宗教文学中，希伯来人的犹太教的《圣经》和琐罗亚斯德教的经典《阿维斯塔》都可以说是民间文学集，里面有诗歌、民间故事、英雄传说等。

三、科学

古代两河流域人民很早便已进行天文观察。他们将肉眼能看见的星星绘成星象图，按方位分为星座；他们已知黄道十二宫；记录了彗星、虹、地震、台风；知道了星体运行的周期；预测日食和月食；知道五大行星与

图 3-19　小型楔形文字星图

黄道十二宫的相对关系。在天文观测的基础上，两河流域人民早在苏美尔时期便已制定了自己的历法——阴历。他们把两个新月出现之间的时期作为 1 个月（每月为 29 日 44 分 3 $\frac{1}{4}$ 秒），1 年为 12 个月，其中 6 个月每月为 30 天，另 6 个月每月为 29 天，全年共 354 天。这与太阳历之间的差为 11 天多，他们用置闰的办法来补足。开始置闰时带有很大的随意性，后来逐渐科学化，有了固定的周期。公元前 6 世纪后期为 8 年 3 闰，之后又定为 27 年 10 闰。他们把每昼夜按黄道十二宫划为 12 个单位，即 12 小时，每小时为 30 分；把每月分为 4 周，每周 7 天，分别由一个神主管：太阳神沙马什主星期天，月神辛神主星期一，火星神涅尔伽尔管星期二，水星神纳布管星期三，木星神马尔都克管星期四，金星神伊丝塔尔管星期五，土星神尼努尔塔管星期六。这就是今天一星期 7 天的来历。

在数学方面，两河流域人民早在乌鲁克时期就已有六十进位制与十进位制的计数法。他们发明了从 1 到 10 的整数符号。十进位制显然与早期人们用手指计数有关，数到 10 即两个手的全部手指数。而六十进位制则起源

于时间的计算，因为 $60=5\times 12$，5 等于一个手指数，12 则是一年的月份数。他们早已有了位值制的概念（即同一数字符号与其他数字符号位置不同，其量亦不同），这在数学史上是一个重要贡献。

古代两河流域人民已掌握算数四则题的运算，还有四则运算表。他们已知分数，会求平方和平方根、立方和立方根，并有现成的表可以查找。他们会解二次方程，能解出含 5 个甚至 10 个未知量的方程。他们的代数方程是用语文叙述，并用语文来解释的。他们会计算长方形、三角形和梯形的面积，会计算截头角锥体的体积，已知运用毕达哥拉斯定理。他们可能用 A（圆的面积）等于 $\dfrac{C^2}{12}$（C 表示圆周长）这个法则得出圆的面积，其 π 值为 3，但在求正六边形及其外接圆周长之比时，其 π 值又可能为 $3\dfrac{1}{8}$。

古代两河流域人民运用数学知识解决了日常生活中的许多问题（包括农业、手工业、商业贸易、天文历法等方面的问题）。

古代两河流域医药卫生事业发展得很早。他们有两类医生：专门的医生和民间的医生。常用的药物包括多种动植物、矿物，制剂有丸、散，也采用体操疗法、按摩法和灌肠。医生出诊时常带绷带、药品和器械。

在希伯来人的《圣经》等文献中也有关于医学方面的论述。希伯来人没有职业医生，而是由祭司治病。在公元前 5 世纪的犹太法规集中，记述了有关于解剖和生理的资料，包括食管、喉、气管、肺、脑膜、生殖器等，并经常提及脾、肝、肾、小肠及其他内脏。血液被认为是生命的元素。他们已知人体有 248 块（或 252 块）骨头。

在波斯的琐罗亚斯德教的经典《阿维斯塔》中也包含有医学的知识。

当然，在古代西亚也和在其他古代国家一样，医学与巫术、宗教有很深的渊源关系，往往很难分开。

四、建筑

在两河流域，从乌鲁克时期起，就有建筑物保存下来，这就是当时的神庙建筑吉库拉特，一种用生砖建成的多级寺塔。由于两河流域南部地势平坦，又常有洪水泛滥，故建筑物多建在高台之上。这种风格一直沿用到波斯帝国时期，连王宫建筑也是如此。居鲁士的陵墓虽不是建在平原，却也建在高台之上。

　　乌尔第三王朝的乌尔纳木建造的雄伟寺塔有不少创新，如增加神庙的台基，其台基有 3 层，每层高 11.5 米，神庙的台基是用在沥青中浸泡过的砖垒砌的。

　　古巴比伦王国没有什么建筑物传世。亚述帝国时却出现了规模巨大的王宫建筑。亚述人不相信来世，故不重视陵墓建筑，国王死后往往葬于王宫地下。但他们却十分重视王宫建筑，国王一登基就大兴土木，建造王宫。只可惜，这些王宫大多毁于战火，没有一座完整地保存下来。现存于霍尔萨巴德的萨尔贡二世的王宫遗址，可说是最典型的亚述建筑之一。亚述的王宫一般都建在一块长方形的土地上，四面高墙围绕，设有供保卫用的塔楼。他们已懂得用柱子和拱架结构。在宫殿大门两边，有一些兽身人面的雕像，还有一对高 3～4 米的人头狮身鹫翼牛脚的雕像。

图 3-20　萨尔贡王宫复原图

　　在两河流域，城市建筑以新巴比伦王国首都巴比伦的建筑最为著名。该城由两道围墙包围：外墙高 7.6～7.8 米，宽 3.72 米，周长 $8\frac{1}{3}$ 千米；内墙高 11～14 米，宽 6.5 米，长 6 千米。围墙上每隔 20 米左右便修有一座塔楼。在外墙之外，离城墙 20 米，还有一道土围和壕沟，沟中注满了水。该城有 8 个城门，其中北门（伊丝塔尔门）是用蓝青色琉璃装饰的，砖上有公牛和神话中的怪物的浮雕，最为壮观。城内有一条贯通南北的街道，穿过伊丝塔尔门。道路中央用白色大理石和玫瑰色石板铺砌而成。在幼发拉底河上有一座长 123 米、宽 5～6 米的大桥，将处于河的东西两边的旧城和新城连接起来。城内店铺林立，手工作坊和商店比比皆是。城内有包括王宫、马尔都克神庙、巴比伦塔和伊丝塔尔女神庙等在内的著名建筑，而特别为人称道的是被誉为古代世界七大奇迹之一的"空中花园"。相传这是尼布甲尼撒二世为其娶自米底王国的公主阿米蒂斯王后而修建的。据说，这座空中花园是正方形，每边长 120 米，是由一些巨大的柱子支撑起来的多层建筑。每一层的每根柱子上面是用长 4.8 米、宽 1.2 米的巨大石板拼起来的地板，上面铺有芦苇和沥青的混合物；上面再铺两层砖，还有一层铅板；再上面是泥土，用以种植花草树木。最上一层的支柱高达 23 米，有一根空心柱从底层一直通达顶层，内有唧筒，用以从河中抽水，灌溉各层的花草树木。可惜，该花园毁于公元前 3 世纪。

关于城市建筑，在两河流域以外有巴勒斯坦的耶利哥古城，它是现在所知世界上最早的城市建筑，约建于公元前 7000 年代，有围墙和碉楼，碉楼下有地道可通城内。在叙利亚有埃勃拉的城市和王宫建筑。腓尼基有建在海边山崖上的一些城市（如推罗、西顿等）。小亚细亚的赫梯的王宫建筑一定很有名，因为亚述国王称他们的王宫建筑取自赫梯。

波斯的王宫以其雄伟著称。显然，波斯国王力图在这方面也要超过亚述帝国和新巴比伦王国。现存居鲁士二世在帕萨尔加第的一段王宫残垣，其风格兼有埃及和亚述的特色。大流士在波斯波利斯的王宫修在高层石墩之上，它由大小不等的一些厅堂组成，最宽敞的一间是迎客厅，由许多石柱支撑木顶；接待厅由 36 根柱子支撑。而薛西斯的金銮殿则由 100 根石柱支撑，它既模仿了埃及的风格，也有爱奥尼亚风格的影响。为其所独创的是托天顶横梁的柱头，雕成两头背对背匍匐着的、脖子和躯干连在一起的动物形象，可能是公牛、马或非牛非马的动物，有的还长着人头。

五、宗教

古代西亚早期也像埃及一样流行多神崇拜：崇拜动物、植物、自然现象（天空、太阳、月亮、星星、风、雨、雷、电等）。它们作为原始社会的图腾崇拜和自然崇拜对象，是氏族部落的保护神。这些崇拜是人们对凶猛的动物、风雨雷电、洪水等的恐惧，和对一些给他们带来恩惠的自然现象的感激的产物。进入阶级社会以后，它们被剥削阶级所利用。在两河流域南部形成统一国家和君主专制后，曾出现过全国崇拜的主神和王权的保护神，如古巴比伦王国时期的马尔都克神。在两河流域，也和埃及一样，一直未超出多神崇拜的阶段，一直未摆脱图腾崇拜和自然崇拜的羁绊，始终是不成形的宗教占统治地位。

波斯帝国时期产生了较为成形的宗教——琐罗亚斯德教，这是一个二元论的宗教。它以善恶二神（善神阿胡拉·马兹达和恶神阿格拉·曼尼）的斗争为基本教义，号召人们同善神一起对恶神进行斗争。它的教义虽然简单，但很明确。该宗教的教义大概与农业部落和游牧部落、绿洲和沙漠的对立和矛盾有关。

希伯来人创立了以崇拜耶和华救世主（上帝）为内容的一神教——犹太教。尽管希伯来人的耶和华还未超出氏族部落神、民族神、护国神的阶段，而且有独特的祭祀仪式和救赎理论，还未成为世界性宗教，但它摆脱了图腾崇拜、自然崇拜的羁绊，在宗教发展史上超出了埃及和两河流域许多。正是在它的基础上，后来发展出了世界性的宗教——基督教，当然是经过了脱胎换骨的改造。

复习思考题

1. 两河流域地区历史研究的主要资料来源是什么？
2. 两河流域历史分哪几个时期？每个时期的主要内容是什么？
3. 苏美尔时期的土地关系、阶级关系和政治制度如何？
4. 简述阿卡德王国的萨尔贡改革的背景和内容。
5.《汉谟拉比法典》反映的古巴比伦王国时期的土地关系、等级制度状况如何？
6. 亚述帝国形成的背景是什么？
7. 试析提格拉特帕拉沙尔三世改革的背景、内容和作用。
8. 简述波斯帝国形成的背景和过程。
9. 大流士改革的内容和作用有哪些？
10. 古代西亚在历史上的地位如何？

第四章　上古南亚

概　论

一、古代南亚的自然环境

古代南亚是一个古老的文明地区。"印度"一词来源于印度河。古希腊历史学家希罗多德是第一个把印度河及其以东的地区称为印度的人。其后，西方人一直沿用了这一名称。我国汉代把它称为"身毒"或"天竺"，至唐代，玄奘所著《大唐西域记》中才称之为印度。古代印度实际上是包括今天的印度、巴基斯坦、尼泊尔和不丹等国家在内的南亚广大地区。古代印度史也就是南亚地区各国古代的历史。

印度位于亚洲南部，北倚喜马拉雅山，南临印度洋，东接孟加拉湾，西濒阿拉伯海，是一个被高山和海洋环绕的大陆。就地理形势而言，印度全境可分为北、中、南三部分：北部是喜马拉雅山山岳地带，中部是印度河和恒河平原，温迪亚山以南是德干高原。通常人们把北部高山地带和中部平原地区称为北印度，这里是古代印度文明的发源地，也是古代印度重要的经济区和历史的主要舞台。南部德干高原雨量充沛，气候良好，有丰富的森林和矿产资源，但不宜农耕，而且交通非常不便。由此可见，印度各地自然条件差异很大，各地发展极不平衡。

二、居民

古代印度在旧石器时代已有居民，新石器时代的文化遗迹几乎遍及整个南亚次大陆。这些文化的创造者为矮黑人和原始澳大利亚人。从公元前3000年代起，达罗毗荼人在南亚次大陆居于主要地位。印度河流域的城市

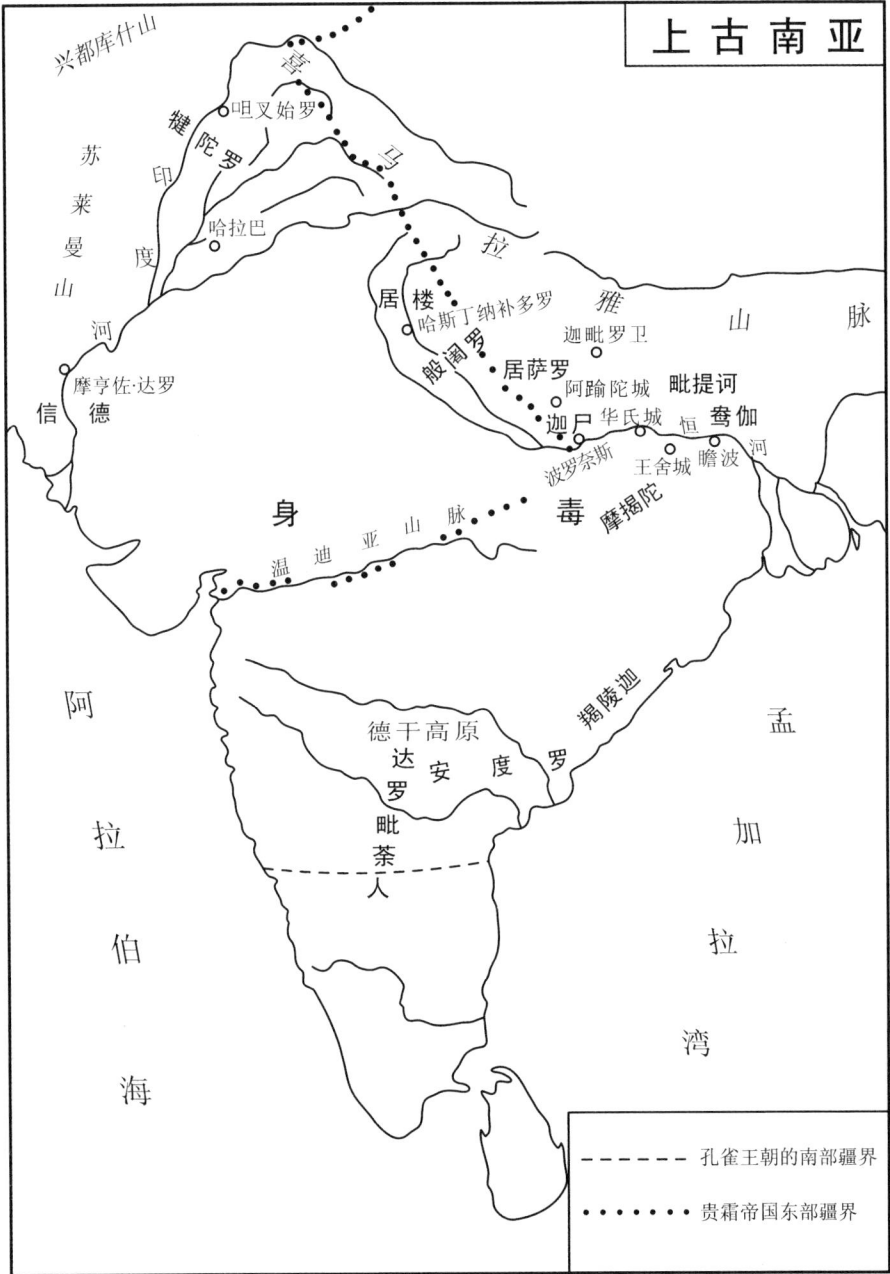

兴都库什山

苏莱曼山

喀喇昆仑山

印度河

哈拉巴

摩亨佐·达罗

信德

身毒

阿拉伯海

呾叉始罗

喜马拉雅山脉

居楼　哈斯丁纳补多罗

般阇罗　居萨罗　迦毗罗卫

阿蹄陀城　毗提诃

迦尸　华氏城　恒　鸯伽

波罗奈斯　王舍城　瞻波河

温迪亚山脉　摩揭陀

羯陵迦

德干高原
达罗　安　度　罗
罗　毗
茶
人

孟加拉湾

上古南亚

- - - - - 孔雀王朝的南部疆界
· · · · · 贵霜帝国东部疆界

图 4-1　上古南亚

文明可能就是他们创造的。约自公元前 2000 年代中期开始，雅利安人自印度西北部入侵南亚次大陆。到公元前 1000 年代中期以后，波斯人、希腊人、大月氏人和嚈哒人又先后侵入南亚次大陆，使次大陆的居民成分更趋复杂。

三、史料

研究古代印度历史的资料来源极不相同。研究哈拉巴文化的资料完全来自考古发掘。虽然在哈拉巴文化遗址中也发现了文字，但仅是在印章上才有，因此被称作"印章文字"，而且还未释读成功，还不能用于历史研究。

有关古代南亚的史料主要包括以下几种。

一是公元前 2000 年代中期以后所谓雅利安人的历史，主要依靠文献资料。这种资料大约有以下几个方面。第一，古代南亚本身的资料，这包括婆罗门教系统的资料、佛经的资料、世俗方面的资料。婆罗门教系统的资料相当多，包括四部《吠陀》和解经的文献（《梵书》《森林书》和《奥义书》等），它们由颂歌、曲调、牺牲仪式和咒语等组成。第二，法经和稍晚的法论（过去一般将它们译作法典）。古代南亚的法经和法论不是国家颁布的法律和法典，而是婆罗门教制定的。它们的内容涉及法、经济、社会关系等方面。第三，史诗《摩诃婆罗多》和《罗摩衍那》。这是关于英雄的神话，内容丰富，含有文学、哲学、社会经济和历史方面的内容。佛教的资料也相当丰富，且很有史料价值。例如，《佛本生经》有 550 个故事，是研究列国时期的社会、经济、政治的重要资料。世俗方面的资料，如㤭底利耶的《政事论》、孔雀王朝国王阿育王的许多诏令，还有若干题铭学资料、钱币资料等，为研究政治和经济方面的问题提供了重要的信息。

二是希腊的资料，包括希罗多德的《历史》、阿里安的《亚历山大远征记》、斯特拉波的《地理学》、狄奥多罗斯的《历史集成》等。希罗多德的书是现知西方人有关东方（包括印度）的第一部传世之作。但希罗多德自己没有到过印度，他只是根据波斯人的报道写作，而波斯人对印度的很多报道也是极为肤浅的，许多东西只是传闻。因此，他书中关于印度的许多东西并不可靠。阿里安的书中的最后一章叫"印度志"，是有关南亚的情况的内容，主要是根据参加过亚历山大东征的将领们提供的资料，因而具有一定的可靠性。但他们在印度待的时间很短，了解不深，而且他们往往用希腊人的观点去解释，难免会有出入。同时，他们在印度待的地方也很少，提供的资料不会很全面。斯特拉波书中的资料来源也是亚历山大的部将提供的，不过书中的某些部分记载得比阿里安的要详细一些。狄奥多罗斯的书中所记有关印度情况的史料价值不如前两本书。

三是中国方面的资料,这包括二十四史中的《西域传》提供的资料、到印度去求法的中国高僧的记载(如法显的《佛国记》、玄奘的《大唐西域记》等)、中国所藏的有关佛经的资料等。

总的来说,有关南亚古代的文献资料虽然丰富,但缺点是:宗教文献多,编年史资料贫乏,政治史和经济史的资料过于笼统。因此,南亚古代史各阶段的政治发展和经济发展的具体情况均非常模糊,其编年史方面的资料主要是由希腊和中国的资料提供的。

四、史学史

古代印度人没有留下自己的历史著作,即使有名曰《古事记》的著作,也多半是神话性质的。

对古代印度历史的研究始于近代。英国殖民者入侵印度后,建立了东印度公司。为了更好地统治和掠夺,东印度公司力图了解印度,包括它的古代社会状况。因此,从 19 世纪起,东印度公司开始收集古代印度的各种文献(包括法经和法论),研究古代的各种问题(包括瓦尔那制度等),出版了《印度的法律和法典》《印度阶级一览表》等著作,还研究了古代印度的语言和文字——梵文等。

进入 20 世纪以后,不仅英国,西方各国都对古代印度的历史和文化进行了研究,取得了许多成就。不仅出版了像《剑桥印度史》这样综合性、通史性的著作,而且还在出版和研究古代印度的各种文献(如吠陀经、史诗、佛经等)的基础上,把研究深入古代印度社会的各个领域(包括政治、经济、宗教、文化、社会生活等),并出版了许多专门性的著作,培养了不少研究古代印度史的专家,如英国的史密斯、大卫·黎斯和大卫·黎斯夫人,德国的雅可比、费克、穆勒等。十月革命前的俄国和十月革命后的苏联,也对古代印度史进行了不少研究。特别是十月革命后,苏联学者力图用马克思主义观点研究古代印度史,对古代印度的社会性质等问题进行了讨论,培养了邦伽尔德-列文、伊林等古代印度史专家。

印度人自己对古代史的研究萌芽于 19 世纪。当时,一些受过西方教育的有爱国主义思想的印度知识分子开始对印度古代的历史进行探讨。他们力图认识自己国家的过去,改造自己国家中落后的阻碍社会进步的各种恶习、制度、传统。不过，这只是研究的开始，真正的研究是在 20 世纪才开始的，而且取得了不少成就。这在一系列著作中得到了反映，如沙尔马的《古代印度政治观念和制度述论》、拉克特利的《印度古代政治史》、马宗达的《印度人民的历史和文化》、雷超杜里的《古代印度政治史》、班努健的《印度古代的经济生活和经济发展》、戈沙尔的《印度古代的农村经济制度》、阇那那的《古代印度的奴隶制度》等。

对古代印度的考古发掘也取得了很大成果，其中最突出的是 20 世纪 20 年代在印度河流域进行的哈拉巴文化的发掘，它使这一已被人们遗忘的古老文明重新为世人所认识，把古代印度文明提前了约一千年。

第一节　哈拉巴文化

一、哈拉巴文化的发现

在 20 世纪 20 年代以前，人们根本不知道历史上曾经有过哈拉巴文化。那时的古代印度历史是从吠陀经中记载的传说开始的，最早可以上溯到约公元前 15 世纪，即所谓雅利安民族入侵印度的时代。1922 年，考古学者在印度河流域的信德和旁遮普地区发现了摩亨佐·达罗和哈拉巴两个文化遗址，印度河流域的上古文明才为世人所知。从那以后，考古学者在印度河流域各地陆续发现了许多属于同一文化系统的遗址，共有城市村落 200 余处，统称为"哈拉巴文化"。

哈拉巴文化分布的区域十分广大，东起今印度的北方邦，西到今巴基斯坦的俾路支，长约1550千米，北自今巴基斯坦的旁遮普，南达今印度的古吉拉特邦，相距约1100千米，面积超过苏美尔和埃及最古文明的总和。

哈拉巴文化的年代范围，约为公元前 2500—前 1750 年[①]，大体与中国的夏代（公元前 21—前 16 世纪）同时。

哈拉巴文明的创造者一般认为是土著的达罗毗荼人，但也有人认为是最先进入印度的雅利安人，有人甚至认为是来自西亚的苏美尔人。而根据出土的人骨和各类人像分析，印度河流域当时的居民大约有原始澳大利亚

---

① 关于印度河文明的年代，说法不一。

人种、蒙古利亚人种和地中海人种等。① 看来，哈拉巴文化是几个种族的人们共同创造的结果。

二、哈拉巴文化

从考古发掘的材料来看，哈拉巴文明已进入了城市文明时代，哈拉巴和摩亨佐·达罗是其文明的典型代表。这两座城市的面积和布局都很相似，但就考古发掘的成果来看，摩亨佐·达罗比哈拉巴保存得更为完整。该城占地 2600000 平方米，分为卫城和下城两部分。卫城有城墙和塔楼，还有规模很大的储粮仓。卫城中心有一个可缘阶而下的大水池，可能与举行宗教仪式有关。下城的街道平直、整齐。街道大都是东西向或南北向的道路，或平行排列，或直角交叉，建筑物转弯处的墙角都砌成圆形。街道两旁房屋排列整齐，一般用烧砖砌成。有些住宅较大，有两三层，并有排水设施，水道同街上的排水沟相连。另外有一长串形状相同的简陋小屋，很像是一些给征召的士兵、劳工或奴隶居住的宿舍。看来，这个城里有了明显的阶级分化。

图 4-2　哈拉巴遗址

---

① 关于哈拉巴文化创造者的不同说法，参见 K. C. Jain, *Prehistory and Protohistory of India*, New Delhi：Agam Kala Prakashan，1979，pp. 122-129；亦可参见刘欣如：《印度古代社会史》，北京，中国社会科学出版社，1990。

哈拉巴文化已进入了青铜器时代。当时已
有大量的铜器和青铜器，如斧、镰、锯、刀、
鱼叉等，人们还学会了冶炼金、银、铜、青铜、
锡、铅等金属，但尚无铁器。居民以从事农业
和畜牧业为生。农作物主要有小麦、大麦、棉
花、蔬菜、椰枣等，驯养的牲畜主要有牛、羊、
狗、猪、马等。当然，捕鱼和狩猎在经济生活
中仍占一定的地位。哈拉巴文化同外界（特别是
两河流域）已有联系，在乌鲁克发现有属于哈拉
巴的印章可以为证。另外，在波斯湾的巴林岛
（古代称为"狄尔蒙"）也发现有这类印章。从楔
形文字的记载和两河流域出土的物品来看，印
度当时出口的大宗商品有铜、木料（如柚木）、
石料（如闪长石、雪花石膏），奢侈品有象牙制
品、天青石、红玛瑙、珍珠以及制成的装饰
品等。

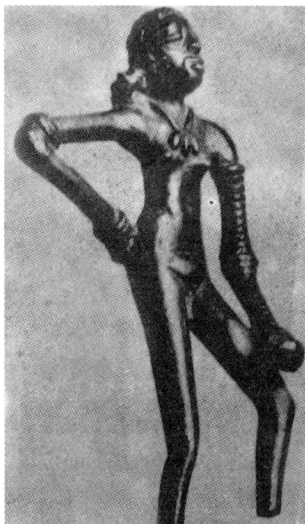

图 4-3　青铜女像

哈拉巴文化已经有文字，主要保存在石、陶、象牙等制成的印章上。
迄今所知的符号已有 500 个，其中有些是发音符号，有些是表意符号。这种
文字至今尚处于解读过程中，还没有得到满意的结果。不过，文字的出现
本身就说明其文明已达到了较高的水平。

图 4-4　哈拉巴时期的印章上的文字

哈拉巴文明存在了几百年，后来就衰亡了。衰亡的原因不清楚。①

哈拉巴文明虽然衰亡了，但这一古代文明的某些因素却保留了下来，并同后来的雅利安文明结合，成为印度文明的基础。例如，在哈拉巴遗址发现的印章上有一种三面有火神像，很像印度教的大神湿婆，坐的姿势也同后来印度教苦行僧打坐的姿势相似。此外，在哈拉巴发现的赌博用物——骰子也使人联想起梵文文献中常提到的赌博。赌博在古代印度很盛行，人们常因赌输而沦为奴隶。《摩诃婆罗多》史诗中两族混战的原因也与赌博输赢有关。这些骰子说明赌博之风起源很早，雅利安人也可能是从达罗毗荼人那里学来的。

从哈拉巴文明的衰落，到雅利安人大举入侵这几百年间的历史，基本上是模糊不清的。印度的历史从吠陀时代开始，才有文献记载。

第二节　吠陀时代

雅利安人侵入印度之后的历史的史料主要保存在《吠陀》②，解释《吠陀》的《梵书》《森林书》《奥义书》，以及两部大史诗中。《梨俱吠陀》是最古老的一部，其编纂年代大约在公元前 12—前 9 世纪，反映了公元前 1500—前900 年的情况。史学界一般都把《梨俱吠陀》所反映的时代称作"早期吠陀时代"。《娑摩吠陀》是从《梨俱吠陀》那里摘录下来的颂歌节句，按其在祭仪中使用的需要排列而成。《耶柔吠陀》是祭祀和奉献牺牲时使用的祷文集，是祭司主持祭仪时的手册。《阿闼婆吠陀》成书较晚，是驱魔禳灾、平息神怒的咒语，其中夹杂着许多世俗生活方面的内容，与《梨俱吠陀》大不相同。这后 3 种《吠陀》成书较晚，所反映的时代为公元前 900—前 600 年或更晚，史称"后期吠陀时代"。

---

① 哈拉巴文化衰亡的原因有不同说法。许多学者认为，从西北方侵入的野蛮的雅利安人造成了这个文化的衰亡，例如，在摩亨佐·达罗发现了一些被杀的人的骸骨散布在街道上、房屋里，这也许就是外人入侵的证据之一；有的学者则说洪水泛滥是这个文化灭亡的原因；又有的学者说这一地区气候逐渐干旱是这个文化衰亡的原因。参见K. C. Jain，*Prehistory and Protohistory of India*，New Delhi：Agam Kala Prakashan，1979，pp. 152-154.

② "吠陀"原意为知识、学问，是祭司们在祭神时所用的颂歌、经文和咒语的汇编，共有 4 部，即《梨俱吠陀》《娑摩吠陀》《耶柔吠陀》和《阿闼婆吠陀》。

一、早期吠陀时代

　　早期吠陀时代亦即梨俱吠陀时代，是雅利安人的军事民主制时代。

　　公元前2000年代前期，居住在里海周围以至中亚草原的游牧民族大举向外移民。① 一支向西南进入伊朗高原，其中有些又继续西进，闯入两河流域、希腊和意大利半岛，有些还南下进入埃及，劫掠了这些文明地区，对这些地区的文明发展产生了深刻的影响。向东南的一支则穿过今伊朗和阿富汗，过兴都库什山口，于公元前1500年前后进入印度河河谷。

　　这些侵入印度河河谷的处于原始氏族公社末期的游牧部落自称为"雅利安人"，意为"高贵者"。他们带着他们的战车、人马、畜群、食物和供奉的神龛，一股接一股地涌进印度河河谷。他们劫掠并占领土著居民的城镇和农业地区，与原来的土著居民发生了激烈战争。他们称土著居民为"达萨"（或"达休"），把达萨说成是黑皮肤的、没有鼻子或鼻子扁平的、说邪恶语言的人。很显然，在外表上他们与土著居民有着很大的区别。整个吠陀时代，雅利安人对达萨进行了不断的征服。《梨俱吠陀》中提到他们须应付敌人"一百个有柱子的堡垒"，歌颂他们的战神因陀罗是"城市的摧毁者"。先前的居民或遭杀戮，或被赶走，或被奴役。

　　最初进入次大陆的雅利安人以畜牧业为主，驯养的家畜有牛、马、羊等。牲畜是雅利安人的重要财产，他们常常以牛马的头数作为财产的计算单位。后来转为定居以后，他们又从当地居民那里学会了木犁牛耕、人工灌溉。当时种植的作物主要是大麦。随着农业和畜牧业的发展，商品交换也开始出现，主要的方式是以物易物，不过牛也开始成为交换的媒介物。例如，《梨俱吠陀》中曾经说到，有一位哲人准备以十头牛的价格出卖他的因陀罗神像。另一处又说到一位哲人，他的因陀罗神像就是给一百头、一千头牛也不卖。

　　雅利安人初到印度的时候还过着氏族部落生活，不过已开始走向解体。每个部落包括若干个村落，这种村落古代印度人称之为"哥罗摩"，村长叫作"哥罗摩尼"。每个村落由许多父权制大家庭组成。氏族、部落组织有种种会议，其中最古老的一种叫作"维达塔"。这个会议由全体部落成员参加，

---

　　① 关于雅利安人来自何处的问题，在史学界说法还有很多，如北极说、南俄说、中欧说、西藏说等，至今尚无定论。

它主要负责战利品的分配、主管军事和宗教祭祀，还选举祭司。维达塔会议在早期吠陀时代曾经很盛行，到后期吠陀时代就衰落了。早期吠陀时代还有两种会议，一种叫"萨巴"，一种叫"萨米提"。萨巴可能是部落的长老会议，由部落中少数上层分子即长老们组成。萨米提是部落的民众大会，由部落的全体成年男子组成。它们与军事首领"罗阇"一起构成军事民主制时期的主要权力机构。

战争频繁是这个时代的主要特点。早期吠陀时代的战争，一开始主要是在雅利安人与达萨之间进行的。后来，在雅利安人各部落之间也不断发生掠夺财富和争夺地盘的战争，而且战争规模越来越大，《梨俱吠陀》中所描写的十王之战以及大史诗《摩诃婆罗多》中所描述的居楼族与般度族之间的战争都是典型的例子。不断的战争给僧俗贵族带来了巨大的财富①，罗阇的权势也得到了提高②。随着贵族财富拥有量的增多以及罗阇权力的增大，原先经济上平均、政治上平等的氏族社会已经出现了裂痕，作为等级制度的瓦尔那制度（汉译种姓制度）萌芽了。③ 国家的出现也只是个时间问题。

二、晚期吠陀时代

（一）国家的形成

早在梨俱吠陀时代后期，雅利安部落已从印度河上游向东迁徙到恒河上游地区，至公元前1000年代前期，逐渐移入整个恒河流域。雅利安人势力的不断扩展，以及雅利安人与印度土著居民的频繁接触和新的结合，促进了南亚次大陆生产力的发展和社会结构的变化。

在晚期吠陀时代，南亚次大陆已经比较广泛地使用了铁器。④ 随着铁制工具的出现，南亚次大陆的耕地面积迅速扩大，原先无人居住的森林地区

---

① 例如，在《梨俱吠陀》中曾提到某一个僧侣从部落首领那里得到了成百的金块，众多的牛马以及10辆载有少女奴隶的战车，见《梨俱吠陀》，Ⅰ，126，3。

② 在早期吠陀时代初期，罗阇还是由民众大会选举并可罢免的部落首领，不过由于频繁的战争，罗阇的权势已非同寻常，职位也往往可以父子相袭。

③ 《梨俱吠陀》最晚的部分说到瓦尔那制度的萌芽，见林志纯：《世界通史资料选辑》（上古部分），205～207页，北京，商务印书馆，1985。

④ 印度河流域的铁器最早出现于早期吠陀时期。《耶柔吠陀》和《阿闼婆吠陀》中把它称作"黑铜"。考古学家在印度北方发现了一些属于早期铁器时代的铁器遗物，据碳14测定，年代为公元前1025±110年。

和沼泽地区皆被大量开垦。农业在经济中已居主要地位。耕地使用重犁，往往用好几头牛牵引。播种也按不同的季节分期进行。农作物除麦、豆类外，又增添了水稻和棉花等品种。手工业已较以前有了发展，出现了许多专门从事某一行业的工匠，如铁工、木工、织工、金工、陶工、石工等。据希腊史料记载，波斯王大流士一世于公元前 518 年占领印度河以西的大片土地后，每年向其居民勒索赋税 360 塔兰特(1 塔兰特等于 26 千克)金沙。若没有相当规模的开矿和冶炼工程，就很难想象能交出如此多的黄金。随着农业、手工业的发展，雅利安人的城市也出现了。这在佛经中有记载：尔时先造瞻波城，次造迦尸、波罗奈城，再次造王舍城。它们都是一些小国的都城。

经济的发展使雅利安人与土著居民间以及雅利安人内部各部落间争夺财富和土地的战争更加频繁，阶级分化日益加剧，奴隶的人数逐渐增多。当时除战俘奴隶外，已开始有了债务奴隶，因赌博而出卖为奴的现象也时有发生。"达萨"的概念也完全从"敌人"变成了"奴隶"。同时，瓦尔那制度也开始形成。随着这一切变化的发生，原先的氏族部落机构逐渐变成了镇压和压迫民众的暴力机器。过去民主选举产生的部落首领罗阇，也就逐渐演变成了世袭君主。萨巴和萨米提虽仍存在，但作用越来越小。由于雅利安各个部落发展的不平衡，他们向国家过渡的时间也不一致。例如，恒河上游的居楼和般陀罗在公元前 9—前 8 世纪就已过渡到了国家，但大多数部落是在公元前 7 世纪以后完成这种过渡的。没有当时的资料说明雅利安人国家形成的过程，但后来的佛经中有关于王权形成的叙述："彼时众生，别封田地，各立疆畛，渐生盗心，窃他禾稼。其余众生，见已语言：'汝所为非。汝所为非。自有田地，而取他物。自今以后，无复尔也。'其彼众生，犹盗不已。其余众生，复重苛责，而犹不已。便以手加之，告诸人言：'此人自有田稼，而盗他物。'其人复告：'此人打我。'时彼众人，见二人净已，愁忧不悦，懊恼而言：'众生转恶，世间乃有此不善，生秽恶不净。此是生老病死之原，烦恼苦报，堕三恶道。由有田地，至此净讼。今者宁可立一人为主，以治理之，可护者护，可责者责。众共减米，以供给之，使理争讼。'时彼众中，自选一人，形体长大，颜貌端正，有威德者，而语之言：'汝今为我等作平等为主，应护者护，应责者责，应遣者遣。当共集米，以相供给。'时彼一人，闻众之言，即与为主，断理净讼。众人即共集米供给。时彼一人，复以善言，慰劳众人。众人闻已，皆大欢喜，皆共称言：'善哉大王，善哉大王。'于是世间便有王名，以正法治民，故名刹利。"①

(二)瓦尔那制度

"瓦尔那"原意为"颜色""品质"，是在印度发展起来的一种严格的等级制度。这一制度产生于雅利安人侵入南亚次大陆之初。不过，当时只有"雅利安瓦尔那"和"达萨瓦尔那"两个等级。在早期吠陀时代晚期，随着雅利安人社会的分化，在雅利安人内部也出现了三个不同的等级划分，即婆罗门、罗阇尼亚和吠舍。原来的达萨成为首陀罗，从而萌芽为四个瓦尔那。到晚期吠陀时代，原来的罗阇尼亚转化成为刹帝利。这样就形成了婆罗门(僧侣阶级)，刹帝利(武士阶级)，吠舍(一般平民大众)，以及这三个等级以外的、社会地位最低的、被征服的土著居民首陀罗四个等级。各个等级除了其不同的地位以外，还有其严格的职业范围。

婆罗门种姓属于第一等级。他们的职业是充任祭司，研究并传授婆罗门教经典(包括研究和解释法律)，为自己和别人进行祭祀。他们不从事任何生产劳动，不承担国家的任何赋税和徭役，但允许让其手下从事农业和手工业。婆罗门的人身不可侵犯。他们不仅掌握宗教和文化方面的大权，而且其中一些人还直接参与政权，充当国王的顾问。他们的生活来源主要是接受布施和赠礼。

刹帝利属于第二种姓，他们的本职是"进行统治，惩罚罪犯，并且从事战争"。王公贵族及官吏皆属于这一种姓。他们可以研究婆罗门教经典、祭神、进行施舍，但不能像婆罗门那样传授经典，为人祭神。他们不从事任何劳动，但从征收赋税和"战争虏获品"中得到大量的产业和财富，并掌握国家的军事、行政大权。

吠舍种姓属于第三等级。他们的职业是从事"农业、畜牧业和商业"。他们可以学习婆罗门教经典、祭神、进行施舍，但是他们和刹帝利一样没有婆罗门所享有的宗教特权，又不可能享有刹帝利所拥有的军事和行政权力。他们必须把自己收入的一部分作为赋税交给国王。他们是没有任何特权的普通公民。

首陀罗种姓属于第四等级。他们的职业是为以上三个种姓服务，"从事手工业与作奴仆"。他们一般不参加婆罗门教的宗教活动，也没有任何权利。他们中的大多数属于雇工，但也有奴隶。此外，还有那些不在这四个

① 《长阿含经》，第6卷第2分初，《小缘经第一》。

"种姓"之列的仆役，则被称为"不可接触的贱民"（旃陀罗）。

四个种姓中的前三个种姓都为雅利安族，因此，皆可以举行再生仪式，死后可以转世为人，所以称为"再生族"。第四种姓首陀罗不能举行再生仪式，死后也不能转世为人，所以称为"一生族"。他们只许从事被认为卑贱的职业和杂役，并且明文规定，为前三个种姓服务是他们的天职。①

各种姓间有严格的界限，不能通婚，不得一起饮食。首陀罗与前三个种姓之间的界限尤其严格。这显然是因为首陀罗是被征服的异族，它同前三个种姓之间有种族差别。至于前三个种姓，其成因与首陀罗有着明显的不同，它们是雅利安氏族内部阶级分化的结果。

统治集团为了维护他们的特权地位，编造神话来说明"种姓制度"的"合理性"，妄图通过一种神的意旨来把四个瓦尔那的现实地位固定下来。《梨俱吠陀》在最后一章中这样写道，当诸神分割一个原始巨人普鲁沙时，由其身体的不同部分转化成四个不同的瓦尔那，他的嘴变成了婆罗门，他的双臂变成了罗阇尼亚，他的双腿变成了吠舍，他的双脚生出首陀罗。在婚姻上，各种姓的人原则上只应在本种姓内进行婚配。不过，法规对高等种姓男子娶低等种姓的女子比较宽容，娶比自己低一等种姓的女子，所生子女还可以保持父亲的种姓；如果低等种姓的男子要娶高等种姓的女子，那就是大逆不道。

种姓制度界限森严，异常牢固，自形成后，沿袭了许多世代，严重地束缚了生产力的发展，阻碍了社会的进步，直至今日仍对南亚的社会生活有极大的消极影响。

（三）婆罗门教

在晚期吠陀时代，作为统治阶级压迫工具的除了国家和等级制度外，还有婆罗门教。

雅利安人也和其他民族一样，它的原始宗教信仰是自然崇拜。晚期吠陀时代，婆罗门教形成，它不但保留和利用了原始宗教的多神崇拜，而且还给诸神赋予了新的内容。天神梵伦那变成了司法之神，雷电神因陀罗变成了国王和贵族的保护神。同时，婆罗门教又创造了大神婆罗摩，即大梵天，认为大梵天是宇宙的创造者和最高主宰，世界万物不仅皆为梵天所创，而且只有梵天是实，其他一切皆为虚幻。婆罗门教把原始的万物有灵和灵

---

① 在首陀罗中，也有一部分失去雅利安人公社成员资格的雅利安人。

魂转移的观念加以改造，并在此基础上创造出一种"业力轮回"的理论。按照这种理论，人一造业（即行动的后果）必有果报，有了果报就要产生轮回。这样，在现世中为"善"者则得"善"报，为"恶"者则有"恶"报。婆罗门教的最高理想是达到"梵我一致"。婆罗门竭力宣扬"四种姓说"，并且为四种姓的人们规定了各自所要遵循的行为规范——"法"（达磨），各个等级只有按照这种"法"行动才能得到所谓"善"报。此外，婆罗门教还主张杀生祭祀，甚至杀人祭祀，其原始性和野蛮性可见一斑。

第三节　列国时代

公元前6—前4世纪为南亚次大陆各国由分立逐渐走向统一的时代，历史上通称为"列国时代"。又因佛教产生于这一时代，所以亦称"早期佛教时代"。

一、列国时代的政治和经济

（一）列国时代的政治

据佛教文献记载，在公元前6世纪初，南亚次大陆主要有16个国家。[①]其中存在较久、势力较强的有恒河下游的鸯伽国，恒河中游的摩揭陀国、跋祇国、迦尸国、居萨罗国，恒河上游的般阇罗国和居楼国，印度河流域中游靠近阿富汗边境的犍陀罗国。在政治体制上，绝大多数国家是君主国，但也有一些是共和国，有公民大会或贵族会议之类的政治机构。据佛经资料记载，跋祇国遇有大事（如和或战），便"数相集会，讲议政事"。《佛般泥洹经》中也常提到该国掌权的长老"数相聚会，讲议政事，修备自守"。在列国时代，君主专制在某些国家逐步形成，佛经中常讲到一些国王为所欲为，因而时常发生人民起义推翻暴君的事。除了十六国之外，在南亚次大陆还有许多小国。佛教文献中提到的科利耶、巴伽、摩利亚等都属于这类小国。这些小国的政治制度还很原始，一般由三部分机构组成。它们包括由选举产生的首领、从刹帝利家族选出的长老议事会和人民大会。最高权力往往属于人民大会。在这些小国里，阶级分化一般比大国要慢。

在列国时代，虽然氏族部落的血缘传统还没有完全打破，但军队已是

---

① 关于16个国家的译名，自古就有不同的译法。本书采用的是佛陀耶舍共竺佛念译《长阿含经》卷五《阇尼沙经》中的译名。

作为国家专政工具而不再是部落武装。军队由各阶级出身的人构成，国家供给薪金，指挥官由国王任命。当时的兵种有象兵、战车兵、骑兵和步兵。这种常备军在公元前 6 世纪以前是不存在的。

列国时期的最大特色是大国间为争夺领土和霸权而不断发生战争。最初，恒河中游的迦尸国强盛一时，它同居萨罗进行了长期的争霸战争。后来，居萨罗征服了迦尸，发展成为强国。与此同时，摩揭陀开始强大起来，并逐渐走上了向外扩张的道路。

摩揭陀国强盛于频毗沙罗王当政之时（约公元前 544—前 493 年）。他对外采取远交近攻的政策，与犍陀罗、居萨罗等国通好，然后，集中全力吞并东邻鸯伽；对内则加强专制统治，以严刑苛法维护王权。据说，他治下的村镇有 8 万个之多。其子阿阇世（约公元前 493—前 462 年在位）即位后，大肆兴兵，向外扩张。他与居萨罗国争夺迦尸，并最后将其吞并，后来又经十余年征战灭跋祇国。从此，摩揭陀开始在列国中称霸。在阿阇世以后，摩揭陀首都由王舍城迁至华氏城（今比哈尔邦巴特那附近）。华氏城位于恒河与宋河的汇合处，水陆交通十分方便，对摩揭陀的发展具有十分重要的意义。摩揭陀国在难陀王朝时期（约公元前 364—前 324 年）征服了最大劲敌居萨罗，基本上完成了统一恒河流域的任务，为孔雀帝国的建立奠定了基础。

（二）列国时代的经济

在列国时代，印度的社会生产力有了很大的发展。铁器普遍使用，农业生产水平提高迅速。当时雅利安人的活动中心已转移到恒河中下游地区。这里地势平坦，土地肥沃，雨水充沛，气候适宜于粮食作物的生长。当时的人们已经知道了利用不同季节种植不同作物以便提高粮食产量的道理。

农业经济的发展不但提供了人们的口粮需要，而且也为手工业提供了极其丰富的原料，促进了手工业的发展。据《佛本生经》记载，当时南亚次大陆就有 18 种手工业匠人，他们分别在冶金、纺织、建筑、造车、武器制造、象牙雕刻、农具制作、制陶、珠宝制造等部门工作。

随着农业、手工业的发展，商业也发展起来，不但南亚内陆各地贸易频繁，而且与斯里兰卡、缅甸、西亚等地也有贸易往来。当时从南亚次大陆外输入的产品主要有金银、宝石、金刚石和珊瑚等，输往次大陆外的主要有织物、香料、药草和金银宝石加工品等。内陆通商贸易的商人组成商队。佛经文献中经常提到由 500 辆车组成的商队，这虽是一种夸张的套话，但也反映出商队贸易的规模。在当时贸易的商品中比较著名的有波罗奈斯的布、迦尸的纺织品和檀香木、犍陀罗的毛毯、喜马拉雅山脚和恒河河谷的象牙以及信德的马匹等。

在北印度，大约在公元前 6 世纪或更早，就出现了正规的银币。这些银币的流通范围从摩揭陀到呾叉始罗以至于波斯。此外，在《佛本生经》中还经常提到金币。

商品货币关系的发展，使一些人因"买卖之利，多获财富"。佛经中讲到一个家道中衰的青年，靠善于经营，了解行情和信息，由一个本小利薄的小人物，很快变成一个拥有 20 万钱财的大商人。佛经资料还记载，一个名叫伽拔吒的商人，开始时很富，但后来破了产，"遂至贫穷，其宗亲眷属，尽皆轻慢，不以为人"。不久，他"遂弃家去，其诸伴党，至大秦国，大得财富，还归本土。时诸宗亲，闻是事已，各设饮食、香案、妓乐，于路往迎"。这个故事既讲了在商品货币关系发展的情况下的世态炎凉，也讲了在这种情况下贫富涨落的急速。

城市的普遍兴起和发展是这一时代的主要特征之一。按《大般涅槃经》的说法，在释迦牟尼时代，南亚次大陆有八大城市，即王舍城（摩揭陀首都）、吠舍厘城（跋衹首都）、舍卫城（居萨罗首都）、波罗奈斯城（迦尸首都）、阿踰陀城（居萨罗的早期首都）、瞻波城（鸯伽首都）、憍尝弥城（跋沙首都）、呾叉始罗城（犍陀罗首都）。这些城市都是"人民炽盛"的政治、经济和文化中心。

这个时期的新兴城市都坐落在交通要道上，或在两个生态系统的交点上。例如，舍卫城就在北方的大道上，王舍城在恒河和德干高原东部的交叉点上，呾叉始罗城则位于印度河与海达斯庇斯河的交叉处。

(三)阶级关系的变化

社会经济的发展，尤其是商品货币关系的发展，使列国时代的阶级关系发生了新的变化，旧的等级制度开始受到破坏。

一方面，在原来的统治阶级中，以国王为首的刹帝利贵族，其地位有了很大的提高。他们不但在新形成的大国中占有重要的政治地位，而且通过战争和掠夺，在经济上也拥有最多的财富，按佛教的惯用术语来说，他们是"七宝俱全"[①]。婆罗门等级本来是祭司阶级，靠接受施舍过活，但在这

---

① 所谓七宝，即金、银、琉璃、砗磲、玛瑙、珍珠、玫瑰。

一时期却有了明显的变化。一部分婆罗门因占有大片土地，拥有大量资财，而成为大奴隶主。他们不再以祭祀为业，而"以家事为业"，"供养父母、瞻视妻子、供给奴婢、当输王租"。佛经中常常提到富有的婆罗门。一个摩揭陀国的婆罗门叫作考塞亚果陀，他的稻田农庄就有1000迦梨沙（1迦梨沙近似4047平方米）。这种农庄一部分由婆罗门自己的奴隶和仆人耕种，一部分交给雇工。另一位名叫毗罗摩的婆罗门，在布施时就用8.4万银钵，盛满碎金，复有8.4万金钵，盛满碎银。① 可是也有许多婆罗门没落了。他们从事过去被他们看不起的低级种姓从事的商业，有的当了医生、樵夫、商人、农民、牧人、猎人和屠夫等，也有的以赌博、斗鸡、念咒为生。这些人的实际地位已经下降，但他们仍属第一等级。这样就更加促使本来就不甘心居于婆罗门之下的刹帝利起来反对婆罗门的最高地位。

另一方面，在原先的被统治阶级中，吠舍的分化也很明显。许多吠舍处境恶化，地位逐渐接近于首陀罗。可是也确有不少吠舍靠经商或放高利贷致富。他们占有许多土地和财产，成了新的奴隶主。佛经中讲到一个名叫鞞陀提的居士妇，"极大富乐，多有钱财，畜牧产业，不可称计，封户食邑，米谷丰饶"，家里有许多奴隶，由一位女奴任管家，主管他们的劳动。有的吠舍甚至成了百万富翁。例如，舍卫城长者须达多，曾以黄金敷地之资为释迦牟尼买了一座作为传教活动场所的园林。还有一位舍卫城长者婆提，传说在他死的时候，曾遗留下"纯金8万斤"。随着经济地位的改变，富有吠舍的政治地位也有了提高，有些人还参加了地方政府的管理工作，挤进了统治阶级的行列。他们当然不满于婆罗门的特权与说教。然而，在这一时期内，社会上更多的人则沦落了。社会地位、生活状况下降的趋势，在下级种姓中尤为明显。

（四）意识形态领域的"百家争鸣"

列国时代社会和经济的巨大变革，不但对政治产生了巨大的影响，而且也深深地影响了思想意识形态。与经济上和政治上的剧烈变动一样，在当时的思想意识形态领域里，形成了为数众多的学说和学派。其中著名的有"六师""六十二见"（见解）和"九十六种外道"。他们各自代表着不同的阶级或阶层，在意识形态领域里展开了激烈的争论，形成了"百家争鸣"的局面。这些学派常常以宗教派别的形式表现出来。列国时代南亚次大陆的"百

① 《增一阿含经》，第19卷，《四意断品》。

家争鸣"与公元前8—前4世纪的希腊文化繁荣和春秋战国时期的中国的"百家争鸣"一起，构成了人类历史上精神觉醒的巨流，为人类文明的发展做出了重要贡献。

在列国时代的各种学派中，虽然有唯物主义（以顺世论为代表）和唯心主义（以佛教等为代表）之别，但它们都有共同的目标，即反对婆罗门教以及由它所维护的婆罗门等级的特权地位。其中在社会上影响最大的是佛教。

二、佛教的创立

佛教为释迦牟尼所创。按我国传统的说法，释迦牟尼生于公元前566年，死于公元前486年，是迦毗罗卫城（在今尼泊尔境内）的统治者净饭王之子，属刹帝利种姓。他的原名为悉达多，姓乔达摩。"释迦牟尼"是他得道后所获的称号，意为"释迦族的圣人"。悉达多自幼过着舒适无忧的生活，也受过严格的教育。他29岁出家，35岁得道，之后在恒河流域的摩揭陀等国收徒传教，被门人奉为"佛陀"（Buddha），意为"觉悟者"。

早期佛教最初是作为一个反对婆罗门教的宗教派别出现的。它反对婆罗门教所坚持的种姓制度，认为人的解脱与否，不凭种姓出身，而全靠自己的所作所为，各个种姓的人都能修道，都可以凭自己的努力求得解脱，用不着婆罗门，也用不着求神。

佛教不承认种姓间的区别，提倡"众生平等"，当然这里的平等仅仅是指宗教范围内的平等。但无可否认，它的提出对于婆罗门所极力维护的种姓血统论是一个沉重的打击。

早期佛教的基本教义是"四谛"说。四谛意即四种"真理"。这四谛即苦谛、集谛、灭谛和道谛。[①]

苦谛，主要讲现实存在的种种痛苦。佛教认为人生一切皆苦，主要有八苦：生苦、老苦、病苦、死苦、怨憎会苦、爱别离苦、求不得苦、五盛阴苦。

集谛，是说明人生多苦的原因。佛教认为，人生之所以产生上述八苦，其根源在于"欲爱"。人们总是有追求淫乐的欲望，有希望长生的欲望，也有掌握权力的欲望。可是世界上的一切都是变化无常的，连"我"都是多种

---

① 见《大般涅槃经》。在《增一阿含经》"四谛品第二十五"中译为"初苦谛""苦集谛""苦尽谛""苦出要谛"。在《佛说四圣谛经》中也译为"苦、勿、尽、道"四谛。

因素的暂时结合，并非真实的存在，因此人的欲望总会落空。而人的欲望一旦落空，就会产生痛苦。佛教还吸取了婆罗门教的轮回说，认为人有欲望就会有言行，有因果循环，就会有生死轮回之苦。

灭谛，就是指消灭痛苦、消灭苦因、消灭欲望的真理，佛教称这种境界为"涅槃"。所谓涅槃，意即灭、灭度或圆寂，这是佛教所幻想出来的不生不灭、永远超脱轮回的一个寂静的境地，是佛教全部修行所要达到的最高理想。实际上它只是死的化名。

道谛，是指为实现佛教理论所应遵循的手段和方法。要达到消灭痛苦的目的，就要学习教义，遵守戒律和八正道。

所谓戒律，主要是指信徒在道德实践中所要做到的"五戒"和"十善"。五戒是不杀生、不偷盗、不邪淫、不妄语、不饮酒。十善是以五戒为基础扩充而来的，包括不杀生、不偷盗、不邪淫、不妄语、不两舌（不挑拨离间）、不恶口（不骂人、不说人坏话）、不绮语（不花言巧语）、不贪欲、不嗔恚（不愤怒）、不邪见（不违背佛教的见解）。五戒和十善实际上就是世俗道德的神圣化。"八正道"意为八种通向涅槃的正确方法或途径，它以四谛为标准。八正道包括"正见"（信仰正）、"正思惟"（决心正）、"正语"（语言正）、"正业"（行为正）、"正命"（生活正）、"正精进"（努力正）、"正念"（思念正）、"正定"（精神集中）。其中最根本的一道是正见，即坚定不移地信奉佛教的教义，其余七道则是在正见的基础上言论行动的不懈修行。

佛教认为，按此修行，便可不断去"恶"积"善"，修成阿罗汉或成佛，到达智慧和解脱的彼岸。

早期佛教因为不排斥低等种姓的人入教，教义通俗易懂，讲道深入浅出，对信徒既不要求花费大量的金钱从事祭祀，又不要求从事折磨自己的苦行，因而能得到快速发展，并成为当时最有影响的一个新教派。到释迦牟尼去世后的一两个世纪，佛教不但在南亚次大陆得到了广泛的传播，而且也传播于南亚次大陆以外的广大地区，后来又逐渐传入中国和东南亚的许多国家和地区。

在佛教传播过程中，对其教义的理解产生了分歧，因而形成了不同的教派。虽然，在佛教史上的几次大的集结中，都曾力图统一对教义的认识，但最终还是无法达成共识。公元 1 世纪，佛教分裂成大乘佛教和小乘佛教。小乘佛教坚持原始佛教的基本教义，不承认神的存在，不崇拜偶像，主张自救，通过修道得到解脱，但不一定每个人都能成佛；而大乘佛教则认为存在神，而且把释迦牟尼也变成了神，因而崇拜偶像。大乘佛教还认为解脱不仅要靠自己努力，还可借别人之助，于是出现了菩萨，普度众生，还提出"放下屠刀，立地成佛"。

第四节　孔雀帝国

一、孔雀帝国的建立和统治

(一)孔雀帝国的建立

公元前 517 年，大流士征服了印度河流域地区，将其作为一个行省纳入了波斯帝国的版图。他每年向该地区征收 360 塔兰特金沙作为赋税。公元前 327 年，希腊马其顿王国的亚历山大东征波斯帝国时，也征服了印度河流域。他一方面派总督治理，并派军队驻防；另一方面又扶植了两个当地人做傀儡。公元前 325 年，亚历山大远征军从印度河口兵分两路返回巴比伦。

公元前 324 年，旃陀罗笈多(公元前 324—前 300 年在位)在憍底利耶的辅佐下，领导印度河流域人民推翻了希腊侵略者的统治。他自立为王，建立孔雀王朝①(公元前 324—前 187 年)，并东进推翻了统治恒河流域的难陀王朝，统一了印度北部。

公元前 305 年，塞琉古王国曾派兵入侵印度河流域，企图将该地区置于自己的统治之下，但遭失败。塞琉古被迫将今阿富汗、俾路支一带的大片土地割让给孔雀王朝，还把女儿嫁给旃陀罗笈多。旃陀罗笈多则送给塞琉古 500 头战象作为回报。

旃陀罗笈多之子频头沙罗统治时期(公元前 300—前 273 年)继续东征西讨，扩大孔雀王朝的统治范围。② 他的统治遭到人民反对，特别是呾叉始罗地区人民曾多次起义。其子阿育王曾奉命前去镇压起义。

阿育王统治时期(公元前 273—前 236 年)，最主要的扩张活动是征服羯陵迦(今奥里萨)。羯陵迦是当时印度半岛上的一个大国，早在列国时期，它就已是一个强国。该国国王倚仗实力，欺负弱小国家。阿育王同羯陵迦

---

① 据耆那教的传统，旃陀罗笈多出身于一个养孔雀的家族，故他建立的王朝称为孔雀王朝。但小乘佛教经典说，他是刹帝利的后裔，属 Moriya 氏族，孔雀(Maurya)是从其族姓演化而来的。

② 《阿育王传》第 1 卷《本施土缘》中说到他派其子征伐伐沙国。

的战争规模很大，也很激烈。阿育王的铭文说，在这次战争中，杀 10 万，俘 15 万，死者数倍之。战争以阿育王的胜利结束。阿育王的扩张活动使孔雀王朝的版图达于半岛南端，成为古代南亚统治地区最广的一个王朝，南亚也由此进入帝国时代。

(二)孔雀帝国时期的政治制度

孔雀帝国时期实行的是君主专制。国王总揽一切大权，他任命官吏、颁布法律、统率军队、掌握最高司法权、控制国家土地和其他资源，对外他代表国家。

孔雀王朝时期，建立了一套比较完备的军事官僚机器。国王之下有一个由贵族组成的咨询会议，称为"帕利沙德"。在行政方面，宰相主持日常政务(据说辅佐旃陀罗笈多建立孔雀王朝的侨底利耶，担任了第一任宰相)，宰相之下有管理行政、军事、经济、司法、城市和乡村等事务的各类机构。侨底利耶的《政事论》对孔雀帝国的政治、经济、司法、军事等制度进行了规划，其中也说到总税务官、农业总监、城市长官等官职及其职责。

据麦伽斯提尼说，孔雀王朝时期有三类官吏。第一类官吏负责维持河流畅通、重新测量土地、检查堵塞的沟渠，以便大家能平均用水。他们也管理猎人，收税，主管与土地相关的行业的从业者——伐木者、木匠、黄铜匠和矿工，修筑道路。第二类官吏分为六组，每组五人。他们监督手工业者的技艺，接待外国人，负责生死登记，主管出售和易货，主管工匠的制品，并按印记出卖这些东西、征收商品售价的什一税。这六个组的人都有责任照料私人和公共的事情，整修公共设施，管理价格、市场、港口和神庙等。第三类官吏主管军事。

在司法方面，在孔雀帝国的中央有最高法院，国王往往亲自过问司法事宜。虽然古代印度有不少法经和法论传世，如《摩奴法论》等，但它们不是国家或国王颁布的，而是婆罗门教的典籍。孔雀帝国没有法典传世。据多种资料记载，当时刑法十分残酷。据斯特拉波说，任何人如果犯有伪证罪，就要砍掉手足；任何使他人致残者，不仅会受到同样的报复，而且还要砍掉双手；假如他使工匠丧失其手和眼，则处以死刑。佛教文献也说到阿育王设立人间地狱，其中有种种酷刑。

孔雀帝国时期有一支庞大的军队。据说旃陀罗笈多时可征集到 60 万兵力。据麦伽斯提尼说，孔雀帝国时期专管军事的官吏也分为六组，每组五人。其中第一组管舰队，第二组管运输军械、人畜的粮草及其他军需，第三组管步兵，第四组管骑兵，第五组管战车兵，第六组管象兵。

孔雀帝国除用军队、法院等机构实行严刑峻法以维护其统治外，还利用特务组织进行统治。《政事论》中说孔雀帝国有固定的密探和活动的密探。他们既监督一般的人民群众，也监视"国内大臣、王室祭司、军队统帅、太子、宫廷守门人、后宫总管、监狱看守、税务官、司库、地方行政长官、将军、城市大法官……"他们不仅进行监视，而且进行暗杀、投毒。

孔雀帝国时期，全国被划分为若干行省，设总督治理。主要边远行省往往由王族成员任总督（阿育王就曾担任过西北省总督。羯陵迦被征服后，阿育王也曾派皇亲国戚去统治）。一些落后地区享有自治权，由各部族首领统治。

（三）阿育王的统治

阿育王是频头沙罗的一个妃子之子，孔雀王朝第三代国王。据资料说，他是通过政变而成为国王的。原来其父并不喜欢他，在一次派他去平定呾叉始罗的人民起义时，只给他"唯有四兵，无有刀杖"。频头沙罗晚年，呾叉始罗再次起义，王子苏深摩（亦作宿尸魔）被派去镇压，但未能完成使命，致使频头沙罗"即生疾病"。他立苏深摩为太子，并改派阿育王去镇压起义。但阿育王的谋士让他装病，"诈称阿输伽（即阿育王）得吐血病，不胜征伐"。频头沙罗病情加重后，阿育王趁太子不在，挟天子以令诸侯，在频头沙罗死后，抢先即位，以其谋士罗笈提多为相，并杀了王位继承人苏深摩。

阿育王即位之初，众臣"轻蔑阿输伽"，"阿输伽密欲杀之"，于是便借一点小事而杀了五百大臣。后来他又借故杀了宫中的五百宫女，并听信罗笈提多的主张，设立了"人间地狱"。

据阿育王的铭文说，在征服羯陵迦后，他的国内外政策均发生了变化，因为"在征服被征服的国家时，在那里出现屠杀、死亡与把人掠为俘虏，那是残忍的和严重的罪行"。于是，他决心实行正法。所谓正法，包括"少行不义，多做善事，慈悲、慷慨、真诚纯洁"。据他的刻在石柱上的诏令铭文看，就是放弃杀戮性的战争、主持公道、尊重师长、讲道德，政府官员要秉公办事、积极办事、不懒散倦怠。关于实行正法的方法，一是按照正法的原则加强制约,二是说服规劝。他自己也努力专心研究道德,喜爱道德,宣扬道德,并皈依了佛教。

图 4-5 阿育王石柱

图 4-6 灵山"阿育王柱"上的石狮

公元前 253 年,阿育王召集佛教高僧,在首都华氏城举行了佛教史上的第三次集结,统一佛教的教义,解决佛教在传播过程中因对教义的不同理解而产生的分歧,把教义固定化,编纂整理佛经。他还到处修建窣堵坡(即宝塔),刊刻诏令,以宣扬佛教。他把佛教定为国教,并派遣佛教僧团到国外去宣传佛教。但他要求对别的宗教也要尊重:"不在不当的场合称扬自己的教派或贬抑别人的教派……每一个人倒是都应该在所有场合,并以一切方式对别人的教派给予充分的尊重。"他豁免了佛陀出生地的部分税收:"由于世尊佛陀诞生在这里,所以他下令豁免蓝毗尼村的土地年贡,并废除普通税率,厘定只交收成的 1/8。"

从阿育王的铭文可以看出,在他统治时期,比较重视国内建设,如打井、开渠、种树、保护野生动物、不因祭祀和宴请而杀生、发展人和畜的医药事业。他的铭文说:"在天爱见王(即阿育王)版图之内的每一块地方……都安排了两种医疗设施,即人用的医疗设施和动物用的医疗设施。凡是缺乏益人益兽的药草的地方已经派人将它们引入并加以栽培。在大路上,我还派人凿了很多井,种了很多树,为的是给人和动物享用。"国王不杀生,其他的人,包括国王的猎手和渔夫在内,也都放弃了渔猎:"在这里不准杀生献祭,也不准举行宴乐和集会,因为天爱见王在宴乐集会中看到了种种弊端。"

在征服羯陵迦后，阿育王还表示悔恨，并说要放弃杀戮性的战争："征服羯陵迦国以后，天爱见王便一心致力于践行正法所要求的种种责任……这是由于天爱见王对于征服羯陵迦国感到了悔恨的缘故。""我的儿子和曾孙们将不再把新的武力征服悬为值得向往的目标……"

据大乘佛教的资料，阿育王的晚年十分不幸。他处于第二个王后帝失罗的控制之下，她弄瞎了他的爱子俱那罗的双眼。阿育王在一次宫廷政变中被夺了权。

阿育王的统治，扩大了孔雀帝国的版图，促进了南亚政治、经济和文化的繁荣，为佛教在南亚及其境外的传播做出了贡献。

二、上古南亚的土地制度

上古南亚的土地制度问题是个颇为复杂的问题。现代学者提出了种种说法：国有（或者王有）①、私有②、农村公社所有③和多种所有制说④等。

古代的多种资料说，土地归国王所有。例如，《摩奴法论》认为，国王是"大地的主人"。佛经也说"国王是田主"。斯特拉波引用麦伽斯提尼的话说："整个国土归国王所有。"在古代南亚，国王可能占有不少土地，组成王室经济。正如李兹契尔和斯切特里契所认为的，国王是部分土地的所有者，这种王室土地是不大的领地，其个别地段是在农村公社中间；另外，国王对于其他土地并没有实际的所有权，而只能代表国家征税。应当认为，国有土地与王有土地是有区别的。有些资料中所说的王有土地，实际上应当

---

① ［苏］乌特琴科主编：《世界通史》，第 2 卷（下），768 页，北京，生活・读书・新知三联书店，1960。

② 见《北京师范大学学报》1963 年第 10 期第 65 页上刘家和的《古代印度的土地关系》一文中转引的巴登鲍威尔的观点。

③ 李兹契尔和斯切特里契的《憍底利耶政事论研究》一书认为，古代印度土地的最高所有权属于传统的农村公社，个别农民（准确地说是大家庭）只是作为公社土地份地的世袭占有者而出现。参见《古史通报》1977 年第 2 期第 198～210 页的介绍文章。

④ 邦伽尔德-列文认为，古代印度土地具有多重性，除国家和国王所有的土地以外，还有私有土地和农村公社土地。参见［苏］邦伽尔德-列文：《关于古代印度的土地所有制问题》，载《古史通报》，1973 年第 2 期，3～26 页。

是国有土地，如国王封赏的土地①（包括梵封②、梵分③）、罚没的土地④等。属于国有的土地除耕地以外，还应当包括森林、草地、荒地等。《政事论》说，农业总监应"用奴隶、雇工和罪奴在多次翻耕过的、适于（生长）不同作物的土地上播种"。这种土地显然也是国家的土地，而不是国王的土地，其收入应入国库。

上古南亚还有私人占有的土地。马克思指出，"柯瓦列夫斯基在《摩奴》中发现了存在着公社土地占有制并且同时产生了私人土地所有制的痕迹"，"在《摩奴法典》时代土地共同所有制是占统治地位的形式，可是也已有了私有制；关于栅栏、关于有人掠夺他人田地等等的记载，就证明了这一点"。⑤马克思认为，土地私有制在这里产生的途径是：通过公社田地划分出个人份地，即个人份地的私有化；新来移民占据了公社荒地和林地的某一地段，并将其加以耕耘。其中前者是主要的途径。

从佛经的资料看，土地私有制确实已经产生。佛经说，以前，人们采集自然生长的粳米，但由于怠惰与贪欲，竞相储积自然生长之谷物粳米，"由是粳米荒秽，转生糠檜，刈已不生。今当如何？复自相谓言：当共分地，别立标帜。即寻分地，别立标帜……由此因缘，始有田地名生。时彼众生，别封田地，各立疆畔……"佛经还说："生者多忧。忧父母、兄弟、妻子、亲属、奴婢、知识、畜生、田宅。"这里的田宅（包括田地与房屋）当然是私有物。有的人占有的田地数量不少。一个名叫婆罗豆遮婆罗门的人，有500具犁耕田；摩揭陀国都城王舍城东北有个婆罗门村子，名叫萨林底耶，村中有个名叫乔希耶瞿多的婆罗门，有1000迦梨沙土地，种植稻米。他要将这些土地赠给菩萨，而菩萨没全要，只要了他800迦梨沙土地。于

---

① 例如，波罗奈斯国王梵授王授予一个善掷石子的人以"拥有十万收益的东西南北四座村庄"。参见《佛本生故事选》，73～74页，北京，人民文学出版社，1985。

② 例如，波斯匿王把"其村丰乐、人民炽盛"的郁伽罗村封赠给一个名叫佛伽罗婆罗的婆罗门，以为梵封。参见《长阿含经》，第13卷第3分初，《阿摩昼经第一》。

③ 例如，波斯匿王把瞻婆城封与一个名叫种德的婆罗门，以为梵分。参见《长阿含经》，第15卷第3分初，《种德经第三》。

④ 例如，佛经说到舍卫国有一个居士，名叫摩诃南轲，他"财富无数，所有珍藏多于王藏"，但他为人悭贪，不敢衣食，不知布施。当其死时，因无子息继承其产业，于是"所有财宝，波斯匿王尽收夺去，己身妻女，不蒙其恩"。参见《菩萨本行经》上卷。

⑤ 《马克思恩格斯全集》，第45卷，244～245页，北京，人民出版社，1985。

是，此婆罗门便拔去界石，将田地给了菩萨。这说明他的土地是可以自由转让的私有土地。

尽管《摩奴法论》说，出卖贮水池或花园是犯罪行为，但也有少量关于土地买卖的资料保存下来。例如，佛经记载说，佛教徒用钱买了一个花园献给佛。佛经还说到一个名叫檀腻崎的人得到国王赏赐给他的一坛藏于树下的金子，此人则"掘取彼金，贸易田宅"。《政事论》的资料表明，当时买卖土地似乎要受到某些限制。它规定应按亲属、邻居和债主的顺序购买（出卖的）地产，然后是其他的人。可能，土地买卖有一个从不合法到合法的过程。

三、关于农村公社问题

虽然柯瓦列夫斯基从《摩奴法论》中发现了公社的痕迹，现代学者也大多认为古代印度一直存在农村公社，而且还有的学者提出在古代印度农村公社是土地的主要所有者，但是，古代印度没有留下关于农村公社的具体资料，现代学者也没有拿出有关农村公社的实际资料。

亚历山大部将尼亚库斯记载说："在另一些部落中间，不同集团在亲缘关系的基础上共同种植作物；当他们收割庄稼时，各自只取足够维持一年生计的谷物，而将其余部分烧毁。"这说明，在公元前4世纪后期，当亚历山大东征进入南亚时，当地还有的地区处在氏族部落阶段，土地归氏族部落所有，其成员过着同耕共种的生活。不过，这只是一些边远落后的地区的情况，而在一些经济发达的地区，这种状况早已消失了。但在经济发达地区是否存在农村公社呢？我们没有直接的资料。

憍底利耶的《政事论》说，应当"在以前建过或从未建过村庄的地方设置村庄"。"大部分由首陀罗农民构成的村庄，少则一百家，多则五百家，边界相距一拘卢舍①，以便于互相防守。应在边界确定河流、山脉、森林、不毛之地、山洞、堤坝……为标志。"这种新建的村庄是否与农村公社是同一概念，甚至它在孔雀王朝时期是否真正实施过，我们均不得而知。或许它只是一种设想，一种理想化的计划？当然，也不排除它有一定的现实作为基础。

———————————

① 古代南亚的长度单位。据《大唐西域记》云："拘卢舍者，谓大牛鸣声所极闻。"又说是从村中到森林的距离，大约相当于4000米。

　　从佛经的资料可以看出，古代南亚有各种村落或村庄：婆罗门村、旃陀罗村、木匠村、渔村等。不过，农业村落当然是最多的。而农业村庄中也不全是农民，还有从事其他职业的居民，如手工业者、猎人、婆罗门、鼓手、束发苦行者、商人等。

　　一个村庄中的居民，其阶级地位和等级地位也不同：有的人占有很多的土地，由奴隶和其他劳动者(如雇工等)耕种①，有的人已失去了土地；有的人是奴隶主，有的人却是奴隶；有婆罗门等级的人，也有首陀罗和其他瓦尔那的人。正如马克思所说："这些小小的公社带着种姓划分和奴隶制度的污痕……"②

　　前引佛经的资料说明，在印度，在国家形成时，土地私有制即已出现："别封田地，各立疆畔"，"即寻分地，别立标帜"。土地由国家派人进行了丈量③，目的是为了征税，税率为收成的 1/4 或 1/5。④ 赋税可以豁免⑤，属于每个村庄的森林可能时时被开垦。

　　每个村有村长、长者(可能是长老会议的成员)，各村除向国家缴纳赋税以外还要征发劳役和兵役。佛本生故事说，在波罗奈斯国王梵授王统治时，他热衷于打猎，每餐必吃肉；"他停止国内一切行业，召集全体城乡居民，天天出去打猎"。此事弄得民怨沸腾。⑥

　　社会经济的发展，商品货币关系的发展也影响到农村。土地的私有化、土地的买卖反映了这种影响。另外，农村中高利贷的存在也反映了这种影响。佛经的资料说到，有人在青黄不接的时候放债，以致全村人都去借债。农村与城市并非完全绝缘，而是有千丝万缕的联系。资料说到一个乡村商人将 500 具犁拿到城里去卖。商品货币关系的侵入农村，必然引起

　　① 《稻田本生》说，萨林底耶村的婆罗门乔希耶瞿多，占有 1000 迦梨沙土地，种植稻米，在稻子成熟时，将其一半分给别人看管，另一半雇了一个人来看管。这些土地在耕种时由谁来干活呢？显然绝不会是他自己干，而是用奴隶和其他劳动者来干。

　　② 《马克思恩格斯选集》，第 1 卷，766 页，北京，人民出版社，1995。

　　③ 《欲望本生》，见《佛本生故事选》，287 页，北京，人民文学出版社，1985。

　　④ 斯特拉波的《地理学》中说："农民耕地缴纳租税，此外缴纳 1/4 的产品税。"《政事论》也说："播种或剩余的(土地)应由对分农耕种，或者由取得 1/4 或 1/5 (收成)的个体劳动者耕种。"

　　⑤ 《欲望本生》，见《佛本生故事选》，287～288 页，北京，人民文学出版社，1985。

　　⑥ 《榕鹿本生》，见《佛本生故事选》，8～11 页，北京，人民文学出版社，1985。

农村的阶级分化。所以有的人除拥有很多土地外，还有很多的钱财。有的人成了雇工、看田人、靠挣工资为生的女仆，甚至以行乞为生的穷人。资料说到一个以行乞为生的穷艺人，其子长大成人了，依然穷困潦倒，以行乞为生。

所有这些情况表明，在列国时期和孔雀帝国时期，是否还存在农村公社，值得研究。

四、上古南亚的奴隶制度

塞琉古王国驻孔雀王朝大使麦伽斯提尼说："所有的印度人都是自由民，连一个奴隶也没有，印度的这一特点是很突出的。在这方面，拉西第梦（又译'拉栖第梦'或'拉凯戴梦'）人和印度人是相似的。但拉西第梦人把希洛特当作奴隶，叫他们干奴隶所应干的事情。但在印度人那里，谁也不是奴隶，印度人更没有当奴隶的。"他的话成为一些西方学者认为古代印度不存在奴隶制的根据。

但麦伽斯提尼的话在古代就已引起争论。例如，斯特拉波在引用过他的话以后就指出："但是奥尼希克利图斯宣称，在穆希康努斯地方，奴隶制是印度人特有的。"

麦伽斯提尼的论断也与古代印度本身的资料相矛盾。古代印度留下的史诗、法论、法经、《政事论》、佛经等资料都证实，古代印度存在过奴隶制。

例如，《那兰达法典》说，有15种奴隶：奴产子、买来的、赠送的、继承的、被救活的、典押的、战俘、赌输的、自言"我是你的"、背誓的隐者、定期奴隶、养活期奴隶、因爱女奴而委身者、自卖奴、债奴。

《摩奴法论》中提到有7种奴隶：战俘、求食者、奴产子、买来的、赠送的、继承的、自卖的。

《政事论》中提到5种奴隶：奴产子、战俘、自卖奴、债奴和刑奴。

佛经中也常常提到奴隶。

古代南亚的奴隶也像其他国家和地区的奴隶一样，是奴隶主的财产，可以买卖、转让和继承。

有一个故事说到勒那泼弥国太子迦良那伽梨在与其弟弟争夺王位时，受到迫害，遇一牧人相救。后来，他与另一国的公主结了婚，并复了国，其岳丈赏赐给那个牧人"名衣上服、象马车乘、田园宅舍、金银宝物、奴婢仆使……"

还有一个佛经故事说，在那梨国有两兄弟，在分家时，奴隶作为财产的一部分被瓜分。兄长得到父母的居家财物，而弟弟只得到一个名叫分那的奴隶。此奴隶识得一种名叫牛头檀香的药材，从而使弟弟发了财，且比其兄富足十倍。此弟弟感念奴隶分那之恩，将其放为良人，即释放其为自由民。

古代印度的奴隶既从事家务劳动，也从事生产性劳动，即也从事农业、畜牧业、建筑业、水利灌溉和采矿等劳动。《摩奴法论》中说到耕田奴和耕牛是分家的对象。佛经文献也说到一个名叫所有的婆罗门，当他问自己的奴、婢有何要求时，奴言："欲得车牛复耕田具。"婢言："欲得碓磨，舂粟碾面以安。"佛经文献还说到婆罗门残酷役使奴隶作田的事。《政事论》中说到农业总监应该使用包括奴隶在内的劳动者耕种土地，看管菜园、围栅、牛等。

在王室和贵族家中，有不少从事诸如侍女、舞女、歌女、乐手等职业的奴隶。

不少资料说到奴隶主残酷虐待奴隶。《政事论》说到对奴隶的惩罚。佛经的资料说到一个奴隶主将一个名叫护财的女奴"推倒在门口，用绳索抽打"，责怪她没有交出挣来的工钱。《牟梨破群那经》讲到一个名叫卑陀提的女奴隶主，自称善待奴隶。其女奴黑本要试试看其主人是否真的善待奴隶，结果挨了一顿毒打，"头破血流"。

佛教宣称"众生平等"，却不容奴隶："佛告诸比丘，不应度负债人，与受具足戒……若度若受，皆突吉罗……度奴亦如是。"也就是说，佛教不度负债人和奴隶。

奴隶进行了各种形式的反抗。上述卑陀提的奴隶黑本侍者"既不自作，也不叫作"，即进行怠工形式的反抗。

据资料记载，有一个女奴不满于自己的奴隶地位，在为其主人打水时，多次打破用于盛水的瓮。

更为激烈的反抗形式是杀死奴隶主和起义。《佛本生经》中讲到在波罗奈斯有一个商主的女儿，人称刁娘。她生性暴戾，经常打骂奴隶，结果被奴隶推入河里。巽伽王朝的末代国王也是被女奴杀死的。

文献中多次记载奴隶进行起义。例如，《弥沙塞部和醯五分律》中记载说："尔时诸释五百奴叛，住阿练若处。诸释妇女欲往问讯布施众僧，诸奴闻已，共议言：'我等当于道中抄取。'"

玄奘的《大唐西域记》也记载说：迦湿弥罗国在"如来寂灭之后第五十年，阿难弟子末田底迦罗汉者……便来至此……立五百伽蓝。于诸异国买鬻贱人，以充役使，以供僧众。末田底迦入寂灭后，彼诸贱人自立君长，邻境诸国鄙其贱种，莫与交亲，谓之讫利多（唐言买得）"[①]。该书还记载说，在贵霜帝国的迦腻色迦死后，迦湿弥罗国的讫利多种（即买来的奴隶）"复自称王，斥逐僧徒，毁坏佛法"[②]。这两个例子不仅反映了奴隶与奴隶主的斗争，尤其反映了奴隶与已成为奴隶主的佛教的斗争。

南亚的奴隶制萌芽于早期吠陀时期，形成于晚期吠陀时期，发展于列国时期，繁荣于孔雀帝国时期，此后便逐步解体，至笈多王朝时期为封建制度所取代。

五、孔雀帝国以后的印度

公元前187年，孔雀帝国末代国王被杀，出身巽伽族的普沙弥多罗建立巽伽王朝。但其统治地区比孔雀帝国时期小得多了，主要是恒河流域的中下游地区，而且统治时间也不长，仅百余年。公元前75年，巽伽王朝末王为一女奴所杀，出身婆罗门的伐苏迪跋（属甘婆族）夺得王位，建立甘婆王朝。该王朝也是短命王朝，仅统治45年。公元前30年，甘婆王朝为南印度的安度罗所灭。此后一段时期，北印度政治情况一片模糊。

此时，安度罗和羯陵迦曾一度强盛，但它们的统治难以达到北印度。

公元前2世纪初以后，大夏希腊人、安息人和斯基泰人、大月氏人先后入侵印度。公元1世纪中叶，大月氏建立贵霜帝国，其版图包括中亚、北印度的广大地区，其首都原在中亚，后迁至富楼沙（今巴基斯坦的白沙瓦）。

4世纪时，笈多王朝兴起于摩揭陀，并很快统治了北印度广大地区，印度进入封建时代。5世纪，嚈哒人（白匈奴）占领大夏和印度河流域，贵霜帝国灭亡。

① （唐）玄奘：《大唐西域记》，73～74页，上海，上海人民出版社，1977。
② （唐）玄奘：《大唐西域记》，76页，上海，上海人民出版社，1977。

图 4-7　迦腻色迦圣物盒(贵霜王朝)①

第五节　上古南亚文化

作为人类文明发源地之一的广大南亚的人民创造了独具特色的文化，对人类文明做出了重大的贡献。

一、文字

哈拉巴文化时期，印度河流域人民创造和使用的文字，因刻于印章之上，故称为"印章文字"。这种文字就现在所知有 500 多个符号。可惜这种文字至今还未释读成功，其所属语系亦不清楚。后来，属印欧语系的雅利安人入居南亚次大陆，他们在吸收哈拉巴文化成果的基础上，创造了另一种新的文化，其语言和文字都与哈拉巴时代的大不相同。他们使用的是婆罗谜文、佉卢文和梵文。其中流传最广的是梵文。梵文是一种字母文字，受阿拉美亚文字的影响创造而成，由 47 个字母构成。《吠陀》等文献就是用梵文写成的。

---

① 出自犍陀罗，沙吉克达里。由青铜制作，高 19.5 厘米。

二、文学

古代南亚人民留下了丰富的文学作品，其中最早的是《吠陀》文献。四部《吠陀》是宗教文献，也是文学作品集。另外，古代南亚人民还创作了两部著名史诗：《摩诃婆罗多》和《罗摩衍那》。它们都是用梵文写成的，比希腊的《荷马史诗》还要长。其中《摩诃婆罗多》约 10 万颂（每颂 2 行，每行 16 个音），《罗摩衍那》有 2.4 万颂。前者的作者是毗耶婆（广博仙人），后者的作者是蚁蛭大仙。

《摩诃婆罗多》原意为婆罗多的战争。原书 18 篇，2109 章，最后还有第 19 篇作为遗补。其中心故事是讲述婆罗多族的后裔居楼王族的堂兄弟之间的斗争。居楼的持国王有 100 个儿子和 1 个女儿，其弟班度王有 5 个儿子。王国被一分为二，一部分为持国王之子统治，另一部分为班度王之子统治。但持国王之子放逐了班度王之子。当他们从流放地回来后，便要求归还自己的王国，于是引起 18 天的大战。战争进行得十分激烈、残酷，最后持国王的 100 个儿子尽皆战死，班度王诸子获胜。该史诗包括了丰富的知识，是古代南亚的一部百科全书。《罗摩衍那》即罗摩的故事，是梵文的一部"最长的诗"，全书共 7 篇，其中心故事是讲述阿踰陀国十车王的长子罗摩远征楞伽岛（今斯里兰卡）的恶魔十首王罗波那的故事。原来罗波那具有战胜天神的本领，于是大梵天毗湿奴下凡到大地上，就是罗摩。十车王选定罗摩为王位继承人，但后来又选定第二个妻子之子婆罗多继承王位，并将罗摩放逐到森林里 14 年。罗摩之妻悉多和弟弟罗什曼那也一同前往。罗波那将悉多抢到了岛上，罗摩在寻找悉多时遇到了猴王，并帮助他恢复了王位。为了报答罗摩，猴王帮他杀死了罗波那，解救了悉多。这时罗摩的放逐期满，他回到了阿踰陀，继承了王位。

佛经不仅是佛教的经典，从文学的角度看，它也是非常宝贵的文学作品。《佛经》中包含许多散文故事，绝大部分都是寓言、童话等小故事，生动活泼。在信仰小乘佛教的东南亚各国，大概没有一本古代的书能比得上《佛本生故事》那样受欢迎。《佛本生故事》是用巴利文写成的。汉译佛经中有许多内容与《佛本生故事》是相同的。

三、科学

古代南亚人民在数学、天文和医学等方面也有不少成就。

在数学方面，他们以其发明的数字（即现在的阿拉伯数字）而闻名于世。但在古代，南亚没有专门的数学文献传世。我们只能从其他著述、钱币和铭文中了解一些他们的数学的情况。

大约在公元前 800—前 200 年时，南亚人民创造出了原始的数字。大约公元前 3 世纪以后，出现了计数符号。1～9 的每个数都有专门的符号，但还没有零的符号和进位记法。后来，他们发明了零的符号。他们知道一个数乘零得零，并说一个数减零也不会使一个数变小，一个数除以零后不变；以零为分母时，不管加减多少，这个分数不变；一个数除以零称为无穷量。零的发明是数学史上一个很大的贡献。南亚人民的数字符号后被阿拉伯人学去，并由阿拉伯人传至西方，故西方人称之为"阿拉伯数字"。

南亚人民在天文学中用六十进位制。他们的分数没有横线，如我们说 $\frac{3}{4}$，他们写成 $\frac{3}{4}$。他们引用负数来表示欠债。他们也懂得毕达哥拉斯定理（中国的商高定理），懂得求圆的面积，其 π 值为 3.09。

古代南亚人民也是从很早的时期起便注意天文观测。他们认识了许多星座，把黄道附近的恒星划为 28 个星座，并以此为背景来观测太阳及各行星在天空中的位置。他们的历法是 1 年 12 个月，每月 30 天，5 年置闰，增加 1 个月。

古代南亚人民在远古时代便创立了自己的医学。主要医学著作有《阿闼婆吠陀》《寿命吠陀》《阇罗迦吠陀》《妙闻集》，较晚的有《八支集》《摩陀婆尼旦那》等。

虽然由于宗教的原因，古代南亚的医生被禁止接触尸体，但他们对于解剖学十分重视。他们记载说，人身上有骨 300 块、腱 90 个、关节 210 处、肌肉 500 块、血管 70 根、液体 3 种、分泌物 7 种、感觉器官 9 种。他们认为，生物是由气（风）、胆（热）和痰（水）这三种物质构成。疾病是这三种原质的关系有了异常或三种原质所生的体液减少所致。病乃是身体的体液或精神的体液紊乱。他们认为热病最重要，称之为"众病之王"。肺病被称为贵族病。他们对天花也有记载，认为是女瘟神所致。他们知道蚊子与疟疾的关系，并且似乎也知道老鼠与鼠疫的关系。

医生诊病，除望诊、叩诊和听诊外，还有闻声和尝味。

古代南亚的外科以《妙闻集》最为重要。该书详细记载了医生在外科手术时所应做的准备和各种外科器械，他们能做多种外科手术。

古代南亚的医生十分重视利用药物制作各种药剂。《梨俱吠陀》中记载了许多种药草。他们还认为水有万能的疗效。

四、建筑和艺术

古代南亚最早的城市建筑是哈拉巴文化时期的建筑。在摩亨佐·达罗和哈拉巴等地还有遗址尚存。其建筑中有卫城，也有民居和其他公共建筑。城市建设有一定规划，建筑已达到较高水平。

雅利安人时代的木建筑已不复存在，只有石头建筑保存了下来。不过，这些石头建筑大都具有木建筑物的风格。例如，佛教的三种类型的建筑物，即佛庙、精舍和宝塔中，不管是露天的建筑（宝塔），还是石窟建筑（佛庙和精舍）都是仿木制建筑物的。现存佛教的石头建筑物中著名的有公元前2—前1世纪的桑奇大塔（在博帕尔附近）、公元前2世纪初叶的位于卡尔利的佛庙等。宝塔是砖石结构的圆顶，顶上有石伞，周围是环行栏杆，有四个饰以大量雕刻的门作为入口，开向东西南北各方。佛庙是一个带有中殿和回廊的长方形建筑物，底端是半圆形后殿，包括一个小宝塔或舍利子塔。精舍是由许多小室组成的庭院，是僧人居住的地方，凿建于山岩之中（如阿旃陀石窟中就凿有许多僧人居住的小屋）。

图 4-8　桑奇大塔

在艺术方面，古代南亚人民有很高的成就，从哈拉巴文化废墟中找到一尊青铜女像，其人体比例精确适度，风格与后来雅利安时期的青铜像极为相似。

雅利安印度的艺术主要是佛教艺术。无论是桑奇大塔四周栏杆上的雕刻，还是阿旃陀石窟的壁画和雕刻，以及犍陀罗艺术都是如此。桑奇大塔围栏四周门上雕刻的药叉和药叉女十分精致。

图 4-9　桑奇大塔上两个背对背的药叉女形象

阿旃陀石窟位于西印度海特拉巴的温迪亚山脉中心。"阿旃陀"的意思是"不为世人所知的地方"。在那里共有 29 个石窟，就其性质而论，大约可分为两大类：佛庙（共 5 个，即第 9、10、19、26 窟，还有一个即第 28 窟始终未完工）和精舍（共 24 个）。阿旃陀石窟开凿的时间很长，大约从公元前 3—前 2 世纪（如第7～13 窟）到公元 7 世纪（如第 21～29 窟）。该石窟中原来大多有壁画和雕刻，其内容多为佛的故事，但也有动物、花草、禽鸟的壁画。有的壁画可以列入世界优秀绘画之列。犍陀罗艺术是古代南亚艺术史上的一个独特时期，是古希腊艺术与南亚本地文化相结合的一个时期，其雕像的风格受希腊影响十分明显，但内容却完全是本地的，主要是佛教的。其中佛像的出现在佛教艺术史上是第一次。

五、哲学

在古代东方各国中，南亚和中国的哲学思想是很发达的。古代南亚的哲学思想，尤其是它的宗教哲学思想特别深邃玄奥。

婆罗门教认为"梵"是世界的本质，但"梵"并非客观物质世界，而是一种抽象的理念世界。它认为世界万物出自"梵",又归于"梵"。"我"(不是物质的我)也出自梵。该宗教的最高理想是达到"梵我一致"。在梵我不一致时,"我"将经历轮回。使"我"重归于梵的方式之一是杀生祭祀。公元前6—前4世纪时,婆罗门教的唯心主义观点受到两个方面的批评:一方面是以顺世论为代表的唯物主义的批评,另一方面是以佛教为代表的唯心主义派别的批评。当时的"六师""六十二见""九十六种外道",它们都有自己独特的哲学思想,虽然其中有的也吸收了婆罗门教的某些观点,如轮回转世等。

"顺世论派"梵语为"路伽耶陀",意为流行于人民中的观点,又称"察婆迦派",其创始人相传是毗诃拔提。列国时代顺世论派的代表人物是阿夷多翅舍钦婆罗。该派认为世界是由地、水、风、火四大元素构成,人和人的灵魂亦如此。他们还认为,灵魂、意识与肉体不能分开,反对人死后灵魂还存在的说法,认为人死之后意识、灵魂亦不复存在。它否认祭祀的必要,也否认祭司存在的必要,否定《吠陀》的权威。顺世论的唯物主义为统治阶级所不容,其著述均被毁,只有个别论断载于其敌手的著述之中。

早期佛教否定神的存在,是当时世界上人类精神觉醒的一个重要组成部分,但它是站在唯心主义立场上反对婆罗门教的。它主张"我空法有",属客观唯心主义的范畴。佛教在其传播过程中分裂成许多派系,尤其是大乘佛教主张"法我皆空",即主张主观世界和客观世界都是没有的,其唯心主义更加彻底。

复习思考题

1. 古代印度历史分哪几个时期?每个时期的主要内容是什么?

2. 哈拉巴文化的内容是什么?它的发现有什么意义?

3. 瓦尔那制度形成的原因是什么?瓦尔那制度的内容是什么?瓦尔那制度对印度历史发展有何影响?

4. 佛教形成的背景是什么?其教义是什么?大乘佛教与小乘佛教的区别是什么?应当如何评价佛教?

5. 孔雀帝国在印度历史上的地位如何?

6. 如何评价阿育王?

第五章　上古希腊

概　论

一、古代希腊的自然环境

古希腊史是西方文明史的开端，其创造者是居住在希腊半岛、爱琴海诸岛、小亚细亚西岸、黑海沿岸、意大利南部、西西里岛的古希腊人。希腊半岛是古希腊人活动的中心舞台，对古希腊史具有决定性的意义。

希腊半岛的地理特点之一是靠近西亚和北非，这使希腊同小亚细亚始终保持着密切联系，从而成为欧洲最早接受西亚农业与青铜文化并最早进入文明的地区。再一个地理特点是多山，耕地有限。整个半岛山脉纵横，80％是山地，其间点缀着一些小平原。巴尔干山脉的支脉把全岛分成北、中、南三部分。北希腊包括伊庇鲁斯山区和帖撒利平原。中希腊和北希腊由一条险要的隘道温泉关彼此相连。阿提卡和彼奥提亚两地区在中希腊最为有名。南希腊是半岛中的小半岛，称"伯罗奔尼撒半岛"，只有一狭窄地峡与中希腊连接，因而自成一体，较为封闭。

希腊半岛沃土不多，这迫使古希腊人竭力利用每一块可耕的河谷地、近海小平原和山坡地种植地中海地区的主要作物，如大麦、小麦、橄榄、葡萄、蔬菜。因为地少人多，希腊半岛的粮食自给常有困难，人们被迫很早就向岛外殖民，开辟新的家园。

但希腊半岛山中盛产大理石和高质量的陶土，有利于建筑、造型艺术和制陶业的发展。山中还蕴藏着古人可利用的铜、铁、金、银矿，对冶金业和商业十分有利。此外，希腊半岛三面环水，港湾众多，特别是在通向西亚的航路上遍布岛屿，在爱琴海上航行，人们的视线一般不离海岛和陆地。

色雷斯

马其顿
埃德萨
安菲波利斯
塞马
奥林托斯

伊庇鲁斯

色
雷
斯
海

特洛伊

勒勒斯滂

帖撒利

爱

前480
温泉关
埃陀利亚
弗西斯
彼奥提亚
底比斯
留克特拉
普拉提亚
前479
阿卡亚
优卑亚
前490
马拉松

琴

开俄斯岛
萨摩斯岛

科林斯
奥林匹亚
迈锡尼
阿卡狄亚
阿哥利斯
萨拉米斯湾
前480
雅典

阿提卡

米卡列海角
前479

伯罗奔尼撒
美塞尼亚
斯巴达
派罗斯
拉哥尼亚

提洛岛

海

爱
奥
尼
亚
海

克
里
特
海

上 古 希 腊

→ 公元前492年波斯军进攻路线

+⊢+⊢+ 公元前490年波斯军进攻路线

--→ 公元前480年波斯军进攻路线

✕ 温泉关 希波战争的重要战场和年代
  前480

克
里
特

克诺索斯
马利亚岛

法埃斯特

色雷斯

罗马

马其顿

意大利半岛

塔兰托

希

爱

第勒尼安海

希
腊

科西拉

以弗所
琴

米利都

爱奥尼亚海

腊

雅典

斯巴达

海

墨西拿
西西里岛
叙拉古

克里特岛

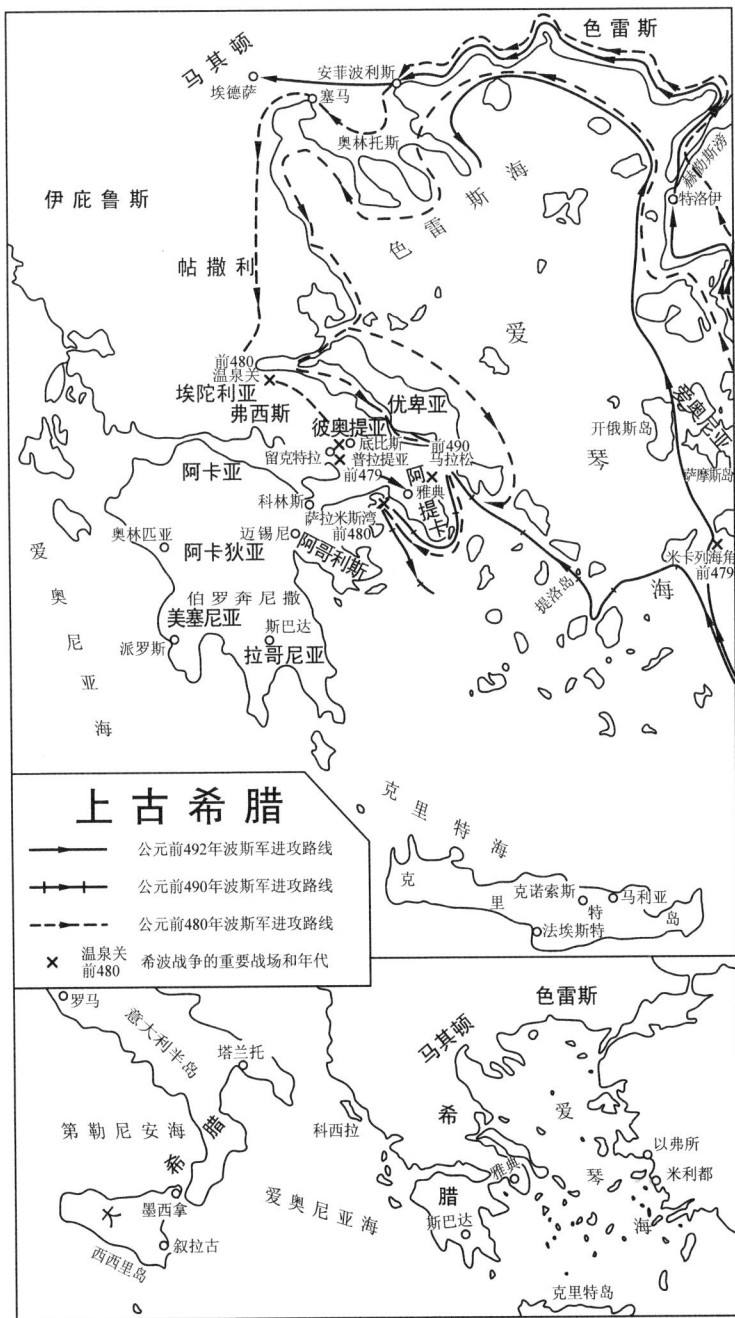

图 5-1 上古希腊

这些有利于古人的航海条件①促进了希腊以手工制品和原料为主的对外贸易，因此航海业与海军在古希腊有特殊的意义。

二、居民

有关"希腊"和"希腊人"的概念出现较晚，源自后来的古罗马人。古罗马人把古希腊人在意大利南部和西西里岛的殖民地统称作"大希腊"（Magna Graecia），今天西文普遍所用的"希腊"（如英文 Greece）名称便由此而来。古希腊人自称"海伦人"（Hellenes），称希腊半岛为"海拉斯"（Hellas）②。中文"希腊"译名便出自 Hellas 的音译。他们并不认为自己就是海拉斯的土著居民。在他们看来，希腊最早的居民是勒勒吉人、德里奥人、皮拉斯吉人、卡里亚人。

据考古材料，早在旧石器时代，希腊半岛就有人居住。1961 年在希腊东北部曾出土了尼安德特人化石。至于旧石器时代的工具，则在希腊半岛和爱琴海岛屿上多有发现。

公元前 7000 年，希腊进入新石器时代。考古学家在希腊各地均发现了新石器时代的村落遗址，布局与房屋构造同西亚早期新石器时代村落相似，农业文化也雷同，显示了西亚文化的巨大影响。新石器时代的希腊人和后来的希腊人不是同族，属于非印欧语系的人，因为希腊的一些古老地名，如科林斯(Corinth)、克诺索斯(Knossos)的词尾 nt 和 ss 与印欧语言的习惯不符。

公元前 3000 年代末和公元前 2000 年代初，希腊进入青铜时代。属印欧语系的希腊人首次迁入希腊半岛，人称亚该亚人，后来以南希腊的迈锡尼为中心，发展出著名的迈锡尼文明。

大约在公元前 12—前 11 世纪，一支叫作多利安人的印欧人部落侵入希腊半岛，占领南希腊大部和克里特等海岛，毁灭了迈锡尼文明。

多利安人入侵后，希腊居民的分布状况基本固定下来，按方言与亲缘关系可分成四类：亚该亚人居于南希腊北部(阿卡亚、阿卡狄亚地区)，伊奥利亚人住在北希腊和中希腊大部分地区(帖撒利、彼奥提亚)，爱奥尼亚人住在中希腊的阿提卡和隔海相望的优卑亚等爱琴海岛屿，多利安人分布于南希腊大部和克里特岛。

---

① 古代人因无罗盘，航海时必须靠近陆地，以免迷失方向。
② 今天希腊仍用古代的名称"海拉斯"为自己国家的简称。

三、史料

古希腊的史料丰富，分为实物和文字两大类。古希腊人留下的物质文化遗迹，如城市和乡村废墟、墓葬等遍及整个地中海沿岸，乃至近东和中亚。其中最著名的有雅典卫城、克里特和迈锡尼宫殿遗址等。此外，大量雕塑、绘画、钱币以及其他手工制品也传了下来。它们是古希腊不同时期社会经济状况的实证，也为复原古希腊人的思想文化发展提供了证据。

文字史料包括铭文、纸草文献和古代作家的作品。目前能够释读的最古老的古希腊铭文是爱琴文明时期的泥板文书，年代属公元前 2000 年代后半期，所用文字为印欧语系的线形文字 B，内容多系王室经济报表。稍早些的克里特泥板文书也有所发现，人称线形文字 A，目前未能解读。多利安人入侵之后，线形文字 B 随迈锡尼文明一起消失了，取而代之的是公元前 8 世纪出现的字母文字。此类铭文为数众多，集中于古典时代和希腊化时代，内容涉及政治、经济、军事、文化等方面，具有珍贵的史料价值。

纸草文献同铭文一样是考古发掘出的文字史料，目前已收集到 20 万件之多，包括经济、政治、文学、科学作品，私人书信和儿童作业等。

直接传下来的古代作家的作品也非常丰富，神话、史诗描写一些神灵和英雄，产生于原始时代末期，具有一定的史实内核，主要代表作是《荷马史诗》。古风时代的希腊人还留下一些现实感很强、抒发个人情感的诗歌、散文。

古希腊人同古代中国人一样，是古代少有的具有浓厚历史意识并形成真正史学的民族，他们留下了许多史著，其中完整保存下来的首部巨著是希罗多德（约公元前 484—约前 425 年）的《历史》。这部著作主要记载希腊与波斯的战争，止于公元前 478 年，也涉及战争期间和战前希腊的主要城邦及北非、西亚乃至印度的历史，内容驳杂，信息量大。但其材料的选择、利用还很幼稚，需小心鉴别真伪。

修昔底德（约公元前 460—约前 400 年）的名著《伯罗奔尼撒战争史》是公元前 5 世纪后半叶希腊城邦争霸战争的纪实，该书所记战争过程系古希腊史学的巅峰之作。全书秉持客观态度，史料翔实，是一幅公元前 5 世纪希腊政治、军事、社会史的瑰丽画卷。

继修昔底德之后，古希腊史家色诺芬（约公元前 430—约前 355 或前 354 年）著有《希腊史》《长征记》等书。《希腊史》续修昔底德的《伯罗奔尼撒战争史》，结束于公元前 362 年，重点仍写战争和邦际关系，作者的政治立场妨碍了他对史实的客观描述和取舍。《长征记》是回忆录题材的史著,记述了公元前 5 世纪末希腊雇佣军在波斯领土上艰苦的征战历程。

希罗多德、修昔底德、色诺芬 3 人的著作循序渐进地记述了希腊城邦由盛转衰的历史。同期的哲学家、政治家、戏剧家、修辞家的大量作品补充了他们的不足,如柏拉图的《理想国》,亚里士多德的《政治学》,埃斯库罗斯、阿里斯托芬等人的悲喜剧,德摩斯提尼等人的演讲词等。

对重构希腊史具有重要史料价值的大作还应提到普鲁塔克(约 46—126年)的《希腊罗马名人传》,这部著作内含 23 位希腊著名人物的传记,覆盖了希腊城邦史的各个时期。书中人物形象刻画得饱满生动,但某些史实经不起推敲。除此之外,波里比乌斯(约公元前 200—约前 118 年)的《通史》,狄奥多罗斯(约公元前 1 世纪)的《历史集成》,阿里安(约 96—180 年)的《亚历山大远征记》均保留了许多晚期希腊史的信息。

四、史学史

西罗马帝国于 476 年在蛮族和内乱的双重打击下崩溃后,欧洲文化发生倒退,神本的、为宗教意识形态服务的基督教史学取代古希腊、古罗马人本的、求真求实的史学,希腊的历史便逐渐被人遗忘,古希腊人的著作被尘封于私人收藏家、修道院的书库中。虽然拜占庭帝国还保存着古典文化的部分气息,但君士坦丁堡在 1204 年的陷落毁灭了许多古典作家的珍品,造成不可弥补的损失,社会对古希腊的兴趣索然。14 世纪以后,文艺复兴运动兴起。文艺复兴即复兴受到埋没的古希腊、古罗马文化,借古喻今,实际上是一次资产阶级的思想解放运动,结果发掘、整理出许多古希腊、古罗马作家的作品(包括史著),引起了人们对古希腊史的重新注意,识读古希腊文成为知识分子的必要修养。自此之后,直到 19 世纪,史料的积累和在史料基础上对希腊史的研究工作不断取得成果,会古希腊文、懂古希腊史、读古希腊典籍成为欧美知识分子学养的标志和时尚。英国史学家格罗特的《希腊史》是各种版本的希腊史著述的代表作。德国考古学家施里曼在特洛伊和迈锡尼的发现是 19 世纪考古学最重大的成就之一。

进入 20 世纪,西方史家在材料的整理、考据、释读和考古发掘方面继续前进,难以数计的通史、专史、专著、论文、古代原著、工具书出版发行。英国考古学家伊文思在 20 世纪初发掘出克里特文明,把古希腊史又推前了约一千年。近年来,西方史学界不仅在政治史、军事史、经济史、思想文化史方面硕果累累,而且开拓了社会史领域,家庭史、妇女史等著作多有问世。

运用历史唯物主义研究古希腊史的奠基人是马克思、恩格斯。他们在自己的光辉著作《德意志意识形态》《〈政治经济学批判〉序言》《资本论》《反杜林论》《家庭、私有制和国家的起源》中多处论述了古希腊史的一般和个别问题,得出的众多结论是马克思主义史学界解说的基础。当然,马克思、恩格斯的一些具体结论随着史学的进步也得到了发展和扬弃。

全面系统运用马克思主义方法研究古希腊史的最初尝试者是苏联史学家。20 世纪 20—30 年代在苏联培养起了一支研究队伍。塞尔格叶夫在 1934 年出版的《古代希腊史》是第一部运用马克思主义观点写成的古希腊通史性著作。20 世纪 60—80 年代,苏联史学家对以往的研究进行了反思,修正了许多过时的提法,在经济史、社会史等方面有新的建树。

第一节　爱琴文明与荷马时代

一、昔克拉底文明

昔克拉底群岛是爱琴海西南部的一组群岛,由 30 多个大小岛屿组成。其中纳克索斯岛面积最大,提洛岛最小,小到历史上很少有人居住,却是古希腊人的圣岛,因岛上有太阳神阿波罗的神庙。

早在公元前 6000 年,昔克拉底群岛的一些岛屿,如纳克索斯、迈罗斯、安提帕罗斯等,便有人居住,他们有可能以从事新石器时代的农业生产和渔猎活动为主。至公元前 4000 年,在各岛的村落遗址中发现居民种植大麦、小麦,饲养猪、山羊和绵羊等家畜。约公元前 3300 年,早期昔克拉底文明出现,其特征是出现了冶金业、设防的大型城堡和具有很高的艺术水准的大理石雕塑。冶金业的出现意味着昔克拉底群岛进入了青铜时代,这是文明社会形成的物质基础。城堡被发现于米洛斯岛和希罗斯岛,意味着发生过战争与产生了国家政权。精致的大理石雕塑则显示出社会文化的相对成熟,也具有社会分化的指向意义。

昔克拉底早期雕塑作品均是出土的殉葬品,包括大理石人物像和器皿两种类型。在不同墓葬中,这些殉葬品的数量与质量差别非常突出,有的只是粗略地雕琢出人形,有的则精雕细琢,并最终经过小心研磨,具有合适的比例与形状，表面涂有铜蓝、朱红等染料。器皿主要是碗和不同形状与功能的石瓶，制作材料除大理石外，还有陶土与青铜。这些器皿造型复杂，有的工艺难度很高，可谓精湛。坟墓中殉葬品量多质好显然属较富有的社会成员，反之，则属穷人。这是文明及国家形成的社会前提。

约公元前 2300 年以后，地中海区域陆续进入青铜与铁器时代。昔克拉底群岛拥有丰富的铜、铁、金、银、刚玉砂、黑曜石、大理石等矿藏。纳克索斯岛是地中海区域及整个欧洲的黑曜石主产地，该岛和帕罗斯岛还拥有地中海世界最好的大理石。进入金属器时代后，这些岛屿拥有的原料与所处的位置，使它们成为爱琴海航路上的重要港口。当地部分居民也把部分生产活动转向渔业、造船业和原料输出，希腊半岛、克里特岛和小亚细亚是其主要贸易伙伴。约公元前 2000 年，昔克拉底文明衰落，让位于克里特文明。

二、克里特文明

爱琴文明系指公元前 3000 年代末至公元前 2000 年代末存在于南希腊和爱琴海岛屿上的文明，中心地在克里特岛与迈锡尼，故又称"克里特—迈锡尼文明"。其中，克里特文明产生较早。

克里特是爱琴海第一大岛，东西长约 250 千米，南北宽 12～60 千米不等。岛上气候宜人，树木葱茏，在新石器时代吸引来了第一批居民。到公元前 3000 年代后半期，其经济和社会发展已超过希腊半岛。在公元前 2200—前 2000 年，岛上至少兴起 4 个小王国——克诺索斯、法埃斯特、马利亚、卡多—萨克罗。根据考古材料，以王宫为中心的克里特文明的演进可分成两个时期：早王宫时期，即小国分立时期（约公元前 2000—前 1700 年）；晚王宫时期，即统一的克里特王国时期（约公元前 1700—前 1400 年）。

早王宫时期的社会经济状况较为清楚。农业和手工业已有分工。农作物品种以大麦、小麦、橄榄、葡萄为主，手工业有突出进步。青铜器、金银器、陶器较过去增多，工艺较复杂。例如，彩陶瓶竟被加工得薄如蛋壳，还绘有生动的图案。在手工建筑业方面，能修筑大型王宫。该时期还产生了文字。先是图画文字，后变为象形文字。按一般规律，取得如此进步的社会肯定已进入阶级社会。考古材料证实了这一点。国王居于宽大宫室之中，拥有金银、象牙制品，普通居民住在穷街陋巷里，用具简单。在克诺索斯王宫周围，挤住着几万居民。

公元前 1700 年左右，各处王宫被毁，原因不详。不久，规模更为宏大的王宫建筑群建了起来。例如，克诺索斯的所谓米诺斯①王宫，依山而建，层层相连，中央有一长方形庭院，四周围绕富丽的宫室。室内陈设着陶器、雕塑、金银器皿，四壁是多彩的壁画。画的题材多样，从贵妇、少女到花

图 5-2　米诺斯王宫遗址

鸟草虫、斗牛场面，均以写实主义的笔触画就，洋溢着和平气息。米诺斯王宫内还设有手工作坊、仓库、监狱，是克里特宫殿中规模最大的一座。结合古代传说，克里特文明发展到繁盛时期时，克诺索斯王国已统一全岛，甚至一度把爱琴海许多岛屿和阿提卡纳入自己的势力范围。经济上农业、手工业、商业繁荣，作为经济发展尺度的铜币、青铜币出现，海外贸易兴盛。思想文化方面产生了线型文字 A，约有 132 个符号，目前尚未被成功释读。

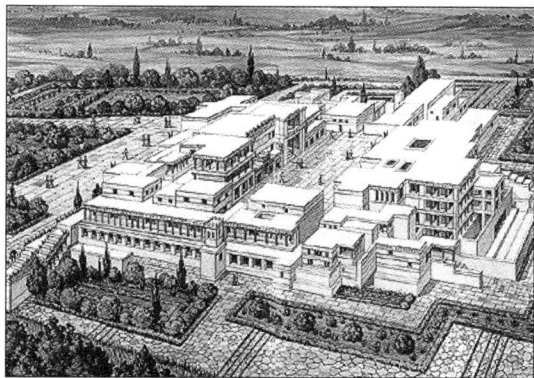

图 5-3　米诺斯王宫复原图

---

①　希腊传说中的克里特国王。

公元前 1400 年，米诺斯王宫和克里特的其他城市建筑遭受毁灭性破坏，估计是操印欧语的亚该亚人入主克里特所致。从此克里特处于迈锡尼文明的影响之下，克里特文明也逐渐被人遗忘。

三、迈锡尼文明

迈锡尼文明形成于公元前 1500 年。当时，一系列小王国出现在南希腊，其中以迈锡尼、提林斯、派罗斯、斯巴达①最为著名。另外，中希腊的雅典、底比斯、格拉等地亦有王宫出现。迈锡尼式的王宫式样近似克里特王宫，但宫址却选在山丘之上，并有厚高的城墙环绕，形成一座小型城堡。城堡内设有王室的陵墓，显然是为了安全起见。迈锡尼文明各国处在一种紧张的氛围之中，连少量壁画和雕刻作品也充满好勇斗狠的勇士气息，与克里特文明时期的艺术格调迥然不同。

由于亚该亚人所使用的线形文字 B 已被破译，因此迈锡尼文明诸国的内部结构较为清晰。国家的政体为君主制，国王称"瓦纳克斯"。国王之下有一批官僚，其中重要官职称"拉瓦盖塔斯"，可能是军事将领。还有"科来塔"等一系列职称，但职能不详。看来迈锡尼文明时期已形成一套官僚体制。有趣的是，迈锡尼文明时期的国君和官员都不留姓名，或者他们本来就没有留名的历史意识，所以至今人们对他们的王朝世系一无所知。

迈锡尼文明各国的经济基础是土地双重所有制，即土地财产的私有制和公有制并存，这是早期阶级社会共有的特点。国家的统治者照例是大土地所有者。国王有地 30 单位②，拉瓦盖塔斯和科来塔有地 10 单位。村社成员只有村社公有地的占有权，每人占有的面积不足 1 单位，还须租种部分公有地才可为生。线形文字 B 泥板材料没有记载村社成员占有份地须承担何种义务以及承租土地须交纳多少租金。但有一点可以肯定，迈锡尼文明的土地私有

图 5-4　迈锡尼时期的黄金面具

---

① 与后来的斯巴达同名不同国。

② 1 单位土地的产品可供养 1 又 2/3 人生活 1 年。

制还不发达，尚未充分地排挤公有制。

迈锡尼等国已形成阶梯状的社会阶级结构。最下层是奴隶阶级。男奴称 do-er-o，女奴称 do-e-ra，集中在国王与达官贵人家中劳动。仅派罗斯王宫中就有奴隶 500 人。[①] 奴隶之上是与贵族相对立并从事农业和手工业生产的平民大众。农民居住在城外的村社之中，目前已发掘出约 400 个属于迈锡尼文明时期的农业居民点。手工业者集中在城内，迈锡尼王宫附近就有一个手工业者居住区。另外商人阶层也已存在。以国王为首的奴隶主阶级是社会的统治阶级，在当时生产力还不发达的情况下，他们依靠剥削奴隶和小生产者积聚起大量财富。派罗斯宫中有 800 个陶缸，许多大陶缸用以存放从各地搜刮来的剩余产品。

迈锡尼文明的鼎盛时期在公元前 13 世纪左右，其势力伸展到整个爱琴海，可能同小亚细亚人一道击灭赫梯王国，并在约公元前 1240 年联合攻打小亚细亚的国家特洛伊，由此衍生出许多段曲折动人的故事，被后来的吟游诗人反复诵唱修改，遂成《荷马史诗》，流传万世。

公元前 13 世纪末至公元前 12 世纪，希腊受到入侵浪潮的冲击。考古材料表明，入侵开始方向可能在靠近希腊西北的伊利里亚附近。入侵者所过之处只留下废墟，未留下任何可证明其身份的遗物，哪怕是一个矢镞。古希腊人自己说入侵者是多利安人。他们占领北希腊的伊庇鲁斯，中希腊的阿卡纳尼亚、埃利斯等地，余部扫过中希腊，占据南希腊大部；然后进占克里特与一些爱琴海岛屿，使这些地方均成为后来多利安人的居住区。

四、荷马时代

多利安人入侵的直接后果是迈锡尼文明的毁灭：业已形成的国家、繁荣的城市、雄伟的王宫、兴旺的手工业和商业、线形文字 B 都被一扫而光；希腊人口锐减，居民点稀疏；属于入侵之后 300 年里的墓葬贫乏单调；迈锡尼时代有美丽彩绘的陶器为朴实的、带几何图形的陶器所替代，精美的金石骨器雕刻制品和首饰无影无踪；与东方的贸易往来中止。希腊显然进入了一个封闭、贫穷的时期，西方人称之为"黑暗时代"。由于过去有关这个时期希腊史的少量信息几乎完全来自《荷马史诗》，所以这一时期（公元前

---

① 有些学者认为这个数字不准，因王宫规模不足以容纳如此多的奴隶，但奴隶的数量相当多应该说没有疑问。

11—前 9 世纪)又被定名为"荷马时代"。

　　荷马时代的经济落后于迈锡尼时代。人们的经济活动局限于农业、畜牧业。考古学家至今没有发现任何一处手工业作坊的遗址，说明手工业发展微弱，商业微不足道。但经济的落后不是绝对的。此时，铁器传入了希腊，并成为劳动工具和武器的主要制作材料，这就为希腊史的下一步发展准备了物质条件。

　　与生产力的状况相适应，荷马时代的希腊社会较迈锡尼时代落后一个阶段，退回到了氏族社会末期的父系氏族公社时期。土地在各父权制家庭之间分配，肥沃的土地被氏族贵族侵占。从氏族公社成员中分离出一批潦倒的贫民，他们要么受雇于富人，要么沿街乞讨，四处流浪。奴隶制也已是社会认可的制度，部落首领家中奴婢成群。

　　在社会关系发生量变的同时，社会管理组织相应地向代表少数富有者利益的国家组织转化。原氏族部落首领的权力在向真正的王权过渡，民众大会和贵族议事会的作用在减小。国家在希腊的再次兴起，即量变到一定程度后的质变，只是时间问题了。

第二节　古风时代

一、古风时代的经济与社会

(一)经济

　　公元前 8—前 6 世纪的古风时代①前承黑暗的荷马时代，后启辉煌的古典时代，是希腊史上一个重要的转折阶段。

　　在古风时代，农业仍是希腊人赖以为生的主要生产部门，土地是最好的财产形式。在希腊人眼里，财产即"有用的东西"，主要是地产。因此在农业领域形成的关系和发生的变化，决定着社会的面貌。

　　古风时代农业生产工具的式样、质地和效能有所改进，农民使用铁犁铧、铁镰、铁锄、铁锹，园艺业中使用了铁剪。栽培技术可能有所提高，作物产量增多。但因古代生产力的进步始终是在手工劳动工具范围内进行

_____

　　① "古风"和"古典"之说均出自希腊美术史中的术语，因为这两个时期的作品风格保持着古朴到古典的连续性。对这两个时期的社会经济与政治亦可作如是说。

的，进步潜能有限，所以进步的幅度不会很大。在正常年景下整个社会保持温饱就不错了，剩余总量有限，特别是对山多地少的希腊而言，情况更是如此。广大小农的生活仍然十分艰苦。古风时代的诗人，从赫西俄德到品达都在自己的作品中力主不误农时，勤奋劳动，避免挨饿，反映了当时中小农的生活状况。

古风时代虽然以农业为主，但手工业和商业在部分先进地区，如科林斯、雅典，已同农业完全分离开来，成为独立的经济部门。其突出表现是制陶业的发展和海外贸易的勃兴，这是古风时代经济同荷马时代经济的最大不同之处。公元前 7 世纪，科林斯彩陶风行希腊和地中海地区。公元前 6 世纪，雅典彩陶（黑色陶与红色陶）取代科林斯陶，行销到今意大利、法国与近东一带。如此范围广泛的输出不仅表明希腊人已彻底打破了荷马时代的封闭状态，而且还表明在这两个先进地区存在集中的手工业生产场所。

图 5-5　绘有屈膝战士形象的阿提卡陶器

除制陶业外，铁器冶炼与制造业、采矿业、造船业均有明显发展。从当时的彩陶瓶画上已能看到铁匠使用风箱、钳、锤、砧，木匠使用铁锯、刀、斧、凿、钉等专业工具。金属冶炼需要矿石，希腊人在此时开采了优卑亚岛的铜矿和南希腊拉哥尼亚的铁矿。古风时代的希腊人既能造 50 桨与乘员 200 人的三列桨军舰，也能造载重几百吨的商船。但造船用的木材看来是由外部输入的。商业对希腊人开始有较大吸引力，尽管社会普遍视农业为正业，手工业和商业受到鄙视，但在一些地区，如中希腊，头脑机灵的农民在农闲时已能出海去做几个月的小买卖以养家。用于日常生活和储存食品的陶器和生产工具、武器是当时主要的商品，贵族则是象牙、黄金、琥珀等奢侈品的消费者。

手工业、商业的发展使希腊社会经济结构复杂化。首先，铸币在公元前 6 世纪上半叶产生于厄基那①，逐渐传播到希腊半岛，这表明商品交换的经常化。其次，地方集市贸易出现，起初集中于地方公共活动场所，如神庙、集会场周围，后来则集中于城市。而城市最终形成本身也主要由于商业的推动。

希腊的城市广泛兴起于古风时代，所以这个时代通常被称为希腊的"城市革命时代"。古希腊城市是一定农区范围内的居民的政治、军事、宗教、文化、经济和居住的中心。城市有城墙、塔楼等防御工事，有社稷和保护神所在的庙宇，有行政机关、集市贸易和公民集会的广场，在古典时代以后还包括必不可少的剧场。希腊城市的这些特征不是同时出现的，而是在古风时代的 3 个世纪里逐渐具备齐全的。

"城市"一词在古希腊文中称"波利斯"（polis），与国家同词异义。"波利斯"有"城寨""城市与国家""公民集体""公民"等含义，城邦是后人对波利斯一词的意译。从波利斯词义的演化上可以看到古希腊城市形成的基本线索。波利斯大约产生于公元前 8 世纪中叶，起初仅指设防的农业居民点，而这种防御中心肯定是某个部落或部落联盟政治和宗教活动的中心。这样便出现了城市的两个最初的特征，即卫城和广场。卫城是宗庙所在、战时防御的依托，一般建在山丘之上，周围是居民村落。广场则是出于部落成员集会的需要。因此，波利斯是氏族社会瓦解和掠夺战争频仍的结果。随着氏族部落机关转化为国家机关，以及手工业和商业的发展，富人和工商业者移居到城区范围内，集会场所便增加了经济功能，成了邻近农民同手工业者、商人交换产品的市场，成为城区内最富活力的地区，整个市区的城防体系因此也建立起来。城与市的这种结合导致希腊城市形成过程的终结。

---

①　过去认为铸币出现于公元前 7 世纪，系由小亚细亚传入。近年来的考古发掘证明，希腊铸币出现时间较原说法要晚些。

雅典城的形成过程可以看作希腊城市发展的典型例证。据现代考古发掘，卫城是雅典城最早的公共建筑。在公元前 7 世纪末，卫城旁边还是耕地。到公元前 7 世纪和公元前 6 世纪之交，广场出现，居民增多，但后来城中的手工业者居住区仍是一片墓地。直到公元前 6 世纪后半叶，城市才有了较大规模，人口达到约一万人。

(二)社会

古风时代各地阶级结构包括奴隶主阶级、奴隶和小生产者阶级三个基本成分，等级结构则包括公民、非公民的自由人、奴隶三个基本层次。两种结构虽有重叠，但又不尽一致。公民是由原血缘纽带联结的同氏族部落成员组成，分为贵族和平民。贵族因其家族成员世代担任氏族部落的公职，具有政治、经济和文化的优势。他们自诩为"最优秀者、君子、最有势力者(aristoi)"，是城邦形成的有力推动者。平民主要成分是小生产者阶级，从事农业和手工业劳动，拥有小块田产。在阶级分化严重的地区，部分平民田产被贵族吞并，沦为贫民，甚至债务奴隶。他们同贵族在土地、债务和分享政治权力方面存在尖锐的矛盾。非公民的自由人在希腊被称作"外邦人"，实际是到非母邦做生意的移民，既包括奴隶主也包括小生产者；他们完全被排除于公民社会和政治生活之外，只是公民集体的依附者。只有奴隶在阶级结构和等级结构中所处的地位才是完全一致的。但古风时代奴隶制只有初步发展，奴隶数量不多，同外邦人一样难以构成影响社会政治发展的积极力量。各地阶级与等级斗争最常见的形式是贵族与平民的斗争，这种斗争集中于重分土地和废除债务的社会经济要求。为此，平民推出自己的政治代理人，掀起一次又一次运动，造成各地政权不断更迭，新兴的城邦制度日趋完善。

随着商业的发展，商人阶层成为一些工商业发展较快地区社会的稳定成分。但由于工商业在古希腊始终是农业的补充，商人大部分是外邦人，因此他们没有成为独立的社会力量。在古风时代如此，在古风时代以后也依然如此。

二、城邦的形成及其基本特征

(一)城邦形成的途径

希腊城邦是在古风时代社会经济发展的大背景下逐渐形成的一种国家形态。[①]

希腊城邦的总数并无精确的统计，有 1000 多个，都是在古风时代相继形成的。其形成的途径大体上可分作如下三类。

第一，氏族部落经过自发的、长期的解体过程，国家从氏族部落内部发展起来的阶级和等级的对立中直接产生出来。这类城邦多产生在迈锡尼文明时期尚未形成国家也未受多利安人入侵严重破坏的地区，雅典所在的阿提卡走的便是这条城邦形成的道路。

第二，在具备了国家产生的社会经济条件下，通过征服和奴役外族居民，从而缓解了内部矛盾，其本身的氏族部落组织也在奴役者与被奴役者的对抗中转变为国家。这类城邦在北希腊、南希腊和克里特最为流行。

第三，通过殖民活动形成的城邦。在殖民活动中，一部分希腊人被母邦抛出，经过一系列内部和外部的斗争，在殖民地逐渐建立起独立的新邦。这种途径实际是前两种途径的变种。

当然，历史过程没有绝对的重复，约上千个希腊城邦的形成道路以及因此而产生的政治、经济、文化的差异是多种多样的，雅典和斯巴达这两个希腊主导城邦的巨大差异就是例证。但在肯定历史多样性的同时，仍然能归纳出希腊城邦的一些共同之处。

(二)城邦的共性

希腊城邦均是独立自主的小国，自由和自治是城邦热切追求的理想，

---

① 城邦概念出自国外对"波利斯"的译名之一"城市国家"。这一译名并不准确，因为希腊存在不少没有城市的波利斯，如斯巴达和一些位于弗西斯和阿卡狄亚的小国。此外，城邦只反映外部特征，易同古代东方的早期国家以及中世纪的城市国家混同起来，抹杀不同地区早期国家的不同内部特征。对于古希腊人来说，波利斯就其政治意义而言首先是指高于家庭、村落、部落之上的特定人群的联合体，即公民集体。它首先是指人而不是诸如城市之类的物。城市含义是波利斯内涵外延的结果，所以希腊人把无城市中心的斯巴达等国家也称作波利斯。只是由于城邦概念已沿袭多年，因此在了解上述不足的情况下本书仍使用这一概念，以免引起混乱。

也是客观事实。山脉纵横、岛屿众多这种相对隔绝的自然地理条件助长了希腊人强烈的独立自主的精神。在城邦之间有控制和反控制的长期斗争，但绝少有直接吞并和毁灭他邦的行为，尊重各邦作为独立实体的存在似乎是邦际关系中不成文的法则。超越这条法则往往要费很大的气力，通过一定的程序。甚至在马其顿征服希腊后，各邦仍顽强地保持着内部自治。

作为初始的国家，希腊城邦均为小国寡民。最大的城邦斯巴达面积仅8400平方千米，人口总计约40万。雅典领土约2550平方千米，人口最多时有20万～30万。希腊更多的是蕞尔小邦。优卑亚岛面积3770平方千米，分布着6个城邦，每邦人口至多不过几万。中希腊弗西斯地区面积1650平方千米，却拥挤着22个城邦，每邦不到万人。希腊还有几千人的弹丸小邦。

希腊城邦的国土一般包括农区和城区两部分。一邦通常拥有一座用于公共集会、祭祀、防御、商品交换的城市。个别邦，如雅典则拥有两座城市。就城区和农区的作用而言，农区是必不可少的，因为农业是一邦之本，自给自足是城邦居民最理想的经济状态。在城区和农区的政治和经济关系方面，二者是完全平等的，一般不存在城市通过赋税、劳役剥削农区的现象。征服形成的城邦例外，如斯巴达，克里特岛、帖撒利的一些邦。

希腊城邦最显著的特点是，它的统治者是由一部分特权社会成员（虽然他们在生产中的地位有所不同）组成的公民集体。在城邦中，奴隶主阶级分为有公民权者和无公民权者两部分。富有的公民奴隶主虽可在公民集体中占有政治、经济、思想文化优势，但他们不能脱离公民集体而实行单独统治。城邦的精髓是公民的集体治权，它来自古老的血缘联系，平民与贵族之间的斗争使这种一度濒于解体的联系在阶级社会的基础上得到了复兴和加强。实际上公民集体即城邦。它同氏族公社的本质区别在于，原始公社是财产公有的氏族成员的集合体，不存在剥削和压迫氏族团体内外的社会成员的条件；公民集体则是占有数量不等的私有财产的公民共同体，他们把奴隶和非公民的自由人①，甚至整个外族人集体当作主要的剥削对象。所以城邦本质上是全权公民联合起来压迫奴隶与外邦人以及调解内部关系的机器。

正因为上述城邦的本质，因此公民集体具有强烈的排他性、封闭性。公民一般享有土地的独占权（斯巴达除外）。每个公民应拥有一定数量的土地。在许多城邦，公民土地的丧失即等于丧失了公民权，而非公民即便是

---

① 包括富有的大奴隶主。

巨富也无权拥有土地。与此相适应，公民享有政治的垄断权，是政治的主体；非公民无论阶级地位如何，始终是被统治的对象。公民集体的最高治权体现在各邦定期召开的公民大会上。正是在集体治权的条件下，希腊人才能提出"法律面前人人平等"等主权在民的政治思想。除公民大会外，城邦还存在贵族议事会或公民代表议事会和各级行政、军事主管部门，这些部门同公民大会隶属关系的强弱决定了一个城邦的政体性质。但无论在民主制、贵族制、寡头制城邦中，公民大会都不是可有可无的点缀。希腊不存在没有公民大会的城邦。

公民不仅享有政治和经济特权，还享有城邦宗教、节庆、竞技、演出等文化活动的特权。非公民不能以平等身份参与任何文化活动，奴隶则只能作为最低等的服务者接触此类活动。

从公民集体的最高治权派生出城邦的另一显著特点：城邦各级公职人员并不组成由某个首脑统一领导下的内阁或政府，而是单独对挑选其任职的公民大会和相应的议事会负责。除个别例外，城邦不存在公职的终身制①，没有国家机器成熟后的职业官僚。与此相适应，国家的主要成分——军队是招之即来、挥之则去的公民兵。全体男性公民的重要义务之一就是服兵役并自备各种装备给养。虽然城邦在后来的繁荣和危机时期也吸收非公民或雇佣兵入伍，但公民兵始终是军队的主力，因此公民集体、公民大会和公民兵实际上是同义语。这表明，城邦的国家机器虽与一部分社会成员完全脱离，但与公民社会尚未明显分离（在寡头制、贵族制城邦脱离程度较深，在民主制城邦脱离程度较浅），国家同公民集体不仅不是统治和被统治关系，而且在很大程度上就是一回事。

此外，城邦内没有独立的僧侣集团和神庙单位，没有古埃及、两河流域那样的神庙经济。总之，城邦制度的可贵之处，同时也是它的局限所在，就是它为统治和奴役同一集体的成员设置着许多障碍。

三、斯巴达国家的形成和早期发展

（一）斯巴达国家的形成

斯巴达所处的拉哥尼亚地区三面环山，一面邻水，中间是小平原，欧洛达河自北向南流经其间，斯巴达人的 5 个部落便坐落在河谷的中部地段。

---

① 斯巴达国王为终身制，具有立法职能的元老也是终身制。

斯巴达的名称来源不清，可能出自古希腊语"斯巴托斯"，意思是"西班牙的金雀花"；也可能出自古希腊语"斯巴台"，即"播种地"或"散居地"之意。由于河谷地段又称作"凹陷的拉西第梦"，所以斯巴达的别名又叫"拉西第梦"。起初，斯巴达人只有 3 个血缘部落。约在荷马时代末期发展出 5 个地域部落，人称"奥伯"。5 个部落有统一的管理机构——民众大会和贵族元老会议，并有部落联盟的总负责人"巴赛勒斯"（王）。

公元前 800 年—前 730 年，斯巴达人逐渐征服了整个拉哥尼亚地区，迫使被征服的居民向其纳贡。这些被征服者因为居住在斯巴达的左邻右舍，所以被称作"庇里阿西人"，意思是"居于周围地区的人"，又称"边民"。后来，居住在南部沿岸希洛斯城的边民不堪斯巴达人的压迫而发动起义。斯巴达人将起义镇压下去之后，变希洛斯人为奴隶。从此，斯巴达的奴隶便被称作"希洛人"，剥削耕奴的制度被称作"希洛制"，斯巴达人的部落管理机关也在这种由征服产生的阶级对抗中转化为镇压被征服者的暴力机器。

公元前 8 世纪下半叶，由于斯巴达人本身阶级分化加剧和人口的增加，土地问题十分突出。为了解决土地的不足，斯巴达一方面向海外移民，把部分无地平民派往意大利南部，建殖民城邦塔兰托；另一方面越出拉哥尼亚，西侵美塞尼亚，史称"第一次美塞尼亚战争"（约公元前 740—前 720 年）。斯巴达占领了整个美塞尼亚，把属于同族的美塞尼亚多利安人也变成希洛人，把侵占的土地在斯巴达公民与参战的庇里阿西人之间进行分配。①公民分得平原地带的好地，庇里阿西人分得山地。这场战争缓解了斯巴达公民间的矛盾，建立起稳固的小土地占有制，却加剧了征服者与被征服者间的斗争。约公元前 685—前 668 年，美塞尼亚人发动声势浩大的起义，史称"第二次美塞尼亚战争"，给斯巴达以沉重打击。在这种尖锐的阶级对抗中，斯巴达进行了一系列政治改革与社会改造活动，形成层次分明的阶级结构和一整套暴力机器。历史上把这一系列改革的成就归于斯巴达王吕库古②，并为他树起神坛加以顶礼膜拜。

---

① ［古希腊］普鲁塔克：《吕库古传》，8，见［古希腊］普鲁塔克著，黄宏煦主编：《希腊罗马名人传》，上册，95～96 页，北京，商务印书馆，1990。

② 但正如普鲁塔克所说：关于"吕库古的事迹，真是没有一件是没有争议的。他的出身、游历、去世的情况，尤其是作为立法者和政治家的所作所为，都存在着截然不同的叙述"。参见［古希腊］普鲁塔克：《吕库古传》，1，见［古希腊］普鲁塔克著，黄宏煦主编：《希腊罗马名人传》，上册，86 页，北京，商务印书馆，1990。

（二）阶级结构

斯巴达社会由三个阶级组成。

其一，奴隶，即希洛人，人口20万～30万，以家庭为单位固着在斯巴达公民的份地之上。每一斯巴达公民有七户希洛人耕奴，每户希洛人每年向份地主人交纳约一半劳动产品。希洛人属于国家，占有者不能随意买卖和杀害他们，但国家却有生杀予夺之权，可定期秘密屠杀希洛人中的体格壮健者，以消除隐患和收取震慑之效。除交纳实物外，希洛人平时还须服侍主人，战时为主人充当驮运行李、辎重的"牛马"，穿有特殊标志的服装，随时供斯巴达人取笑、驱打、作践。所以古希腊人一致认为，希洛人是希腊最痛苦的群体。

其二，小生产者阶级，即庇里阿西人，是没有公民权的自由民，人口有十余万，居住在山区和沿海地带的村镇中，主要从事农业，少数从事手工业和商业。出于防止公民两极分化的目的，吕库古严厉限制境内手工业、商业的发展，因此庇里阿西人从事的工商业仅限于满足国内对手工劳动工具、武器、用品的基本需求。庇里阿西人有权占有土地和其他不动产与动产，在自己的居住区内实行自治，但须受到斯巴达派出官员的监督，并承担纳贡和服兵役的义务。

其三，奴隶主阶级，即斯巴达公民。在公民内部虽有平民和贵族之分，但公民整体却是不劳而获的奴隶主阶级。他们的人口有四五万。成年男性最多时仅9000～10000人，完全脱离生产，专事军训和政治、宗教等活动。公民彼此之间财产差别不大，一户公民占地约200000平方米，七户耕奴只能传给后代，不能买卖转让，即便是国王在经济上也并不比平民富裕多少，且要承担更多的公共义务。因此，斯巴达人把自己镇压希洛人和庇里阿西人及调解公民内部关系的国家称作"平等者公社"。这是世界史上第一个以有限平等为公开标志的国家。

斯巴达的这种阶级结构并不是它独有的现象，在帖撒利和克里特也很盛行。

（三）政治制度

第一，双王制。双王制是斯巴达独具的制度，起源不清。双王继承了部落领袖的军事统帅、大祭司和部落行政领袖的职能，但权力受到极大的压制，实际只是两位国家高级公职人员。他们出自两个世袭的王族，具有同等权力，可任职终身。战时一王率兵出征，另一王便留守国内。在带兵期间，国王及其手下跟随者享受公费待遇，而公民兵则须自备粮草。除这类优待及可占有较多土地外，国王在公众面前出现时，公民须起立表示尊敬（但直接代表公民集体的监察官则可继续端坐椅上）。至于重大决策的权力则属公民大会，双王个人意见通过与否取决于公民的选择和国王个人的影响力，与王权无关。双王还是 30 人的元老会议的成员并一度兼主持人。为防止国王可能的专断倾向，国王与监察官须每月交换一次誓言，国王发誓依法办事，监察官保证在国王信守诺言的情况下保证国王的权力不受侵犯。一旦国王触犯法律，监察官有权代表公民逮捕国王。此外，双王还有非常有限的司法权，死后可享受举国致哀的殊荣。[①]

第二，元老会议。由 28 名年龄在 60 岁以上的公民和双王组成。元老也为终身制。吕库古改革前，挑选元老权可能属于国王，元老出身贵族。但吕库古把选举权下放给公民大会，高贵出身不再受到强调。选举程序如下：公民大会选出若干仲裁人员，然后将他们关闭在会场上的一所黑屋中，隔断与外界的视觉、人员接触；随后候选人默不作声地从公民面前走过，持赞同态度者发出欢呼声，屋内仲裁人员根据呼声的高低确定候选人当选与否。这种颇为原始的选举方式杜绝了舞弊，体现了对候选人机会均等的原则。元老会议在决策中拥有创议权，对各项政策的通过具有很大影响，但议案决定权属于公民大会。元老会议还有司法权，负责审判凶杀案件，有权决定王室婚姻和继承事务。在古希腊人看来，这一机构是国王和公民大会之间的缓冲器，以避免政体在王政和民主制两个极端之间摇摆不定。

第三，监察官会议。监察官会议同元老会议一样是公民权利的集中体现。但元老为终身制，易形成自身利益，因而具有相对独立的地位。而监察官每届任期一年，不限出身，年满 30～60 岁的公民均可当选。监察官在任期内每日均有例会，是民意的更直接体现，是公民大会治权的延伸，其职能相当广泛。他们是整个公民社会生活的监督者，对任何违犯吕库古立法的公民进行惩罚，有权代表公民指控国王，中止公职人员的权力，负责日常民事诉讼。监察官实际像是国家日常生活中的警察首长，负责内部安全，包括指挥对希洛人的迫害。在战争期间，他们负责动员公民应征，任命 3 名公民作为国王卫队的长官。国王出征，需有 2 名监察官随同，负责军

---

① ［古希腊］色诺芬：《拉西第梦人的政制》，13～15，见北京师范大学历史系世界古代史教研室：《世界古代及中古史资料选集》，162～164 页，北京，北京师范大学出版社，1999。

纪的维持。自公元前 5 世纪始，监察官的权力日益膨胀，发展到主持元老会议和公民大会，成为最高公职人员。①

第四，公民大会。由 30 岁以上的公民组成，每月召开一次，负责批准元老会议起草的政策法案，选举或认可国王、元老、监察官、低级行政官员和军事指挥员，决定宣战、缔和、加盟等事务，是新兴的国家名义上的最高权力机关。普通公民在大会上有选举权和被选举权，但无创议权和辩论权。他们仅听取元老会议的报告以及国王等高级公职人员的辩论，然后用呼喊方式来通过或否决议案。当赞成或反对的呼声音量相近时，持相反意见的公民须各自集中在广场一方，由监察官清点人数。

(四)军事和教育制度

斯巴达国家实行极为严格的军事制度和教育制度，公民从出生之日起就被置于国家的监督和管束之下，只有一条出路，就是成为遵纪守法、勇敢坚毅、忠诚谦恭的好公民和优秀军人。按照吕库古的规定，斯巴达婴儿刚一落地即须接受专职人员的体格检查，不合格者禁止成活(因为斯巴达人认为在体格方面有先天缺陷的生命既不利于国家也不利于自己)。经体检合格的婴儿，在 7 岁前由母亲抚养，重在体质和意志训练，如用烈酒洗澡，不许挑食，置于黑暗的屋内培养忍受孤独和黑暗的能力。7 岁开始进入另一年龄段，从此离开母亲，编入名叫"阿哥拉依"的儿童团，集体食宿，打赤脚，睡芦席，衣仅可蔽体，食只可果腹，每日习武，但读书写字不受重视，只求初步识字便可。20 岁起，斯巴达男子进入正规军训，成为士兵，一直服役到 60 岁止。在 30 岁时可以结婚，但没有真正的家庭生活。婚后仍须每日出操、野营、公餐。每 15 人左右为一组，人称"菲迪提亚"，自带食品，共同会餐。战争时，菲迪提亚就是一个小战斗单位，朝夕相处的友谊转化为生死与共的战友之情。在这种严格的制度之下，斯巴达公民没有自由和闲暇，国内既无市场也无剧场，只有现役和非现役军人与座座军营，斯巴达军队因此长期称雄希腊战场，并且充满自信地拒绝构筑城墙。在公元前 6 世纪末，斯巴达成为地区军事同盟伯罗奔尼撒同盟的盟主。

---

① 关于监察官的情况，参见[古希腊]普鲁塔克：《吕库古传》，7，见[古希腊]普鲁塔克著，黄宏煦主编：《希腊罗马名人传》，上册，北京，商务印书馆，1990。

四、雅典的兴起

(一)阿提卡的统一与贵族国家的建立

雅典位于中希腊的阿提卡半岛，境内的山岭将半岛分割成三个相邻的小平原，阿提卡平原居其中，适于农业发展。半岛西岸有适于航海业的良港派里厄斯、法利尔等。山区虽然瘠薄多石，但盛产优质陶土，还蕴藏着为希腊建筑艺术所需的大理石和银矿，这有利于雅典人在农业基础上发展手工业和商业。

早在成文史前阿提卡就有人居住。在迈锡尼文明时期，这里曾兴起过一个小王国，但随着迈锡尼文明的崩溃而消失。进入荷马时代，阿提卡居民分属四个相对独立的部落，互相之间经常发生冲突。① 大约公元前 9 世纪末或公元前 8 世纪初，纷争不已的四部落被政治强人统一了起来，后来的雅典人把一个叫作提修斯的王作为统一阿提卡的英雄。

相传提修斯以雅典为中心建立了中央议事会，将各部落成员分为贵族、农民和手工业者三个等级，承认了社会分化和分工的现实，并规定只有贵族才能担任社会公职，如宗教和行政官职，这样就使氏族部落管理机构正式变为贵族独占的国家机构，形成了以国王为首的贵族国家。② 约公元前 8 世纪上半叶，雅典设立了终身执政官职务，由三人组成，表明王权的衰落。约公元前 753 年或公元前 752 年，雅典又设立了非终身制的执政官职。随后的逻辑结果便是废除王政，在公元前 682 年建起贵族共和国，执政官扩大为九人，任期一年。离任执政官自动进入贵族会议。该机构实际把握着国家权力，直接任免执政官和下级官员，决定政策导向，议员皆为终身职，而公民大会只是贵族政治的附属物。

(二)梭伦改革

古风时期是新旧交替时期，原始公有制瓦解，私有制蓬勃发展，各地

---

① ［古希腊］亚里士多德：《雅典政制》，断片 5，3 页，北京，商务印书馆，1959。

② ［古希腊］普鲁塔克：《忒修斯传》（按：忒修斯即提修斯），24～25，见［古希腊］普鲁塔克著，黄宏煦主编：《希腊罗马名人传》，上册，北京，商务印书馆，1990。［古希腊］修昔底德：《伯罗奔尼撒战争史》，1，2，5～6；2，15，1～2，北京，商务印书馆，1960。

都出现平民与贵族围绕土地和债务的尖锐斗争，雅典也不例外。贵族不断利用自己的政治、经济优势侵吞平民的土地。欠债的农民如不能按时还债，其抵押的份地就归债权人支配。如果份地不足以抵偿债务或用人身抵押的债务人未能还清债务，其家人及自身就会成为债权人的奴隶，甚至被卖到国外。未变为债奴的失地农民被迫成为富人的被护民和"六一汉"，为富人耕种土地并将 1/6 的收成交给土地的主人。① 这种现象在公元前 7 世纪末叶空前严重，农民抵押土地的债碑在阿提卡比比皆是，平民和贵族的矛盾尖锐化，社会动荡不安。公元前 632 年，一位富有野心的贵族青年基伦利用形势夺取政权，建立个人统治，但失败被杀。公元前 621 年，执政官之一德拉古编定严苛的成文法，以加强贵族的统治。公元前 594 年，平民准备以暴力推翻贵族政权，内战一触即发。在危急的关头，梭伦被选为拥有立法和改革现存制度的非常权力的执政官，受命调停矛盾。

梭伦虽出身贵族，但家财中等，向来不满为富不仁的行径，同情平民的遭遇。他上台之后实行了一系列有利于平民的改革，内容包括以下四方面。首先，颁布《解负令》，废除一切公私债务，拔除到处竖立的债权碑，禁止以人身作为借贷抵押，解放因欠债而被抵押的人，赎回被卖到海外的雅典人。其次，为防止土地再次集中，规定公民占有土地的最高限额，即限田措施(因史料不足，未留下限田的具体数字)。再次，按财产多少划分公民的等级并规定相应的义务和权利。第一等级为 500 斗级，凡地产收入在500 斗以上的公民均列入此级。第二等级为骑士级，指地产收入为 300～500斗、拥有养马能力的公民。第三等级称双牛级，地产收入为 200～300 斗。第四等级为雇工级，系年收入在 200 斗以下的少地公民，经常受雇于他人以弥补地产的不足。四等级公民各自的人数不详，从后期史料推测，前两个等级为富有者，人数不到千人，后两个等级有三万余人。按地产收入划分等级说明雅典公民成分比较单一，基本都是土地所有者。国家的高级官职由头两个等级的人担任。第三等级公民可担任低级官职。第四等级公民只有公民大会的参与权与选举权，以及民众法庭审判员的被选举权。但富有者担任高级官职的权利是同负担较多的社会义务联系在一起的。头两等级

---

① 当时劳动生产率低下，1/6 的收成已为数可观。参见［古希腊］亚里士多德：《雅典政制》，2，4～5 页，北京，商务印书馆，1959；［古希腊］普鲁塔克：《梭伦传》，13，见［古希腊］普鲁塔克著，黄宏煦主编：《希腊罗马名人传》，上册，北京，商务印书馆，1990。

的公民须置备较昂贵的骑兵装备，在其他公共义务上，如节庆活动和建造军舰等事务上都要承担较多的份额。第三等级公民的军事义务是担任军队主力重装步兵，同样要自备武器与粮草。第四等级公民只担任轻装步兵和水手。最后，设立新的政府机关四百人议事会和新的司法机关民众法庭。四百人议事会负责为公民大会准备议案，前三个等级的公民具有当选议事会成员的资格；民众法庭则对所有公民开放，成为国家最重要的司法机关。此外，为了解决人多地少、就业不足的问题，梭伦打破社会流行的轻视手工业、商业的思想，提倡公民的后代学习手工技艺，鼓励外邦工商业者移居雅典，确立财产自由转让的原则。①

梭伦改革对雅典历史发展具有深远意义。改革是雅典平民反对贵族斗争的一次重大胜利。它消灭了债务奴隶制，恢复并稳定了独立的小农经济，缓和了公民社会的矛盾，为雅典公民集体的健康发展、形成自主独立的公民意识奠定了牢固的经济基础。改革打破了贵族对政权的垄断，重新配置了国家权力，提高了平民的政治地位，使普通公民能够参与决定国家命运和自身利益的政治活动，从而增强了公民的社会责任感和主人翁精神，使政体向着民主制方向发展迈出了至关重要的第一步。改革采取与斯巴达截然不同的措施，鼓励工商业的发展，为雅典的经济繁荣创造了良好的条件。可以说没有梭伦改革，就不会有雅典的民主政治，不会有雅典经济和思想文化的繁荣。

梭伦信奉温和、适度的中庸哲学，在改革中从公民整体利益出发，不走极端，对平民和贵族的要求既满足又不完全满足，用他个人的话说就是："我所给予人民的适可而止，他们的荣誉不减损也不加多；即使是那些有势有财之人，也一样，我不使他们遭受不当的损失。"②他拒绝了无地、少地公民要求重分土地的激进要求，使前两个等级的富人仍然在国家机关中占有一定的优势，因而他只是缓解却没能消除公民集体中的深刻矛盾。

(三)庇西特拉图家族的统治

梭伦改革之后，雅典政治斗争仍在继续。有两年因派别争端过于紧张，

---

① 关于梭伦改革的内容，参见［古希腊］亚里士多德：《雅典政制》，5～8，8～12页，北京，商务印书馆，1959；［古希腊］普鲁塔克：《梭伦传》，见［古希腊］普鲁塔克著，黄宏煦主编：《希腊罗马名人传》，上册，北京，商务印书馆，1990。

② ［古希腊］亚里士多德：《雅典政制》，12，14页，北京，商务印书馆，1959。

竟未能选出执政官，史称"无政府年"。各种力量经过分裂组合，逐渐在公元前560年左右，形成了三个政治分野明显的派别——平原派、山地派和海岸派。三派名称均从各自主要成员的田产所在的地区位置而来。平原派和海岸派的土地靠近雅典城，只是后者处在阿提卡东南的滨海地区。山地派多系东部与东北部山区的公民，其领袖是出生于东部山地布洛隆村的贵族庇西特拉图。由于山地派在合法斗争中处于不利地位，因而庇西特拉图力求以非法手段夺取政权。他先后三次发动政变。第一次政变（公元前560年）被平原派和海岸派的联盟所挫败。第二次他与平原派联手暂时掌握了政权。后他与平原派的联合破裂，又被赶下了台。公元前546年他东山再起，借助外籍雇佣军的力量成为雅典的僭主，即成为非法获得政权的人。为了巩固个人统治，他收缴了公民的武器，建立起一支300人的私人卫队，把自己的住所安在卫城之内，成为凌驾于公民集体之上的君主。但他的统治并非君主专制，而是尽量披着合法外衣的温和的君主制。他在不损害个人统治的前提下保留了梭伦改革成果，公民大会、四百人议事会、民众法庭照旧发挥效能。他对政敌采取宽大态度，允许曾经反对过自己的人返国。他还将流落到城市中的无地贫民送归农村，分给他们土地；并注意扶持小农，免去他们的部分欠税；设立巡回法庭，方便农民告状。他还注意发展手工业、商业，促进外贸，雅典的陶器因此流行于地中海、黑海地区，排挤了科林斯陶器。随着工商业的发展，雅典首次引进了铸币。作为这种经济进步和政治稳定的折射，雅典成为希腊诗人、学者经常拜访的地方，《荷马史诗》正是在这一时期的雅典编定成文。庇西特拉图的上述措施在客观上巩固了梭伦改革后形成的一整套国家制度，打击了旧贵族势力，把雅典从派争的混乱中解脱了出来，因而具有积极意义。

公元前527年，庇西特拉图病逝，其子希庇亚斯和希巴库斯继位，共理国政。后他们滥用权力，引起公民的普遍不满。贵族出身的平民领袖克里斯提尼于公元前510年设法请来斯巴达军队，结束了庇西特拉图父子两代的统治。

（四）克里斯提尼改革

在僭主政治后的雅典，贵族不同集团、不同家族的政治角逐重新活跃起来，平民和贵族的斗争仍在继续。约公元前509年，执政官克里斯提尼进行了一次重大的政治改革，旨在打破按血缘划分居民单位的传统，削弱贵族在各自所在部落的政治影响。他将阿提卡的滨海、城区与内地三大地区各分成十个区建制，称"三一区"。每一地区各拿出一个三一区组成一个行政区，即地域部落。这样阿提卡就从原四部落的基本划分变为十部落划分，每个部落包括三个不相邻的三一区。部落的基层单位仍是自治村（德谟），当时约有150个到170个。每村有村长，公民登记、基层选举和征兵等事项以村为单位由村长主持进行。于是公民权和氏族的族籍失去联系。由于部落的变化，原以四部落为选举单位的四百人议事会便不再适应需要，代之以五百人议事会，每部落出50名代表。议事会权力增大。此外，克里斯提尼创造了独特的陶片放逐法，以民主的方法反对民主的敌人。操作程序为每年召开一次特别公民大会，讨论国内是否存在危害民主制度的公民。如果大会认为有这样的人，便召集另一次特别大会，公民可将危害者的名字写在碎陶片上。写有同一人名的陶片数量超过6000即表示多数通过，此人应被放逐国外10年。放逐期间不牵连家属并保留被放逐者财产。10年期满，被放逐者恢复公民权。

克里斯提尼改革最终结束了雅典国家政体从贵族制向民主制的过渡，从而在世界文明史上首次确立了一整套民主体制，对希腊文明乃至世界文明做出了卓越贡献。此外，改革对有害于公民集体团结的氏族制残余予以沉重打击，进一步巩固了城邦。从此，摆脱了内部激烈纷争的雅典在政治上、经济上迅速崛起，成为希腊世界的一大强国。

五、殖民城邦的产生

（一）殖民运动的原因

公元前8—前6世纪，希腊人进行了广泛的殖民运动，殖民者的足迹遍及整个地中海、黑海沿岸，殖民成为古风时代希腊史的主要内容之一。希腊人殖民的原因是复杂的，基本动因是过剩人口的压力，迫使在本国走投无路的人们到外乡去寻找生存空间。造成人口过剩的原因有两个：人口的自然增长与人为的土地兼并。希腊半岛同大河流域不同，耕地面积受到严格局限，而荷马时代的较平静的定居生活又导致人口增长加快。考古材料证明在古风时代初期，许多荒芜的地区出现了村落；一些古老的居民区，如迈锡尼、提林斯、雅典，人口数量明显增多。新一代的公民难以在本国分得赖以安身立命的耕地，成为社会的不安定因素，如斯巴达的"处女之子"①们便是一例。新兴的城邦只好把多余的人口送到海外谋生。在组织殖民活动时，城邦有时不得不采取非常措施。例如，库列涅用抽签决定殖民人选，中签者若拒绝出行将被没收财产、判处死刑。除人祸外，天灾也是促使殖民的因素之一。例如，塞拉岛人赴北非库列涅初次殖民便是由于连年干旱，颗粒无收。另外，城邦政治斗争的失败者也往往携带追随者漂洋过海，远走他乡，像意大利南部的列基乌姆邦便是由卡尔西斯的政治流亡者所建。② 因直接商贸目的殖民的例子很少，但殖民地的建立以及城邦的形成在客观上促进了殖民地与母邦或姐妹邦的商贸、文化交往。在埃及，法老曾拨出部分土地作为希腊商人的落脚点，但此类现象极为稀少。

(二)殖民的过程及意义

　　希腊殖民活动集中在异族统治力量薄弱的地区，即西北和东北地区。那里的居民政治、经济和文化都较希腊落后，如西西里的西塞尔人、东北色雷斯沿岸居民和黑海沿岸的斯基泰人等。上述殖民地区有适于农耕的平原和适于人生存的水源，便于交通往来，容易自给自足。向西的殖民始于公元前750年左右，优卑亚岛的凯尔基斯与埃列特里亚人率先在今意大利那不勒斯附近破土建邦，拉开了长达两个世纪的大殖民运动的帷幕。此后，一波又一波殖民浪潮自东向西打向意大利、西西里、高卢、西班牙沿岸，一个个城邦接踵而起，其中科林斯人在西西里建立的叙拉古邦后来成为西地中海最强大的希腊人国家。东北方向的殖民约始于公元前700年，同样由优卑亚人开其先，之后希腊本土、爱琴海其他岛屿和小亚细亚的希腊人也加入殖民行列。色雷斯、赫勒斯滂、黑海沿岸陆续有殖民者安家落户。在殖民过程中，经常出现母邦分出女儿邦、女儿邦分出孙女邦的情况。殖民者一次多则几百，少则几十，选出或由母邦任命首领，订立契约，请得神祇，携带母邦的圣火，然后才踏上殖民的路程。有时几个城邦联合行动，事先设计好在殖民地实行的政治和经济制度，如权力和土地的分配。殖民者在契约基础上形成的集体就是新邦的公民集体，同母邦一开始就脱离了政治隶属关系。母邦与女儿邦、孙女邦的密切关系主要限于血缘、宗教和其他思想文化以及商贸联系。至公元前550年左右殖民运动结束时，共约44个城邦的公民在异族境内建起139个殖民地，环绕在地中海和黑海沿岸。

---

① 指没有公民权的非婚生子。

② Strabo, *Geography*, 6, 257.

对于希腊人来说，殖民等同于一次地理发现，极大地拓展了希腊世界的范围，开阔了希腊人的眼界。从此，希腊本土与整个地中海、黑海地区成为一个有密切文化联系的整体。殖民还使希腊本土的社会矛盾有所缓解，导致大批新城邦的形成，扩大了希腊城邦之间的经济往来，促进了手工业和商业的发展，增加了奴隶的外部来源。但另一方面，希腊殖民也伴随着侵略和暴力，殖民者的成功是建立在当地土著居民的痛苦的基础之上的。

第三节　古典时代

古典时代(公元前 5—前 4 世纪中叶)前期是城邦的繁荣昌盛时代，后期则盛极而衰。这一重要历史阶段的起点是希腊与波斯的战争。

一、希波战争

(一)起因

公元前 6 世纪中叶，波斯吞并小亚细亚，该地区的希腊城邦被迫向居鲁士二世称臣纳贡。公元前 500 年小亚细亚的希腊人发动起义，首义之城米利都向斯巴达和雅典等邦求援。雅典和埃列特里亚同意出兵，斯巴达却拒绝了米利都人的要求。雅典当时并不了解波斯帝国的情况，对西亚形势的变化所知甚少，只因米利都代表在雅典大讲波斯的富裕与波斯人的不堪一击而受到诱惑，再加上雅典人与米利都人有同族人的情感，于是派出 20 艘三列桨舰前往小亚细亚援助。埃列特里亚出兵则是因为米利都曾军援过它，此次是为了回报，象征性地派出了 5 条战舰。

公元前 499 年，起义军被波斯军击溃。雅典等援军见势不妙，迅速脱离战场，返回本国，丢下起义者孤军奋战。面对波斯重兵，小亚细亚起义各邦组建起一支有 353 艘三列桨舰的联合舰队，坚持战斗了 5 年，终被波斯军各个击破。公元前 494 年，大流士一世在小亚细亚彻底恢复统治，小亚细亚的希腊人因此蒙受巨大灾难：许多城市和神庙被毁，男子被杀，妇女被变为奴隶，儿童受到阉割。残余的居民向地中海西部逃亡，引起一次小规模的移民新浪潮。据说，大流士一世对雅典的介入恨恨不已，发誓要向尚未受到"惩罚"的雅典和埃列特里亚复仇。他的仇恨竟达到如此程度，以至每天用饭时都让仆人提醒他："主公，不要忘掉雅典人啊！"

因此，希波战争的直接原因在于波斯对小亚细亚的希腊人的压迫以及因此引起的反抗和雅典等邦的干预，较深层的原因在于波斯统治者拓疆辟土的野心。

（二）过程

希波战争从公元前 492 年开始，至公元前 449 年止，大体分作两个阶段：前期（公元前 492—前 479 年）为波斯的进攻阶段，后期（公元前 479 年以后）为希腊人的反攻和相持的阶段。

公元前 492 年，大流士一世遣大军水陆并进，杀向希腊。中途遭受风暴袭击，陆军在征服马其顿后受色雷斯人打击，损失惨重，因而退兵。公元前 490 年，波斯军队在雅典流亡僭主希庇亚斯的引导下，乘舰 600 艘，取海路二度侵略希腊。波斯军队先破埃列特里亚，将居民尽数掳往波斯，同年 9 月在隔海相望的阿提卡东北部马拉松平原登陆。

雅典获悉波斯军登陆后，倾全部重装步兵 1 万人和少量轻装步兵开往马拉松迎战，同时，派出使者向军事强国斯巴达求援。斯巴达虽应允援助，但因刻板的习惯，必须月圆时方可发兵。雅典只得到邻近小邦普拉提亚 1000 名重装步兵的协助，便首先发起攻击。主帅米尔提泰加厚方阵两翼的厚度，意在重点打击敌方两翼，以局部优势克服人数上的劣势。双方激烈肉搏了很长时间，波斯军突破对方中央，两翼却被雅典一方击垮。雅典人和普拉提亚人在两翼得手后迅即返身夹击中路敌军，迫敌大败而逃。是役雅典军阵亡 192 人，波斯军阵亡 6400 人。大流士一世发动的第二次入侵又告失败。雅典的胜利极大地鼓舞了希腊人的斗争，原先已向波斯表示臣服的许多城邦鼓起了抗战的勇气。当公元前 480 年波斯第三次入侵希腊时，31 个不甘屈服的城邦在斯巴达的领导下联合起来，组成十余万将士、400 艘战舰的多国部队，严阵以待。

波斯军由国王薛西斯亲自率领，总数约 50 万人。① 首战发生在进入中希腊的隘口铁尔摩披莱（又译作温泉关）。希腊守军仅 7200 人，由斯巴达国王李奥尼达统率，血战两日，未让敌人前进一步。但波斯军得一彼奥提亚农民引路，迂回到希腊守军侧后方，迫使大部联军撤退。坚持据守的只有

---

① 希罗多德说波斯军有 170 万战斗人员，战舰 1207 艘，加上非战斗人员共 500 多万人（《历史》，7，60；7，184～186），显然过分夸大。近现代史家根据进军路途的水源、补给条件，估计波斯军总数在 17 万人到 50 万人之间。

李奥尼达和300名斯巴达战士以及1100名志愿人员，几乎全部战死。突破温泉关后，波斯人在中希腊长驱直入。雅典将军铁米斯托克里说服雅典人撤出城市，3万丁壮登上战舰，家属避往邻邦。联军陆军撤至科林斯地峡，试图扼守进入南希腊的通道；海军集结在阿提卡附近的萨拉米斯湾，被迫同波斯海军展开世界古代史上前所未有的殊死决战。战斗持续了整整一个白天。波斯海军统帅阵亡，加之士卒出自不同民族，语言不通，号令不齐，大批舰只在狭窄的海湾中难以调动，渐渐在以雅典海军为主的多国舰队反复打击下处于劣势，最终退出海湾。希腊人以损失40舰的代价取得歼敌舰200艘的战绩。在附近观战的薛西斯见大势已去，恐希腊人乘胜直捣赫勒斯滂，断其退路，遂留下部分军马，仓皇返回亚洲。

公元前479年8月，联军11万与波斯军15万在中希腊普拉提亚展开陆上会战，斯巴达重装步兵击毙敌方统帅，致使波斯军阵势崩溃，伤亡达10万之多，被彻底赶出欧洲。在陆战开始时，希腊海军远渡爱琴海，向停泊在小亚细亚的波斯海军残部发起攻击，在米卡列海角附近全歼敌方舰队。自此，希腊军从防御转入进攻，战争进入第二阶段。

公元前478年，斯巴达因战火远离家园，历史上又和小亚细亚没有密切联系，同时怕将领长期在外，易染上与斯巴达道德准则格格不入的腐化作风，便退出战争，把领导权让于雅典。同年冬，主张继续作战的小亚细亚、爱琴海岛屿和色雷斯沿岸诸邦代表与雅典代表会聚提洛岛，正式结盟，史称"提洛同盟"。入盟各邦原则上一律平等，在盟会上各有一票表决权。但由于雅典拥有绝对军事优势，掌握盟军指挥权，实际控制了同盟。为了共同利益，同盟在提洛岛的阿波罗神庙设立共同金库，入盟各邦依本邦岁入的多少以及承担同盟义务的大小交纳盟金。不愿出军舰的城邦应纳附加捐款。各邦所交盟金总额460塔兰特，由司库官（雅典人）保管。动用盟金须经同盟大会批准。

公元前476年，提洛同盟舰队在雅典将军客蒙率领下拔除波斯在色雷斯的据点埃昂，展开了新同盟建立以来的第一次军事行动。随后，双方角逐爱琴海霸权，互有胜负。公元前454年，盟军海军在尼罗河口损失军舰200余艘，提洛岛暴露在波军威胁之下。雅典把同盟金库从提洛岛移到本国卫城。在此期间，一些城邦试图退出同盟，遭到雅典镇压。同盟至此成为雅典控制外邦的工具，盟金转变为雅典的财政收入。

公元前449年，雅典与波斯都苦于难以彻底战胜对方，不得不握手言和，签署协定。波斯放弃对爱琴海的霸权，允许小亚细亚的希腊城邦独立，即承认雅典的势力范围。作为回报，雅典不干预波斯对其属地的统治，不再插足埃及事务。因雅典谈判代表是卡利阿斯，因此这次和平协定又称"卡利阿斯和平"。希波战争实际以希腊尤其是雅典的胜利而告终结。

(三)希腊胜利的原因和意义

希腊之所以取得战争的胜利首先是因在战争的初期阶段，希腊人为自己的自由和独立而战，敢于斗争，敢于胜利，而波斯军大多数是被征服、被压迫的民族，因胁迫或雇佣而参战，故作战消极。希腊军在士气上胜过波斯军。另外，在几次大会战中，希腊将领在指挥、布阵方面具有优势，希腊士兵的重装较波斯军的轻装更适于集团肉搏战。波斯军劳师远征，天时多次不顺，后勤供应困难。

希波战争对波斯帝国来说是衰落的转折点，波斯帝国从此失去了扩张能力。但战争为希腊一些城邦创造了大量使用奴隶劳动的资金、劳动力来源和社会需求，使希腊的经济和政治趋向极盛。战争还极大地改变了希腊邦际政治关系。斯巴达一家称霸的局面被打破，雅典从一个屡受斯巴达干涉的二等国家发展成为与之相竞争的地区霸主，其附属国遍布爱琴海和希腊本土，最多时达200多个。战争还促进了希腊城邦政治的发展，雅典第四等级公民广泛在海军服役，为战争做出巨大贡献，从而提高了政治地位，促使民主政治进一步完善。随着雅典霸权的确定，雅典式的民主政体在其附属国广泛传播，给寡头制和贵族制以沉重打击。

二、古典时代的社会经济

古典时代希腊社会经济的突出特点是发展的极不平衡。一方面，在少数城邦中手工业和商业得到相对高度的发展，奴隶劳动被广泛应用于生产领域；另一方面，多数城邦仍保持着古风时代的面貌，自给自足的自然经济继续占有优势地位。

(一)农业

城邦保持着农本的特征。农业在古典时代仍是经济的主导部门，土地所有权和公民权继续保持着必然的联系，大多数公民居住在农村。这点在北希腊的帖撒利、中希腊的彼奥提亚、南希腊的大部地区最为明显。在一些手工业和商业得到高度发展的城邦，如雅典、科林斯等，情况也如此，只是程度有所差别而已。

在土地关系方面，中小土地所有制仍占压倒性优势，所以古典时代的大部分时期是城邦的上升和稳定期。以雅典为例，由于希波战争的胜利、海外军事殖民点的开辟以及国家经济条件的改善，生活小康的第三等级公民的人数由战争初期的约1万人增加到公元前430年的2万人。在工商业较发达的城邦，土地私有制也有所发展，因此形成了一些相对大的地产，如雅典著名政治家客蒙和伯里克利都是比较大的土地所有者。在经济落后地区，土地所有的情况不尽相同。斯巴达和克里特的一些由多利安人统治的城邦保持地产基本平均的状态，在北希腊帖撒利则流行着贵族的大地产。除了大小不等的私有土地之外，希腊许多城邦还存在一定数量的公有地，如雅典国家直接控制着林地和草场。每个村落也有自己的小片公有地。

在规模不等的公民土地上实行不同的经营方式。在帖撒利的大地产上，类似斯巴达希洛人的依附农民（派奈斯塔依）以家庭为单位进行耕作。他们是被征服者，每年须向地产主交纳部分收入，并负有随主人出征的义务。在雅典，拥有较大地产的公民多是旧贵族后裔。他们的经营方式不详。从现有史料看，有的所有者住在自己的地产上，直接管理地产上的经济活动，如客蒙。也有的交给奴隶管家经营，如伯里克利的地产便由其奴隶埃万格尔管理，产品运往城市出售，但产量和收入并不多，甚至不够伯里克利政治活动的需要。至于其地产上的直接生产者的性质，目前并不清楚。当时雅典农业领域既使用奴隶也使用雇工以及承租人的劳动，因而这三种形式均可能存在。

独立的公民小块地产的经营方式因国家的具体条件的差异而有所不同。在斯巴达、克里特等地，小地产主仍然是小奴隶主，残酷地剥削耕奴的劳动。在雅典和多数城邦中，独立的小生产者及其家庭成员是辛勤的耕耘者。

国有土地通常用于出租。比如，雅典的公有地是国家财政收入的经常来源之一，承租期一般为10年，承租人在每年第9届五百人议事会主席团任期里上交租金。村级单位所有的土地也可出租，承租期限有长有短。长期承租期可达40年不变。租约的签订有一定的程序，承租人须交纳押金或某些个人财产作为抵押，租佃者应负的义务至少包括按时交租、不得砍伐承租地上的树木、照料承租地上的建筑等。对不能按时交租者，土地所有者有权废除租约，没收地里的产品，甚至可剥夺承租人的公民权。国家的牧场也用于出租，承租一方可以是集体或个人，甚至外邦人。

土地的私有制在古典时代得到了发展，但任何城邦都不存在现代意义上的，可以任意支配、买卖、转让的私有权概念。在私有制发展缓慢的城邦，长期保留了公民土地不得转让的禁令，斯巴达的土地制度是其典型。在雅典，私有制发展较快，早在梭伦改革之前，土地的转让即已发生。

　　就农作物的品种和耕作技术而言，古典时代和古风时代基本没有什么区别。只有在工商业较发达的城邦，由于城市人口的增加、商品性农产品的需求增多，农民在一定程度上改变了传统作物的播种面积以及产品的处理方式，更多地种植可以带来较多收入的橄榄、葡萄、无花果等经济作物，并把剩余的产品商品化，运往城市市场上销售。在阿里斯多芬的喜剧中，经常能看到直接出售产品的小农。

（二）城市手工业和商业的发展

　　古典时代的工商业获得长足进步，手工业内部的分工日益深化，地方性的集市贸易市场已经形成。在一些经济发展快的城邦，已完成了城市由政治、宗教和文化中心向手工业、商业中心的转化。

　　制陶业是古典时代发展很快的手工业部门。陶器一直是古代人最通用的必需品，不仅对于人们的日常生活来说不可缺少，而且还被用于保存和长途运输产品。古典时代城市的繁荣、商贸的活跃、陶器的需求加大，导致了制陶业的兴盛。雅典、科林斯、帖撒利地区、爱琴海岛屿、黑海沿岸、西西里、意大利南部的希腊城邦中，都有自己的陶器制造业，以满足当地居民的需要。制陶业以手工业者个体经营为主，但在一些城市中也出现了较大规模的作坊，使用几十个奴隶工匠。在制陶作坊中，已有相当细密的内部分工，有成型、彩绘、烧制工序。奴隶通常完成一些标准化的产品，需要较高工艺水平的彩陶多由来自外邦的匠人制作。公元前 5 世纪陶器上最

图 5-6　古希腊陶瓶

流行的装饰形式是黑底红色的图像，雅典在这方面领陶器制作工艺之首，其匠人制作的所谓"红色线条风格"的陶器堪称古典彩陶的极品。

　　手工业分工的深化不止表现在制陶业中，与居民生活相关的各个手工业部门都有类似的进步，出现专业化的倾向。在阿里斯多芬的喜剧里可以看到多种多样的手工匠人，如铁匠、石匠、鞋匠、鞣革匠、珠宝匠、织匠、地毯匠、擀呢匠、梳毛匠、木匠、制砖匠、干酪师、面包师、磨面师等。有的铁匠专门制作武器，有的专门制作农具。除陶器作坊外，还有武器作

坊、家具作坊等。

古典时代城市的发展带动了建筑业的发展，雅典在这方面的发展特别显著。在伯里克利当政时，为了给贫苦的公民制造就业机会和美化城市，国家拨巨资修建大量公共建筑，如宏大的卫城城门、帕特农神庙、奏乐馆等。建筑方式采用承包制，即先由国家有关负责部门将建筑设计分成若干块，交各个承包的公民承建。承包人可雇用工匠、租赁他人奴隶直接施工，也可再分段转租给其他承包人间接施工。在一个大型工地上，可以看到公民、外邦人和奴隶在一起劳动的场面。

采矿业是古代容纳劳动力最多的手工业部门。雅典的劳洛温银矿在古典时代得到广泛开采。国家把矿山化整为零，租给公民个人。承租人则利用自己的奴隶或租用他人奴隶、雇用贫困公民进行采剥、筛洗、冶炼。矿坑内的劳动由奴隶承担，坑上的工作则不排除公民雇工的劳动。该银矿在旺盛时的开采人数多达 2 万～3 万人。

手工业的发展和商业的发展是同步进行的。人口在城市中的集中，财富在城市中的积累，导致商品交换的频繁。日用品中除粮食、水果、蜂蜜、酒、蛋、禽、纺织品外，还有鱼、油、醋、葱、木炭、木材、鞋、服装、刀矛、盾、地毯、锁头、奶酪等五花八门的产品。由于城市日常生活同交换日益紧密结合，在公元前 5 世纪和公元前 4 世纪之交希腊出现了用于找零的更小型的青铜铸币。在各地城市商业发展的同时，少数有较多剩余的城邦开展了积极的对外贸易。但希腊城邦的外贸都是私人的事务，国家只给予鼓励性政策。雅典、科林斯、开俄斯、墨加拉、厄吉纳、叙拉古等邦的对外贸易都很繁荣。各邦流散出一些精明的商人奔走于各地，收购、转运、出售可以赢利的货物。在国际商业往来中，雅典因在希波战争后确立了海上霸权而占有明显的优势，它控制了爱琴海的商路，对某些它需要而又稀少的物品，如开俄斯岛的红铅，则实行垄断，规定经营者只能将产品输往雅典。

商品交换关系的发展造成各国货币兑换的困难。复杂的兑换值很难为商人们所掌握。于是在那些交易频繁的城市中应运而生了一批货币兑换商，人称"坐在桌子旁的人"。因为他们总是在市场上摆一张桌子，坐在那里做生意。在雅典、西具昂、底比斯等邦还出现专门的钱庄，从事货币兑换和存寄业务。这些最早的金融人员熟悉各国的货币和交易行情，在与顾客兑换货币时收取一定酬金，并且兼营高利贷事业。借贷人须用自己的财产作为抵押。利率最高的是用于海外贸易的借贷，因其风险较大。

商业和市场的活跃，致使国家设立特殊的市场管理人员负责维持交易的正常进行。雅典就设有市场监督官、衡器监督官、谷物贸易监督和港口监督等公职。

城邦工商业者的成分是多样的。以史料最充分的雅典为例，大多数从业者是没有公民权的异邦移民，希腊语称"迈提克"（Metics）。从身份上讲，迈提克并不是指在非母国暂时居住和经商的人，而是指在雅典或雅典的另一城市派里厄斯居住了较长时间的外国人，特别是指业已定居下来的外邦移民。比如，雅典最大的手工作坊主就是迈提克，那些原始金融业者都是迈提克，专业商人也多是迈提克。他们在雅典的社会地位较低。具有迈提克身份的人必须得到雅典政府批准，在有关名册上登记，负有特殊的义务，如缴纳人头税①、经商税，服兵役。富裕的迈提克还须像公民富人一样缴纳特殊财产税——社会捐献，用于建造军舰，举办节庆活动等。迈提克的权益只受到政府的有限保护。比如，公民杀害迈提克，仅被判为非有意杀人，量刑以非有意杀人罪为准。相反，如果迈提克违反雅典法律，则会被卖为奴隶，财产充公。此外，迈提克必须在雅典有一名公民保人，为其处理可能发生的法律纠纷。对雅典国家有重大贡献的迈提克，经公民大会讨论通过，可以授予公民权。古典时代的外邦移民在雅典的人数并不清楚，但公元前4世纪末有一个数字是1万人。据推测，在古典时代的城邦繁荣阶段，雅典外邦移民的数目可能要比这个数字大。

总的来说，希腊这时的经济是一种农工商混合的共生型经济，其中农业占有压倒性的优势。各邦均有自己的手工业和商业，但依历史条件的不同，这两者在经济中所占的比重有多有少。希腊最大的国家斯巴达的工商业最落后，该国仅在庇里阿西人的村镇中拥有仅供本国消费的工商业，而雅典的工商业最发达，但它也没有脱离古代经济以农为本的道路。

（三）奴隶制的繁荣

在希波战争期间和战后，战争对武器装备的需求，城市人口增多和个人财富尤其是货币财富的较快积累，刺激了手工业和商业的发展。一些城邦利用战争胜利的有利条件，开始把奴隶劳动广泛应用于商品生产领域，希腊奴隶制进入了繁盛阶段，具体表现在如下几个方面。

第一，奴隶数量激增和来源广泛。公元前5世纪中叶以后，奴隶人数在

---

① 古典时代的雅典公民不交人头税，只有富裕的公民才交不定期的特别财产税。

少数工商业发展突出的城邦，如雅典、科林斯、开俄斯等邦，有显著增长。虽然古代没有留下确切的人口统计材料，但从各种数字存留较多的雅典看，奴隶总人数至少在 7 万到 9 万之间①，即和公民及其家属总数几近相等。古代世界尚无一个国家的奴隶与自由人有如此高的人口比例。② 奴隶的来源明显多样化、经常化。债务奴隶在希腊已被禁止，流行的是战俘奴隶、奴隶贸易和奴隶的自然生殖这三条主要渠道。希腊人崇信胜者为主、败者为奴的原则。③ 在和平期间，奴隶贸易更为经常。希腊从周边地区，尤其是从黑海沿岸、色雷斯和伊利里亚地区购进大批奴隶，那里的部落领袖常把本氏族部落成员卖为奴隶。此外，小亚细亚流行债务奴隶制，该地是希腊奴隶的另一稳定供应地。希腊奴隶主还很重视奴隶的自然生殖，他们没有禁止奴隶结婚生育的规定。许多家生奴隶经过技能和修养训练能给主人带来丰厚的收入。

随着奴隶制的发展，在诸如雅典、开俄斯岛、提洛岛等地出现了较大的奴隶市场。奴隶交易的方式同其他商品交易的方式相同：奴隶贩子将奴隶裸体陈列，向买主介绍奴隶的性情、年龄，让买主察看，同买主讨价还价。男奴价格为 70～100 德拉克马，女奴 135～220 德拉克马。一名奴隶的价钱相当于一个成年人一年的饭钱。拥有奴隶不仅是体面的象征，而且是创收的源泉。

第二，奴隶劳动的普遍应用。在这一时期，奴隶劳动广泛应用于一些城邦的各个生产部门。使用奴隶最集中的部门是采矿业，在雅典劳洛温银矿的矿坑中，最多时有 2 万～3 万奴隶劳动。第二个容纳大量奴隶劳动的是雅典、科林斯、墨加拉、叙拉古等城市的奴隶手工作坊。最大的奴隶手工作坊使用多达 120 名奴隶工匠。建筑业、航海业等手工业、商业部门也容纳着许多奴隶。奴隶劳动还越来越多地渗入农业的领域。除一向以耕奴劳动为主的斯巴达、帖撒利和克里特外，在公民劳动占优势的雅典等邦的农业中，也出现了奴隶制农场。由于奴隶制的深入发展，少数奴隶主开始把自己的部分财产交给奴隶经营以调动奴隶劳动的积极性，坐收奴隶创造的收

---

① 近现代史家根据阿提卡自产和输入粮食的数量、重装步兵的人数等材料，考证出一些相去不太远的雅典奴隶总数，即 7 万到 9 万之间。考证十分细密的德国史家迈尔、彼洛赫，美国史家萨尔金特均持此看法。英国希腊史专家哈蒙德认为有 20 万奴隶。

② 近代美国内战期间，南方黑奴人数只占南方总人口的 1/4 即被认为是奴隶制社会。

③ 但在战争中并非所有战俘均被战胜者转为奴隶。邦际之间存在处理俘虏的一些惯例，如解放俘虏、赎取俘虏等。

入。这样的奴隶可以有家庭和相对独立的生活，境况较在农场和矿坑中的奴隶要好。与他们情况相似的是大量家内奴隶，他们在主人家中充任看门人、清洁工、厨子、理发匠、歌舞伎、使女等。较高级的奴隶是奴隶主的管家、文书、教师、医生等知识奴隶。在像雅典这样的奴隶制性质明显的国家中，还有一些特殊的奴隶，即国家机器中的奴隶，如下级公务人员、狱卒、街道清洁工、造币工人和警察。担负公共事务的奴隶约 700 人。

第三，奴隶的社会地位。希腊思想家把奴隶定义为"一种有生命的财产"，"是一切工具中最完善的工具"。由于奴隶是物品、工具，所以希腊人一般把他们排除于法律保护范围之外，不把奴隶当人看。例如，对不听话的奴隶可施以刑罚：戴镣铐、拷打、扭关节、灌醋、火烧，直至杀死。但个别地区，如克里特的哥尔金法则允许奴隶与自由人通婚，婚生子女可成为自由人。雅典奴隶可在街上同公民一样行走，不必给自由人让路，奴隶主没有任意杀死奴隶的权力。奴隶在不同的城邦虽然在地位上有些许差别，却不能改变奴隶是社会最低下、最受压迫和剥削的阶级这一事实。由于奴隶制渗入城邦生活的各个领域，给整个希腊社会打上了深刻的烙印。

三、雅典民主政治

(一)雅典民主改革的深化

希波战争第一阶段结束后，许多希腊城邦摆脱了本国的贵族统治，建立起民主政府，如影响较大的底比斯、阿尔哥斯、叙拉古等邦。希腊民主政治因此进入了繁荣时期。在众多实行民主政体的国家中，最为典型、留给后人材料最多、在世界史上产生了深远影响的是雅典。克里斯提尼确立民主制之后，雅典的政治生活进一步民主化。[①] 公元前 487 年，雅典对选举法进行改革，预选执政官的方法由投票改为抽签，当选执政官的资格下移到第二等级公民。公元前 461 年，平民领袖厄菲阿尔特的民主改革法案获公民大会通过，剥夺了贵族会议的参政职能，只给这个曾经权倾雅典的机构

---

① 在古希腊文中，"民主"一词为德摩克拉提亚(dēmokratia)，意思是人民主权。该词系由两个词组成的合成词，其中之一 dēmos 有多种含义："全体人民"(公民)、"全体男性公民""平民""地方最小行政单位名""民主派"。这里是"全体人民"之意。另一词 kratos 含义为"主权""掌权"。第一个明确使用这个词的是古希腊史家希罗多德。"民主"概念大概形成于雅典民主制确立后的公元前 5 世纪初。

图 5-7　伯里克利像

保留了个别司法权力。至此，雅典的 3 个民主机构，即公民大会、五百人议事会和民众法庭完全摆脱了贵族会议和执政官会议的制约，独立担负起管理国家的责任。公元前 457 年，在平民政治家伯里克利倡导下，执政官当选资格进一步下移到第三等级公民。公元前 443 年，伯里克利成为首席将军，并连选连任此职多年。在他的领导下，民主制更加完善。虽然当选高级公职的财产资格限制未正式废除，但实际已失去意义。历史上把雅典的这一时期称作"伯里克利时代"。

（二）雅典民主政治的内容

雅典著名政治家伯里克利曾对民主制度做过经典的阐述："我们的制度被称作民主制度……因为政权不是在少数人手里。就法律而言，一切人在解决他们私人纠纷方面都是平等的。就人的价值而言，无论何人以何种方式显露头角，优于他人担任一些荣耀的公职，那不是因为他属于特殊的阶级，而是由于他个人的才能。"[1]这段话中的"一切人"当然只是指公民集体的成员，而非其他社会成员，民主对后部分人始终是一种压迫。但在古代君主专制盛行的条件下，雅典等希腊城邦把国家的管理权交给了社会上相当多的成员，而不问其出身、门第和财产所有权的多少，一切公职对所有公民开放，通过抽签选举产生（将军职用举手表决），实现了古希腊人"轮番而治"、既是统治者又是被统治者的思想，这是古希腊人的伟大创举。[2]

在雅典民主机构中，凌驾一切的是公民大会。它具有立法、行政、司法多重职能，每年召开 40 次，大会由五百人议事会主席团主持。议事会依部落分为 10 个主席团。通常每个主席团一年主持 4 次公民大会。主持的次序是由抽签决定的，而且 4 次公民大会的议程和基本议题是固定的。例如，第一次大会的头项议程一定是对现任公职人员的工作进行民意调查，就其去留问题实行表决。这意味着雅典公职人员在其一年任期内要经受 10 次任

---

① ［古希腊］修昔底德：《伯罗奔尼撒战争史》，Ⅱ，36，北京，商务印书馆，1960。

② 古代世界其他地区在进入阶级社会后，都曾在国家形态中存留部分原始民主制残余，但这些残余从未因人们的创造活动转化为民主制，最多只达到贵族政治。

职审查，在每个主席团任期内均有可能被解职。① 公民大会在太阳升起后举行，年满 20 岁的守法公民均可参加。遇到难以决定的议题时要进行大会辩论，凡没有严重道德缺陷的与会者都可上台发言。主席团根据辩论的情况最终把议案交大会表决。

五百人议事会是大会的常设机构，除为大会准备议案外，10 个主席团还轮流值班，处理日常重大事务。主席团还抽签选出一名主席，任职一天，负责召集会议和保管国玺及国库、档案库的钥匙，实际是这个民主国家的最高领导人。

民众法庭是第三个重要的民主机构，成员由 30 岁以上的公民通过抽签选举产生，负责审理绝大部分刑事案件和所有民事案件。为了避免以权谋私，10 个民众法庭分别由抽签决定，判决则由每庭的 500 名审判员通过秘密投票产生，这就从制度上保证了法律面前人人平等的原则，即便再有权势的人物也无法干预法庭的审判。例如，在伯里克利担任首席将军的时代，他的好友菲狄亚斯曾受到民众法庭的审讯。伯里克利出庭为朋友作证，甚至在申诉时声泪俱下，但法庭仍判菲狄亚斯有罪。

雅典还有多达数百人的各级具体主管部门，每个单位由 10 人组成，通常自 10 个部落抽签产生，如司库官、公卖官、城市监督、市场监督、港口监督等。其中十将军会议是最重要的机构，在公元前 5 世纪下半叶，这个机构不仅具有军事职能，而且还有行政职能。执政官则失去了过去的权威，变成只是参与民众法庭审理活动和组织各种宗教、节庆、比赛活动的官员。

(三)雅典民主政治的积极意义与局限

民主政治为雅典公民的主观能动性和聪明才智提供了尽情发挥的可能，使雅典在政治、经济和思想文化方面成为全希腊的学校和样板，产生出大批彪炳史册的政治家、哲学家、戏剧家、历史学家、美术家、修辞家……为人类文明做出了卓越的贡献。

然而，雅典民主政治虽较君主专制、贵族寡头制的基础宽大，但也只宽大至社会上一部分有血缘关系的同胞之间。其目的在于把公民集合成一

---

① 在雅典民主政治史上，没有只能上不能下的官员。失去民心的领导人，不论其出身多么高贵，地位多么显赫，功绩多么卓著，都可能被公民大会解职、处罚。例如，指挥马拉松会战的米尔提泰、指挥萨拉米斯海战的铁米斯托克里以及著名军事统帅客蒙、政治家伯里克利均受过解职和其他处罚。

个在国内享有特权、在国外控制附属国的统治阶级。因而它在尽情发挥自己的伟大历史作用，促成雅典政治、经济、文化达至极盛的同时，又残忍地窒息了社会另一部分成员，即奴隶和外邦人自由发展的能力；它还剥夺了本邦妇女参政的权利。所以它既是人类文明的催化剂，又是奴役和罪恶的渊薮；它给世界文明宝库带进无价之宝，又招致属国属民的怨恨。这是雅典民主政治的最大局限。此外，雅典民主是一种直接民主制，同近现代的代议制民主不同，它只能在一个小邦范围内实行，而且直接民主很易滑入极端民主的泥淖。

四、伯罗奔尼撒战争

(一)起因

战争起因于雅典与斯巴达争霸希腊，从而导致分别以两国为首的提洛同盟与伯罗奔尼撒同盟的激烈对抗。早在希波战争期间，两国在联合抗波之中便存在着利益冲突。希波战争后期，雅典势力的急剧扩张更加引起斯巴达的不安。公元前 457 年，两国在中希腊发生公开武装冲突，虽缔结了 30 年和约，但矛盾没有根本解决。后起的霸主雅典四处伸手，欲攫取对全希腊的霸权。公元前 435 年，伯罗奔尼撒同盟成员国科林斯与位于希腊西部的科西拉邦发生争端。雅典认为这是插足西部的机会，因而兵援科西拉，击败科林斯，使原科林斯的殖民城邦科西拉加入提洛同盟。公元前 432 年，雅典出兵色雷斯沿岸的一个重要据点波提狄亚，要求驱逐科林斯派驻该地的人员，禁止波提狄亚退出提洛同盟。同年，雅典与邻近城邦墨加拉发生争执，于是雅典封锁了墨加拉的港口。墨加拉是科林斯的盟友，科林斯当然不能坐视不理。在同年秋召开的伯罗奔尼撒同盟会议上，科林斯力主向雅典宣战。斯巴达作为盟主，再三权衡利弊之后决定发动战争。公元前 431 年，斯巴达向雅典发出最后通牒：放逐主战的领导人伯里克利，允许雅典盟邦独立，取消关于墨加拉的禁令，解除对波提狄亚的围困。雅典当然不能接受。战争旋即展开。

(二)经过

这场战争断断续续进行了 27 年之久，战火几乎遍及整个希腊世界。战争分为三个阶段：公元前 431—前 421 年为第一阶段，史称"十年战争"，这是战争的相持阶段；公元前 415—前 413 年为战争的转折阶段，雅典趋于劣势；公元前413—前404年为斯巴达的进攻和全面胜利阶段。

战争初期，雅典正值伯里克利当政，政治清明。在他建议之下，雅典采取陆上防御、海上进攻的战略。因此，斯巴达陆军顺利进逼雅典城下。雅典农民实行坚壁清野，居民转移到城中。雅典海军频频出击，袭掠伯罗奔尼撒半岛沿岸。公元前430年夏，雅典因居民过于密集，卫生状况恶化，引起瘟疫，约1/4的居民病亡，伯里克利亦染病去世。雅典人挨过瘟疫的噩梦后于公元前429年冬拿下波提狄亚，获开战以来第一次有较大意义的胜利。但斯巴达随后毁灭雅典忠实的盟邦普拉提亚，回敬了雅典。公元前425年，雅典占领伯罗奔尼撒半岛美塞尼亚地区的一处叫作派罗斯的海角，建起要塞，成为插入斯巴达腹部的一把利刃。美塞尼亚的希洛人因此骚动不安，动摇了斯巴达的统治。斯巴达急忙调兵遣将，企图赶走雅典驻军，但遭到失败，292名公民被俘，被迫向雅典求和。但雅典未予应允，战争继续下去。斯巴达驱兵北上，对雅典造船木材的产地和运粮船必经之地色雷斯沿岸实行一系列打击，颇为成功。双方在战争中都受到很大损失，需要喘息，便于公元前421年缔结50年休战条约。雅典参加和谈的代表是尼西阿斯，故和约在史书中又称《尼西阿斯和约》。

公元前415年，雅典人为西西里的财富所吸引，在政治蛊惑家亚西比德的煽动下，公民大会贸然议决远征西西里岛。远征军由136艘军舰、3万余人组成，亚西比德、尼西阿斯等3人为统帅。但远征军刚在西西里登陆，亚西比德的政敌便在国内控告他"亵渎神明"，派通讯船召他回国受审。亚西比德知道此去凶多吉少，便叛逃斯巴达，鼓动斯巴达趁机出兵，置雅典于死地。雅典远征军在西西里苦战两年，虽一再得到国内增援的舰只和人员，但在斯巴达军、叙拉古军的联合打击以及主帅尼西阿斯的错误指挥之下，竟全军覆没，5万军人（包括同盟国的部队）几乎无一生还。

自此，雅典陷入被动，附属国叛离接踵而来，造成雅典兵源和财源的紧张。斯巴达改变过去的战术，派军长驻阿提卡，引起雅典2万奴隶大逃亡。在困难形势下，雅典国内局势动荡，贵族寡头派趁机发动政变，夺取了政权。正在爱琴海与斯巴达角逐的雅典海军闻讯，拒绝承认寡头政府，并迎回亚西比德担任统帅，夺回在东部战场的主动权。国内民主派受到鼓舞，一举推翻寡头政权，民主政体失而复得。

公元前405年，得到波斯资助的斯巴达舰队在羊河战役中歼灭雅典舰队，使雅典丧失了有生力量，其附属国几乎全部独立。公元前404年，伯罗奔尼撒同盟的军队从海陆两个方面封锁雅典。在内外交困、粮草断绝的情

况下，雅典被迫投降。斯巴达拒绝了科林斯毁灭雅典的要求，为人类保留
了这座城市及其代表的灿烂文化。但斯巴达迫使雅典同意解散提洛同盟，
交出残余舰队，只保留 12 艘巡逻船。雅典同时须拆毁城墙，加入伯罗奔尼
撒同盟，让流亡的反民主的贵族返国。伯罗奔尼撒战争至此结束。

(三) 性质与后果

这场战争的性质与希波战争截然不同，对交战双方来说都是非正义的。
雅典之所以失败，一方面是由于提洛同盟内部的矛盾较伯罗奔尼撒同盟的
更尖锐复杂，另一方面是由于雅典军队在几次重大会战中指挥失误。就战
争的后果而言，这场战争没有一个真正的胜利者。各邦都在战争中加剧了
本国的社会矛盾，破坏了公民集体的团结，特别是战争对各国小农经济予
以沉重打击，造成小农的大量破产，而独立的小农经济是城邦的经济基础。
从此，希腊的一些主要城邦，包括雅典和斯巴达，均陷入经久不断的危机
之中，这就为后起的国家统一希腊创造了条件。因此，伯罗奔尼撒战争是
希腊城邦历史的转折点。

五、城邦危机

(一) 危机的表现

伯罗奔尼撒战争结束后，希腊参战的城邦均相继陷入危机。危机表现
为：邦际之间的战争频仍，霸权旋起旋灭，各邦丧失充分自卫能力，公民
兵越来越明显地被雇佣兵所代替；在此起彼伏的战争中，各城邦的人力和
物力都加快消耗，小农无法经受战争和富人的挤压，大批破产，少部分人
靠战争和牺牲小农的利益成为巨富；贫者与富者的矛盾因此尖锐化，社会
冲突加剧，重分土地和财产这类古风时代的口号重新在希腊出现，君主制
的特殊形式——僭主制在混乱之中再次流行。这一切虽然不是同时出现的，
也不是所有希腊城邦都经历了同样的危机，但各邦的发展趋势却是完全一
致的。这预示一个统一的、能切实保护富有奴隶主阶级利益的君主专制政
权即将在希腊出现。希腊城邦危机最先在伯罗奔尼撒战争的胜利者斯巴达
出现。

(二) 平等者公社的解体

一向守贫的斯巴达在伯罗奔尼撒战争结束后获得了前所未有的荣誉、

金钱和权力。斯巴达统帅来山德曾一次从小亚细亚运回2000塔兰特巨款，当雅典投降后他凯旋时，又带回整车的黄金。他本人和他的许多将领都发了横财，从穷汉变为富翁。由于财富和经济先进国家的文化像洪流一样涌入这个国家，吕库古改革创立的公民平等原则和艰苦奋斗的传统被迅速冲垮，人们疯狂地追逐钱财，积蓄家产。一些强者通过牺牲弱者的利益更加富足，一些弱者越发贫困。不同的财产伴生不同的利益，不同的利益产生不同的集团，平等者不再平等，公平的原则被抛弃，斯巴达开始了无可挽回的衰落过程。公元前4世纪初，原属国有的公民份地可正式转让，公开承认了土地的私有化。斯巴达的富人越发肆无忌惮地吞并小农的土地。短短时间，斯巴达公民人数就减少到1900人左右，而到公元前4世纪下半叶，公民则仅剩下1000人。公元前399年，以基那敦为首的"下等者"预谋起义，企图推翻斯巴达贵族统治。"下等者"甚至串联庇里阿西人和希洛人，因为只要向这些人提到斯巴达人，他们就表示出要生吞活剥斯巴达人的心情。只是由于叛徒出卖，起义才被遏止。然而，曾经令人羡慕不已的斯巴达的稳定已一去不返了。

（三）雅典的暂时复兴

伯罗奔尼撒战争以后，雅典元气大损，公民人数由战前的4万减至约2万。经过一段时间的休养生息，雅典的政治、经济有所恢复，民主制进一步发展，公民大会至高无上的地位得到加强，主持公民大会的权力和主持五百人议事会的权力分离。大会执行主席由非值班的9个主席团各出一人组成，不再由值班主席团主席担任。这就进一步削弱了地方主义对大会决议的影响。公民大会的讲台不再由出身名门望族的人所主导，一批出自各种家庭的政治家、演说家脱颖而出，他们是民主生活熏陶下成长起来的新人，是民主制度的热情讴歌者。公民参加公共活动得到的津贴项目增多，金额越来越大，不仅出席公民大会可享受津贴福利（起初为1奥波尔，逐渐增至1德拉克马），而且观看戏剧也发放津贴。这些福利虽然鼓励了贫苦公民参政的积极性，但也同在公民兵中引入津贴一样，使过去自觉的奉献变为有偿的服务，自觉的义务变为有偿的交换。公民热衷于个人创收，宁愿雇外邦人当兵打仗，而不愿自己服兵役义务。公民兵在对外战争中的作用越来越弱，爱国主义、集体主义日益淡薄。

在经济方面，少数富人的财产明显增多，在最富有的1200人中间，其财产大多在5塔兰特左右，多的高达数百塔兰特，少的也有2塔兰特。他们的收入来源已不再局限于地产。一些人经营起过去由外邦人经营的手工作坊、银钱兑换业务，有的通过为外邦统治者服务赚取报酬，有的还经营澡堂、妓院、酒馆、房地产。每人均拥有大量奴隶，奴隶与公民人数的比例显然加大。外邦人在雅典的经济活动的主要领域仍然是手工业、商业，雅典两家最大的奴隶作坊的主人均是外邦人。私有经济的进步使雅典在丧失了附属国的巨额贡款之后仍然能得到大量收入，公民的福利不仅没有减少，而且还有所增加。这有利于小农经济的相对稳定。所以雅典贫富的差距虽然拉大，但失地的公民人数远比斯巴达要少，其危机主要表现为公民兵的衰落和个人主义的膨胀。

在这种情况下，公元前4世纪的思想家多对雅典民主政治持批评态度，谓之多数人对少数人的统治，穷人对富人的剥削。他们的认识反映了一部分奴隶主富人的意见，但这种理论上的批评并未导致实践上对民主制的颠覆。自从民主政治恢复直到公元前322年外来势力将它扼杀为止，过去习见的贵族与贫民的政体之争不复再现，民主体制作为一种完整的体系已为富人和穷人所普遍接受。雅典内部的相对稳定使它得以恢复积极的对外活动。公元前378年，雅典成功地拉到一些利益相同的国家建立起第二次海上同盟，然而参加国比提洛同盟少得多，且雅典只是其中一个平等的伙伴。随着第二次海上同盟的建立，希腊的暂时和平被破坏，雅典舰队大败伯罗奔尼撒同盟的舰队，洗雪了羊河之战的耻辱。

(四)底比斯的霸权

雅典的胜利得到底比斯的呼应。底比斯重建曾被斯巴达强迫解散的彼奥提亚同盟，引起斯巴达的强烈反应。双方在留克特拉展开激烈会战。斯巴达投入约1.1万同盟军，底比斯投入约6000名本国公民兵，由将军埃帕米侬达率领。埃帕米侬达布下著名的"楔形"方阵，置主力于左翼，纵深厚达50列，一举突破斯巴达军右翼，致使敌军全线败逃。斯巴达国王克莱昂伯罗图斯及400位公民战死，其重装步兵统治希腊战场的局面被彻底打破。留克特拉之战成为斯巴达众叛亲离、伯罗奔尼撒同盟崩溃的起点。一些国家的民主派趁机推翻亲斯巴达的寡头政权，一些国家退盟。公元前370年冬，埃帕米侬达应原伯罗奔尼撒同盟成员国的邀请，率军杀入伯罗奔尼撒，在斯巴达如入无人之境，大肆掳掠。美塞尼亚的希洛人获得解放，建立起完全独立的国家。这对斯巴达人是致命打击，断绝了许多公民的生活来源，加速了平等者公社的破产。底比斯军在伯罗奔尼撒引起的震荡不仅如此，阿尔哥斯平民"棍棒党"借机暴动，打死贵族 1200 人并没收他们的财产，连试图平息暴动的民主派领袖也被棒杀。

底比斯的勃兴引起雅典的忧虑，转而与斯巴达结盟。底比斯为同雅典在爱琴海竞争，于公元前 364 年建起一支海军，将雅典在爱琴海的一些盟友拉到自己一边。公元前 362 年，因南希腊局势发生不利于底比斯的变化，埃帕米侬达驱军再入伯罗奔尼撒，和雅典、斯巴达等邦联军会战于曼丁尼亚，再次获胜。但埃帕米侬达在指挥追击时被敌人标枪击中，雅典等败军得以逃生。埃帕米侬达临终前嘱咐与敌缔结和约，参战各邦均求之不得。美塞尼亚的独立在和会上得到除斯巴达之外的所有与会城邦的承认。斯巴达尽管抗议，但无人理会。战后它已沦为一个无足轻重的地方国家。

底比斯的兴起与希腊混乱的国际形势以及杰出人物的努力有关。埃帕米侬达对此起了决定作用。随着他生命的消逝，神话般的底比斯霸权立即破灭。在公元前 362 年以后，希腊实际上既找不到一支能左右邦际关系的力量，也找不到克服城邦内部危机的出路，各国都在不断摩擦和自耗中加速衰落，这就为马其顿的征服创造了条件。

第四节 马其顿王国与亚历山大帝国

一、早期马其顿

马其顿地处希腊东北边缘，南接帖撒利，中隔奥林匹亚山，西为伊利里亚，东邻色雷斯。根据自然地理条件，马其顿明显分成两部分：上马其顿，位于西部，地域广大，山脉纵横，森林密布，适于畜牧业，是马其顿人的基本居住地；下马其顿，是块濒临爱琴海的沿海平原，适于农业发展。马其顿人来源不清，可能是伊利里亚人、色雷斯人、希腊人的共同后裔。由于僻处一隅，马其顿长期处于落后状态，基本被排除在希腊邦际生活之外。而马其顿人则粗犷勇武，被看作非严格意义上的希腊人，许多希腊人甚至称他们是异族蛮人。马其顿国家形成的过程极为模糊。它发展很晚，又长期处于希腊世界外围，没有史家专门以它为记载对象。根据现有的零星材料，马其顿早期存在过一些独立的部落联盟。各部落均有自己的"巴赛勒斯"。约在公元前 6 世纪下半叶，马其顿可能发生过类似提修斯改革的统一运动，形成早期国家，定都上马其顿的埃盖，实行君主制，但公民大会仍然起一定作用。在希波战争中，马其顿依附于波斯，并被迫加入波斯军队。公元前 5 世纪末叶，马其顿开始介入邻国事务，国都移至下马其顿的派拉。进入公元前 4 世纪，马其顿发生权力之争，国家几面受敌，危在旦夕。危机是转变的契机。摄政王腓力二世临危受命，将威胁一一去除。后来他废黜幼主，自称国王。经他苦心经营，马其顿很快成为强大国家。

腓力二世当政之后，在政治、军事和经济方面进行了一系列改革。他加强王权，削弱贵族会议和公民大会的职能，把它们变成听命于他的工具。他改革币制，确立了金币、银币的兑换价格，促进了商业的发展。他建立起一支忠于个人的常备军，创造了具有极强打击力的马其顿方阵，其核心是贵族组成的重装骑兵。其重装步兵谓之"步兵王友"，装备一杆长 6.3 米的长矛，所列阵形纵深最多达 32 列。步兵的作用在于顶住敌人的攻击，战斗的结局则取决于骑兵对敌军两翼的攻击。腓力二世是希腊人中第一位赋予骑兵以重大意义的人。

公元前 355 年，毗邻马其顿的中希腊发生城邦混战，弗西斯因财政紧张，竟洗劫了希腊人的圣地特尔斐的阿波罗神庙。腓力二世借机南下，控制了希腊中北部地区。马其顿的崛起使一些与北希腊有利益关系的城邦感到了威胁。雅典四方串联，组成反马其顿联盟，一度使腓力二世的扩张企图受挫。事后雅典人在坚决反马其顿的政治家德摩斯提尼的倡导下把观剧津贴用于军事开支并令富人分成若干捐献组，负责造舰。雅典成为希腊人反马其顿侵略的中坚。但在雅典人中也有一部分人希望借腓力二世之手摆脱遍及希腊的城邦危机，把战火引向波斯。这种看法的代表是修辞家伊索克拉底。他曾多次上书腓力二世，对腓力二世的思想有很大影响。但主导雅典政策的仍是抗战的思想。

公元前 338 年夏，马其顿军与以雅典、底比斯军为首的反马其顿联军决战于中希腊的克罗尼亚，联军惨败。战后，希腊各邦被迫承认马其顿的霸主地位，只有斯巴达保持了自己的尊严，拒绝参加腓力二世在科林斯主持的希腊和会。科林斯大会满足了希腊大奴隶主的要求，确立了马其顿的统治秩序。大会规定各邦禁止互相攻伐，各邦内部禁止重分土地，没收富人财产，取消债务，不准为政治目的解放奴隶。马其顿军于会后驻守希腊各战略要地，以保持自己的统治。

二、亚历山大帝国的兴亡

公元前 336 年，腓力二世遇刺身亡。其子亚历山大继位，以铁腕手段镇压了希腊人反马其顿的运动。举义的底比斯被毁灭，公民或被卖为奴，或被处死、流放，土地则被分割给予他邦。马其顿国内的政敌也被无情地清除。在希腊的一片死寂中，亚历山大恢复了统治，并于公元前 335 年组建起一支由 3 万步兵、5000 骑兵构成的远征军，在第二年初春渡过赫勒斯滂海峡，开始了历史性的东侵征程。

此时的波斯正值大流士三世统治时期，内政腐败，危机四伏。马其顿军与波斯军在小亚细亚的格拉尼库斯河畔展开首次会战，大胜。随后马其顿军轻取整个小亚细亚。公元前 333 年，亚历山大率军在叙利亚的伊苏斯平原打败大流士三世亲率的 10 万余波斯军，俘虏大流士三世的母亲、妻子和两个女儿。然后拿下腓尼基和巴勒斯坦，兵不血刃地占领上下埃及。公元前 331 年春，亚历山大率军插入两河流域北部，10 月同号称百万的波军决战于高加美拉。在交战中，大流士三世弃阵逃跑，致使全线崩溃，波斯从此丧失抵抗能力。马其顿军占领波斯都城巴比伦和苏撒，缴获无数战利品。公元前 330 年，亚历山大占领波斯波利斯，获 12 万塔兰特巨资，并焚烧波斯王宫以示报复。波斯帝国至此灭亡。不久，亚历山大又沿里海东进，穷追大流士三世。进入安息前，他虽获悉大流士三世被其部下所杀的消息，但他并未因此止步，于公元前 329 年穿越兴都库什山，直至中亚锡尔河一带。公元前 327 年，亚历山大被富庶的印度所吸引，经过开伯尔山口，侵入印度河上游和五河地区，企图打到"大地终端"。在征途中，亚历山大无尽的征服欲和士兵们思乡厌战的情绪发生冲突，被迫沿印度河南下，返回巴比伦。公元前 324 年年初，亚历山大抵达原波斯四都之一的苏撒，历时 10 年的东侵始告结束。在东侵期间，马其顿军行程几万千米，上百次强渡江河、围城攻坚，以及在平原、沙漠地区作战，到处留下驻军，仅起名为亚历山大的要塞便建起 70 多座。亚历山大还到处任命希腊人总督，安排波斯降臣降将担任地方官员，从而建立了世界古代史上前所未有的大帝国。它西起巴尔干半岛，南达尼罗河流域、利比亚与印度河流域，东抵中亚细亚，北依多瑙河和黑海。为有效统治如此众多的民族、如此广大的土地，带有希腊城邦特点的马其顿君主制已完全不相适应，亚历山大只能承袭业已在东方形成的君主专制制度。他回到苏撒便以专制君主的身份行事，任用波斯人，接受波斯生活方

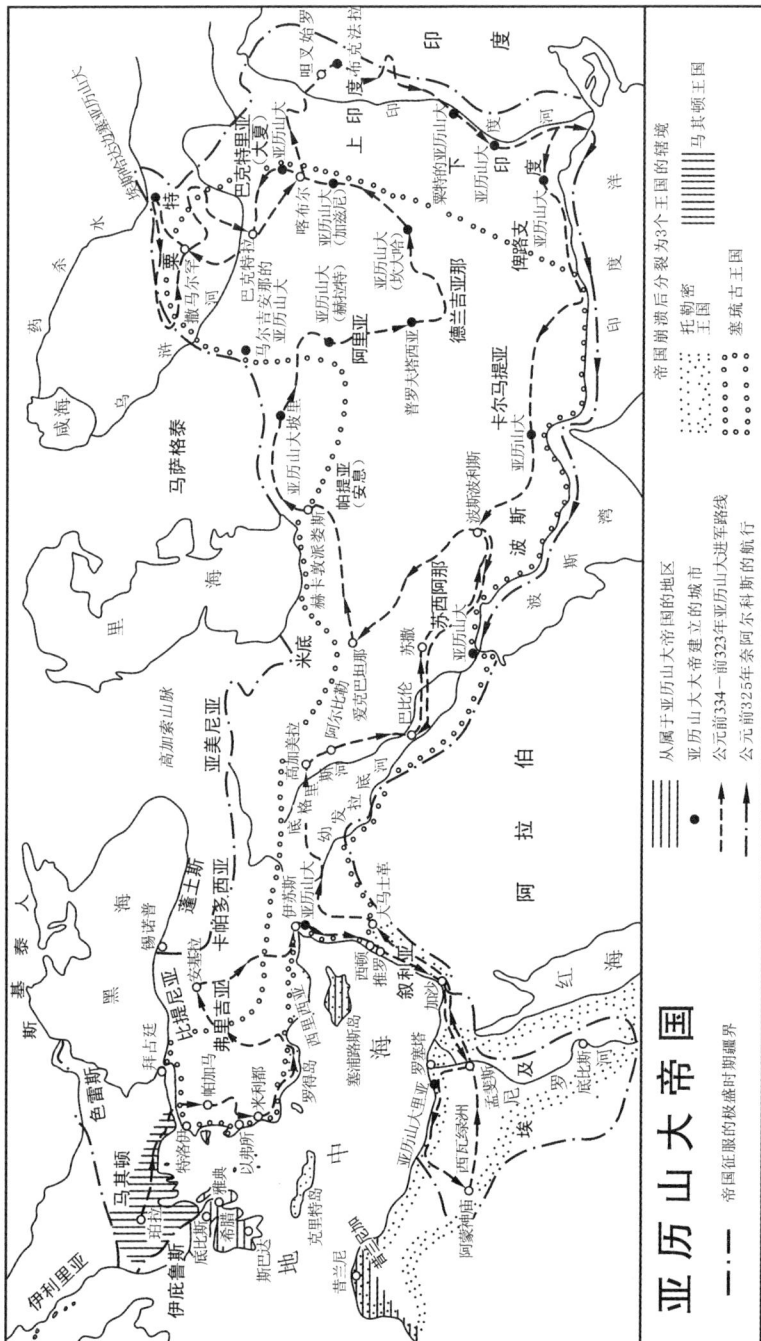

图5-8 亚历山大帝国

式，使马其顿贵族同波斯中央和地方的贵族结合，构成自己的统治基础。为了进一步笼络被征服者，亚历山大主持了万名马其顿将士与波斯贵族女子的婚礼。公元前 323 年，亚历山大在筹备远征阿拉伯半岛时突然病亡，时年33 岁。由于帝国初建，体制尚不完善，且亚历山大年富力强，未曾考虑和安排继承问题，所以他留下的权力真空无人能够填补，中央权力迅速解体。各地总督拥兵自立，为争夺亚历山大的遗产展开你死我活的斗争。至公元前301 年，帝国已分裂为一些独立的王国，其中以亚历山大部将建立的托勒密王国（公元前 305—前 30 年）、塞琉古王国（公元前 312—前 64 年）和马其顿王国最为强大。由于这一时期是希腊文化在北非、西亚广泛传播的时期，也是希腊文化和东方文化广泛交流的时期，因此在历史中，自亚历山大帝国崩溃到最后一个希腊人统治的王国——托勒密王国灭亡为止的这段时间被称作"希腊化时代"。

三、希腊化时代

（一）马其顿统治下的希腊

亚历山大病故的消息传到希腊，雅典、弗西斯以及埃陀利亚和帖撒利地区的城邦掀起独立运动，将以安提帕特洛斯为首的马其顿驻军赶出境外。马其顿从亚洲调回援军，在帖撒利击败希腊联军。公元前 322 年，安提帕特洛斯在雅典派驻军队，扶植起亲马其顿的寡头政权。反马其顿的坚强斗士德摩斯提尼在马其顿的追捕下自杀身亡。从此雅典在希腊政治生活中失去了过去的重要意义，仅在文化方面保持了自己的影响。然而，希腊人反马其顿统治的斗争并未止息，一些原先经济、文化落后的城邦随着古典时代诸先进城邦的衰落而崛起，成为希腊人争取独立运动的中坚。公元前 4 世纪末，地处中希腊西北部的埃陀利亚地区的城邦组成埃陀利亚同盟，长期同马其顿抗衡。公元前 3 世纪初，南希腊西北部阿卡亚地区的小邦也组成自己的地方军事同盟，科林斯、墨加拉等大邦也相继入盟，包括伯罗奔尼撒大部分地区。这两个同盟和原先的伯罗奔尼撒同盟、提洛同盟不同，完全是独立国家的联合体，每个入盟城邦具有相等的一票表决权。两个同盟之间既联合又斗争。

在此期间，斯巴达虽衰弱不堪，仍顽强维持了自己的独立。进入公元前 3 世纪，斯巴达公民只剩下 700 人，其中只有 100 人拥有土地。年轻的斯巴达国王阿基斯四世（公元前 245—前 241 年在位）和克利奥蒙尼三世（公元

前 235—前 222 年在位)力图振兴斯巴达的努力，均以失败而告终。斯巴达
丧失了长期勉强保持的孤傲，被迫加入阿卡亚同盟。由于埃陀利亚同盟和
阿卡亚同盟的存在，从亚历山大帝国分离出的马其顿安提柯王朝对希腊的
统治实际是不完整的。这种几个政权并立的局面一直维持到公元前 2 世纪中
叶罗马征服马其顿和希腊为止。

（二）埃及托勒密王国

托勒密王国由亚历山大的主要将领托勒密在埃及所建，疆域基本上局
限于尼罗河流域，极盛时也将地中海的一些岛屿和巴勒斯坦、叙利亚以及
小亚细亚的部分地区纳入王国范围之内，首都亚历山大里亚。

托勒密王国继承了埃及法老的君主专制制度，国王集军、政、财、宗
教大权于一身，以神在人间的代表自居。国家保持了古埃及以州为单位的
行政区划。各州州长、财政官和下属区级官员均由马其顿人和其他希腊占
领者担任，国王掌握着他们的任命权，并在各地驻军。埃及土著一般只担
任村级政权的职务。另有包括亚历山大里亚在内的三个自治市（另外两个是
恼克拉提斯和托勒迈依），集中居住着希腊殖民者。

王国最重要的生产资料土地名义上统归国王，称"国王的土地"，但实
际占有状况十分复杂，有国王通过王室财政部门直接支配和经营的土地，
这样的土地约占埃及可耕地的一半以上，还有神庙僧侣、高级官吏及希腊
军事殖民者的土地。社会上买卖、转让土地也是合法的现象，并不需要国
王代理机构的认可，但军事殖民者的土地却不能自由转让，包括不可继承。
一般农民除每年须上缴 1/3 至 3/4 的租税外，还要承担劳役的重负。其他土
地占有者的捐税数额不等，也有高级官吏享受免税的待遇，但这是个别的
现象。

国王不只是最大的土地所有者，也是最大的手工业和商业财产的拥有
者。王室经营矿山、大手工作坊、商业和内外贸易活动，以充分满足王室
的消费需要。由托勒密二世统治时期的一些文献得知，国王控制了全国的
橄榄油的收购、加工和销售，其他手工业产品，如纸草、呢绒、盐铁等的
生产和销售也受到国王的严格控制。希腊商人和作坊主也是手工业和商业
活动的积极从事者。由于王国政治一度稳定，亚历山大里亚是东地中海的
海上交通枢纽，因此手工业和商业得到很大发展。公元前 3 世纪是托勒密王
国的全盛期，首都亚历山大里亚成为整个地中海地区的工商业和文化中心。
这里的居民除埃及人、希腊人之外，还有远道而来的阿拉伯人、犹太人、

波斯人等，人口多达 70 万。市内有繁荣的市场，出售的商品包括中国的丝
绸，印度的香料、象牙、珍珠，阿拉伯的宝石等。因商旅云集，亚历山大
里亚港口专门修建了大理石灯塔，塔高 122 米，被当时的希腊人称作世界七
大奇迹之一。此外，托勒密王室重视市区市政和文化建设，修建有许多公
共花园、剧场、神庙、图书馆、缪斯之家（Mouseion）①等建筑。其中的图书
馆和缪斯之家是地中海地区的学术中心，不仅收藏有大量书籍，而且集中
了一大批学者由国家供养，专门从事图书文献整理和自然科学研究工作。
现存的古典著作大多是由这里的学者校勘分卷的，一些著名的科学家，如
欧几里得、埃拉托色尼、阿基米德等都曾在亚历山大里亚进行过学术访问
和研究。

　　公元前 2 世纪，托勒密王国因统治集团内部的权力斗争以及社会矛盾的
激化而走向衰落。公元前 1 世纪，托勒密王国沦为后起的罗马霸主的被保护
国，末代女王克娄巴特拉在罗马内战中左右逢源，以便维持国家的存在。
后因支持罗马将军安东尼，托勒密王国于公元前 30 年为安东尼的政敌屋大
维所灭。

（三）西亚塞琉古王国

　　由亚历山大的另一部将塞琉古建立的这一王国是希腊化国家中领土最
大的一个，盛时包括西亚、中亚、小亚细亚以及印度部分地区，稳定的统
治区是叙利亚，首都安条克坐落其上，因此又有"叙利亚王国"之称。在中
国古书中将塞琉古王国称作"条支"，大概出自首都名安条克的缘故。

　　同基本是单一民族的埃及不一样，塞琉古王国的属地是一个多民族的
杂居地，历史上形成了许多不同的国家，有不同的政治、经济、文化中心，
社会关系更为复杂，因此统治难度较托勒密王国要大。该国因历史和文化
的惯性分成三个基本地区：叙利亚地区、巴比伦尼亚地区和小亚细亚地区。
位于叙利亚的安条克为东地中海仅次于亚历山大里亚的手工业、商贸、文
化中心。巴比伦尼亚的最重要城市已不再是巴比伦，而是希腊人在巴比伦
附近新建的城市塞琉西亚。该城实际是塞琉古王国的第二首都。小亚细亚
地区的中心是原吕底亚王国首都撒尔迪斯。除三个基本地区外，伊朗高原
和中亚是相对隔离的地区。为了对如此广阔的国土和众多的民族实行有效

---

　　①　托勒密王国时代并无现代意义上的博物馆，Mouseion 一词应译为缪斯之家或缪
斯之宫或缪斯的座椅。

的统治，塞琉古王国沿袭了波斯帝国的君主专制制度，但也结合了部分希腊的传统政制。全国分为25省，由国王任命的总督治理，另设有将军一职，直接听命于国王。此外还有几十个希腊人的自治市和一些军事殖民地作为控制全国的战略网点。这些自治市和殖民地虽内部有一定程度的自治权，市民在城内有类似希腊公民的权利，但在政治大局上要服从中央，并须向中央纳税。君主专制的支柱是由马其顿人和来自希腊各地的公民组成的军队。

塞琉古王国的经济发展很不平衡。历史上发达的地区，如巴比伦尼亚、小亚细亚、叙利亚仍在王国经济中起重要作用。历史上落后的地区，如中亚、伊朗高原的工商业仍然落后。国王同样是全国土地的最高所有者，有专门的王室土地，由依附农民（称"劳伊"）在王室财产管理部门的监督之下进行耕作。劳伊可同土地一起转让，地位有些类似中世纪欧洲的农奴。国家统治阶级的其他阶层，如官僚、神庙和地方贵族占有大量土地。神庙的地产基本是独立的，由自己的劳伊和奴隶耕种，不受国王的管辖。国君因需要神庙的支持，赐予后者很大的特权，使得各大神庙犹如一个个国中之国。

塞琉古王国具有自波斯帝国继承下来的良好的道路系统，其有利的地理位置使它成为古代欧洲和印度、阿拉伯半岛甚至中国贸易的中介。在对外贸易方面，海路经波斯湾可达印度和阿拉伯半岛，陆路与东亚、南亚和欧洲连接，著名的丝绸之路的西部终点便是安条克。古代东西方的一些旅行家均记载过塞琉古王国相对和平时期的经济繁荣景象。

公元前3世纪以后，中央权力衰落，塞琉古王国逐渐分裂出一系列独立的国家，如中亚的大夏（巴克特里亚）、伊朗高原的安息（帕提亚）王国。公元前142年，巴勒斯坦的犹太人起义获胜，建独立国家。安息几乎同时夺取了两河流域地区。塞琉古王国的国土仅限于叙利亚一地，在内外交困中挣扎到公元前64年，被东进的罗马所灭。

第五节　上古希腊文化

古希腊人留下了极为丰富的文化遗产，其文化的许多形式和内容至今在欧美乃至世界仍清晰可见，而隐形的影响则更为深刻和广泛，显示了该文化的宝贵价值与持久的生命力。文化的发展同一定时期的社会经济、政治的发展水平息息相关。就古希腊不同时期的文化而言，城邦经济、政治繁荣的古典时代所创造的文化对后世的影响最大。所谓"古典"的希腊文化主要是指这一时期的文化。古希腊文化不是直线发展的，其间出现过明显的中断。爱琴文明时期是希腊文化的最初发轫期，其类型酷似古代西亚和北非的宫殿文化，当然也有自己的地方特色。爱琴文明的毁灭几乎没给后来的古希腊人留下什么可资借鉴的成果，只有一部《荷马史诗》夹杂了一些似是而非的爱琴文明的信息。古风时代是希腊文化的新起点，这一过程是随着城邦的勃兴、大殖民运动的开展、古希腊人视野的扩大而开始的。起初，古希腊人基本上限于对东方文化的吸收和模仿。进入公元前6世纪，希腊文化结束了童年时期，开始成熟的发展阶段，形成许多风格独具的文化部门。

一、宗教与神话

古希腊宗教始终没有越出多神教阶段，从家庭、部落到地区、城邦乃至泛希腊等不同层次的崇拜应有尽有。这同希腊城邦林立和政治的长期多元化密切相关。与此相适应，为各种神灵兴建的神庙和节庆祭典也多种多样，功能各异。在形形色色的信仰与祭祀当中，有一最富影响的神灵系统，即奥林匹斯众神家族。这一家族由12位神灵组成：宙斯与赫拉，波塞冬与得墨忒耳，阿波罗和阿耳忒弥斯，赫菲斯托斯与雅典娜，阿瑞斯与阿佛洛狄忒，赫耳墨斯与赫斯提。有时希腊人也把狄俄尼索斯、赫拉克勒斯、克洛诺斯等神祇列入这一家系。奥林匹斯诸神的主神是宙斯。他是众神和人类之父，大地的最高统治者。他还是权威和秩序的守护神，虹与鹰是他的信使，惊雷是他的象征，所以他又被称为雷神。在希腊艺术作品中，宙斯被描画成披着长发、飘着长髯的健壮中年男子模样。宙斯的神庙以南希腊的埃利斯奥林匹亚神殿最为著名，希腊人每4年在那里举行一次大祭典，流传至今的奥林匹克运动会便发源于此。赫拉为宙斯的妹妹兼合法妻子，负责妇女的生活，尤其是婚配和生育。但希腊人对神的分工并无严格界定，神的职能在不同的城邦往往有不同的解释，有的城邦还把她当作贞女、妻子、寡妇的典型加以崇拜。雅典娜是宙斯之女，从其父头上生出，在中希腊有特殊的地位，是雅典的保护神。她司工艺技术，又是战争英雄的保护神，所以她总是全副武装。阿波罗与阿耳忒弥斯是宙斯和莱托所生的孪生兄妹。阿波罗通常被视为光明、青春、音乐之神，又称太阳神。他还是殖民地的引路人、牧人和街道的守护神，得到希腊人的广泛崇拜。他的预言最为人所信赖，他的出生地提洛岛则是全体希腊人的圣地，岛上的神庙与位于中希腊的特尔斐阿波罗神庙为香火最旺的两座神庙。阿耳忒弥斯为月亮神。波塞冬是宙斯的兄弟，司海洋以及春天、河流等事务。赫斯提与得墨忒耳是宙斯的姊妹，前者司家宅的圣火，后者是农业之神。阿瑞斯是宙斯与赫拉之子，为战争之神。阿佛洛狄忒是宙斯与狄奥奈的生女，专司爱情，与罗马爱神维纳斯为同一人。赫尔墨斯是众神使者，亦是牧人之神。赫菲斯托斯是火神，宙斯与赫拉之子。

古希腊宗教的突出特点是神与人不仅同形，而且同性。神和人的差别仅在于神的不朽和某些超人的能力，而性格、为神处世却完全和俗人一般无二。神也有七情六欲，有人所具有的各种恶习和美德，如自私、褊狭、妒忌、吝啬、狡诈、懦弱和慷慨、大度、磊落、诚挚、执着、勇敢等。在希腊人那里，神的世界只是人的世界的再现。希腊宗教对希腊人的日常生活、思维和行为方式产生巨大影响，促使希腊人形成独特自主的民族品格。

希腊神话与原始宗教同是原始社会末期的产物，二者密切交织在一起，又各自保持了相对的独立性。希腊神话和一般宗教宣传不同。后者总是竭力证明神的万能，人在神面前的软弱无力，诱导人们对神的迷信。而希腊神话却鼓励人们同神的意愿和命运抗争，力求成为自己的主宰。丰富的神话是聪慧的希腊人的创造，也是希腊艺术成长的肥沃土壤。

二、哲学

希腊哲学是西方哲学的本原，西文"哲学"一词出自古希腊文"菲罗索菲亚"（philo-sophia），意为"爱智"。对希腊人来说，智慧不是感性认识，而是关于事物的原因和原理的知识。希腊人的哲学思维是在古风时代形成的。按照古希腊思想家的看法，哲学的产生需要如下一些条件：第一，惊异，即看到事物有惊异感，有提出问题、穷根究底的能力；第二，闲暇，即有从事脑力劳动的物质条件；第三，自由，即思考的自由。古希腊城邦的形成，奴隶制的发展，相对民主和自由的社会环境以及缺乏系统、严格的宗教教条和宗教伦理为希腊哲学的产生和高度发展创造了前提。

希腊最早的哲学是自然哲学，即对于自然界本身的探讨和解释，与人生没有关系。米利都的泰勒斯（公元前7世纪末—前6世纪初）是第一位自然哲学家。他认为水是万物的始基，一切生于水还于水，大地漂浮在水上。这种认识是一种高度的抽象，创立了用自然本身的物质去说明自然的唯物主义世界观。在哲学史上他被誉为"哲学之父"。阿那克西曼德（约公元前610—前546年）沿着导师泰勒斯开辟的道路提出世界本原是一种抽象的无限，只有无限才能永恒存在，无限在运动中产生矛盾，如冷与热、干旱与潮湿等。这就把世界万物统一到一个相同的概念之中，比泰勒斯把许多不同事物抽象到一个具体概念中有了很大进步。阿那克西曼德的学生阿那克西美尼（约公元前588—约前525年）则认为，世界的本原是空气，它的膨胀和收缩产生了世界万物；一切都在永恒的空气中发生和转变，其中也包括神灵。这三位早期哲学家均是米利都人，且保持着师承关系，因而被称作"米利都学派"。公元前5世纪初，波斯毁灭米利都后，米利都学派也随之消失，但这一学派的历史功绩不可磨灭。泰勒斯等人力求从自然本身去解释自然现象根本原因的做法开创了一种与神话和宗教根本不同的思维方式，这就为哲学的发生与发展创造了先决条件。

继米利都学派之后有"毕达哥拉斯学派"。毕达哥拉斯（公元前580与前570之间—约前500年）是萨摩斯岛人，后迁移至意大利南部。他是目前所知的第一个使用"哲学"一词的人。他自诩为爱智者。在他看来，有人活着为名，有人活着为钱，还有少数人不为名不为利，为自己做出最好的选择，这就是专注于思考自然，增加才智，做智慧的人。这种人就是哲学家。在这里，毕达哥拉斯把哲学视为一种人生方式和高尚的境界。毕达哥拉斯是数学家，在寻找世界万物本原和变化动因时特别强调数，认为抽象的数是万物之本，由数而有形，由形而有物。数比米利都学派所倡导的物质本原更具有严格的确定性，如万物可以量化，可以说1个苹果、2张桌子、3个人等。毕达哥拉斯的这种用事物属性数字来说明一切的做法并不成功，却表明人的抽象思维已达到了普遍性和规定的高度。在用数来解释世界的同时，毕达哥拉斯还发展了由米利都学派最初提出的朴素的对立统一的辩证关系，赋予数更多的含义。他认为有10类对立物，如奇数和偶数、右与左、雄与雌、明与暗、静与动、善与恶、有限与无限等，对立面的和谐统一就是数的和谐统一。毕达哥拉斯学派特别强调和谐统一，把它作为其哲学的最终追求。他们本身也是这样实践的。他们用苦行来力求达到完美的做人境界。这种和谐论在社会领域有很大市场，代表人们在社会斗争中的一种态度，即中庸、调和思想，在古希腊和后来的古罗马有相当的影响。

赫拉克利特（约公元前540—约前480与前470年之间）的朴素唯物主义同米利都学派和毕达哥拉斯学派不同，赫拉克利特是位脱离社会政治活动的古代专业哲学家。他虽出身名门，也无痛苦的政治失意经历，却甘心过一种淡泊的生活，全身心地从事哲学问题的研究。他的关于世界基质的重要论断继承了米利都学派朴素唯物主义的思想，认为"世界是包括一切的整体，它不是由任何神或人创造的，它过去、现在和将来都是按规律燃烧着，照规律熄灭着的永恒的活火"。在他看来，世界万物之间存在着普遍规律，他把这一规律称作"逻各斯"。逻各斯易于隐藏，大多数人对它视而不见，但又随时遇到。人们智慧与否的衡量尺度就是能否认识逻各斯。博学的人不是智人、哲人，因为他们只是博闻多见，掌握了感性知识。智慧的人照真理行事和统治，懂得驾驭一切事物。这样他就提出了普遍规律、感性认识和理性认识两种认识能力的命题。赫拉克利特思想中闪烁着智慧之光的地方还有辩证认识。他的著名格言有"一切皆流""一切都在变""人不能两次踏入同一条河流""太阳每天都是新的"等。他还提出，一切转变都有一定的尺度或条件，都是由事物内部的对立面的冲突、斗争达到一定程度后产生出的一种结合与和谐；和谐受到破坏便转化为新的事物。这些思想是对辩证法的极妙说明。

古希腊最早的唯心主义哲学是由"爱利亚派"明确表达出来的。毕达哥拉斯的思想虽有唯心的成分，但分野并不清晰。爱利亚派得名于意大利南部岛屿爱利亚，其代表人物为巴门尼德（约公元前515—约前445年）、芝诺（约公元前490—约前436年）。巴门尼德反对赫拉克利特的两种认识观，认为"一切皆流"之类的辩证认识只是感性认识或经验认识，没有从思想上说明道理，因而只是一些假象；把握真理必须同感性经验相脱离，依靠纯粹思想、逻辑思维；只有思想是真实的，是达到真理的唯一道路。这种主客观相分裂的认识标志一种与原始朴素哲学不同的新哲学形态，即逻辑思维的出现。巴门尼德是第一个明确划分出思维与存在的区别的人。他认为世界明显地分为两部分，一部分是人的主体认识，另一部分是作为人们认识对象的客观世界。在主体认识方面又分作两种，一为感官经验，巴门尼德称之为"意见"；一为思想认识，巴门尼德称之为"真理"。他的哲学思考就建立在两种认识的对立的基础上，而不是赫拉克利特的对立统一。在他看来，真理性认识表现在"存在就是存在，不存在就是不存在"，绝不是赫拉克利特那种既存在又不存在，一切都向自己的对立面转化。他认为赫拉克利特的这种思想只是意见，是虚假的感觉。他还认为，我们经验感受到的外部世界千变万化，处处呈现出不真实；与之对立的必有一个真实的世界，纯粹的存在，它只能通过逻辑思维去发现，所以人的精神思维就等于纯粹的存在。巴门尼德是主观唯心主义的最早的主要代表，他的思维方式使希腊哲学达到逻辑思维的新高度。

由于爱利亚派的出现，哲学解释上的唯物和唯心、运动和静止的分野开始明确化。唯物就是世界的本原是物质，物质决定精神，存在决定意识；唯心就是认为人的思考法则即逻辑思维规律高于物质存在，客观存在需要思维来确定，思维不通就不可能存在。这种基本的分歧贯穿着西方哲学的始终。

在巴门尼德之后，就唯物论而言，最杰出的人物是德谟克利特(约公元前 460—约前 370 年)。德谟克利特是色雷斯阿布德拉城人，一生著述宏富，但所传不多。他的哲学的基本内核是原子论。他认为，宇宙的本原是原子和虚空；原子是物质，内部无空隙，不可再分，构成世界上的一切事物，原子和原子之间只有量的多少，无质的差异，如太阳和月亮均由光滑和球形的原子组成，灵魂也由此构成。"没有东西能从无中所生，也不能消失于无。"各种物质现象的变化、生灭均是原子在空间的排列不同所致。原子论把唯物主义思想向前大大推进了一步，摆脱了过去唯物主义的感性色彩，如空气、水等，找出了超感性的物质概念。德谟克利特的虚空是个更具创造力的概念。他并不认为原子充满宇宙，而认为在原子与原子之间、原子集团和原子集团之间有很多空间，这是一切事物存在的条件，因为空间只有处于虚空状态，事物才可置身其中；虚空中的原子运动以旋涡形式进行，原子在旋涡中机械位移，排列组合，从而产生世界万物。德谟克利特的原子论第一次给作为一切现象的基础的物质提出了一个相当清晰的物理学上的本体概念，理论的严密性和确切性超过前人，因而他的哲学是古代唯物主义哲学发展的高峰。在德谟克利特之后，古希腊的唯物主义哲学趋向没落，而唯心主义哲学则随着苏格拉底、柏拉图哲学的发展而逐渐占据了优势地位。

图 5-9　苏格拉底像

苏格拉底(公元前 469—前 399 年)是开创希腊哲学研究新方向的划时代的思想家，他把研究对象从自然转向了社会和人类的内心世界，专门探讨人类的心灵智慧与活动能力，注意政治、道德、社会、人生的基本问题，在西方人的生活领域竖立起一座真善美的理想宫殿。虽然这是唯心主义的追求，却显示了人类在精神上的勇敢探索。从此，人自身成为哲学研究的中心，希腊哲学开始迈向一个新的高峰。苏格拉底是雅典一个雕刻匠的儿子，出身贫寒，但崇尚知识，多方求学，逐渐成为具有全面文化修养的哲学家。他述而不作，没留下任何著作，其思想主要见于他的两个学生柏拉图和色诺芬的作品中。他认为放弃对人自身的探讨而去研究自然是愚蠢的，是不守本分的，所以他的哲学追求便集中在认识人自身上。他提出的命题围绕人的精神修养，如什么是幸福、美德、真理、正义等，其中所贯穿的一个最严肃的主题就是说服人们不要专注于对身外之物的追求，而应去改造自己的灵魂，追求真理和智慧，成为道德完善的、真正的人。他在雅典法庭受审时曾对同胞大声疾呼："雅典人啊！我尊敬你们，热爱你们。我要教诲和劝勉我遇到的每一个人……你们不能只注意金钱和地位，而不注意智慧和真理。你们不要老想着人身和财产，而首先要改善你们的心灵。金钱不能买到美德，美德却能产生一切美好的东西。这就是我的教义。无论你们怎样处罚我，我决不改变自己的信仰。"①因此苏格拉底的哲学是道德哲学。他的讨论虽以唯心主义为出发点，但包含着许多合理的内核。例如，他有着辩证的认识，认为真理总是具体的，具有相对性，在一定条件下可以向反面转化；再如，他认为讨论中的问答方法，即辩证法最初的含义，是通过反复问答，揭示对话者的自相矛盾之处来达到正确认识。他强调知识的作用，强调理性，要求人们用自己的思想、自己的内心世界去了解外界事物，发现真理，并提出概念在认识中的作用，确立了一系列概念范畴。他的思想对后世西方哲学有深远影响。

图 5-10 柏拉图像

苏格拉底的学生，也是其思想的忠实继承人柏拉图（公元前 427—前 347 年）出自雅典贵族家庭，生逢希腊城邦危机初现的时代，曾力求用自己的哲学拯救国家和社会。后致力于教书育人，留下大量著作。主要作品以对话体写就，著名的有《申辩篇》《会饮篇》《理想国》等，内容涉及哲学、政治伦理、教育问题。他的哲学思想是一个庞大的体系，其核心为"理念论"，其他理论均以此为基础。在他看来，世界分为感觉中的自然世界和理念中的超自然世界两部分。由于感知的世界总在不停地变化，人们对它的认识因时、因

① ［古希腊］柏拉图：《申辩篇》，28A 以次。

地、因人、因情而异，因而感觉世界是不真实的。唯一真实的是永恒存在的理念世界，而感受到的现实世界只是理念世界的反映。比如，说少女和鲜花美时，必先有一个美的概念在判断者心中，这一概念又一定和美的总体概念相一致，因而在判断者的身外必定有一个绝对美的理念。美如此，真与善亦然。一切具体事物和抽象事物都有理念。理念是世间万物的原型，万物是理念的摹本。他倡导对永恒的真善美亦即理念世界的追求，后来人们往往把追求纯精神的唯理主义行为称作"柏拉图式的行为"。柏拉图否认现实世界的真实性和感觉经验的可靠性，认为理念是人心之外的一种实体，真理认识只能靠对它的直接感悟，所以他的哲学是客观唯心论。他的理念论用于现实社会的改造，便产生了他的理想国的设计。他的哲学认识论成为西方唯心主义的主要思想来源。

亚里士多德（公元前 384—前 322 年）是集古希腊科学文化知识之大成的渊博学者，哲学是他最擅长的领域。他师从柏拉图 20 年，一度任马其顿国王亚历山大的教师，后回雅典办学。其著作传说达千卷之多，大多散佚，现存 162 卷，包括《形而上学》《物理学》《气象学》《政治学》《伦理学》《修辞学》《范畴篇》等 47 部，其中有些作品可能是赝品。他是现代许多科学门类的奠基人，哲学到他的手里才真正成为一门独立的学科。在他的著作中，希腊哲学的爱智与深思精神被发展到顶峰。他的哲学与他的导师柏拉图的哲学的关系是批判与继承的关系，其中的批判要多于继承。他有句科学认识史上的名言——"吾爱吾师，吾

图 5-11 亚里士多德像

更爱真理"，反映了他的真理高于一切的信念。他的哲学认识论是从批判柏拉图的理念论开始的。他在《形而上学》中认为自然界是客观的、真实的存在，人们的认识来自对客观世界的感觉，没有感觉就没有知识。他把柏拉图的理念比作一种拟人的神灵，正如神是神化了的人一样，理念不过是永恒化了的自然物体。在批判柏拉图的理念的同时，亚里士多德确立了他的形而上学的原因论。他认为宇宙万物的生成、发展系由四种原因所致：质料因、动力因、形式因、目的因。这不仅表现于人工的制造物中，而且表现在自然万物的产生之中。他根据无穷后退不可能的推理原理得出第一原因或第一推动者只能是没有质料的形式，或者称之为"神"。但这个神在亚

里士多德眼里实际是一种以精神为实体的东西，现实的思想活动是神的生命。在这里，神不过是一种探索不已、往复追寻的精神的代名词。亚里士多德还是逻辑学的创始人，他把逻辑学看作哲学的一部分，提出归纳和演绎两种方法。前者由个别到一般，后者由一般到个别。他的研究便是先从收集大量材料开始，通过严密分析、归纳、概括、推理而得出结论。这就与柏拉图的令人捉摸不定的神秘方法明显有别。

在马其顿统治时期，由于强权的威压、公民集体的解体，社会持续动荡，哲学思想趋向抑郁、消沉，缺少对社会的关心，注重心灵的恬静，形成一些打有时代鲜明烙印的思想流派。

伊壁鸠鲁（公元前341—前270年）是晚期希腊唯物主义流派的杰出代表。他是雅典移民的儿子，长期在雅典任教，在哲学认识上独具慧眼。他继承德谟克利特的原子论学说，但在具体解释上有所不同。他认为原子不仅如德谟克利特所说有形状和大小的区别，而且有重量的差异。原子在自上而下垂直降落时会因原子内部的原因发生脱离直线的偏斜，与其他原子发生冲撞，由此结合成世界万物。他还认为灵魂是物质的，由呼吸与热之类的微粒组成。在认识论方面，他强调感性认识的作用，认为一切感官都是真理的报道者，感觉是人类认识的来源，感觉无所谓错误，它始终是真实的，错误在于人们对感觉所做的解释与判断的偏差。他的人生观比较消极，认为快乐就是善，是人的最终目的。但他所指的快乐并非肉体感官的愉悦，而是指身心没有痛苦和纷扰。他主张人们在追求个人的欢娱享受时要以不损害国家和社会的利益为原则，国家的宗旨则是保障公民的生活幸福。

与伊壁鸠鲁派同时的一个影响深远的哲学派别是斯多葛学派。它的创始人是塞浦路斯岛人芝诺（约公元前336—约前264年）。芝诺年轻时就像许多知识分子一样移居文化中心雅典，长期在市内的画廊向游览者宣讲自己的思想，争取到许多信徒，人们于是把这一流派称作"画廊学派"。而画廊的希腊文音译是"斯多葛"，故有斯多葛主义一说。斯多葛主义一直流行到公元6世纪，其间内容不断发生演变，唯心论的宿命论色彩越来越浓厚。早期斯多葛派有唯物主义的倾向，如在自然观上把世界的本原归之于火，随之有气、水、土其他元素，最后一切为火所灭，开始新一轮的往复循环。这种火的本原说以及循环论的思想与赫拉克利特的观点相同。在认识论上他们支持唯物论的反映论，认为知觉是外物在心上造成的印象，对业已获得的知觉进行回忆就形成观念。他们也同意赫拉克利特关于世界是发展运动的观点，但又认为运动的决定因素或者说动力是世界理性，这是一种严格的必然性，实际就是命运。所以斯多葛派在社会人生方面宣扬克己修身、恬淡寡欲、服从命运的哲学，唯一的善就是德行。

三、文学

最初的古希腊文学同世界其他地区的文学一样是口头文学，表现为史诗、神话传说、寓言之类的形式。其形成的时间很难稽考，目前确切可知的最早作品是源于荷马时代的《荷马史诗》。《荷马史诗》起初是零散的片段，约在公元前 9 世纪或至迟在公元前 8 世纪大概由荷马系统编成，完整的定本则出现在希腊字母文字发明以后的公元前 6 世纪。史诗包括《伊利亚特》与《奥德赛》两部长诗，前者叙述亚该亚人联军远征特洛伊的一段跌宕起伏的故事，由主人公阿喀琉斯的愤怒提出西方文学中的重要主题之一——感情和理智的冲突，后者写战争生还者奥德修斯返家路上的传奇经历。由于情节生动，文辞优美，伦理亲切，史诗成为最受古希腊人欢迎、最有影响的文学作品。公元前 8 世纪末至公元前 7 世纪初的彼奥提亚诗人赫西俄德的作品《神谱》与《工作与时日》也

图 5-12　荷马像

属于史诗。《神谱》主要写希腊诸神灵的家系，给相传已久的众多神祇编排了一个整齐的系统。《工作与时日》则似一部农书，以劝诫口吻讲述一年四季的农事，风格与浪漫的《荷马史诗》截然不同，完全是现实生活的写照。继赫西俄德开创写实之风后，希腊出现一批写实诗人，其作品感怀伤神，抒发心境，为古风时代新旧交替时期贵族们的心态留下了珍贵的记录。这些诗歌的形式多样，包括抒情诗、哀歌、短长格诗。除格式有所不同外，抒情诗用希腊特有的竖琴伴奏，哀歌以笛伴奏，短长格诗较自由，带有嘲讽的味道。梭伦、提尔泰的政治诗，女诗人萨福的爱情诗是其中的佳作。由于古代书写和阅读材料的局限，朗朗上口、易于记忆的诗歌成为希腊文学创作形式的主流，即使是其文学发展的最高形式戏剧，也仍然以诗歌为语言表现形式。

公元前 6 世纪出现散文记事家，以文字记录的故事与口头故事相对应。

他们的作品内容博杂，历史、地理、风情、神话、传说混合在一起，但因天灾人祸仅传下来一些只言片语。对后世很有影响的《伊索寓言》也可能是在这个时候编成的散文故事。

进入古典时代，希腊城邦的繁荣，民主制的发展，促使群众性的文体活动广泛与经常地开展，尤其在雅典，节庆和赛事终年不断，对古代人来说最能恰当地宣泄情怀的戏剧便应运而生。希腊人创造出悲剧和喜剧两种形式。悲剧多取材于神话传说，剧中人自然多半是半人半神的英雄人物。但由于剧作家赋予剧中人真正的人的情感，赋予其人性的光明与阴暗的方面，力求表现人类同命运、邪恶、不公正所进行的顽强斗争，因此实际表现了人们普遍关心的问题；再加上优美、精练、富有哲

图 5-13　伊索和狐狸

理、带有韵脚的台词，曲折生动的情节，往往会产生震撼人心的艺术效果。

希腊悲剧产生于雅典狄俄尼索斯节的庆典活动。每年春季葡萄刚吐嫩芽、田野出现鲜花时，雅典人便要举行盛大的迎接酒神狄俄尼索斯的游行与歌咏活动。游行行列中的合唱队围绕供奉着献给酒神的牺牲——山羊的祭坛载歌载舞，所唱歌曲为《山羊之歌》，是为希腊悲剧一词的原生义。另有一说，合唱的人们身披羊皮演唱歌颂酒神的颂歌，并伴以手势和舞蹈，于是产生了悲剧（"山羊之歌"）的概念。当然起初这个词并非意味着后来真

图 5-14　埃斯库罗斯像

正意义上的悲剧。由于合唱队在演唱中要常有一人出列指挥，同时头戴面具，手舞足蹈地表演做相，嘴里念着有关酒神的传说，并不时与合唱队员进行对话，这就出现了最初的演员和戏剧效果。据说第一个发明这种表演方式的是梭伦的同代人泰斯皮斯。但真正确立悲剧为一种文学艺术形式的是埃斯库罗斯（约公元前525—前456年）。他为演出增加了第二位演员，创作了演员之间以及演员与合唱队之间富有故事情节的对白，并为演员设计了道具、服装、布景以增加效果。他还常常亲自充当自己悲剧中的演员、合唱队长，直

接从事表演实践。一般认为他是悲剧的真正创造者，有"悲剧之父"的美称。

悲剧产生后先是在空地上演出，后来为了便于观看又发展到一处高台之上，最后进一步发展成半圆形剧场。标准的剧场都建在斜坡上，观众席像一把打开的折扇，下面是一个圆形的舞台。自古典时代起，剧场就和体育场一样是希腊城市的必不可少的组成部分。悲剧产生后深受公民喜爱。雅典国家大力推广和鼓励戏剧创作和演出，每年举办两次戏剧节，每次上演 3 名作家各 3 部作品，由评委会选出 2 名优胜者予以奖励。在民主富有生气的时期，雅典国家甚至还给观剧的公民发放观剧津贴，因此促成了悲剧的繁荣，使其成为戏剧的正剧。

图 5-15　雅典剧场

悲剧的演员通常不超过 3 人，再加上 12～15 名合唱队员。在特殊情况下有时也用 4 名演员。合唱队员的主要作用是代替幕布，唱一支歌则可能发生时间、地点的变化。台前的演员往往要同时演几个角色，所有演员都是男性，女性角色由男性替代。演出中有面具和戏装。

古希腊最著名的悲剧作家除了埃斯库罗斯外，还有索福克勒斯（约公元前 496—前 406 年）与欧里庇得斯（约公元前 480—约前 406 年）。埃斯库罗斯共写过 70 出剧，现存 7 出，著名的有《被缚的普罗米修斯》，颂扬抗拒命运、不畏强权、舍己为人的高尚品德。他的《波斯人》一剧则真实地描述了萨拉米斯海战中希腊人冲天的爱国主义和英雄主义精神。索福克勒斯写过130出剧，流传下来也是7部。代表作《俄狄浦斯王》写主人公俄狄浦斯不愿屈服于命运的安排，经历了各种曲折，但仍未能逃脱命运的捉弄，杀父娶母，在痛苦的煎熬中他刺瞎双眼，至荒山野岭受苦赎罪。欧里庇得斯据说共有93部作品，其名剧《美狄亚》描写女主人公深爱自己的丈夫，但丈夫却有了新欢，抛弃了她和孩子。于是，她由极爱转为极恨，不仅杀死丈夫的新欢，而且杀掉了她同丈夫所生的子女，实现了悲剧的结局。

在悲剧产生之后，雅典又衍生出一种与悲剧相对的形式——喜剧。喜剧题材现实性强，多是政治讽刺剧或生活讽刺剧，可作为史料使用。喜剧演员也不超过3人，合唱队员为24人。希腊最杰出的喜剧作家是阿里斯多芬(约公元前448—前380年)。公元前427年他开始写作，相传著有44部剧本，现存11部，其中4部是否他的作品尚有疑问。11部剧包括《阿卡奈人》《骑士》《云》等，这是仅存的希腊喜剧的完整剧本。此外还有其他剧的片段流传下来。他的作品政治倾向性强，直接批评一些与之同时代的思想家和政治家，嘲弄政客与社会不公现象，是一幅雅典社会、政治、思想文化生活的风俗画。其写作风格自由奔放，融雅致、诙谐、辛辣为一体，创造出适于舞台表演、性格突出的表演形式。

希腊化时代的文化中心移至亚历山大里亚。专制的兴起使文学家们失去了自我；文学作品贵族化，丧失了积极参与政治和社会生活的气息，注重描写恬静的田园、优雅的家庭及爱情故事，矫饰多于率真。这时最著名的剧作家是米南德(约公元前342—前291年)。他著有105出喜剧，但只有极少数流传于世。此外，被誉为"牧歌之父"的叙拉古诗人忒奥克里托斯(约公元前310—前250年)创作出了美丽的田园诗。

四、史学

古希腊史学是西方史学的开端和最初的发展时期。在古希腊历史上出现了一大批出类拔萃的历史学家，他们提出了至今仍然有效的史学理论、方式、方法，使史学成为古希腊思想文化领域中最富有成果的部门之一。

古希腊史学的本质特征是对历史真实的追求。恢复过去人们活动的真相，发现历史现象背后的原因，不仅是优秀的古希腊史家力求达到的目标，而且是评判他人史学著作质量的首要标准。后来印欧语言中的"历史"一词出自古希腊文 historia，而后者又是从古希腊 histor 一词衍生而来。histor 的原意是了解真相和公正的人。因此古希腊史学的精髓从一开始就是客观公正，求真求实。

公元前 7 世纪，古希腊发生了从神本主义到人本主义的知识革命，小亚细亚西海岸的希腊殖民城邦是这场知识革命的发源地。哲学之父泰勒斯首先确立起反思、批判的自我意识，通过观察到的事实，对以往的思想、习惯和环境开始质疑、探究和清理。随后，被称作记事家的第一批历史学家在小亚细亚脱颖而出。

哲学和史学在时间上的这种前后关系可能暗示哲学与史学存在着某种思想的传承或变异的关系。米利都的泰勒斯等人在建立自己的新世界观时都利用了连续的时间观念和观察到的事实，首次把调查与研究的结果用散文形式尽可能客观地记录下来，并将它们置于一定的时序联系之中，从而在诗歌之后产生了新的表达形式——散文以及从事散文写作的散文记事家。他们在创造出不再考虑韵脚的散文和寓论断于叙事的表达方式的同时，也创造出了人们自我反省的新认识形式——史学。

最早的 3 位记事家是米利都人卡德姆斯、狄奥尼修斯与赫卡泰奥斯。但遗憾的是，三位史学先驱的作品都没有保留下来，我们只是从后期人们的作品中知道了他们的作品及个别片段。

在记事家或早期的历史家中，把记事明确规定在历史体裁范围内的还有列斯波斯人赫拉尼库斯(约公元前 496/495—前 400 年)、兰萨库斯人查隆(生活在公元前 5 世纪前半叶或中叶)等。公元前 1 世纪后半叶的史学家哈利卡纳苏斯人狄奥尼修斯曾列举过一个早期史家的名单，除赫卡泰奥斯等人外，还有另外 10 人的名字。在名单末尾狄奥尼修斯特别补充道：另有"其他许多人"[①]。在几乎同一个时间段里涌现如此众多的私人历史学家可谓史学早期史上仅有的现象。

希罗多德是第一位有完整作品传世的记事家，从这个意义上说，他是西方史学史中的里程碑式的人物。古罗马学者西塞罗称其为"历史之父"。

希罗多德的《历史》一书由众多引人入胜的故事串结而成，虽然具有整体构思，围绕希波战争的缘起和过程展开，但因不同民族、地区的故事并存，互相之间的联系并不紧密，结构因此显得较为松散，反映早期史学家还不善于把握主题、驾驭史料和赋予叙述以合适的史学形式。它实际上是

---

① ［古希腊］狄奥尼修斯：《论修昔底德》，5。

一部采用曲艺形式表达重大历史事件的史书，具有愉悦公众的功能。

希罗多德对古希腊史学有不少开创性的建树。他明确提出了治史的基本任务或目的即记载和解释人类的活动，尤其是重大功业，说明它们的因果关系。他还提出了不轻信人言的史料批判原则。在对历史事件因果关系的解释上，希罗多德倾向于单线单因、善恶报应和命运决定论的处理方法。在事件发生的根本动因问题上，他显露出古希腊大多数思想家的局限性。但是当他有可能在社会内部找到一个事物产生的合理原因时，他便努力避开神灵和命运的干预，提出自己的解答。

图 5-16 希罗多德头像

希罗多德之后的修昔底德是西方史学史上最令人敬重的史家之一，他的史著《伯罗奔尼撒战争史》浸透着冷峻的客观主义治史精神，为西方史学牢固地确立了求真求实的治史宗旨和判断史学成就高低的基本标准，体现了西方古典史学的最高成就，始终是西方史学宝库中的一部经典。

《伯罗奔尼撒战争史》不像通常的史书。一般史作多是政治家曾经沧海之后的往事回忆，而《伯罗奔尼撒战争史》则是古典史学中唯一一部同步记载个人参与的事件和人物的"现场记录"。根据修昔底德的交代，他在战争刚开始时便有了撰写此书的念头，并且立即付诸实践，断断续续至少写了27年。

修昔底德是西方史学史上第一个提出严格的史料批判原则的人。他认为对一切史料都不能轻信，甚至对曾经亲自参与过某个历史事件的当事人或目击者提供的证词也不能轻易采信，必须经过一个证实或证伪的检验过程。

修昔底德明确提出了历史认识的重要社会功能，就是为现实和将来人的活动提供参照，也就是我们常说的取鉴经世、鉴古知今的价值。在他看来，历史之所以具有借鉴价值，原因在于不变的人性，修昔底德已经意识到在不同时代发生的不同事件之间存在着有机联系，具备着人性的统一性，而这正是他认为历史具有重大实用价值的基本原因。

《伯罗奔尼撒战争史》是西方史学史上贯彻客观主义精神最为彻底的少

数史著之一。书中浸透着颇为难得的客观中立精神，每一事件的前因后果及过程的叙述都使用非常平实、白描的语言，尽量避免做过多的个人评判和文辞渲染。

修昔底德是雅典人，他的作品主要以雅典为记载对象，因此书中带有爱国主义情绪应该是可以理解的。然而，如果不是书内第一人称的介绍，或读者事先获得的知识，便很难察觉作者是雅典公民和爱国者。对于修昔底德来说，雅典首先是他的研究对象，并不比他的死敌斯巴达在道义上占什么便宜。

修昔底德的难能可贵之处还在于他的人本主义历史观。他的书中没有给超自然的力量任何位置，无论是和平时期还是战争时期发生的事件，都完全是人类自身活动的结果，与神和命运没有关联，所以他在寻找事物发生、演化的原因时便着眼于人的心理活动与社会活动。他是古代西方第一位把经济因素作为社会历史发展动因之一的历史学家。在《伯罗奔尼撒战争史》第1卷中，他把定居、城市、劫掠、战争等历史现象同经济发展的一定阶段相联系，从而表达了关于历史进步、今胜于昔的基本思想。至于一个城邦内部的政治斗争，修昔底德认为出自人的劣根性，即"由于贪婪和野心所引起的欲望是所有这些罪恶产生的原因，还有人们卷入党派之争后产生的狂热"①。

《伯罗奔尼撒战争史》的结构与陈述形式较《历史》成熟许多。它以战争过程为内容中心，严格按照时间顺序平铺直叙，遣词用句简约精练，准确畅达，风格深沉遒劲，善于运用白描的手段、恰到好处的强烈对比表现惊心动魄的宏大历史场面。他的关于雅典大瘟疫和西西里远征的悲剧性描述，关于科西拉党派之间你死我活的权力之争的刻画，均是历史叙述方面的大手笔。

修昔底德之后的希腊史学在很长一段时间里深刻不足，却广博有余，出现了新的传记体、回忆录体、泛希腊史体裁，产生了系统观察和认识历史的方法。其中最为著名的史家是雅典人色诺芬。他是古代非常多产的作者，其最好的作品是《长征记》，这是西方史学史上的第一部回忆录。他在此书中显示出高超的叙事才能，善于形象思维，文字简洁准确，行文流畅自如。他把这些个人的能力恰当地通过回忆录体的历史表述形式充分展现

---

① ［古希腊］修昔底德：《伯罗奔尼撒战争史》，Ⅲ，82，8，北京，商务印书馆，1960。

出来。他的《希腊史》是修昔底德的《伯罗奔尼撒战争史》的续篇，它将修昔底德缺失的部分，即伯罗奔尼撒战争后期（公元前411—前403年）的历史补足，并尽力依循修昔底德按夏季和冬季顺序展开叙述的写作方式，为古典时代希腊史的连续性做出了难以替代的巨大贡献。

但色诺芬的史才和史德都不及他的前辈。他对整个希腊史的描写局限于他的亲历记，没有像希罗多德和修昔底德那样长时间广泛地收集史料，而主要依赖自己的经验。由于他对斯巴达国王阿哥西劳和斯巴达充满敬意，他对同时代的不少重大事件，特别是对斯巴达不利的事件或者从斯巴达立场加以解释，或者有意缄默不语。这种为亲者讳、为尊者讳的做法代表着一种与单纯求真求实的希腊史学原则相悖的写作方向，标志着希腊史学追求的复杂化和多样化。

著名修辞家、政治家和教育家伊索克拉底（公元前436—前338年）大概是古希腊的第一位传记作家，他创立了西方史学纪传体写作的新形式。他的《埃瓦哥拉斯传》是对萨拉米斯岛的统治者的一生的赞美词，作者自己也并不讳言赞美的目的。早期希腊的传记大多是著名人物的颂词，色诺芬的《阿哥西劳》也属同一类型。

古典时代晚期和希腊化时代是史家辈出和大作不断的时期，但除了色诺芬的著作是个例外，这两个时期的史作均未完整流传下来。古典时代晚期有两部史作常被后代史学家提到，这就是泰奥庞普斯（约公元前380—？）的58卷本的《希腊史》（又称《腓力王传》）和埃弗鲁斯（约公元前405—前330年）的30卷本的《历史》，均篇幅巨大，一度颇具影响。

希腊化时代最著名的史家是西西里人提迈俄斯（约公元前350—前260年），他的史学巨著《历史》共38卷，编年范围上抵神话时代，下至公元前264年，即提迈俄斯所处的时代。该巨著覆盖空间范围广泛，可谓西地中海地区各个民族与国家的古代通史，包括西西里、迦太基、意大利、西班牙、利比亚、山南高卢以及后起的罗马的历史。由于《历史》内涵丰富多彩，史料翔实可靠，颇得后代史家赞赏，至少到了公元1世纪时还有罗马人读到过这本书。但现在也只剩下了个别断简残篇。

奥林托斯人卡里斯泰奈斯（约公元前360—前327年）是博学多闻、著述较多的史家。在他名下有《弗西斯战争》《波斯志》和10卷本《希腊史》，其中《波斯志》略有残存，涉及亚历山大远征波斯的情景描述。作者是亚里士多德的侄子，经叔父举荐随亚历山大东征。卡里斯泰奈斯谏言不慎，触怒了亚历山大，结果招致杀身之祸，成为古希腊少有的惨遭横死的历史学家。

　　罗马征服希腊与地中海世界之后，希腊优秀史学传统并没有中断。波里比乌斯是希腊化时代与罗马统治早期的最优秀史家，他的代表作是 40 卷本的《通史》，现存前 5 卷及余卷的少量片段。《通史》集中讨论罗马征服地中海世界的原因与过程。在书中，波里比乌斯运用了一些比较合理的研究方法，比如，把研究对象放到普遍的联系中加以考察，首次把罗马的崛起同整个地中海区域的变化连在一起，并在分析原因的时候特别关注几个要素，即怎样发生的(经过)、何时发生的(时间)、为什么会发生(原因)。运用这种层层推演的探究原因方法，波里比乌斯分析了罗马之所以能在群雄逐鹿中脱颖而出，是因为罗马政治体制的优越性。在希腊和罗马史学家中，他首次在史作中利用大量篇幅讨论政体变革的规律和政体的优劣问题。

　　公元前 30 年，最后一个希腊化国家并入罗马版图后，希腊史学与拉丁史学交融在一起，构成罗马时代史学最亮丽的风景线。罗马帝国时期的众多优秀史学家是希腊人，如狄奥多罗斯、狄奥尼修斯、普鲁塔克、阿庇安、阿里安、马尔凯利乌斯。罗马共和国与帝国的历史为后人所知，很大程度上有赖于这些史家的劳动。

五、建筑和美术

　　建筑和美术在希腊是紧密结合在一起的，古代其他地区的情况也与此相同。爱琴文明时期的宫殿建筑体现了古希腊人高超的建筑艺术，但其同后世希腊文明极盛时期的联系并不是很清晰。目前被视为希腊建筑艺术的代表形式均出现于古风时代及其之后，主要体现在公共建筑之上，如各种神庙，正方形或半圆形的、三面配有阶梯状排椅的民众议事堂，半圆形剧场，喷水池和花园，带看台的体育馆和体育场等。在众多建筑中，最能体现希腊人建筑艺术的是神庙建筑，其显著特色是圆柱柱廊和三角形的山墙，以及雕刻艺术的装饰。在古风时代，希腊形成两种标准化的柱式——多利安式和爱奥尼亚式。后来在古典时代还形成了一种新型的科林斯式。其中对后来影响最大的是多利安式。它没有柱基，直接立于建筑物基础的表面；主体柱身部分可以是一块巨石，也可以由多块石料垒砌，上端接有一个圆形柱顶；整个柱身刻有相邻的沟槽装饰，风格古朴庄重。雅典卫城中的帕特农神庙的柱式便采用了多利安式样。爱奥尼亚式有柱基，柱身略显纤巧，柱顶得到美化，呈现由曲线连接起来的两个涡旋或螺旋形。科林斯式是爱奥尼亚式的变体，柱基和柱头更具装饰性。反映希腊建筑艺术的典型代表作是雅典卫城建筑群。它有总体设计，包括不同功用的神庙、城墙、独立的神像、巨大的门厅等一系列建筑。

图 5-17　雅典卫城

　　无论是公共建筑还是私人建筑，都常常伴有各种各样的雕刻装饰，有的雕刻作品还是建筑物必需的组成部分，如神庙中的神像、祭坛。希腊人本主义的社会思想和较自由的创作环境促使雕刻艺术高度发展，达到了古代世界现实主义雕刻艺术的顶峰。希腊雕刻的题材以表现各种形态的神和人物为主，材料则多为大理石、青铜。在古风时代其风格同埃及和西亚的同类艺术作品相似。公元前 5 世纪时，城邦社会生活的活跃，公共建筑的增多，雕刻技术的积累和社会审美能力的提高，要求艺术家创作更多更好的作品，因此人物造型日趋活泼自由，人体比例、线条、神态刻画臻于和谐完美，达到前所未有的艺术高度。希腊最著名的雕刻家是菲狄亚斯(约公元前 490—约前 430 年)、米隆(约公元前 492—前 440 年)、波里克列特斯(公元前 460—前 416 年)。

　　菲狄亚斯是雅典人，伯里克利的好友，在伯里克利执政时期主持了卫城的重建工作，创作了卫城广场上和帕特农神庙中的两尊雅典娜像、神庙前后两面山墙上的巨型浮雕以及四面檐部的浮雕装饰带。他还创作出奥林匹亚神庙中的宙斯像，被誉为古代世界七大奇迹之一。其艺术特点是秀雅自然，高贵完美。

　　米隆也是雅典人，与菲狄亚斯同师，以塑青铜雕像而闻名。其创作题材多样，既有神与英雄，也有运动员和动物，尤擅长刻画运动的人体。他的代表作之一是《掷铁饼者》，表现运动员准备发力投掷前的一瞬间的姿势，极为自然准确。

波里克列特斯是前两杰的师兄弟，同样是善于刻画人体的杰出雕刻家。他在希腊艺术史上是位有突出贡献的艺术家，确立了描绘人体身高、年龄等的一系列基本规则，并著有一部总结性的雕刻理论作品。他的代表作之一是《执矛者》，表现一位裸体运动员肩荷长矛向前行进的情景。这是一尊理想化的健美的男子雕像。

古希腊裸体艺术来自生活。希腊人爱好体育，把锻炼身体作为国防和生活的必需。希腊的夏季气温很高，其他时间也很温暖，人们只需披件简单的羊毛织物，在运动比赛时便随手脱掉，表现出人体的健美和力量。

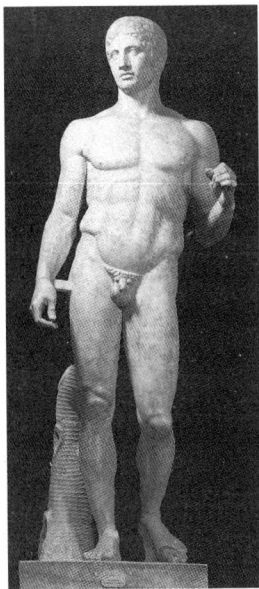

图 5-18 执矛者　　图 5-19 赫耳墨斯与小酒神

除雕塑外，希腊的瓶画艺术也十分出色，如红色彩陶，以红色做底，用黑色线条表现栩栩如生的生活场景、人物活动、神话故事，绘画技巧属古代一流。

图 5-20　米洛的维纳斯

六、科学

古希腊的科学与哲学的分野起初是不清的，科学包容在哲学之中。即使后来希腊人有了具体的数学家、天文学家、医生、建筑师的概念，但始终没有出现一个抽象的科学家的总体概念。如果要找一个一般名称，那就是哲学家或自然学家。

古希腊人对自然界知识的经验性积累从远古时便开始了，至古风时代到达了理性思考的阶段。米利都的唯物主义哲学家同时是最初的、理性的自然科学家。由米利都的学者开头，希腊的知识分子一代代地追求真知，寻找未知世界的答案。爱智的"哲学家"便概括了他们的存在。在希腊人不断认知自然的过程中，可以发现他们有两个较为明显的特点。第一，科学理论与实践的分离。希腊的学者轻视感性的经验，在这方面柏拉图是典型的代表。他们对自然界的研究并不是为了解决生产中的问题，而仅仅是为了对自然有深入的理解，关于生产实践的知识则来自生产者本身的直接经验。第二，科学知识的传递主要不是通过阅读或写作，而是通过知识握有者的言传身教，如天文、农学、冶金、航海、建筑等学科的知识。古代困难的书写条件是造成这种现象的原因之一，所以人们在传授知识与探讨问题的时候总喜欢用交谈的方式或者带学徒的方式。

天文学是古希腊人取得重大成就的一个领域。泰勒斯曾预测过日食，计算出一年有365天，发现了小熊星座，并根据天文学和气象学知识预言一年的农业收成。阿那克西曼德提出月亮的光是对太阳光的反射，太阳则是一团纯粹的火。毕达哥拉斯学派认为宇宙是一个包括各种天体的大圆球，中心有一个火球，圆形的太阳和大地绕中心火球运动，这种关于天体整体运行的推测为太阳中心说奠定了基础。古希腊人还认识到月食的真正原因在于地球对太阳光的遮挡。希腊化时期的天文学家阿里斯塔克（约公元前310—约前230年）第一个尝试测量地球和太阳之间的距离，并正确提出地球的面积小于太阳。他甚至天才地提出太阳中心说，认识到地球和行星围绕太阳旋转并进行自转。埃拉托色尼（约公元前275—前194年）是历史上第一个用正确的数学方法准确测出地球周长和直径的人。他还通过观察太阳高度的变化测量出黄道倾角。

希腊逻辑思维的发展使希腊数学抵达古代世界的高峰。古埃及人和古西亚人虽很早就从丈量土地、建造金字塔、天文观测等实践中积累起丰富的数学知识，但始终未能越出经验性知识阶段。而希腊人却认识到数与形的抽象规定，如点、线、面、边、平行、大于、小于、等于之类因素，从而产生出真正的数学。毕达哥拉斯在西方首先发现勾股弦定理，因而至今西方人仍称之为"毕达哥拉斯定理"。他还指出奇数和偶数的区别，发现了无理数。在他奠定的基础上，欧几里得（约公元前330—前275年）创立的几何学成为希腊人对人类科学的杰出贡献。欧几里得著有《几何原本》13卷，全面系统地总结了前人的数学成果，提出了世界上最早的公理化的数学体系，即从公理和公设出发，用演绎法推出了一个严整的几何学系统。这部书是我国最早翻译的西方名著。埃拉托色尼发现著名的"埃拉托色尼筛法"，可在自然数系列中筛掉所有的合数而留下所有的素数。阿基米德（公元前287—前212年）也是希腊的大数学家，他著有《论球体和圆柱体》《论星图》等著作，正确求出球体和圆柱体的表面积和体积的计算公式，提出抛物线围成的面积和弓形面积的计算方法。他求出圆周率的准确的值，用圆锥曲线的方法解出了一元三次方程。欧几里得的学生阿波罗尼（约公元前262—前170年）进一步提出圆锥曲线理论，并实际论及球面三角和球面几何的问题。

米利都学派很早就试图解释物理学方面的课题，原子论等推测是这方面的突出表现。至古典时代，希腊学者已能在各学科发展的基础上进行初步的理论总结，产生出亚里士多德的专著《物理学》，着重研究物体运动及其规律。阿基米德则把数学引入物理学，准确求证物理学问题的量的关系，使物理学实现了革命性的变革，成为近代物理学方法的先驱。他发现了浮力定律，即阿基米德定律，并首先用严格的数学方法证明了杠杆原理，从而使经常为人们所利用的杠杆有了严格的数学解释基础。

在地理学方面，哲学家阿那克西曼德绘制出西方第一幅地图。埃拉托色尼著有《地理学概论》，对当时欧洲人所能接触、了解到的欧、亚、非三洲的地形、地貌、地质及海洋的分布做了全面研究，首次推测出从西班牙出发，沿同一纬度航行可抵达印度，并利用经纬网络绘制出相对精确的地图。

在生物学领域，古希腊人提出了自己的关于生命起源于自然界的假说。泰勒斯认为万物出自水便是这种假说的最初代表，而现代科学已证明生命是由地球的原始水圈孕育出来的。古代西方最博学的人亚里士多德对生物进行了极深入的研究，他的著作有1/3涉及生物学。他和他的学生对动物进行解剖、分类，准确描述了动植物的形态，提出生物的层次思想，认为生物有高低差别，可以排成从低到高的阶梯，人是自然界最高级的动物，是一朵其他生命均向其看齐的"自然花"。

毕达哥拉斯学派的阿尔克芒（公元前6—前5世纪）被誉为西方"医学之父"，据说他认识到大脑的思维与感觉功能，研究过人体解剖。古希腊最著名的医生是希波克拉底（约公元前460—前377年），他的生命平衡的医学理论和处理内外科病症的经验具有很高的价值。他为医生确立的职业道德仍然是今天医生们所遵循的道德准则。在希腊化时期，解剖学得到长足发展，亚历山大里亚的医生赫罗菲拉斯（公元前4世纪）写有《论解剖学》等著作，注意到动脉和静脉的区别，提出大脑是神经系统的中心，批评亚里士多德关于心脏是思维器官的说法。同为亚历山大里亚学派的赫拉希斯特拉塔（约公元前304—前250年）对医学生理进行开创性研究，详细观察了动脉和静脉的分布，甚至注意到了微血管的状态。他对人类心脏的观察超过以往任何人，准确地描述出了心脏半月瓣、二尖瓣和三尖瓣的位置。

复习思考题

1. 研究古希腊史主要依据的是哪些史料？
2. 希腊的自然地理条件对希腊历史有哪些影响？
3. 古希腊史的基本线索是什么？

4. 希腊城邦有哪些基本特征？与你所知道的其他早期国家有什么不同之处？

5. 斯巴达存在怎样的阶级结构和政治、军事及教育制度？如何看待这些结构与制度？

6. 简述梭伦改革的原因、过程和意义。

7. 简述克里斯提尼改革的内容和意义。

8. 古典时代希腊奴隶制的繁荣有哪些主要表现？

9. 雅典民主政治的基本内容是什么？它有哪些积极意义和历史局限？

10. 希腊城邦危机的表现有哪些？原因是什么？

11. 古希腊人有哪些突出的文化成就？

第六章　上古罗马

概　论

一、意大利的自然环境

意大利是古罗马文明的发祥地。在相当长的时间里，意大利一直是罗马政治、经济和文化的中心。

意大利半岛又称亚平宁半岛。半岛东南西三面皆有海护卫，东为亚得里亚海，南为爱奥尼亚海，西为第勒尼安海；北面是高屹的阿尔卑斯山脉。因受意大利地理位置的影响，半岛的气候属于典型的地中海气候，其特点是冬天多雨而湿润，夏天晴朗而干爽，年平均气温较高，但少酷暑和严寒。这样的气候再加上境内肥沃的土地，使这里的农牧业生产比较发达。意大利因为三面临海，海岸线又长，所以与外部接触和交流的机会较多。

二、古代居民

早在旧石器时代，意大利半岛就已经有居民居住了。大约在新石器时代，利古里亚人又从非洲经过今西班牙和法国一带来到意大利。他们以驯养家畜、打猎和捕鱼为生。不过，以上两部分人都不是意大利未来文明的主要创造者。公元前2000年代初期，有一部分属于印欧语系的部落陆续从北方越过阿尔卑斯山进入意大利。他们创造了意大利的青铜器文化和铁器文化。罗马人的祖先拉丁人显然是这些部落中的一支。

在古代，意大利半岛上居住的居民除了上述创造意大利青铜文化和铁器文化的印欧语部落以外，还有许多其他的种族和部落。伊达拉里亚人和

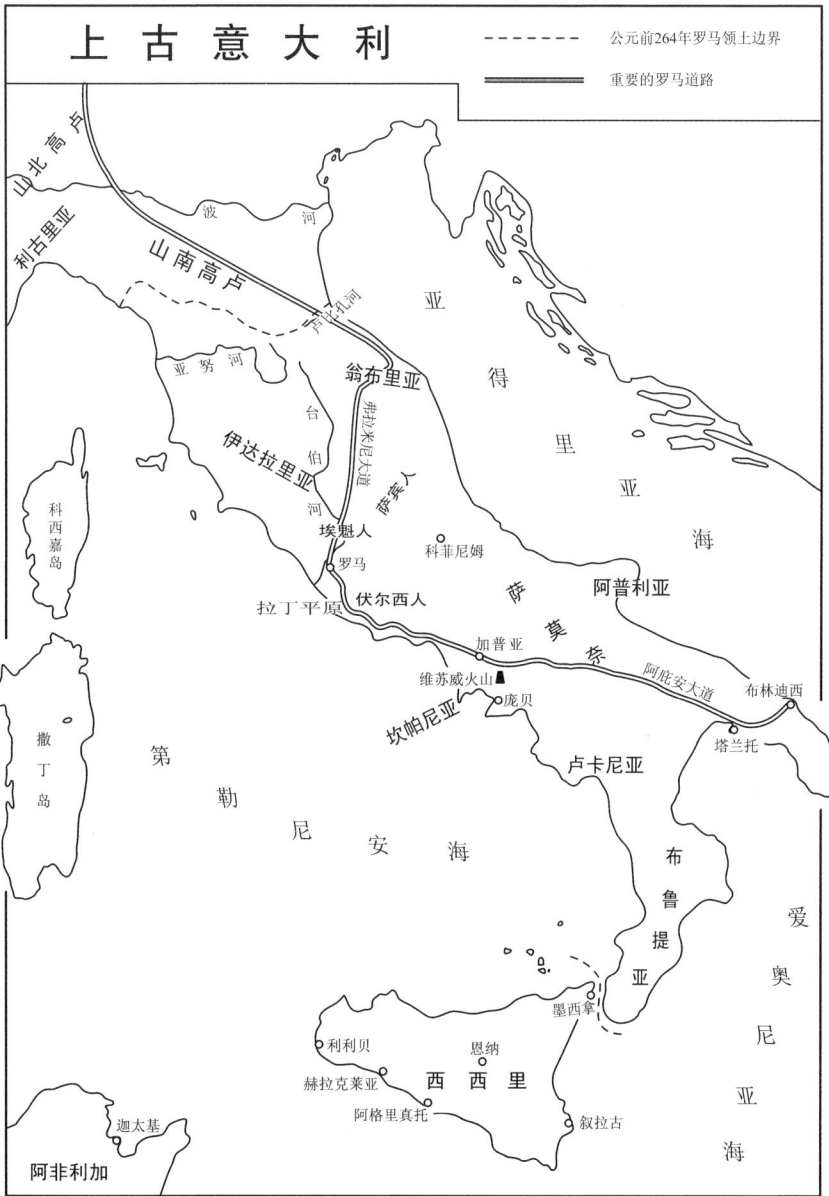

图 6-1　上古意大利

希腊人就是其中最重要的两支。

按照希罗多德的说法，伊达拉里亚人主要来自小亚细亚的吕底亚。他们是公元前 8—前 6 世纪意大利半岛上的一股强大势力，其文明程度远远超过在意大利居住的其他种族和部落。他们的势力范围主要分布在台伯河与亚努河之间的意大利中部，最强盛时期曾扩张至波河流域和拉丁姆地区的罗马。

公元前 8—前 6 世纪是希腊史上的大殖民时代，有一些希腊人从地中海东部来到意大利南部和西西里岛，并在这里建立了许多国家，其中著名的有库麦、叙拉古、塔兰托等。这些国家互不隶属，相互独立，有自己的政府和组织，虽然其文明程度远高于罗马人，但最后还是为罗马所灭，成为罗马的一部分。

三、史料

与世界上古史的其他地区相比，罗马史的史料就显得更为丰富。

就种类而言，罗马史的史料可以分为铭文、官方文件、钱币、古物和文献等几类，其中以古物和文献材料最为重要。

在罗马，完整地或较完整地保存下来的古物资料很多，其中著名的有罗马广场、万神殿、弗拉维竞技场、提图斯凯旋门、图拉真纪功柱和罗马引水渠等。从地下挖掘出来的则更多，如举世闻名的庞贝城，以及丰富多彩的地中海水下遗址。此外，还有许多重要的铭文和钱币。我们从这些实物材料中不但可以看到罗马人过去的生活和生产状况，更能发现罗马从兴盛走向衰落的整个过程。

除了实物资料之外，还有较为丰富的文献资料。保存至今的文献资料既有拉丁作家的作品，也有希腊作家的评述；既有政治家间的书信，也有卷帙浩繁的历史巨著；既有政治史，也有军事史；既有世俗作家的著作，又有基督教或其他教派学者的专著。形式多样、内容丰富。

年代记是古代罗马最早的文献材料，由古罗马大祭司长编制而成。它以每年当选的首席长官或两位执政官的名字纪年，主要记载当年发生的重要事件。古罗马的年代记大约产生于公元前 5 世纪中叶。早期的年代记内容简洁，到公元前 3 世纪以后，年代记的内容才略显详尽。不过，由于时间久远等方面的原因，这些材料只有很少一部分流传下来。

公元前 2 世纪，罗马世界出现了著名的历史学家波里比乌斯。波里比乌斯出生于希腊的墨加罗城，曾参与希腊人反抗罗马人的战斗。失败后，他作为人质被带到罗马，成为罗马名将小西庇阿的教师，亲眼见证了迦太基城的陷落与被毁。他的主要作品是 40 卷《通史》，内容主要包括公元前264—前 146 年希腊、罗马以及地中海东部各国的历史，但保存下来的只有前 5 卷，其余 35 卷只有残篇留传至今。《通史》既是当时的地中海世界史，又是探究罗马成功原因的经典之作。

萨鲁斯提乌斯（约公元前 86—前 34 年）是罗马共和时代的一位史学家。其主要著作有《喀提林阴谋》《朱古达战争》以及晚年写就的《历史》。《喀提林阴谋》主要记述喀提林夺取政权未获成功的过程。《朱古达战争》主要写罗马人与努米底亚国王朱古达之间的战争。从这两部作品中，人们可以看出罗马共和后期政局的黑暗与混乱。《历史》共 5 卷，主要记述公元前 78—前 67年的史事，但遗憾的是只有少数片段流传至今。

朱里亚·恺撒（公元前 102/100—前 44 年）是罗马共和时期的重要政治家，同时又是一位出色的历史学家。他的著作主要有《高卢战记》和《内战记》。《高卢战记》共 8 卷，前 7 卷为恺撒在高卢战余所写，第 8 卷为历史学家希尔提斯续写。此书记述了恺撒经营高卢的经过，书中对高卢的山川形势、社会状况、民族分布、风俗民情等都有详细的描述。《内战记》分为 3卷，系记述恺撒战胜庞培及其党羽的经过。在这两部著作中，恺撒以第三人称相称，是当时人、当事人写当时的历史，有较高的史料价值。

到奥古斯都时代，罗马政局稳定，文化繁荣，历史学也有了很大的发展，出现了许多著名的学者，李维（公元前 59—公元 17 年）就是他们中的杰出代表。李维出生于意大利北部的帕多瓦城，从小酷爱历史。他以毕生之精力，苦心孤诣，编撰了一部具有通史规模的《建城以来史》（简称《罗马史》）。这部著作叙述了从公元前 753 年到公元前 9 年的罗马历史，全书共142 卷，保存下来的只有 35 卷。李维的著作规模庞大、内容丰富，以追溯罗马建城以来的艰辛和不易、激发罗马人的爱国热忱为主线，书中充满了强烈的爱国情怀和对罗马共和制度的高度赞扬。实际上，这是一部罗马公民的发展史。李维在著作中引用了许多古人的材料，对研究罗马早期历史有十分重要的参考价值。

塔西佗（约 55—约 120 年）是罗马帝国早期杰出的史学家。他的主要著作有《编年史》《历史》《阿古利可拉传》和《日耳曼尼亚志》。《编年史》共 18 卷，起于奥古斯都末年即公元 14 年，止于 68 年年末，主要记载了朱里亚·克劳狄王朝 54 年的历史。《历史》共 12 卷，现在保存下来的只有第 1 卷至第 4 卷，以及第 5 卷的一部分，主要叙述从 68 年到 70 年 8 月的历史，以后的数卷皆已失传。塔西佗的这两部著作几乎对 1 世纪的罗马史进行了首尾一贯的叙述，是我们研究罗马帝国早期史最珍贵的文献史料。《阿古利可拉传》是塔西佗为他的岳父阿古利可拉写的一部传记。因为阿古利可拉是罗马征服不列颠的一位将领，他的一生和不列颠有相当密切的关系，所以这部作品对于后人研究不列颠早期的历史有十分重要的意义。《日耳曼尼亚志》主要记述了日耳曼部落在氏族公社晚期的政治、经济和社会生活等情况，描写准确，材料丰富。它是最早一部全面记载古代日耳曼人的文献，对了解日耳曼早期社会的发展有很高的史料价值。

传记是希腊罗马的重要写作形式，而普鲁塔克和苏维托尼乌斯则是罗马帝国时期最重要的传记史学家。普鲁塔克出生于中希腊的克罗尼亚。据说，他曾任图拉真和哈德良元首的教师。他的名著是《希腊罗马名人传》（又称《名人传》），现存 50 篇，用希腊文写成。此书大部分是两人合传，即希腊一人，罗马一人，然后进行两人之间的比较。普鲁塔克在《名人传》中引用了大量的原始材料，并按伦理学标准对各位名人提出了自己的评判意见。因为普鲁塔克记述了不少史实，保存了许多业已散失的史料，所以有很好的研究价值。

苏维托尼乌斯(75—160 年)是罗马帝国早期另一位重要的传记作家。他曾任哈德良元首的侍从秘书，熟悉历代掌故、元首事务。其流传下来的主要著作是《罗马十二帝王传》，从恺撒到图密善的每一位元首都有一篇传记。苏维托尼乌斯的作品保留了很多第一手材料，对于我们研究帝国早期的罗马史特别重要。

阿庇安(约 95—165 年)是 2 世纪最著名的罗马历史学家。他曾任元首金库检察官和埃及总督等要职。其所著《罗马史》共 24 卷，以纪事本末体形式书写，其中有 11 卷完整地保存下来，即西班牙战争、伊利里亚战争、汉尼拔战争、叙利亚战争和米特里达梯战争等 6 卷和内战史 5 卷。内战史 5 卷开始于提比略·格拉古改革，结束于绥克斯都·庞培之死，是现存最重要和最有价值的部分。它几乎包括了罗马内战时期的全部基本史料，是研究罗马史的学者必须认真阅读的作品。狄奥·卡西乌斯(155—235 年)是另一位罗马史学家，他与阿庇安都是希腊人，著有《罗马史》80 卷。

阿米阿努斯·马塞利努斯(330—400 年)是最后一位重要的拉丁史学家。他出生于叙利亚安条克城，用拉丁文写就了一部长达 31 卷的《罗马史》。此书始自 96 年图密善元首之死，止于 378 年的亚得里亚堡之战。遗憾的是前

13 卷已经散失，现仅存后 18 卷。他的著作不但保留了 4 世纪时罗马帝国的大量材料，而且还保存了西方史学家对波斯和匈奴人的许多看法。

除了上述历史文献以外，还有许多作品值得我们注意，如西塞罗的演说集、通信录，奥古斯都的自传，赫罗狄安的《马尔库斯·奥里略以后诸元首史》，狄奥尼修斯的《罗马古事记》，瓦罗的《论拉丁语》等。它们都为我们研究罗马史提供了极其珍贵的材料。

四、史学史

早在文艺复兴时代，人们对罗马史的研究就已经开始了。当时的人文主义者为了反对神权、寻求适合于自身发展的道路，对古代罗马国家和法权的历史特别感兴趣。大约与此同时，在西方学界出现了一股疑古风潮。其代表人物有意大利人维柯。维柯（1668—1744 年）在他的《关于民族共同性的新科学原理》（又译为《新科学》）中证明罗马人在其历史的早期，也有一个"宗教的"和"英雄的"时代，所以在公元前 3 世纪以前的罗马史也只是一部神话和传说的历史。维柯的观点虽然有其偏激的地方，但它确实对当时的历史界冲击较大，在某种程度上促进了历史科学中批判史学的诞生。

到 18 世纪，由于政治上的需要，学者们又开始把注意力转向罗马帝国的政治史。吉本（1737—1794 年）是这方面的杰出代表，他的《罗马帝国衰亡史》就是这一时期的名著。《罗马帝国衰亡史》共 71 章；前 3 章简单地概括了从奥古斯都时代直至 2 世纪 80 年代罗马的主要史事；从第 4 章开始记叙更趋详尽，论述也更细致；接着便按时间顺序一直叙述到 1453 年东罗马帝国灭亡，书的结尾放在 16 世纪的宗教改革。全书把基督教对罗马帝国灭亡的影响放在非常重要的地位。这一作品一问世就受到了英国民众的欢迎，对英国文坛影响巨大。

尼布尔（1776—1831 年）是第一个成功地运用批判史学的人。尼布尔为德意志史学家，主张认真钻研原始资料，并对材料进行认真的审查，注重其真实性。他在教授罗马史时，竭力提倡不用第二手材料，而完全依靠第一手的原始史料。1811 年，尼布尔的《罗马史》出版，该书从世界史的角度，对罗马的兴起、发展和灭亡做了全面、深入的探讨，对罗马史乃至世界史研究都有很大的影响。此书以批判古籍见长，其最大的特点是观点独特，论据充分，被认为是近代史学的代表性作品，有很高的学术价值。

　　库朗热(1830—1889 年)是法国著名的古典学家,其代表作为《古代城邦:古希腊罗马祭祀、权利和政制研究》。作者对现代大师们的作品不大重视,不主张用今人和我们的眼光来评判、审视古人,而推崇用古人自己的眼睛去阅读过去的东西。库朗热的作品至今还对学界产生广泛影响。

　　特奥多尔·蒙森(1817—1903 年)是一位伟大的罗马史研究专家,在罗马史研究的众多领域皆有重大贡献。其主要作品有:1854 年至 1856 年写就的 3 卷本《罗马史》、1860 年出版的《罗马货币史》、1871—1888 年出版的 3 卷本《罗马法制史》、1885 年出版的《从奥古斯都到戴克里先的罗马行省史》等。此外,他还主编出版了 15 大卷的《拉丁铭文集》。蒙森一生勤劳刻苦,著述达 1500 多种,其在罗马史研究方面的成就远远超过同时代的其他学者。1902 年,因其在罗马史上的杰出成就,蒙森荣获诺贝尔文学奖。

　　19 世纪末 20 世纪初,学者们在罗马经济史研究方面有了长足的进步,出现了许多重要的著作。其中著名的有法兰克的《罗马经济史》、6 卷本《古代罗马经济研究》、罗斯托夫采夫的《罗马帝国社会经济史》等。《古代罗马经济研究》摘录了许多经济学者系统整理的材料,《罗马帝国社会经济史》则以考古材料与文献材料结合见长。进入 20 世纪以后,随着人们对世界认识水平的加深以及知识领域的不断扩展,集体创作成了史学发展的重要特征。12 卷本《剑桥古代史》以及苏联的 10 卷本《世界通史》中的第1～2 卷都是世界古代史学者集体合作的成果。《剑桥古代史》中有 6 卷、《世界通史》中也有 2 卷包括罗马史方面的内容。应该说,集体创作尽管存在着许多缺陷,但它对罗马史研究的深入发展还是起了很好的推动作用。

　　近 50 多年以来,罗马史的研究又有了许多新的发展。这些发展主要表现在以下四方面。首先,人们日益重视考古学的重要成果,并使之与历史学的研究紧密联系起来,从而纠正了古典文献中的一些错误,使罗马史研究更具创造力。其次,研究的范围越来越大,内容越来越丰富。除了帝国中心意大利以外,几乎所有行省都有人研究,新的成果层出不穷。再次,研究的视野越来越开阔,除了政治史和经济史外,还出现了社会史、文化史和宗教史等,从而拓宽了罗马史的研究领域。最后,原来不受重视的许多领域,如妇女史、比较史等都有了长足的进步。在这一时期对罗马史研究影响最大的当推 A. H. M. 琼斯、M. I. 芬利、P. A. 布朗特、R. 色姆和 A. 摩米格利亚罗等,他们对罗马史进行了多层面的深入探讨,写出了许多很有影响的论文和作品,为推动罗马史研究向纵深发展做出了杰出的贡献。

五、马克思、恩格斯与罗马史研究

马克思、恩格斯是人类伟大的思想家、革命家，同时也是杰出的古典学家。他们在有关古典学方面的论述不但在 19 世纪引起了相当大的反响，而且也为 20 世纪以来马克思主义学派在古代希腊罗马史研究领域的开拓和发展奠定了坚实的基础。

马克思、恩格斯有关希腊罗马史方面的论述散见于他们自 19 世纪 40 年代以来所写的文章、著作、书信、笔记中，直接涉及罗马上古史的成果主要集中于《神圣家族》《德意志意识形态》《共产党宣言》《〈政治经济学批判〉序言》《资本主义生产以前各形态》《资本论》《反杜林论》《路易·波拿巴的雾月十八日》《布鲁诺·鲍威尔和早期基督教》《自然辩证法》《摩尔根〈古代社会〉一书摘要》《家庭、私有制和国家的起源》《论早期基督教的历史》《历史学笔记》等一系列作品之内。他们或利用罗马上古史的某些内容来说明自己所关心的其他题目和论点，或专注于古代罗马史一些问题的探讨，形成许多精辟的思想与观点。

从马克思、恩格斯提供的许多例证和材料来看，他们有关古代罗马史论述的材料主要来自以下两个方面：第一，从古典作家的作品中择取素材；第二，从同时代人如蒙森、摩尔根等人的作品中批判地吸取养分。很有意思的是，马克思、恩格斯虽然著作众多，研究领域广泛，但他们对罗马历史的总的认识是明晰的。这就是：在社会经济方面，农业是包括古罗马在内的整个古代世界决定性的生产部门。在古代，不存在资本主义的经营方式。古代人没有想到把剩余产品转化为资本，也不存在产生资本主义的客观条件。他们的生产没有超出手工业劳动的范围。由剩余劳动创造的剩余产品，数量极其有限，其中很大一部分被用于非生产性开支。因此古代没有生产过剩，只有富人消费过剩。就不同生产关系而论，奴隶制是古希腊、古罗马社会生产的广阔基础。奴隶制的发展与生产、贸易和财富积聚有密切的关系，在奴隶制生产关系真正支配生产以前，独立的小农经济和小手工业者经济曾构成占统治地位的经济基础。在社会制度方面，古罗马的初期盛行着氏族制，随着贫富分化、私有制、阶级的产生以及阶级矛盾的发展和激化，以血缘关系为基础的氏族制度遭到严重破坏，代之而起的是一个新的、以地区划分和财产差别为基础的真正的国家制度。这一变革的转折点是塞尔维乌斯·图里乌斯改革。此外，罗马的政体还经历过王政、共和制、元首制和君主制等。在马克思、恩格斯看来，罗马的阶级对立形式是平民与贵族、奴隶与奴隶主之间的矛盾斗争，各阶级之间的斗争总是推动历史发展的伟大动力，他们对领导奴隶起义的斯巴达克给予了很高的评价。但马克思和恩格斯并未简化历史，他们指出古罗马的阶级斗争只是在少数享有特权的自由富人和自由穷人之间进行，其典型形式是大、小土地所有者之间的斗争，当然这种斗争具有为奴隶制所决定的特殊形式。穷人被剥夺了土地之后，成为无所事事的流氓无产者。他们和近代雇佣工人的最大不同在于，近代雇佣工人养活社会，而罗马的无产者是靠社会养活，靠社会过活。至于西罗马帝国毁灭的原因，恩格斯认为，它不在于基督教的兴起，而在于作为生产主要形式的奴隶制的灭亡。此外，马克思、恩格斯还就意识形态、基督教的起源、早期基督教的社会基础、古代所有制等重大问题做过深入的研究，影响深远。

第一节　从部落到国家

一、罗马早期社会

（一）罗马城的起源

罗马城的起源一直是学者们关注但又争论不休的问题。根据传说，罗马人的始祖是特洛伊战争时期特洛伊城的王子埃涅阿斯。希腊人攻陷特洛伊城以后，埃涅阿斯幸免于难，从城中逃离出来，经过长时间的漂泊，最后来到意大利，并娶了当地国王拉丁努斯之女拉维尼亚为妻。埃涅阿斯在一次战斗中被杀，其子阿斯卡尼阿斯继位。后者在拉丁姆地区建立了阿尔巴·隆加城。拉丁文明开始进入城市和乡村相结合的时期。此后王位连续传了八代。当传到努米托尔的时候，王位遭到了阿穆利乌斯的篡夺。阿穆利乌斯是努米托尔的弟弟，他为了断绝努米托尔的后代继承王位的可能，强迫努米托尔唯一的女儿西尔维亚去做维斯塔贞女。但西尔维亚为战神所爱，生了一对双胞胎。阿穆利乌斯命令将这对双胞胎扔入台伯河中。可这对孪生兄弟却被一位牧人抚养长大，哥哥名叫罗慕路斯，弟弟名叫雷穆斯。兄弟俩杀死阿穆利乌斯，并将阿尔巴·隆加城和王位让给其外祖父，自己在台伯河的下游建立一座新城。后来兄弟间发生争执，罗慕路斯杀死雷穆斯，并以自己的名字命名新城，罗马城由此产生。根据公元前1世纪罗马作

图 6-2　母狼与罗马建立者

家瓦罗的推算，罗马建城的年代为公元前 754—前 753 年。

　　在罗马建城的上述故事中虽然有许多神话的成分，但它确实也隐含着一定的历史内涵。近代考古表明，罗马城的建立大致经历了四个阶段：第一个阶段是以帕拉丁山为中心的"方形罗马"期，即罗马小山村期；第二个阶段是"七丘联盟"期；第三个阶段是包括帕拉丁、苏布拉、埃斯克维里埃和科里努斯的"四区之城"期；第四个阶段是公元前 6 世纪的"塞尔维乌斯城"期。很显然，罗马城的出现并不是一步到位的，它是通过联合、归并附近村落的方式逐渐形成的。

(二)诸王统治下的罗马

　　大约从公元前 8 世纪中叶到公元前 509 年罗马共和国建立这一历史阶段，历史上称为"王政时代"。王政时代是罗马由氏族制度向国家的过渡时期。在这 200 多年间，传统认为，罗马共有七位国王(罗马人称国王为"勒克斯")，他们分别是罗慕路斯、努玛、图努斯、安库斯、老塔克文、塞尔维乌斯和小塔克文。[①] 据说第一王和第三王为拉丁人，第二王和第四王为萨宾

―――――――――

① 　如果算上和罗慕路斯共治的萨宾王塔提乌斯，则为八王。

人，第五王、第六王和第七王为伊达拉里亚人。当时的王一般由选举产生。他是军事首长、最高祭司和最高审判官，但还没有具备真正国王的权力，还没有掌握民政和行政大权，王位也不能世袭。

在王政时代，罗马的基层组织还是氏族，他们或具有共同的血统，或具有亲戚关系，氏族成员有相互的继承权，有共同的墓地和宗教节日。大约到了安库斯的时代，罗马已经有了300个氏族，其中每10个氏族形成1个胞族(罗马人称之为"库里亚")，每10个胞族组成1个部落(罗马人称之为"特里布斯")，他们的全体成员构成一个氏族社会，历史上常常把他们称作"罗马人民"(Populus Romanus)。①

库里亚大会是罗马王政时代的重要管理机构，一般由全体氏族成年男子参加。这一会议主要解决公社生活中那些最重要的问题，如选举高级公职人员(包括勒克斯)、宣布战争、通过或否决新法案、对判处死刑的案件做出最后定夺等。在通过决议时，30个库里亚各有1票表决权。库里亚大会的出现表明罗马的男子已经在社会生活中占有主导地位。

由300个氏族的氏族长组成的长老议事会是罗马王政时代的另一重要机构。它相当于库里亚大会的预决机构，有权在库里亚大会表决以前预先讨论相关问题，是罗马社会的主要思想库。因为它的成员多来自氏族显贵，所以对库里亚大会和勒克斯都会产生一定的影响。长老议事会的出现本身就表明，罗马已经进入了典型的父权制社会。

王、长老议事会和罗马人民之间有时也会出现矛盾，但基本上都处于友好合作状态。王政时代的罗马生产力水平发展较快，铁器工具被广泛应用于社会生产，农、牧产量明显提高，手工业开始从农业中分离出来，冶金、武器制造、制革、制陶等逐渐成为独立的手工业部门②；交换的产品较以前丰富，交换的媒介物已不局限于牲畜，还有铜块衡量等。

经济的发展为阶级的出现打下了坚实的物质基础。当时，在罗马人民内部已经出现了明显的阶级分化。部分富有家族开始利用特权，霸占公有

① 有关罗马部落、胞族和氏族的数字，参见[古罗马]狄奥尼修斯：《罗马古事记》，2，7，2～4.

② 据普鲁塔克记载，当时罗马(不算纺织匠)就已有7种手工业者，即乐师、金匠、木匠、染匠、皮匠、制革匠和陶匠。从塞尔维乌斯墙的建造看，当时可能还有比较发达的建筑业。参见[古希腊]普鲁塔克：《努马传》(按：努马即努玛)，17，见[古希腊]普鲁塔克著，黄宏煦主编：《希腊罗马名人传》，上册，150页，北京，商务印书馆，1990。

土地，并且开始占有和使用奴隶，久而久之他们便成了氏族贵族。一些贫困破产的成员则往往接受贵族的庇护，成为贵族的被保护人。他们从贵族那里获取份地，但必须为其服役，承担一定的义务。这样，在原先平等的氏族制度内部就出现了一些裂痕。不过，这些裂痕和斗争还没有发展到像雅典那样要求用国家的形式来解决的地步。

对于罗马人民来说，虽然氏族内部的矛盾不是很明显，但氏族之外的矛盾却非常突出。因为在这个时候，罗马出现了许多外来移民和被征服地区的居民。这些人都处在旧的氏族、库里亚和部落之外，因而不是 Populus Romanus，即不是地道的罗马人民。① 他们是人身自由的人，可以占有地产，但必须纳税、服兵役。原则上，他们不能参加库里亚大会，也不能参与征服得来的国有土地的分配，其生命财产也得不到有效的保障。他们构成被剥夺了一切公民权的平民。所以，从一开始，平民和罗马人民之间就存在着矛盾，而罗马国家实际上也就是这种矛盾不可调和的产物。

王政时期的罗马已经出现了奴隶制，但奴隶人数很少，在社会上也没有产生很大的影响，其来源主要是战俘，当然也有从市场上买来的。②

二、罗马国家的产生

罗马国家的产生是经过塞尔维乌斯的改革来实现和完成的。大约到公元前 6 世纪，罗马平民的人数不断增加，如果说在最初，罗马人还可以对平民不屑一顾的话，那么到第六王塞尔维乌斯时期，这种态度就必须有所改变了，因为当时的平民人数即使不完全等同于罗马人民的数量，也几乎与它相差无几了。此外，平民在经济和军事事务上所起的作用越来越大，罗马的工商业基本上都由平民掌控，税收的很大一部分也来自平民。一切与罗马有关的战争，无论是自卫战，还是对外扩张都离不开平民的参与。随着平民人数的增加，经济和军事力量的增强，他们要求打破氏族贵族门阀特权的呼声越来越高。正是在这种情况之下，罗马出现了塞尔维乌斯改革。

---

① 关于罗马平民和贵族的起源问题有不同的看法，参见刘家和主编：《世界上古史》，292 页，长春，吉林文史出版社，1987。

② ［古罗马］狄奥尼修斯：《罗马古事记》，6，24，20。

图 6-3　罗马城遗址

　　传说，塞尔维乌斯是罗马王政时期的第六位勒克斯，其在位的时间大约在公元前 578—前 534 年。他按照梭伦的宪制制定了新的罗马制度，设立了人民大会。能参加或不许参加这个大会的，不分罗马人民和平民，都依是否服兵役而定。凡是应服兵役的男子，都按其财产分成六个等级。第一等级，拥有最低财产额为 10 万阿司，可出重装步兵 80 个百人队（森都里亚），另外出 18 个骑兵队（称骑士）；第二等级，拥有 7.5 万～10 万阿司财产，可出重装步兵 22 个百人队；第三等级，拥有 5 万～7.5 万阿司财产，可出次重装步兵 20 个百人队；第四等级，拥有 2.5 万～5 万阿司财产，可出轻装步兵 22 个百人队；第五等级，拥有 1.1 万～2.5 万阿司财产，可出 30 个百人队；第六等级为无产者（proletarii），由财产低于 1.1 万阿司的人组成，可出 1 个轻装步兵百人队。六个等级共计 193 个百人队。

　　凡是服兵役的人都可参加森都里亚大会（百人队大会）。这个以财产为原则建立的新机构，取代了以氏族血缘关系为基础的库里亚大会。以前库里亚大会的一些重要政治权力，如宣布战争、选举官员、审判重大案件等都转归了这个新的森都里亚大会。这样一来，库里亚和构成库里亚的各氏族就降为纯粹私人的和宗教的团体，至于库里亚大会则逐渐丧失了其政治上的重要地位，不久，也就名存实亡了。但在百人队进行表决时，每个百人队只有 1 票，所以第一等级只要意见一致（98 票），就可以不征询其余等级的意见，决议就可以有效。所以，罗马的实际权力还是掌握在富裕等级手中。

　　此外，塞尔维乌斯在罗马城内建立了 4 个地区部落以取代 3 个旧的血缘部落。每个地区部落居住罗马城的 1/4，并享有许多政治权利。"这样，在罗马也是在所谓王政被废除之前，以个人血缘关系为基础的古代社会制度就已经被炸毁了，代之而起的是一个新的、以地区划分和财产差别为基础的真正的国家制度。公共权力在这里体现在服兵役的公民身上，它不仅被用来反对奴隶，而且被用来反对不许服兵役和不许有武装的所谓无产者。"①塞尔维乌斯改革严重地打击了氏族制度，基本上完成了由氏族制度向国家的过渡，是罗马国家建立的重要标志。②

相传王政时代最后一个"王"高傲者塔克文是一个暴君，他对内实行个人专断，遇事不与元老院商量，甚至随意迫害元老院成员，对平民则更是厉行苛政，因此引起了罗马人民的强烈反抗。公元前509年，罗马爆发了反塔克文统治的斗争，并取得了最后的胜利。王政时代也因为塔克文统治的垮台而结束，罗马共和国由此诞生。

第二节　早期罗马共和国

一、罗马对意大利的征服

王政时代结束以后，罗马的实力还很薄弱。其占地不过217平方千米，公民人数也只有12万。罗马北部有强盛且文明程度很高的伊达拉里亚人，北边和南边有强悍好战的埃魁人和伏尔西人。早期罗马共和国的历史就是在与这些强邻的争斗中度过的。

罗马对意大利的征服，一般分为三个阶段：第一阶段主要是对伊达拉里亚人的征服，第二阶段主要是对意大利中部地区的征服，第三阶段主要是对意大利南部的征服。

罗马与伊达拉里亚的战争又称"维爱伊战争"，从公元前477年到公元前396年，一共打了三次。伊达拉里亚人最后失败，罗马占领了伊达拉里亚的主要城市维爱伊城。通过这场战争以及与近邻埃魁人和伏尔西人的战争，罗马基本上控制了台伯河北岸地区，确保了罗马在拉丁姆地区的霸主地位。

公元前390年，波河流域的高卢人长驱南下，直捣罗马城。罗马人节节

---

① 《马克思恩格斯选集》，第4卷，128页，北京，人民出版社，1995。

② 关于罗马国家最后形成的时间，施塔耶尔曼认为要到罗马共和国晚期甚至到奥古斯都建立帝国之时。有许多学者不同意她的看法。有关这方面的争论请参见《古史通报》1989年第2、3、4期。

败退，不得不退守卡皮托里山丘。虽然高卢人后来退出罗马，但这件事对罗马的影响很大，迫使它进一步加强自身的军事实力。在以后的数十年间，罗马一方面加紧调整平民和贵族之间的关系，另一方面则不断完善罗马的军事组织。部队也以原先的百人队编制变成了以执行野战任务为主的军团。罗马总共设 4 个军团。每一军团由 4200～6000 人组成，多数为重装步兵。士兵按年龄分属 30 个中队，每中队包括 2 个百人队。30 个中队按青、中、老排列布阵，青年被安置在最前边，希望以此冲破或扰乱敌人的防守；中年居中，起稳定全军的作用；老年殿后，希望以其丰富的经验最后结束战斗。罗马军团组织的完善对罗马未来的发展影响深远。

罗马对意大利中部地区的征服是通过 3 次"萨莫奈战争"完成的。萨莫奈人居住在意大利中部的山区地带。公元前 343－前 341 年，罗马人与萨莫奈人之间爆发战争，结果萨莫奈人被罗马打败，被迫退回山区。罗马人乘机占领了意大利中部肥沃的坎帕尼亚地区。

公元前 327 年以后的 30 年间，罗马人又和萨莫奈人进行了两次残酷的战争。罗马人除了于公元前 321 年在考狄昂峡谷一战失败外，其余的战役皆以胜利而告结束。公元前 296 年，森提努一战，萨莫奈人及其联军惨遭失败，罗马取得了征服意大利中部的决定性胜利。此时的罗马已日益走上军事强国的道路。

国势日强的罗马，在征服意大利中部以后，随即染指意大利南部。公元前 280 年，罗马舰队开进塔兰托湾，遭到塔兰托人的攻击，罗马与塔兰托之间的战争爆发。

公元前 280 年，伊庇鲁斯国王皮洛士受塔兰托之邀，率领 2.2 万名步兵和射手，3000 名骑兵及 20 头战象在塔兰托登陆，帮助塔兰托人与罗马作战，史称"皮洛士战争"。双方在赫拉克莱亚附近发生第一次战斗，皮洛士的战象在这次战斗中发挥了巨大的作用，罗马军队失利。不久，皮洛士又在奥斯库伦附近以惨重的代价战胜罗马军队。此后，皮洛士一度来到西西里与迦太基人作战，但一事无成。公元前 275 年，皮洛士重返意大利，在贝尼温敦附近被罗马人打败。皮洛士战争至此结束。不久，罗马人包围并占领了塔兰托城，从而扫除了向意大利南部地区发展的最后障碍。到公元前 3 世纪中叶，整个意大利，除波河流域仍为高卢人所占据以外，其余部分都成了罗马人的属地。

罗马征服意大利以后，对被征服地区采取了"一国多制，分而治之"的政策，即将意大利的被征服地区分成罗马公民殖民地、拉丁殖民地、全权

自治市和非全权自治市等进行统治。这一政策对于保障意大利的安定意义
重大。

二、平民反对贵族的斗争

(一)平民和贵族的矛盾与斗争

　　平民反对贵族的斗争是罗马共和国早期的另一主题。这与当时的政治
背景有很大的关系。在取消王政、建立共和之后，罗马的政治制度发生了
很大的变化。国家的最高政治首脑已经从国王变成了两位执政官。执政官
任期一年，不得连选连任。两人权位相等，都有权否决对方的决定。一切
政令如得不到两人的一致同意便不能实施。每 1 名执政官身后有 12 名随
从。他们肩上背着一束中间插有斧头的笞棒(法西斯)，以表示执政官有生
杀予夺的大权。遇到军事紧急状态，元老院可以任命一位"狄克推多"(即
独裁官)，代替执政官执政，但期限为 6 个月。在此期间，独裁官享有至
高无上的地位。由于执政官任期短，两人之间又相互牵制，所以国家的
实际权力都掌握在元老院手中。元老院从王政时期的长老议事会发展而
来，由贵族和卸任的执政官组成，内外政策的最后决定以及审查、批准
法案之权都掌握在元老院手中。执政官只不过是执行元老院意旨的工具
而已。这种贵族专政的政治制度，确保了贵族的利益，导致了贵族对公
有土地的大量占有和垄断。贵族们也常常利用政治上、司法上和经济上
的特权来压榨平民。罗马早期的平民反对贵族的斗争就是在这样的背景
下展开的。

　　据记载，平民反对贵族的斗争最早发生在公元前494年，也就是共和国
建立以后不久。当时罗马正与埃魁人和伏尔西人进行战争，可是出征作战
的平民战士甚至有战功的百人队长都因负债而遭受迫害，平民们为了保护
自己的利益，采取武装"撤离"等手段，与贵族抗衡。他们离开罗马开往"圣
山"，并准备在那里新建国家。贵族迫于压力，被迫做出让步，允许从平民
中选出 2 名"保民官"，以保护他们的利益(保民官每年一选，初为 2 人，后
增加到 6 人，最后发展到 10 人)。保民官没有行政权力，但在任职期间，其
人身不受侵犯，执政官与元老院不能妨碍保民官的行动自由。对于违反平
民利益的法律、政令，保民官都拥有否决权。保民官制在协调平民与贵族
的关系，促进罗马社会的和谐发展方面起了非常重要的作用。

　　规范法律行为也是罗马平民反对贵族斗争的重要内容。共和国初期，

罗马所实行的是规范含糊的习惯法，而且其解释权和司法权又完全掌握在贵族手中。公元前 462 年，平民保民官特兰提里乌斯提议编纂成文法典，以弥补习惯法之不足，但遭到贵族的强烈反对。后来在平民的一再要求下，政府被迫成立十人委员会并赋予其广泛的权力。公元前 451—前 449 年，罗马终于出现了历史上第一部成文法典，因其条文镌刻在 12 块铜板上，所以称作《十二铜表法》。

《十二铜表法》是罗马重要的公民法。这一法律内容庞杂，范围广泛，主要包括审判引言、审判条例、债务法、父权法、监护法、占有权法、土地权利法、伤害法、公共法和神圣法等，具有古代法诸法合体的特点。法典的制定在一定程度上限制了贵族的专横，使民众能量律而行，但法典的实质还是保护贵族私有制的。恩格斯指出："后世的立法，没有一个像古雅典和古罗马的立法那样残酷无情地、无可挽救地把债务人投在高利贷债权人的脚下，——这两种立法都是作为习惯法而自发地产生的，都只有经济上的强制。"[①]从法学上说，《十二铜表法》的颁布基本上也就奠定了罗马法发展的基础。

此后，平民又在不断斗争的基础上取得了一系列的胜利。公元前 445年，根据《坎努利乌斯法案》，罗马废除了平民不能同贵族通婚的法律。这虽然是对生活现实的一种承认，但它确实对打破血缘界限有非常重要的作用。公元前 376 年，李锡尼和绥克斯图担任保民官。他们连任 10 年，连续提出一项全面解决公有土地的使用、债务和政权 3 个问题的新法案，史称《李锡尼和绥克斯图法案》。公元前 367 年，在经过激烈的斗争之后，保民官的建议获得通过，其内容主要包括以下三个方面。第一，全体公民都可以占有和使用公有土地，但占有的最高数额不能超过 500 犹格；公民在公有牧场上放牧，大牲畜不得超过 100 头，小牲畜不得超过 500 头。其目的显然是为了限制公民对公有地的无限制使用。第二，平民所欠债款一律停止付息，凡已付的利息应作为债款的本金计算，尚未还清的本金，分 3 年偿还。这一法律实际上也就意味着取消了债务，因为在当时利息的数额已经超过了本金。第三，规定在两名执政官中，必须有一名是平民。平民获得执政官的权力，实际上也就取得了进入元老院的资格。公元前 366 年，绥克斯图当选为执政官，成为罗马历史上第一个从平民中选举出来的国家级最高官员。此后，其他的高级官职如独裁官、监察官、财务官等也先后向平民开放。

① 《马克思恩格斯选集》，第 4 卷，167 页，北京，人民出版社，1995。

公元前 337 年，平民又得到了担任行政长官的权利。至此，平民在行政权力方面已经完全与贵族处于相等的地位。

公元前 326 年是罗马平民值得纪念的重要年份，在这一年罗马通过了《波提利乌斯法案》，此法规定债务人只能以他的财产而不是他的人身对债权者负责。所以，李维把这一年称作罗马平民获取自由的开端。

公元前 3 世纪以后，平民反对贵族的斗争进入最后阶段。公元前 287 年，平民撤离到台伯河右岸的雅尼库鲁山，再次向贵族施加压力。平民出身的独裁官霍腾西乌斯颁布法令，规定：凡是部落大会（特里布斯大会）通过的平民决议无须经过元老院的批准即对全体公民产生法律效力。这表明平民的意志对国家的作用越来越大。按照罗马的规定，部落大会的表决方法是先由各部落成员投票表决出一种意见，然后由当时的 35 个特里布斯各投 1 票，18 票即为多数。① 因为平民在部落中占有多数，所以特里布斯会议比森都里亚会议更具民主的成分。《霍腾西乌斯法》的颁布表明，特里布斯大会逐渐替代了森都里亚大会的部分职能，成了罗马共和国具有完整立法权的公民大会。此后，由于罗马形势的变化，平民反对贵族的斗争逐渐消沉下去。

(二)平民反对贵族斗争的后果

长达两个世纪之久的平民反对贵族的斗争沉重地打击了罗马氏族制度的残余，大大地提高了平民的政治、经济和社会地位。平民在政治和法律上争得与贵族享受平等的权利，在法理上成了罗马共和国的主人，在经济地位上也有了明显的改善，人身自由得到了更好的保证。平民与贵族的通婚合法化，使平民与贵族之间的血缘界限日趋弱化。罗马公民集体更加和谐。

平民和贵族的斗争也改变了罗马社会的阶级结构。大约在公元前 4 世纪下半叶至公元前 3 世纪初，一部分富裕的上层平民逐渐跻身于社会的高层，与原先的氏族贵族逐渐融合，形成一支新的力量，史称"新贵"(Nobility)，共同影响罗马政局的稳定与发展。罗马国家的统治基础更趋巩固。

---

① ［古罗马］盖乌斯：《法学概要》，1，3。［古罗马］奥鲁斯·格里乌斯：《阿提卡之夜》，11，27，4。

图 6-4　元老院和罗马人民

　　罗马平民与贵族的长期斗争同时也使罗马共和国的国家制度得到了不断的完善。公民大会的作用越来越具体，其职能也应新时期的到来而有了新的调整。特里布斯大会已经变成了享有最高立法权的公民会议。原先的库里亚大会和森都里亚大会虽然依然存在，但其在国家事务中的地位和作用日益减弱。由于罗马疆域的扩大、管理职能的增多，各种高级官职纷纷加设，国家机器日趋完备，其中主要有执政官、监察官、行政长官、财务官等，平民保民官也对罗马的政策产生了巨大的影响。在罗马共和政体中，由 300 人组成的元老院始终处于权力的中心地位，是罗马最重要的决策机关，对罗马的政治和社会起着绝对的领导作用。因此，罗马一直是一个贵族共和国。

第三节　罗马对地中海地区的征服

一、第一次和第二次布匿战争

　　随着意大利南部的陷落，罗马基本上控制了意大利。这时的罗马已经具备了与地中海其他力量相抗衡的实力。不久，这支力量就与活跃于这一地区的海上强国迦太基发生了争夺西地中海霸权的战争。这场战争从公元前 264 年开始，至公元前 146 年结束，历经 3 次，前后耗时 100 多年，是古代世界史上最重要的战争之一。因为罗马人称腓尼基人为"布匿人"，而迦太基又是腓尼基人的一个殖民地，因此历史上常常称这场战争为"布匿战争"。

迦太基位于北非（今突尼斯），原是腓尼基推罗人在这里建立的一个殖民地。到公元前3世纪前叶，迦太基已发展成为西地中海的一大强国，占有地中海西部的若干岛屿和西班牙南部、西西里西部等广大地区，西地中海的主要航道也在迦太基的掌控之中。

公元前289年，叙拉古雇佣兵中的意大利人发动兵变，强制占领西西里岛东北端的墨西拿城。公元前265年，叙拉古派兵进攻墨西拿。占领了墨西拿的雇佣兵分别向迦太基人和罗马人求助。这样，原先属于叙拉古内部事务的纷争随即演变为迦太基人和罗马人之间的战争，这就是有名的第一次布匿战争（公元前264—前241年）。战争开始后，罗马军队首先挫败迦太基人，然后占领叙拉古，随之又打下西西里岛西南沿海城市阿格里真托。但罗马海军不如迦太基。为增强海上实力，罗马迅速组建了一支海军，并于公元前260年取得米雷海战的胜利。公元前241年，罗马舰队在西西里西海岸击败迦太基主力，第一次布匿战争以迦太基的失败而告结束。双方订立的和约规定：迦太基将西西里岛与意大利之间的所有岛屿割让给罗马；迦太基赔款3200塔兰特，10年内付清。这是罗马历史上第一次从战败者身上获取赔款。

第一次布匿战争的胜利，显示了罗马人的军事力量。此后不久，罗马就征服了科西嘉岛、撒丁尼亚和波河流域，使罗马的疆域又有了新的拓展。战后的迦太基并不甘心失败。它积极备战，在西班牙扩充势力，力图以西班牙为根据地从背后打击罗马。公元前219年，迦太基主将汉尼拔在经过多年的经营以后，率军攻毁罗马在西班牙的同盟者萨贡托，从而拉开了第二次布匿战争（公元前218—前201年）的序幕。

公元前218年春天，汉尼拔率领雇佣军从西班牙出发，9月间翻越阿尔卑斯山，突入意大利本土。公元前217年，罗马军队在特拉西美诺湖附近遭到汉尼拔军的伏击，几乎全军覆灭。于是罗马元老院宣布进入紧急状态，贵族出身的费边被任命为独裁官。费边仔细分析了双方的军事力量，决定不与汉尼拔主力作战，而用坚壁清野的办法与汉尼拔周旋，力图以此拖垮汉尼拔。对于要求迅速结束战争的罗马人来说，费边的"迁延"战术是很难接受的。公元前216年，费边的独裁官任期结束，罗马军与汉尼拔军的激战随即开始。双方的激战发生在坎尼一带。当时，罗马方面约有8万步兵和6000骑兵，迦太基方面约有4万步兵和1万骑兵。就双方兵力而言，罗马处于明显优势；不过，就双方的统帅水平而言，罗马则处于明显的劣势。坎尼激战的结果是罗马军队大败，有 5.4 万名罗马将士战死，1.8 万人被俘，而汉尼拔军仅损失了 6000 人。

坎尼战役对罗马的打击十分沉重。不久，意大利南部、中部和北部的一些地区纷纷脱离罗马，坎帕尼亚的加普亚和西西里的叙拉古等城也都投向迦太基。不过，汉尼拔虽连战皆胜，但外线作战的弊端也迅速暴露，兵源和粮源都无法得到及时补充，伤员得不到安置。而罗马则正好利用汉尼拔的困难，大力发展自己，不断补充新生力量。公元前 207 年，迦太基由西班牙派去的援军被罗马在中途消灭，使汉尼拔的处境更显穷蹙。公元前 204 年，罗马遣军直趋北非，把战火引入迦太基本土。公元前 202 年，迦太基军与罗马军激战于北非的扎马，汉尼拔惨遭失败。次年，双方订立和约，规定：迦太基放弃阿非利加以外的全部领土；除保留 10 艘舰船外，其余一律交与罗马；50 年内向罗马赔款 1 万塔兰特；没有得到罗马的许可，不得与任何国家交战。第二次布匿战争正式结束。

第二次布匿战争基本上确立了罗马在西地中海的霸权地位。在此期间，罗马又开始向地中海东部地区扩张，征服了希腊马其顿王国，打败了在叙利亚的塞琉古王国，并于公元前 30 年灭了埃及托勒密王国。

二、罗马地域帝国的形成

第二次布匿战争以后，罗马唯恐迦太基强盛，于是在公元前 149 年发动了第三次布匿战争（公元前 149—前 146 年）。罗马军刚在北非登陆，迦太基政府就派使者向罗马司令官求和。罗马要求对方缴械，迦太基接受了。接着，罗马人又提出了一个十分苛刻的要求，即迦太基城必须拆毁，居民撤到离海岸 15 千米以外的地方去。迦太基人无奈，奋起反抗。由于迦太基人同仇敌忾，顽强抵抗，罗马围城两年，一无所得。公元前 146 年，迦太基城被罗马攻陷，城市被夷为平地，幸存者 5 万余人皆被卖为奴隶。罗马在迦太基的废墟上设置了一个新的行省，称为"阿非利加"。

第二次布匿战争之后，罗马取代迦太基控制了西班牙东南沿海地区。当时西班牙内地居住着许多自由的部族。由于罗马的扩张和侵袭，西班牙内地的这些部族不时掀起反罗马的暴动。公元前 147 年，路西塔尼亚部落的一个牧人维里阿萨斯领导起义。起义军发展迅速，声势浩大，坚持达 9 年之久，曾多次击溃罗马军队。后来，因为叛徒的出卖，起义军遭到失败。几乎与此同时，西班牙北部的努曼提亚也发生了反抗罗马的起义。罗马派军队镇压，接连失败。直到公元前 133 年，努曼提亚人的起义才被暂时镇压下去。

到公元前 2 世纪下半叶，罗马基本上征服了地中海世界，成为地跨欧、亚、非三洲的大帝国。至此，罗马的地域帝国正式形成。

对意大利以外的广大被征服的地区，罗马采用的统治形式是行省制，而第一个被罗马设立的行省就是西西里。

三、战争对罗马社会的影响

罗马的对外战争以及随之而来的一系列胜利，不仅确立了罗马人在地中海地区的霸主地位，而且也为罗马和意大利经济走上畸形发展的道路创造了条件。正是在征服和战争的影响下，罗马的社会发生了很大的变化。这些变化主要表现在：奴隶制经济有了充分的发展，大土地所有制明显增长，金融高利贷资本和商业资本有了巨大的增加，公民内部的分化日趋明显。

首先，成功的对外征服既给罗马带来了大量的奴隶，也给意大利带来了大量的廉价劳动力。据布伦特统计，公元前 225 年，在意大利的自由民人数为 440 万，而奴隶人数为 60 万；至公元前 43 年，意大利的自由民人数大约为 450 万，奴隶人数增至 300 万。这就是说，从公元前 225 年至公元前 43 年，罗马意大利的奴隶人数增加了 5 倍。奴隶与意大利总人数之比由公元前 225 年的 12％增加至公元前 43 年的 40％。[①]

每次战争胜利的同时，都有无数的财富流入罗马，流向意大利。例如，在第一次布匿战争以后，罗马就从迦太基手中获得了 3200 塔兰特；在第二次布匿战争以后，罗马又获得了 10000 塔兰特；此后不久，罗马又通过叙利亚战争，从安提奥库斯那里获得了 15000 塔兰特。大征服结束以后，罗马一般通过行省这种形式对被征服地区进行掠夺。每一行省都要向罗马缴纳税收。有些行省缴实物税，有些行省缴现金。行省总督常常与包税商相互勾结，对行省进行剥削和压榨。对此，我们从西塞罗的反维列斯演说中看得很清楚。他指责维列斯："通过新的、无原则的管理，从农民钱袋中榨取无

---

① P. A. Brunt, *Italian Manpower*, *225 B. C.-A. D. 14*, Oxford: Oxford University Press, 1971, pp. 34-35.

数的金钱；对待我们最忠实的盟友，就像对待民族之敌一样；折磨和处死罗马公民，好像他们是奴隶一般；罪大恶极的罪犯可以用钱买得无罪释放，而最正直、最诚实的人却未予审问即被判罪、受到放逐；听任设防港口和城市遭受海盗和冒险家的攻击。让西西里士兵和水手、我们的盟友和朋友活活饿死。尤使我们民族蒙受巨大耻辱的是，装备精良的舰队被击毁，化为乌有。著名的古代艺术品，其中有些还是富有的国王们的礼物……全被这位总督劫夺、掠去。他不仅如此对待城市的雕像和艺术品，而且还掠夺最神圣、最受崇拜的圣殿；如果一个神，其神像的制作工艺超过古代一般水平，具有一定的艺术价值，那他就决不会留给西西里人民。"①这位维列斯在西西里任职 3 年就从当地人民手中劫掠了 7000 万塞斯退斯的钱财。

行省财富大量集中于意大利，人为地引起了意大利经济生活的高度繁荣，同时，也加速了罗马公民集体内部的分化。据统计，从公元前 200 年至公元前 167 年，10％甚至更多的自由罗马公民被长期征募。② 战争尤其是长时段的战争加速了罗马平民与其土地相分离的过程，即使战争胜利了或者士兵退伍了，他们"也难以返回到他们自己的农庄，因为自由农民在战争中都消灭了，奴隶缺乏，耕牛丧失，农庄惨遭破坏或被完全摧毁"③，平民迅速陷于破产的困境。公元前 104 年，有一位保守派人士曾做过这样的统计，发现只有 2000 名罗马人才拥有自己的财产。④ 这一统计虽然有所夸大，但它也从一个侧面表明罗马平民破产之迅速。平民失地以后，大量地跑到罗马城和其他大城市，过着流浪苟且的生活。他们游手好闲，消耗自己的时间。"面包和竞技场"是其追求的目标，出卖选票则是其最主要的生活方式。

罗马元老贵族是罗马扩张政策的最大受益者。每次成功的战争后都有大量的战利品进入罗马。元老们大多利用权力增加自己的财力。整个公元前 2 世纪，富人变得越来越富；至公元前 1 世纪，这一过程又得到了快速的发展，富可敌国的现象已经出现。前三头之一的克拉苏被认为是罗马最富有的人，他的财产总数达到 1.92 亿塞斯退斯。他常说，一个无力用自己的

① ［古罗马］西塞罗：《第一次反维列斯》，5。

② P. A. Brunt, *Italian Manpower*, *225 B. C.-A. D. 14*, Oxford：Oxford University Press，1971，p. 426.

③ ［古罗马］李维：《罗马史》，28，11。

④ ［古罗马］西塞罗：《论职责》，2，21。

财产养活一个军团的人算不上是一个富人。① 庞培的财产数比克拉苏还多。② 贫富分化的加剧以及富人财富的大量聚集都构成了损害共和国安全的重要因素。

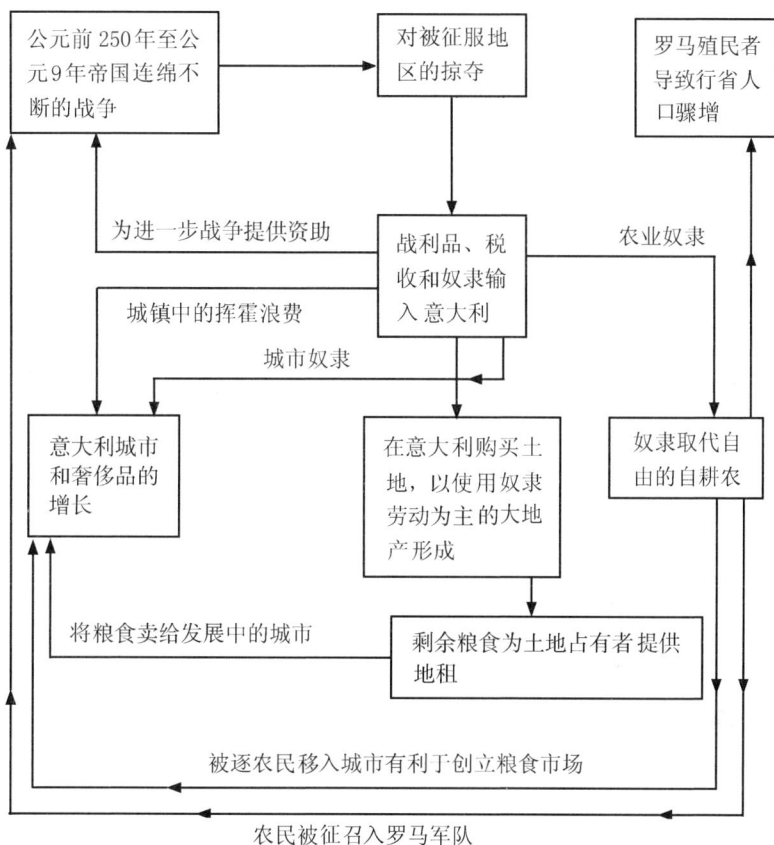

图 6-5 霍普金斯(K. Hopkins)提供的罗马战争影响图

骑士等级的兴起和发展是大征服以后罗马出现的一个重要现象。这一现象的出现既有战争的原因，也有管理的需要。一般来说，这一时期的骑士是指财产多于 40 万塞斯退斯但又被排斥于统治集团以外的公民。他们多

① ［古希腊］普鲁塔克：《克拉苏传》，2，见［古希腊］普鲁塔克著，黄宏煦主编：《希腊罗马名人传》，上册，577～578 页，北京，商务印书馆，1990。

② E. Badian, *Roman Imperialism in the Late Republic*, New York：Cornell University Press，1968，pp. 81-83.

经营金融、商业，放高利贷和包缴行省税收，是罗马公民中的暴发户。随着骑士经济地位的兴起，他们对政治权力的要求也越来越高，一支新的政治力量开始在罗马政坛悄然兴起。

罗马贵族和骑士等级经济和政治实力的迅速增强，实际上也为罗马古代土地所有制的变革创造了条件。阿庇安说："因为富有者占领大部分未分配的土地，时间过久之后，他们的胆子大了，相信他们的土地永远不会被剥夺了。他们并吞邻近的地段和他们贫穷邻居的份地，一部分是在被说服之下购买的，一部分是以暴力霸占的，因此，他们开始耕种广大的土地，而不是单一的地产。利用奴隶当农业工人与放牧者，因为害怕自由劳动者会从农业中被抽出去当兵；同时奴隶的占有，由于奴隶子孙的繁殖，使他们获得很大的利益，因为奴隶不服兵役，繁殖得很快。这样，某些有势力的人变为极富，奴隶人数在全国繁殖起来了。"①奴隶制的发展改变了罗马和意大利的经济结构，同时也对罗马的政治结构产生了重要的影响。

四、罗马奴隶制的发展

奴隶制是罗马共和国末期最为重要的社会制度之一。大约从公元前 2 世纪开始，罗马的奴隶制已经有了很大的发展。其奴隶的数量之多、价格之低、奴隶劳动对罗马经济的影响之大，都是世界古代史上所罕见的。

(一)奴隶的来源

古代的奴隶主要来自战争，罗马也不例外。据记载，公元前 256 年，罗马的将军列古鲁斯在阿非利加掳获了 2 万余名战俘。公元前 177 年，罗马将军提比略占领撒丁尼亚，共杀死和俘获 8 万多人，其中俘获的大部分人被出卖为奴，以致在罗马竟出现了一句"像撒丁尼亚人那样便宜"的谚语。公元前 167 年，罗马把 15 万伊庇鲁斯居民出卖为奴；公元前 146 年，被俘的迦太基 5 万居民沦为奴隶。我们从这些数字中能够了解到战俘奴隶在罗马奴隶制发展中的地位和作用。

罗马奴隶的另一个来源是债务奴隶。虽然，罗马在公元前 326 年就废除了公民内部的债务奴隶制，但在罗马之外的意大利和后来的行省却并没有废除债务奴隶制。大征服结束以后，债务奴隶制在行省及其附属国地区得

---

① ［古罗马］阿庇安：《罗马史》，下册，6～8 页，北京，商务印书馆，1976。

到了很大的发展。据记载，马略在准备对森布里亚人和条顿人的战争中，从元老院手中获得了向边缘国家联盟者征召辅兵的权力。马略于是便向比提尼亚国王提出请求。比提尼亚国王婉言相拒，理由是许多比提尼亚人已经被包税商卖为奴隶。元老院为此宣布，凡被"非法"卖为奴隶的自由人应予以释放。西西里总督涅尔瓦得到命令后，马上行动，短短数天就释放了800多名奴隶。由此可见，债务奴隶制在罗马之外的帝国内是非常流行的。

奴隶的第三个来源是海盗的抢劫。海盗是古代地中海世界非常独特的现象。在罗马共和国后期，地中海上海盗猖獗。这些海盗不但抢掠财物，而且还劫夺居民，将他们变卖为奴。根据斯特拉波的说法，有些日子在提洛岛出卖的奴隶就多达1万人。罗马政府与海盗进行了顽强的斗争，但因为海盗是奴隶市场上活的商品的重要供应者，所以一直无法根除。

奴隶的第四个来源是奴隶的自然再生产。罗马法学家对此十分重视，曾多次对它进行论述。从现有的大量材料中，我们能够判断，由生育而实现的奴隶劳动力的再生产是罗马奴隶制发展的重要因素之一。奴隶主大多鼓励女奴隶多生儿子，因为这对主人本身来说是有利的。家生奴，拉丁文称作凡尔纳（Vernae），很受罗马主人的欢迎。这些奴隶的明显特点是比较听话，奴隶主很容易驾驭他们。

总之，到公元前2世纪中叶，罗马的奴隶制尤其是意大利的奴隶制已经发展到了典型阶段，也就是由家庭奴隶制阶段发展到了以剥削奴隶劳动、榨取剩余价值为目标的奴隶制阶段。

（二）剥削奴隶的领域

奴隶制和奴隶劳动在整个社会中起支配作用，这是两个完全不同的概念。恩格斯指出："要使奴隶劳动成为整个社会中占统治地位的生产方式，还需要大得多的生产、贸易和财富积聚的增长。在古代自然形成的土地公有的公社中，奴隶制或是根本还没有出现，或是只起极其次要的作用。在最初的农民城市罗马，情形也是如此；当罗马变成'世界城市'，意大利的地产日益集中于人数不多的非常富有的所有者阶级手里的时候，农民人口才被奴隶人口所排挤。"①大约到公元前2世纪中叶，由于大规模的对外征服以及战俘奴隶的大量出现和廉价输入意大利，罗马人对奴隶劳动力的剥削也逐渐达到了顶峰。在罗马人看来，奴隶是"会说话的工具"，与牲畜等没

①　《马克思恩格斯选集》，第3卷，504页，北京，人民出版社，1995。

有什么不同。主人对奴隶有生杀予夺的大权,奴隶所获得的一切皆属于主人。罗马奴隶主残酷剥削和压迫奴隶,其目的就是企图在最短的时间内收回成本,并从奴隶身上榨取尽量多的利润。奴隶制在整个社会中逐渐处于支配地位。

罗马最早大规模使用奴隶劳动的部门是矿业。这与罗马人对金属需求量的增加有很大的关系。由于开矿条件差,主人们一般都希望用奴隶或罪犯来从事开采。据斯特拉波《地理学》记载,到公元前2世纪中叶,仅在西班牙银矿从事采矿的奴隶就达4万人。其他矿区如开俄斯、派罗斯和希腊的大理石矿,葡萄牙的铜矿,巴若里亚和达西亚等地的金属矿藏的开采工作一般也由奴隶或罪犯承担。从事矿下劳动的奴隶在奴隶主监工的高压下,过着暗无天日的生活。

农业是古代社会的基础,在罗马经济中占着压倒性的优势地位。在农业领域大量使用奴隶劳动是公元前2世纪以后罗马经济的重要特征。迦图在其《农业志》中认为,理想的农业庄园应该是240犹格的橄榄园或100犹格的葡萄园,240犹格的橄榄园应有分工不同的奴隶13人,100犹格的葡萄园应有从事日常工作的奴隶16人。瓦罗则更肯定,认为"全部农业劳动是由奴隶或自由民完成的,或者由二者共同完成"[1]。从事农业生产的奴隶生活悲惨,纯粹是主人获取财富的工具。

手工业是使用奴隶劳动的另一重要领域。在各手工业部门中奴隶所占比重很大。罗马的重要建筑工程大多由奴隶来完成。此外,奴隶们也是各手工作坊的主要劳动者。

罗马家庭奴隶的人数很多。他们一般从事家内劳动,有些也从事教师工作,也有一部分成了罗马人的医生。此外,罗马还存在一部分国家奴隶,他们或当警察,或当消防员维护城市的秩序。

一般来说,城市奴隶和家庭奴隶的生活条件比较好一些,获取自由的机会也多一些,而从事矿下劳动和农业劳动的奴隶生活状况则很差,条件也很艰苦。

第四节　晚期罗马共和国

罗马共和国晚期也被称为"内战时期",这个时期也是罗马共和国逐步

---

① ［古罗马］瓦罗:《论农业》,1,17,北京,商务印书馆,1981。

衰亡的时期。

　　罗马在结束大征服，成了地中海世界名副其实的霸主以后，国内形势有了明显的变化，许多原先隐藏的矛盾开始显现。这些矛盾主要包括：奴隶和奴隶主之间的矛盾，罗马同被征服者之间的矛盾，罗马奴隶主与平民以及意大利同盟者之间的矛盾，罗马奴隶主阶级上层之间的矛盾等。这些矛盾交织在一起，构成了罗马"内战时期"的主要内容。

一、第一次西西里奴隶起义和意大利农民运动

　　第一次西西里奴隶起义（公元前137—前132年）揭开了罗马"内战时期"的序幕。

　　西西里岛是地中海上一个美丽的岛屿。这里土地肥沃，气候非常适宜于农业生产。由于它是罗马在意大利境外设置的第一个行省，罗马贵族纷纷到这里建立奴隶制庄园。在这些庄园中参加劳动的大多是处境悲惨的奴隶。公元前137年，西西里奴隶不堪虐待，在叙利亚籍奴隶优勒斯率领下揭竿而起；不久，他们又与另一支由西里西亚籍奴隶克里昂率领的队伍会合，起义烈火几乎遍及西西里全岛。起义军所到之处杀奴隶主，占农庄，大量解放奴隶，得到奴隶及下层贫民的积极支持，队伍迅速扩大至20余万人。从人数上说，这是世界古代史上规模最大的一次奴隶起义。起义军以恩纳城为中心建立"新叙利亚王国"，推优勒斯为王。起义军多次打败前来镇压的罗马军队，坚持起义达5年之久。公元前132年，起义军在罗马军队的残酷镇压下失败。起义虽遭镇压，但影响波及意大利本土、希腊和小亚细亚等地。

　　第一次西西里奴隶起义后不久，罗马就出现了平民争取分配公有土地的运动。这一运动由格拉古兄弟改革首开其端。格拉古兄弟出身贵族，但体察民情，对当时的罗马国情有深刻的了解。提比略·格拉古说："意大利土地上游荡的野兽尚有洞穴可供栖息，而为意大利奋斗捐躯的人却除了空气和阳光以外别无他物，他们无家无室，携妻带子到处流浪。将军们在战斗中督促士兵为保卫祖宗宗庙而战，但这却是谎话。因为没有一个士兵有自己的祭坛，他们之中没有任何人有自己的祖坟，他们只是为别人的荣华富贵而奋斗牺牲。虽然他们被称为世界的主人，但他们几乎无立锥之地。"[①]

---

　　① ［古希腊］普鲁塔克：《提比略·格拉古传》，9，4，见［古希腊］普鲁塔克：《希腊罗马名人传》。

公元前133年，兄长提比略·格拉古出任保民官，他鉴于农民失地危及兵源、严重影响国家的安全和稳定等实际情况，毅然提出土地改革法案，其内容为：每一家长占有公有土地不得超过500犹格，连同其子占地，每户最高限额为1000犹格，超出此数的部分收归国有，由国家统一以份地的形式将其分给无地公民。法案同时规定，这些份地不得出卖，只许世袭使用。土地法案得到广大平民的拥护而获得通过，但遭到以那西卡·西庇阿为首的保守派贵族的强烈反对。他们诬陷提比略·格拉古想当国王，并蓄意在公民大会会场挑起械斗，当场杀害提比略·格拉古及其支持者300余人，并将其抛尸于台伯河中。

10年以后，即公元前123年，提比略·格拉古的弟弟盖约·格拉古出任保民官，继续推行改革，他在吸取提比略·格拉古改革失败教训的基础上，提出了《土地法》《粮食法》(向贫民廉价出售粮食)、《审判法》(从骑士中任命法官)、《亚细亚行省法》(亚细亚行省的税收交由骑士承包)、设置迦太基殖民地的《迦太基殖民地法》、授予意大利同盟者公民权的《公民法》等包罗广泛的激进改革方案，并获得民众的大力支持，盖约·格拉古也因此取得了连任保民官的殊荣。但不久元老贵族故技重演，武装袭击改革派，盖约·格拉古及其3000余名支持者罹难。格拉古兄弟改革遭到失败。

二、罗马征兵制度的改革

罗马征兵制度的改革发生在公元前2世纪末叶，领导这次改革的是马略。马略出身平民，曾为罗马贵族麦铁鲁斯家的食客。朱古达战争为马略成为罗马历史上著名的政治家、军事家创造了非常有利的条件和机会。

朱古达为北非努米底亚国王，他"体魄强健，仪表英俊，智力超群"，在骑马、投枪、击剑等方面技艺精湛。在挑战罗马以前，朱古达已经有了超常的名声，取得了非凡的功业。公元前113年，朱古达在稳定自己的统治后，对契尔塔城的意大利商人进行大肆捕杀，从而严重地损害了罗马在该地区的利益。罗马元老院以此为由，于公元前111年向朱古达宣战。

战争开始后，朱古达用金钱贿赂执政官等军政要员，致使战争一拖再拖。公元前107年，马略在平民的拥护下当选为执政官，出任朱古达战争中罗马军队的总指挥，战局才开始有所转变。

马略就任执政官以后，马上就招募军队，不过不是"像我们的祖先那样按照阶级征募，而是允许任何人自愿参加军队。他们中的大多数是无产者"。因为马略放弃了传统的财产限制，不再按照原来实行的等级征兵制原则，而允许有意服役的公民志愿参军。他鼓励无产者参军，给予他们较高的军饷报酬，规定普通步兵每年可获取 1200 阿司，百人队队长加倍，骑兵则为 3 倍，并规定，战争结束后，士兵们可以从国家那里获得一块土地。为提高士兵的作战能力，马略统一武器装备，改善武器质量。马略规定，所有重装步兵统一配备锐利无比的投枪短剑，其目的显然是为了加强重装步兵的杀伤力。此外，马略通过各种方法严格整顿纪律，加强士兵训练强度，不容许士兵在纪律上懈怠松弛，使士兵和军团始终能够保持强大的攻击能力。

马略的各项措施基本上解决了罗马的兵源匮乏问题，提高了罗马军队的战斗力。马略正是利用了自己领导下的这样一支军队，于公元前 105 年活捉朱古达，取得了朱古达战争的伟大胜利。此后，他多次就任执政官，成功地领导了罗马人反对日耳曼人的战争，消灭了侵入帝国境内的森布里亚人、条顿人，解除了他们对意大利的威胁，并镇压了不久后发生的第二次西西里奴隶起义。但马略的行动也确实动摇了罗马共和制的基础。公民兵开始被这些处于公民之外甚至蔑视公民的武装力量——职业兵所替代。这些职业兵主要来自无产者，他们没有公民兵所具有的那种爱国热情，也没有财产方面的后顾之忧。他们参战的目的不是为了国家，而是为了发财致富。共和国在他们的眼里，是可有可无的事，是无足轻重的事。职业兵的出现改变了罗马共和国领导军队的局面，从而为军事将领实施独裁统治奠定了基础。

三、第二次西西里奴隶起义和"同盟者战争"

第二次西西里奴隶起义与罗马当时的兵源匮乏有很大的关系。公元前 2 世纪末叶，罗马外战不断，兵源严重不足，元老院为此曾下令释放因债务而被卖为奴隶的行省自由居民，以扩充兵源。但这一命令在西西里由于奴隶主的行贿而中止。于是，西西里奴隶再次发动起义（公元前 104—前 101 年）。他们以特里奥卡拉为中心，推叙利亚籍奴隶萨维阿斯为王，取名特里丰，建立自己的国家。不久，起义队伍发展到 3 万人，他们转战西西里各地，屡败罗马军。但最后终因寡不敌众，惨遭镇压。这次起义同样在希腊和黑海北岸等地引起反响，并加速了意大利同盟者战争（公元前 90—前 88 年）的爆发。

意大利同盟者是罗马地域帝国形成时期的主要功臣，正是由于他们的支持，罗马才渡过了一次又一次的难关，取得了地中海地区霸主的地位。据测算，在公元前200年至公元前168年，意大利同盟奉献的兵力大约是罗马总兵力的3/5。[①]可是，一直到公元前2世纪末1世纪初，同盟者还处于政治上无权、经济上无利的状况：在政治上，同盟者都没有公民权，不能参与罗马的决策，更无缘就任罗马的官职；在经济上，他们也得不到罗马士兵应得的战利品和公有土地；在军事上，他们还得不时向罗马提供军队，承担由此付出的代价。这些意大利人希望分享罗马的公民权，希望分享罗马地域帝国形成以后的胜利成果。罗马的许多有识之士也从国家的长远利益出发，多次提出将公民权赠予意大利人的建议，但都没有成功。

公元前90年，意大利中部阿斯库伦城的居民首先向罗马发难。在同盟者战争之初，除了伊达拉里亚、翁布里亚等个别地区以外，几乎整个意大利中部和南部的居民都加入了反抗罗马人的斗争。他们建都科菲尼姆，自立国家，自举官员，自建政府，自募军队，立国号为"意大利"。罗马派马略和苏拉等名将率军镇压，但均未奏效。最后罗马统治者又采用分化、瓦解政策，争取支持者，稳定动摇不定者，孤立反对者，宣布凡是在当时还没有拿起武器反对罗马的"同盟者"将获取公民权，接着又宣布凡是在两个月内放下武器的同盟者可获取公民权。这一政策马上产生了作用。伊达拉里亚人和翁布里亚人由于始终没有参与反罗马联盟而首先获得了公民权，其他进行抵抗的意大利人也纷纷放下武器，反罗马同盟随即解体，同盟者战争迅速结束。

同盟者战争加速了罗马人与意大利人之间的融合。从表面上看，取得胜利的是罗马人，但从实际内容上看，这场战争的真正胜利者应该是意大利人。因为通过这次战争，意大利人得到了他们之前一直想要而没有得到的公民权。这次战争之后，意大利的所有居民都逐渐变成了罗马公民，意大利人和罗马人之间的界限日渐模糊，罗马国家的力量更显强大。以罗马为中心的意大利文化加速形成，未来的维吉尔、贺拉斯和李维等都是意大利文化罗马化的结果。

---

① K. Hopkins, *Conquerors and Slaves*, Cambridge：Cambridge University Press，1980，p.31.

四、苏拉的独裁统治

意大利同盟战争为本都国王在东方的发展创造了极好的机会。公元前89年，本都国王米特里达梯率军进占罗马在东方的亚细亚行省，并要求小亚细亚居民攻杀所有当地的罗马人、意大利人以及他们的妻室儿女和意大利人出身的被释奴隶，将其抛尸野外，不得埋葬。据说，一天之内就有8万罗马人和意大利人被杀。罗马元老院决定向米特里达梯开战。不过在挑选指挥官的问题上，罗马出现了争议，贵族派选择苏拉，民众们选择马略。双方都有很强的实力和众多的支持者。

苏拉出身于一个破落的贵族世家，但受过较好的教育。萨鲁斯提乌斯认为，苏拉"既熟悉希腊文学，也精通罗马文学；他是一位有超常智慧的人，他追求享乐但更追求光荣。在闲暇之时，他放纵自己，但他的享乐绝不影响他的本职工作"①。他参加了马略领导的朱古达战争，成为全军中最优秀的军人，受到马略的赏识和士兵的爱戴。他俘获了朱古达，是罗马结束朱古达战争的英雄。意大利同盟战争期间，苏拉独担重任，不负众望，先后战胜马尔西、萨莫奈等好战同盟的军队，为同盟战争的胜利做出了重大贡献。公元前88年，苏拉当选为执政官并取得东征米特里达梯的指挥权。然而，不幸的是，苏拉还没有上任，特里布斯大会又通过了撤换苏拉而任命马略为东征总指挥的决议。

苏拉不满特里布斯大会通过的决议，决定以战争来回应反对者。他率领6个军团进攻罗马。马略及其支持者弃城出逃，苏拉顺利攻占罗马城。以罗马人攻打罗马城，这在罗马历史上还是第一次。此后，用武力来解决民众的骚动也就成了司空见惯的事情。"罗马城常常被攻打，城下也常常发生战斗"，"廉耻心或法律，制度或国家对于暴行都失去了约束力"。

苏拉掌控罗马后，迅速采取捕杀马略党人的措施。马略及其支持者皆被宣布为"罗马人民的公敌"②，任何人皆可逮而杀之。此外，他还从"最好的公民"中选定300人为元老，以弥补元老之不足，增强自己在罗马政坛的

---

① ［古罗马］萨鲁斯提乌斯：《朱古达战争》，95。

② 按罗马法律，被宣布为"罗马公敌"的人，任何人（包括奴隶）都有权将他杀死。这种大规模的"公敌宣告"从马略、苏拉时代开始，直到共和国灭亡为止，一直是政治家们彼此斗争的一种手段。

实力。翌年，苏拉率军东征，抵希腊，击败米特里达梯主力。短短数年，大约有 16 万米特里达梯的士兵被杀。公元前 85 年，米特里达梯在付出巨大的代价后，被迫向苏拉求和。和约规定：本都王必须退出自战争以来所占领的所有土地，同时还须向苏拉缴纳一定数量的赔款。第一次米特里达梯战争结束。第一次米特里达梯战争为苏拉锻炼了一支训练严格、忠诚可靠的队伍。

当苏拉在小亚细亚同米特里达梯进行战争时，马略派重新夺回了对罗马的控制权，并迫害苏拉派。公元前 83 年春，苏拉带着得胜的军队在意大利南部的布林迪西港登陆，罗马内战再次爆发。克拉苏、庞培等罗马显贵纷纷投向苏拉。公元前 82 年冬，苏拉再次以胜利者的姿态进入罗马。在随后的政治迫害中，大约有 2600 名骑士、90 名元老和 2000 名马略的支持者死于苏拉的"公敌宣告"。不久，苏拉被元老院宣布为独裁官，被允许制定他认为最好的法律。苏拉是一个多世纪以来第一个担任独裁官这一职位的人。不过，其任期和以前有所不同，正常的任期是 6 个月，而苏拉被准许可视需要自行决定任期的长短。为了巩固其独裁统治，他从骑士和意大利新贵中选拔 300 人为元老，把元老院变成了苏拉党的议事会。他从被宣布为公敌的人的奴隶中选拔年纪最轻、身体最强的 1 万多人为平民，给予他们以自由和罗马公民权，以保障他自己的安全。为了加强元老院的地位，他恢复了元老院对于公民大会通过的各种决议的否决权，削减保民官的权力，并且规定担任人民保民官职务的公民，不得再担任其他官职。他废除了监察官，把行政长官的数量增加到 8 人，财务官增加至 20 人。此外，他还强化了高级官员的晋升制度，规定：财务官的最低任职年龄为 30 岁，行政长官为 39 岁，执政官为 42 岁。同时，他还进一步规定：同一个人不得同时担任一个以上的行政官职，同一个人也不得在 10 年内两度担任同一职位。苏拉开创了罗马军事独裁的先例，为罗马的政治体制改革提供了重要的范本。

苏拉的独裁政策因为没有很深的群众基础，所以并不稳固。公元前 78 年，苏拉去世，他的各项政策也随之消亡。

五、斯巴达克起义

公元前 73—前 71 年，意大利本土爆发了以斯巴达克为首的奴隶大起义。起义的冲击力巨大，以致直接威胁到罗马国家的生存。

　　斯巴达克是色雷斯人，在与罗马的战争中被俘并沦为角斗奴。公元前73年，斯巴达克联络在加普亚角斗士训练所的其他奴隶起义。事发后，他率70余名角斗士逃往维苏威火山，扎营立寨。附近奴隶、贫民闻讯纷纷响应。起义者举斯巴达克为领袖，克里克苏斯和恩诺玛伊为副将。罗马派官军围剿，起义军出奇兵成功突围并顺利进入意大利中部地区，声威大震。公元前72年秋，起义军击溃罗马正规军团，队伍迅速扩大到7万人。此后，斯巴达克又挥师北上，克里克苏斯率部分起义军脱离主力独自行动，结果被罗马军队歼灭。但斯巴达克率主力击退罗马执政官军队的堵截，顺利到达波河流域，队伍发展至12万人。此后，斯巴达克又率军回师南下，形成直捣罗马之势。罗马当局紧急起用克拉苏任统帅，并调遣驻外军队回援，以挽回败局。斯巴达克鉴于罗马难于攻克，乃进军意大利半岛南端，试图利用海盗船只渡海到西西里，但因海盗违约而未如愿。克拉苏尾随而至，在斯巴达克背后挖壕断路，力图把斯巴达克困死在意大利南部。斯巴达克利用恶劣天气率部突破封锁，准备从布林迪西港渡海东去。不幸的是鲁古鲁斯领导的东方军团刚好在此登陆，使起义军东渡受阻，被迫于公元前71年春在阿普利亚与克拉苏决战。起义军虽浴血奋战，但终因寡不敌众而失败。斯巴达克在战斗中牺牲，被俘的起义军士兵皆被活活钉死在通往罗马的大道两边。①

　　斯巴达克起义沉重地打击了罗马奴隶主阶级的统治，迫使罗马迅速调整主人与奴隶之间的关系。同时，这次起义促使罗马的奴隶制剥削关系发生变化。授产制和隶农制在罗马开始出现，这些对于罗马社会经济的发展都有很大的促进作用。斯巴达克领导的起义不仅在罗马史上占有重要地位，而且对后世影响巨大。马克思和列宁都对斯巴达克和他领导的起义给予过很高的评价。马克思称赞斯巴达克是"一位伟大的统帅（不象加里波第），高尚的品格，古代无产阶级的真正代表"②。列宁说："斯巴达克是大约两千年前最大一次奴隶起义中的一位最杰出的英雄。完全建立于奴隶制上的仿佛万能的罗马帝国，许多年中一直受到在斯巴达克领导下武装起来、集合起

---

①　有关斯巴达克起义资料参见［古罗马］阿庇安：《内战史》，1，14，166～120；［古希腊］普鲁塔克：《克拉苏传》，8～11，见［古希腊］普鲁塔克著，黄宏煦主编：《希腊罗马名人传》，上册，北京，商务印书馆，1990。

②　《马克思恩格斯全集》，第30卷，159页，北京，人民出版社，1974。

来并组织成一支大军的奴隶的大规模起义的震撼和打击。"①斯巴达克为被压迫人民获取自身的解放树立了光辉的榜样。

六、共和国的覆亡

(一)前三头同盟

公元前 1 世纪中叶，罗马政坛上出现了三个重要人物，他们是庞培、克拉苏和恺撒。庞培原为苏拉的心腹爱将，苏拉曾称其为"伟大的庞培"。苏拉死后，庞培立即向民主派靠拢。公元前 70 年，庞培与克拉苏一起出任执政官，他们因废除苏拉体制、恢复苏拉独裁期间废除的保民官和公民大会的权力而在罗马民众中享有盛誉。此后，庞培又以进剿海盗和结束米特里达梯战争而声名显赫，成为共和国后期最具影响力的政治人物。克拉苏也是苏拉的部将，以经营高利贷和投机商业、建筑业而大发横财，又以残酷镇压斯巴达克起义而获取政治资本。恺撒出身贵族，以其慷慨好施而在平民中有一定的影响。公元前 62 年，恺撒出任行政长官，次年出任西班牙总督。公元前 60 年，庞培、恺撒和克拉苏三人结成秘密军事同盟，史称"前三头同盟"。很显然，这是在个人独裁的条件尚不成熟的情况下形成的少数人的独裁。根据同盟协议，恺撒出任公元前 59 年的执政官。在任期间，恺撒实行了一系列有利于平民和骑士的改革措施，任满后又被委派为山南高卢总督，任期 5 年。此后，恺撒以罗马占领下的高卢为据点，率领 3 个军团，经 3 年苦战，占领了大部分高卢领土，并把罗马西北边界扩展到莱茵河岸。恺撒的势力日渐膨胀。公元前 56 年，为弥合三头的裂痕，协调三头间未来的行动，前三头在意大利北部路卡会晤。会议决定：恺撒续任高卢总督 5 年；庞培、克拉苏任公元前 55 年执政官，卸任后，他们分掌西班牙、叙利亚各 5 年。路卡会议的决议很快得到了落实。公元前 55 年，庞培和克拉苏顺利当选执政官。克拉苏还提前进入叙利亚，就任叙利亚总督。公元前 53 年，卡雷一战，克拉苏战死，罗马政局发生实质性变化。恺撒因为在高卢的节节胜利，声威大增。至公元前 52 年，恺撒已经征服了山北高卢的广大地区并镇压了以维辛盖托克为首的高卢大起义，将罗马北部边疆远远地推至莱茵河以北。恺撒权势的增长引起庞培与元老院的严重不安。不久，庞培主动与元老院和好，并力图单方面解除恺撒的兵权。恺撒则提出愿与

---

① 《列宁选集》，第 4 卷，34 页，北京，人民出版社，1995。

庞培一起放下兵权，否则只能兵戎相见。元老院乘机宣布恺撒为"公敌"，并授权庞培保卫罗马。恺撒亲率第 13 军团于公元前 49 年 1 月渡过卢比孔河，进入意大利境内，并迅速攻占罗马和整个意大利。庞培及追随他的部分元老不战而逃。恺撒旋即转战西班牙，征讨一支没有首领的军队；公元前 48 年元月进军巴尔干半岛，征讨一位没有军队的首领。同年 8 月，恺撒与庞培决战于法萨卢，庞培军惨败。庞培在逃往埃及时为托勒密廷臣所杀。10 月，恺撒挥师埃及，继而在小亚细亚战胜法那西斯，重新整顿小亚细亚事务。此后，恺撒又征服了非洲的努米底亚。公元前 45 年 3 月，恺撒通过蒙大之役彻底击溃庞培在西班牙的残余势力。至此，恺撒成了罗马世界无可争辩的主人。

(二)恺撒独裁

公元前 46 年，恺撒被元老院任命为任期 10 年的独裁官。两年以后，元老院改变初衷再次通过决议任命他为终身独裁官，并授予他宣战、媾和以及控制国家收入的全部大权。此外，他还拥有执政官、终身保民官、大元帅、风俗长官和大祭司长等头衔。名义上，罗马的共和制度依然存在，公民大会和元老会议照常召开，每年的官职选举也按时进行，但实际上，罗马的一切权力都已集中在恺撒手中。

恺撒在位期间，对罗马社会进行了一系列改革。老兵是恺撒政权的基础，保护老兵的利益是恺撒的重要任务之一。他通过各种措施使 8 万多退伍老兵、贫苦公民在各行省获取份地，并且给他们以许多特权。

元老院是共和国的心脏。为了更好地控制元老院，使其为己所用，恺撒对元老院进行调整，让一些非贵族出身的人进入元老院，从而改变元老院的成分。元老的人数也应恺撒的要求，增至 900 人。元老院的独立性因此遭到彻底的破坏。

加强行省管理是恺撒政策中的重要内容。恺撒改革了行省的税收制度，规定直接税由国家征收，只有间接税仍采用包税制。这是罗马税收制度逐渐走向正规化的开始，对于保护行省居民的利益意义重大。同时，他又对行省的总督权进行了调整，规定：行省的军权由恺撒任命的副将以副行政长官的名义掌管，行省的司法权和行政权则由行省总督掌控。行省总督军权的剥夺对于罗马共和国的安全和稳定意义重大。

扩大公民权至部分行省是恺撒的重要创造。在恺撒统治期间，山南高卢和西班牙的一些城市获得了公民权。西西里的希腊人、阿非利加的许多城市都获得了拉丁公民权。这些措施对于推动行省的罗马化有很大的好处。

此外，恺撒还在文化建设方面做了许多有益的工作。他改进历法，制定朱里亚历（或译作儒略历），把每年确定为 365 天，每 4 年外加 1 天，使罗马历法达到了当时世界最先进的水平；他修建朱里亚广场、剧院和图书馆等公共场所，使罗马人的文化生活更趋丰富，更趋活跃。

应该说，恺撒的许多措施适应了罗马国家发展的需要，也适应了罗马奴隶主的需要，但恺撒的独裁也确实是与罗马的共和制度相矛盾的。他的政策不但损害了元老贵族的传统利益，而且也损害了他们的现实和未来利益，因此遭到共和派元老贵族的强烈不满和反对。公元前 44 年 3 月 15 日，恺撒被刺身亡。负责这次刺杀行动的就是布鲁图和卡西约等共和派人士。恺撒死后，共和国内部的矛盾不但没有解决，相反更趋尖锐。

（三）后三头政治

继恺撒而起的政治人物是安东尼、骑兵长官雷必达和恺撒的养子屋大维。他们于公元前 43 年 10 月在意大利北部波诺尼亚城附近举行会晤，公开结盟，史称"后三头同盟"。同年 11 月，公民大会通过一项法律，任命屋大维、雷必达和安东尼为"建设共和国的三头"，授予他们在 5 年内具体负责国家事务的处理的权力。由三位将军来共同治理罗马，这在历史上还是第一次。三头上任以后，就以"公敌宣告"的名义，开始在罗马大肆捕杀政敌，搜刮钱财，结果被宣布处死和没收财产的元老约为 300 人，被处死的骑士约为 2000 人。罗马大文豪西塞罗成了典型的维护共和制的牺牲品。西塞罗是罗马共和国末期最重要的政治家之一，曾粉碎以喀提林为首的阴谋活动，被罗马人称为"国父"。罗马内战期间，他追随庞培反对恺撒，恺撒遇刺后致力于恢复共和体制，连续发表 14 篇反对安东尼的演说，终招杀身之祸。西塞罗的被杀表明：保卫共和政体的思想力量已经不复存在。

公元前 42 年，安东尼和屋大维根据分工出兵巴尔干半岛，与共和派领袖卡西约和布鲁图作战，双方在马其顿的腓力比附近发生激战，结果以卡西约和布鲁图为首的共和派被安东尼和屋大维的军队打败，卡西约和布鲁图自杀。对于屋大维和安东尼来说，这场战争是空前的，"因为过去从来没有过这样多、这样强大的罗马军队彼此间发生过如此激烈的冲突"。卡西约和布鲁图在腓力比的失利再次表明：共和国最后一支武装力量业已消失，三头在罗马的统治地位更加巩固。

腓力比之战以后，屋大维回到意大利，解决老兵的安置问题，而安东尼则前往亚细亚，征讨共和派的最后残余。公元前 40 年夏，三头在布林迪西聚会，重新确定了各自的势力范围：安东尼统治东方行省，负责对帕提亚的战争；屋大维统治西方行省，负责征战共和派残余；雷必达统治阿非利加。安东尼和屋大维都可以自由地在意大利征募同等数目的士兵。此后，屋大维利用坐镇意大利的有利机会，大力发展自己的势力。他一方面使三头之一的雷必达远离军队，另一方面又大力修缮与元老院之间的关系，为自己未来的发展积蓄力量。

安东尼来到东方后，迷恋声色，公开与埃及女王克娄巴特拉结婚，从而使其与罗马公民之间的关系日渐疏远。公元前 32 年，屋大维在经过 10 年的准备以后，开始向安东尼挑战。他以共和国不能容许将权力随便交给"一个堕落的罗马人和一个出身野蛮民族的皇后"为由，迫使元老院和公民大会通过决议，宣布安东尼为罗马人民的公敌，并正式向埃及开战。公元前 31 年 9 月，屋大维率领军队与安东尼、克娄巴特拉军会战于亚克兴海角。在激战过程中，安东尼的许多舰船被屋大维军烧毁。克娄巴特拉和安东尼双双逃跑，失去统帅的安东尼军或降或逃，屋大维成了亚克兴战役的最后胜利者。

亚克兴战役在罗马历史上具有标志性的意义，它宣告了罗马内战的结束以及罗马和平时代的到来，罗马世界的命运也因此落入屋大维手中。公元前 30 年，屋大维率罗马大军来到埃及，安东尼和克娄巴特拉自杀。从此，埃及被罗马占领，成为罗马的一部分。罗马历史进入了一个新的时期——帝国时期。

第五节　早期罗马帝国

一、屋大维新政

屋大维对安东尼的最后胜利结束了长达一个多世纪的罗马内战。此后，屋大维开始把主要精力放到罗马的建设和内部关系的调整上面，同时又利用自己手中的权力和智慧对罗马帝国的管理机构进行全方位的改革，取得了前所未有的成就。

第一，屋大维在不违背传统的情况下，创造了一种新的政治体制——元首制（Princeps）。所谓元首制，实际上就是指用第一公民的名义来对罗马进行统治的制度。

元首制的前提是集权，即把共和国之众多权力集中于元首一身。早在公元前 38 年，屋大维就获得了"总司令"的称号；两年以后，他又获得了神圣不可侵犯的保民官职位；公元前 31 年，他第三次获得执政官职位，此后一直连任至公元前 23 年；公元前 30 年，他又获得了终身保民官之职。内战结束后，他又得到了监察官权。公元前 28 年，他把自己列于所有元老之首，称"首席元老"。公元前 27 年 1 月 13 日，屋大维提出恢复共和国，把一切大

图 6-6　奥古斯都像

权交还给元老院和公民大会。元老院为此通过一系列法令委之重任。公元前 27 年 1 月 16 日，元老院为赞颂屋大维对罗马做出的贡献，正式授予他"奥古斯都"（Augustus）的尊号。公元前 23 年 1 月，奥古斯都辞去执政官职务，以满足共和派人士对执政官职位的追求。元老院为此又颁布一条特别法令，授予奥古斯都以与执政官享有共同权力的执政官权。公元前 19 年以后，这一权力又变为终身。至此，奥古斯都实际上已经掌握了罗马的最高行政管理权，享有"对国家事务的普遍保佑和监护权"。与此同时，他在公元前 36 年获得的终身保民官职又再次得到确认，其人身安全更有保障，其政治权力更趋巩固。

很显然，元首政治是平衡多方利益的结果。它的最大特点是：在战乱结束后不久，能够比较有效地行使政府的权力，保证帝国的稳定；其最大的缺陷是缺乏明确的继承法。

第二，奥古斯都为了加强元首政权的社会基础，维护自己的统治，对当时的社会等级进行了重新调整和整顿。

内战期间罗马统治阶级中的派系倾轧严重，政治格局变化迅速，元老等级中成分不纯的现象相当突出，元老成员中既有苏拉和恺撒的部下，又有财产丰厚的被释奴隶和外省居民。在恺撒时期元老人数曾多达 1000 人。奥古斯都上台后，先后 5 次对元老院进行调整，将元老名额减为 600 人，他自己列在所有元老之首，同时明确规定：只有拥有 100 万塞斯退斯财产的人，才有资格成为元老的候选人。元老可以担任由共和国遗留下来的高级长官，也可以担任军事长官和行省总督。

关于骑士，奥古斯都规定：凡有 40 万塞斯退斯财产的人，方有资格成

为骑士。骑士们除保留包税权外，还能担任近卫军长官、埃及总督、军团
将校以及各种与财政有关的要职。他从骑士中选拔官员，组成官僚集团。
骑士可以候补元老，元老之子在取得元老资格以前，也列为骑士。他们都
有一定的制服，以表示其特殊地位。

对于平民，奥古斯都一面镇压他们的反政府暴动，一面又以发放救济
粮，举办娱乐活动和给予各种施舍来收买他们，使其脱离政治。在奥古斯都
时期，领取粮食份额的人数也从恺撒时期的 15 万份恢复到了 30 万份。奥古斯
都甚至亲自照管从行省运来粮食的情况。为了使平民不问政治，他不时用私
人资金举办豪华竞技表演。在这种情况下，罗马城市的无产平民或者安于寄
生，耽于娱乐，或者充当权贵的党羽，已经失去了先前的政治作用。

奥古斯都对于奴隶特别严厉。早在内战时期，奥古斯都就曾密令各地
军队严惩逃亡奴隶（加入军队的除外），许多逃亡奴隶在同一天内被捕，被
送往罗马，奥古斯都把他们交还给他们原先的罗马主人或意大利主人或这
些奴隶主的继承人。他也交还了西西里奴隶主的奴隶。对于那些没人认领
的奴隶，他一概将他们带到原来逃亡的城市，将其处以死刑。内战结束后，
他又制定法律，禁止奴隶主随便释放奴隶。公元 10 年，奥古斯都又援用旧
法，规定：凡奴隶杀死主人，与之同住一处或闻声未去救助的所有奴隶均
应处死。此外，他还对被释奴隶的公民权进行了限制。由此可见，奥古斯
都建立的元首制国家完全是为保护奴隶主阶级的利益服务的。

第三，行省政策。行省是罗马财富的主要来源地。奥古斯都对行省十
分重视。他首创了行省分治模式，把行省分成元首省和元老院省。元首省
和元老院省各有各的税收体系，但元首可以在元老院省中提取一部分税收。
行省的归属基本上以是否驻扎军队为原则，元老院省一般不驻军，而元首
省都部署军团。元老院省总督由元老院决定，元首省总督则由元首亲自任
命，一些新设小省则由财务官级的总督掌管。埃及是罗马的产粮重镇，由
元首亲自派亲信治理。

加强对总督权力的监督、防止总督职权的滥用是奥古斯都关注的重点。
他为此采取了许多措施，并取得了较好的成绩。此外，奥古斯都还大力鼓
励行省城市化。正是在奥古斯都的倡导下，旧的部族中心、边防重镇、贸
易中心、驻兵营地和老兵殖民地等都相继形成了城市。

第四，军事改革。奥古斯都军事改革的最大特点是建立常备军。常备
军初为 28 个军团，后减至 25 个。军团士兵主要在意大利征募，这是意大利
人的特权，士兵的服役年限和军饷都有明确规定。共和国时期新出现的辅

助部队(辅军),奥古斯都继续招募以作为正规军的补充。在奥古斯都时期,辅军主要从驻防地征募,其优点是费用低,征募起来比较容易。此外,奥古斯都还建立了一支常备海军和近卫军,以保卫地中海和意大利的安全。奥古斯都的军事改革把罗马军队变成了一支随时都能执行命令的部队。它是奥古斯都对内统治、对外扩张的重要工具。

第五,加强财政管理。财政是帝国统治的基础。奥古斯都当政后的重要任务就是大力改造和强化财政管理机构。共和国时期,元老院是罗马财政的主要掌管者,帝国建立后,元老院名义上还有这种权力,但实际上奥古斯都可以任意调配国库的钱财。为了规范财政管理制度,奥古斯都还专门设置了国库官、财务督察等财政官员,同时还建立了共和国时期没有的财政收支统计,从而在一定程度上改变了财政支出的随意性和盲目性。

第六,对外政策。奥古斯都的对外政策有和平和武力两种方式:在东方,以和平原则为主,通过外交与罗马人原先的劲敌帕提亚人言归于好;在北方,则以武力为先导,寻找北部天然的疆界。帝国建立后,罗马面临的主要敌人是不断骚扰边界的日耳曼人。奥古斯都为了保卫高卢的安全,计划把罗马的势力发展到毗邻东欧平原的易北河地区。初期,这一计划进展顺利,尤其是经过提比略和德鲁苏斯的经营,莱茵河、易北河之间的日耳曼地区已进入半罗马化状态;但后来派去的总督瓦鲁斯对当地采取高压政策,导致变乱。公元 9 年,双方在条托堡森林发生激战,罗马惨败,损失 3 个军团。此后,这 3 个军团的编制一直空缺。这场灾难迫使奥古斯都改变

图 6-7　罗马和平祭坛全景

原先的计划，把疆界固定在莱茵河一线。后来的波恩、美因兹和斯特拉斯堡等城市都是在罗马人军营的基础上发展起来的。从公元前 16 年起，罗马开始对多瑙河地区进行大规模的征服和开发，先后在这里建立了里西亚、诺里克、潘诺尼亚和米西亚等行省。

第七，奥古斯都十分关注人口的增长，关注家庭的组建与稳定。他颁布《婚姻和家庭法》，规定：25 岁到 60 岁的男子和 20 岁到 50 岁的女子，皆有结婚的义务；法律反对独身主义，规定离婚者要在离异后 6 个月内再次结婚，违反这一法律则将失去在遗嘱上自由授予遗产的权利；此外，不出嫁的妇女还要缴纳相当于她们财产的 1% 的税。颁布《婚姻和家庭法》的目的在于借加强家庭关系这一手段来维护其自身统治的稳定。

奥古斯都的一系列改革措施稳定了帝国的统治秩序，奠定了帝国早期罗马经济和文化发展的基础，在罗马史上占有非常重要的地位。

二、帝国早期的政治与经济

公元 14 年，奥古斯都病逝。他的继子提比略继位，从而开创了继子继位的先例，罗马帝国也由此进入了王朝统治时代。前期帝国共经历了 3 个王朝，即朱里亚·克劳狄王朝、弗拉维王朝和安敦尼王朝，历时 178 年。

(一)元首统治的加强

朱里亚·克劳狄王朝共有提比略、卡里古拉、克劳狄和尼禄 4 位元首。这一时期是元首权力的进一步加强期，同时也是官僚体系的初步建立期。提比略继位不久，即平定了驻莱茵河和多瑙河各军团的骚乱。31 年，近卫军长官谢亚纳斯企图暗杀元首，事泄被杀。这件事对提比略打击很大。此后，提比略多疑的性格开始暴露出来。他动辄援引"大逆法"，对嫌疑犯和被告密者治罪，以达到巩固统治的目的。提比略的集权措施主要有：第一，架空和削弱元老院的权力，把一切重要事务交给元首顾问会议处理；第二，把原先部署在意大利各城的 9 个近卫军大队全部集中至首都，以保卫首都的安全，加强罗马的防卫力量。当然，对于元首来说，这一措施有其有利的一面，他可以利用这支力量镇压反对者；但同时也有不利的一面，一旦近卫军倒戈，其失败的可能性就更大。提比略被近卫军长官马克罗及其亲信杀死的事实本身就是明证。到卡里古拉统治时期，他把希腊化类型的君主政体，特别是埃及的专制统治形式引入罗马。在宫廷里，他实行王政礼仪——俯拜、吻足，把自己比作朱庇特神，要求人们像敬奉神灵一样崇拜他。在他的统治时期，元首的宫廷里已经出现了一整套管理机构，被释奴隶开始在政治上发挥重要作用。不过，罗马帝国官僚制度的迅速发展期还要到克劳狄当政之时。这时，中央政权的管理机构日趋成熟。秘书处掌握内务、外交和军政，直接为元首服务；会计处成了财政部，负责国家的财务收支；调查处成了司法部，为元首在各种调查诉讼中的裁决提供咨询意见。在所有这些部门中任职的成员，包括最高官员和一般办事员，多由被释奴隶充任，他们的任务是绝对服从和执行元首的命令。元老贵族在政府中的作用越来越小。

图6-8　罗马帝国镶嵌画

弗拉维王朝建立以后，继续加强元首的统治。弗拉维王朝的第一位元首韦帕芗采取措施把意大利各城市和西方各行省的许多最富裕、最著名的公民升为骑士和元老，并强迫元老院通过特殊法令，赋予他非常广泛的权力，使他有权采取他认为对国家利益有用的一切措施。同时，他又采取措施，加强对军队的控制，规定：近卫军在意大利人中间招募，各地驻军的兵源皆由行省解决。驻军兵源的行省化对罗马军团士兵的构成产生了重大的影响。在朱里亚·克劳狄王朝和弗拉维王朝时期，罗马基本上遵循了奥古斯都遗嘱中提出的不扩大帝国疆域的政策，在领土拓展方面作为甚少。

（二）帝国的全盛

96年，弗拉维王朝的最后一位元首图密善因为执政无能，高傲自大，被部下杀害。元老院乘机恢复权威，提名德高望重的涅尔瓦为元首，从此开启了安敦尼王朝的统治时代，也即罗马帝国的全盛时代。

图 6-9　罗马帝国的东方门户帕尔米拉

安敦尼王朝（96—192 年）共经历了 7 位元首的统治。他们分别是涅尔瓦、图拉真、哈德良、安敦尼、马尔库斯·奥里略、维鲁斯和康茂德，历时 96 年。他们中除涅尔瓦出身于意大利以外，其他人都出身于行省。除后两人是父传子位以外，其余的人都通过前任指定继子的方法继位。从大部分元首来源于行省这一点来看，行省已经成为罗马帝国政治生活中的一支重要力量。

安敦尼王朝的一个最大的特点是放弃了奥古斯都以来的边疆防御政策，主动向外拓展。图拉真元首是这方面的主要代表。图拉真是罗马历史上第一位行省出身的元首（出生于西班牙的伊塔利亚）。在位期间，他把扩大罗马帝国的疆域作为第一要务。101—106 年，他出兵攻击并征服了多瑙河流域的达西亚人，使其地成为罗马帝国的一个行省。后来，他把这一征服过程刻在图拉真纪功柱上，一直保留至今。106 年，图拉真把军队开往东方，先入侵阿拉伯，把所占地区改为阿拉伯行省；后来又与罗马人的死敌帕提亚交战，占亚述，陷两河流域，直抵波斯湾。在图拉真时代，罗马帝国的边界达到了最大范围：东到波斯湾，西至大西洋彼岸，北方从莱茵河和多瑙河向东延伸，包括跨越多瑙河的达西亚，南方囊括整个北非地区。罗马的势力如日中天。

图拉真死后，由哈德良继位。哈德良当政后对图拉真的政策有了局部的调整。他与帕提亚人言和，退出美索不达米亚和亚美尼亚；在北疆和不列颠修筑"边墙"加强防守。但哈德良的犹太政策引起了犹太人的强烈不满。

131 年，哈德良宣布命令，禁止犹太教徒举行割礼和阅读犹太律法，并决定在耶路撒冷建罗马殖民地和罗马神庙。这一带有侮辱性的政策立即招致犹太人的反抗，起义群众一时超过 20 余万。他们在"星辰之子"西门的领导下，占领罗马人的殖民地，攻杀罗马殖民者。哈德良迅速派大军镇压，历时 3 年，共毁灭 50 座城市和近千座村庄，屠杀犹太人起义军及当地居民达 58 万人之多。巴勒斯坦的犹太人从此开始流落他乡，过上到处流浪的生活。

图 6-10　哈德良庄园一角

到安敦尼和马尔库斯·奥里略统治时期，由于有相当多的行省富豪加入帝国元老院，罗马在整个地中海区域保持了相当的繁荣。一位希腊学者阿里斯提德斯曾经在一篇颂词中对当时的情况做过详细的描述。他说："现在整个世界都好像是在欢度假期一样，脱下了古代的战袍，穿上了自由欢乐的锦袍。所有的城市都已经放弃了它们旧有的争端，希望在一件单纯的事情上取胜，那就是每个城都希望使它自己变得更快乐、更美丽。到处都是游戏场、林园、神庙、工厂和学校……城市到处充满了光明和美丽，整个大地都好像是元首的花园一样。友好的烽火从它的平原上升起，而那些战争的硝烟就好像是随风飘去，到了山海以外去了，代替它们的是说不尽的美景和欢快……今天，希腊人和外国人都可以空着手，或是满载着金钱，到处作自由的旅行，好像是在自己家里一样……只要做了一个罗马人，或者是陛下的臣民，即可以拥有安全的保障。荷马曾经说过大地是属于大家

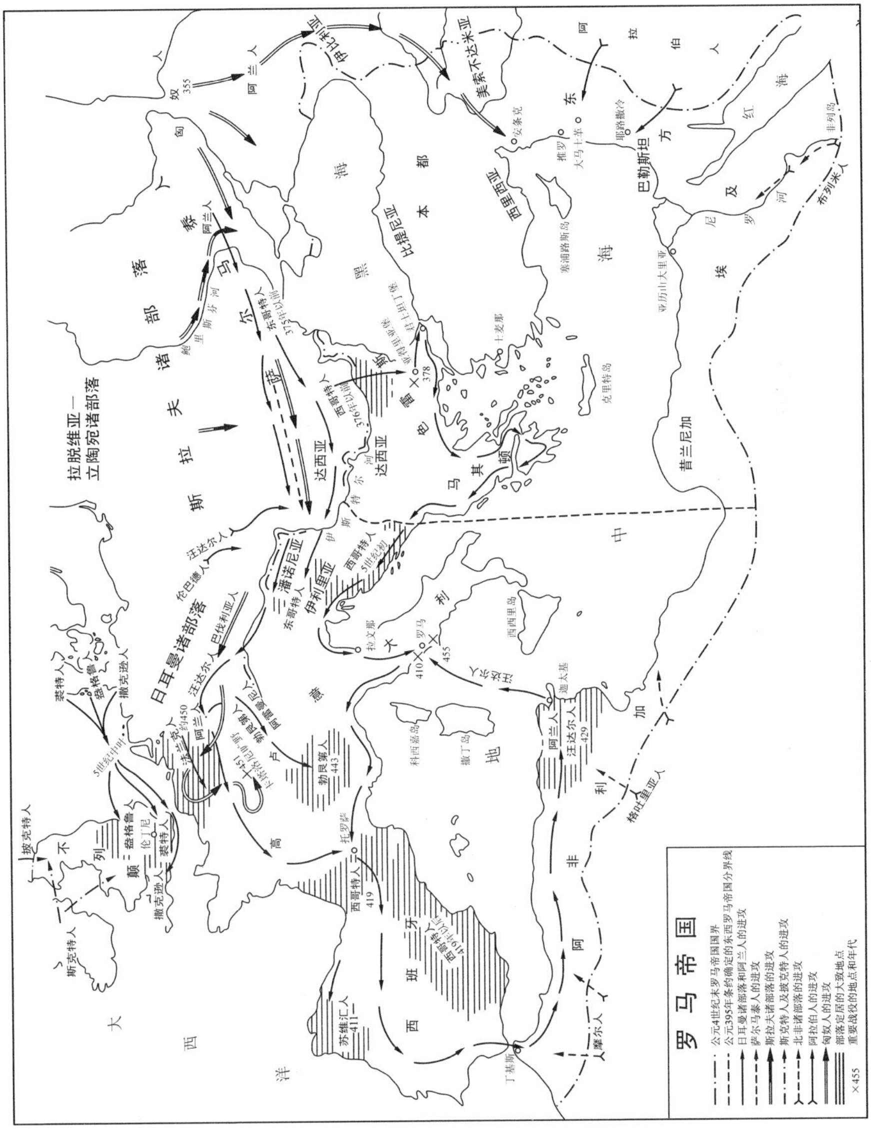

图6-11　罗马帝国疆域图

的，而您却使这句话变成了现实，因为您已经测量了整个的世界，在河川上架了许多的桥梁，把山地开成了驿道，在沙漠中建立基地，使万物都文明化，使其具有纪律和生命。"①这当然有夸张的成分，但也在一定程度上反映了罗马帝国统治的稳固。

(三)帝国早期的经济

内战的结束、政局的稳定、生产关系的局部调整以及交通网和港口的兴建等，促进了罗马经济的发展，使帝国早期的社会经济呈现出空前繁荣的局面。这首先表现在生产力的进步以及农业、手工业和商业的发展上。轮犁、割谷器已应用于农业生产，工业上则有滑车、水磨和排水器械等。手工业的发展表现为门类增加(罗马城的手工行业达80余种)、分工细密、各地素享盛名的传统手工业复兴(小亚细亚的毛织，腓尼基的染料、玻璃，埃及的麻织品)等。内外商业的发达是这一时期的重要特征。当时的罗马海陆商道畅通无阻，商旅往来，络绎不绝。罗马向行省输出陶器、油、酒等，而从行省输入粮食、纺织品、金属制品和奢侈品等。对外贸易西到不列颠，北经日耳曼，抵斯堪的纳维亚半岛，东则远达印度、斯里兰卡甚至越过马六甲海峡到中国。据《后汉书·西域传》记载："桓帝延熹九年(166年)，大秦王安敦遣使自日南徼外献象牙、犀角、玳瑁，始乃一通焉。"(按：此处的大秦指罗马帝国，而安敦则是指马尔库斯·奥里略)由此可知罗马人经商的范围之远。

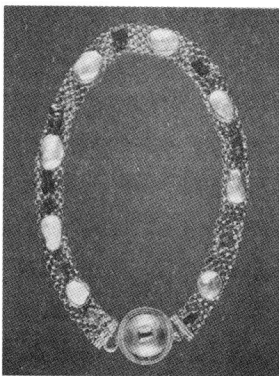

图 6-12　出自庞贝城的金项链

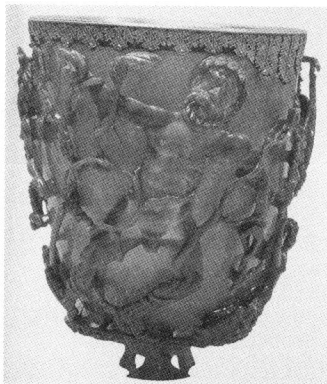

图 6-13　罗马的玻璃制品

① [古罗马]阿里斯提德斯：《罗马颂》，26。

工商业的发展促进了城市的兴盛。原有城市空前繁华。罗马是帝国的首都，是帝国的政治中心和经济中心，其人口达 150 万左右，与地中海世界紧密相连。殖民城市和行省城市纷纷兴起，其中著名的有不列颠的伦丁尼亚（现在的伦敦）、高卢的鲁格敦（现在的里昂），多瑙河上的文都波纳（现在的维也纳）、新吉敦（现在的贝尔格莱德）等。不过，只要认真观察就会发现，这些城市大多与军营有关。城市的不断出现既是罗马经济发达的表现，也为罗马经济的进一步发展创造了条件。技术奴隶、被释奴隶、授产奴隶在手工业作坊和商业事务中占有相当大的比重。在工商业发展的同时，农业较前也有了一定的发展，虽仍然采取休耕制的耕种方式，但耕地面积有了明显的增加，人工灌溉面积和灌溉渠道有了较大的改善。埃及、潘诺尼亚和米西亚等省皆成了罗马帝国的主要产粮地，有"谷仓"之称，对罗马帝国的稳定贡献很大。在帝国早期，土地占有者与生产者之间的关系也有了一定的调整。由于共和末年奴隶起义的冲击和帝国早期工商业的发展，隶农制逐渐流行。隶农包括租种土地的自由佃农和奴隶。他们向地主缴纳货币租或实物税，比奴隶有较多的自由、较多的属于自己控制的收入。不过，从帝国全局来看，意大利本土的农业经济有衰退的迹象，而行省农业大有超过意大利之势。而且，罗马帝国早期的经济繁荣是建立在帝国和平和残酷剥削奴隶的基础上的，因此，这时候经济的发展有它明显的局限性和脆弱性，繁荣中必然隐藏着新的危机。到 3 世纪时危机就爆发了。

第六节　后期罗马帝国和西罗马帝国的灭亡

一、政治混乱局面的出现

马尔库斯·奥里略去世以后，其子康茂德即位，安敦尼王朝的"和平和稳定局面"开始动摇。迫于日耳曼人的压力，康茂德继位后不久便与日耳曼人签订和约。根据和约，日耳曼人可以以"同盟者"的身份迁居帝国境内，可以参加罗马军队为帝国服役戍边。从此，帝国边境就不再是一道不可逾越的界限。日耳曼因素的出现开始使罗马帝国发生根本性的变化。

193 年 1 月 1 日，元首康茂德被暗杀，安敦尼王朝结束。元老院选择帕丁那克斯为元首。不过，他只在位 86 天就被近卫军杀害。朱里亚努斯以出价最高而买得元首位。罗马边疆部队对此非常不满，纷纷自立元首。历时 4

年(193—197 年)的元首争夺战爆发。战争的结果是，潘诺尼亚军团拥立的塞维鲁取得了最后胜利。塞维鲁王朝(193—235 年)由此诞生。

图 6-14　塞维鲁像

　　塞维鲁是一位靠军队起家的政治人物，以贿赂民众与军队闻名于世。他上任以后，为稳定自己的地位，不惜花重金搞建设，给民众以丰盛的粮食与食品，以此换取大众的拥护。与此同时，他又大力改革近卫军，不但使近卫军的人数增加 4 倍，而且还改变近卫军的组成，提升近卫军的实力以及其对元首家庭的忠诚度。按照塞维鲁的规定，原来那些只能装样子、根本无法上阵打仗的军队都遭淘汰，代之而起的是那些从边区各军团抽调出来的最有力量、最勇敢和最忠诚的士兵。此外，他还改革士兵的生活条件，把军饷提高了几乎 1 倍，并承诺从士兵中提拔军官，允许士兵安家成亲，以满足他们的现实需要，尽量让其过上舒适的生活。在政治上，他提高元首顾问会议的地位，把它变成最高的国家机关，位于元老院之上。

　　塞维鲁在位 18 年，其中有 12 年在外作战。他花了 4 年的时间，摧毁了拜占庭。他侵入安息，扩大了罗马在幼发拉底河以外的属地，加速了安息王朝的灭亡。晚年，他亲率大军出征不列颠，结果死于对不列颠土著部落的战斗之中。他在临死时传位于自己的儿子卡拉卡拉，并向他提出忠告："尽量让士兵们发财，其余的人可以不管。"[①]卡拉卡拉继位以后继续推行塞维鲁讨好军队的政策，不断增加军队的饷银。212 年，卡拉卡拉做了一件让罗马人吃惊的事，这就是颁布敕令，授予帝国所有臣民以罗马公民权。历史学家大多认为这一措施与扩大税源有很大的关系。不过，这一敕令的实际后果是消除了意大利人与行省居民之间的差别，从而使罗马帝国的公民人数达到了有史以来的最高点。此外，为了敛财，他不断推行货币贬值政策，使罗马第纳里乌斯的含银量连续下降。217 年，卡拉卡拉被近卫军杀害。此后，塞维鲁王朝又延续了十余年。

　　235 年，塞维鲁王朝正式灭亡。马克西米努斯紫袍加身，被拥立为元首，但只在位 3 年就遭杀害。罗马再次进入混战状态。元首不断被拥立又不断被撤换或被杀害，元首的命运完全掌握在士兵手中，成了士兵手中的玩

----

　　① ［古罗马］狄奥·卡西乌斯：《罗马史》，77，15，2。

物。据计算，从 235 年到 284 年的 50 年里，有 20 多个元首在位，其中 18 人死于非命，1 人在海外被俘，1 人死于瘟疫。这些人的命运就是当时时局混乱的真实写照。由于军人的干政以及随之而来的内战，罗马的统一面临严峻的挑战，整个帝国几乎到了崩溃的边缘。

3 世纪时，帝国危机不仅表现在政治方面，而且表现在经济方面。曾经对生产颇感兴趣的隶农，现在由于剥削的沉重而对生产丧失了兴趣，农村经济凋敝；帝国初期曾经非常频繁的各地间的经济联系现在已经中断，从而导致城市衰落。在经济衰落的同时，帝国的国家机构却极度膨胀，维持庞大帝国机构的开支和挥霍无度的公共庆典，使帝国财政不堪重负，税收负担越来越重。由于农村居民的破产，很多人逃亡城市，税收负担便落在当时的中产阶层身上，结果使这些人也苦不堪言，纷纷逃离。政府还发行劣质货币以应付紧迫的财政开支，结果造成通货膨胀。城市因此而凋敝，走上了普遍衰败的道路。

动荡不停的政局、没完没了的政权更迭以及帝国经济的严重衰败，加深了罗马帝国境内劳动人民的负担，从而引起了广大人民的不满，导致了连续不断的人民起义。而这一切又为外族的入侵创造了条件。在帝国东北部，251 年，有 7 万哥特人渡过多瑙河，直抵色雷斯。罗马元首狄西乌斯（249—251 年在位）在抵御哥特人的战斗中阵亡。此后，罗马人与哥特人签订了屈辱的条约，暂时阻止了哥特人的进攻。在帝国的西北部，法兰克人已经渡过莱茵河下游，在经过高卢地区的中、东部以后，开始在西班牙的东北部立足。在帝国东方，新兴的波斯萨珊王朝在灭掉了帕提亚王朝以后迅速向西发展，矛头直指叙利亚。罗马元首瓦勒里安（253—259 年在位）不顾自己年迈体弱，亲率大军东征，力图以自己的行为保卫幼发拉底河这一罗马人的东部疆界，结果惨遭失败，自己也成了波斯皇帝的阶下囚。罗马帝国已经陷入了内外交困的危境。

二、早期基督教

基督教是罗马帝国时期出现的新兴宗教，信仰上帝（即"天主"）和"救世主"（上帝之子）。"救世主"按古希腊文的译法，叫作"基督"，故名基督教。基督教崇拜的对象是一神，与罗马人推行的多神崇拜有明显的区别。

基督教产生于公元 1 世纪，发源于巴勒斯坦的犹太下层人民中间，形成、发展于罗马帝国时期。在其产生时，它是"被压迫者的运动：它最初是奴隶和被释放的奴隶、穷人和无权者、被罗马征服或驱散的人们的宗教"①，是罗马社会的广大下层群众为摆脱自身的痛苦而在宗教领域寻求出路的结果。它之所以最早产生于犹太人中间，与犹太人的历史和惨痛经历有密切的关系。早期基督教的原罪说、"救世主"的观念以及一神论的思想显然与犹太教有关。除犹太教外，基督教还从埃及、叙利亚、小亚细亚和伊朗等地所流行的宗教中吸纳思想，如神为拯救信徒而复生、赎罪献祭和一神教等观念。希腊、罗马的哲学思想，尤其是斯多葛派的哲学对基督教的形成也有重要的影响。

基督教的主要经典是《圣经》，包括《旧约全书》和《新约全书》。基督教早期宣扬的主要是天国学说，反对罗马的残暴统治，坚持朴素的平等思想。这种平等思想反映在宗教上，就是所谓在上帝面前"人人皆平等、人人皆有罪、上帝救人人"等。最早的基督教徒一般都有一些小规模的公社组织，以十字架为标志，讲道传教，提倡互助互爱，主张过财产共有的生活。罗马当局因早期基督徒不拜罗马元首和不信罗马诸神，故对之加以迫害。从2世纪中叶开始，随着基督教的传播和教会的建立，有一部分富人（从小业主到地主、官吏）加入教会，他们因为掌握一定的钱财以及有一定的社会管理经验，因此逐渐取得教会的领导权，从而使基督教的组织形式和社会成分发生变化。而这些变化又对早期基督教的思想产生了重大影响，那种平等博爱、敌视富人的精神渐趋消失，而劝人驯服、希冀来世等方面的教义则被提到主要地位。富人们逐渐控制了教会的领导权，从而使基督教渐渐失去了被压迫者宗教的性质而蜕变成为统治者服务的工具。

3世纪，罗马帝国内部灾难不断，帝国元首频繁更替，各地割据势力混战不休，使人人自危，如履薄冰。无奈与失望增添了民众对社会的厌烦，人们都渴望逃避现实社会，到教会追求精神上的一丝安宁。受到危机影响的奴隶主、大地主、大商人、官员，甚至元首或君主的亲戚也加入了基督教。教会的社会基础更趋稳固，教会的组织机构更趋严密，教会对社会的影响力也更为提高。罗马、拜占庭、亚历山大里亚、迦太基等大城市都成了其所在地区教会的中心。

① 《马克思恩格斯全集》，第22卷，525页，北京，人民出版社，1965。

三、西罗马帝国的灭亡

（一）戴克里先和君士坦丁的改革

284 年，宫廷近卫军首领戴克里先取得帝国政权。戴克里先为了加强中央的统治，挽救罗马帝国的危机，采取了一系列改革措施。

在政治上，改元首称号为君主（Dominus），正式采用君主制的政治形式和礼仪。戴克里先自己不住在罗马，而一直住在东方的尼科米底亚，他是以罗马为首都，但不在罗马办公的帝国君主。同时，他又把帝国划分为四部分，实行"四帝共治"，即由四个统治者来共同治理罗马帝国。其中戴克里先和马克西米努斯称"奥古斯都"，加列里乌斯和君士坦丁乌斯二人称"恺撒"。奥古斯都卸任或死后，由其副手恺撒继任。戴克里先力图以此规范帝国最高统治者的承继秩序。按照戴克里先的设计，四帝的具体分工是：戴克里先管辖亚细亚、埃及、昔勒尼、色雷斯和下美西亚，马克西米努斯管辖意大利、阿非利加、里西亚和诺里克，加列里乌斯管辖巴尔干其他行省和多瑙河地区，君士坦丁乌斯

图 6-15　"四帝共治"中的四帝雕像

则掌管西欧各省和毛里塔尼亚。四帝的首府分别设在尼科米底亚、米兰、西尔米伊和特里尔。戴克里先力图通过这种方法使整个帝国达到"分而不裂、治而不乱"的目的。至于行省，戴克里先则采用"分而小之"的原则，将全国的行省划分为 100 个，每10～12 个行省设立一个大行政区，由行政长官管理，实行军政分治。意大利在这次改革中丢掉了长期保持的特殊地位，成为众多行省中的一员。

在军事上，把军队分为边防军和巡防军。边防军和巡防军之间分工明确，前者管边疆事务，后者负责帝国内部事务。军队数量增至 60 万左右，军团数增至 72 个。大量的隶农和日耳曼人开始进入罗马军队，他们成为罗马军队的重要力量。

在经济上，实行新税制。戴克里先把帝国的领土分成若干固定的税区，加强税收管理。按照戴克里先的税收规则，农村居民一律课征人头土地合

一税。成年男子为一"头"，纳全税，妇女为半"头"，减半税。城市居民按工、商等不同职业定税。官吏、老兵、无产者和奴隶免税。新的税制大大地加重了人民的负担。4世纪的一位基督教作家对此说得非常清楚："租税空前地提高了，收税人的数目超过纳税人的数目到这样的程度，以致破产的隶农抛弃了土地，而耕地上则长了树林。"[①]与此同时，戴克里先为了稳定帝国的经济，又对币制和物价进行改革。铸造新金币，规定每个标准金币的含金量为5.45克；颁布《物价敕令》，规定各种物品和各种工资的最高和最低标准，力图从稳定经济入手达到稳定社会的目的。

戴克里先进行的一系列改革暂时改变了帝国的混乱秩序，稳定了帝国的统治，但由于缺乏经济管理经验，违反经济规律，改革很快就失去了效用。305年戴克里先退位，他所制定的各种措施也就名存实亡。

图6-16　君士坦丁像

323年，君士坦丁在混乱中夺取政权，统一帝国。君士坦丁（306—337年在位）上任以后，首先废除了"四帝共治"制，加强了君主的统治权力。他任命3个儿子为恺撒，直接辅助其对帝国的治理。330年，君士坦丁正式把首都迁到拜占庭，并将其改名为君士坦丁堡。罗马城的地位被日益削弱。332年，他又颁布敕令，重申：任何人，如果在他的地产内发现别人的隶农，不但应在黎明前将其送回原地，而且应负担隶农在这期间（即在他的地产上生活期间）的人头税；至于隶农自己，凡是有意逃亡的就应该将其置于不自由地位，他们在这种奴隶地位的惩罚下就会被迫去完成与自由人相当的义务。君士坦丁的这一措施显然是为了保证国家的税源，加强对隶农的控制。

君士坦丁十分重视基督教的作用。在他以前，教会与罗马帝国政府的关系是：教会日益向帝国政府靠拢，争取帝国政权的谅解和支持；而帝国政府对教会则还是采取怀疑甚至迫害的政策，不承认基督教会的合法地位。311年，帝国的基督教政策已有变化。313年，君士坦丁与东部帝国的奥古斯都更在米兰联名发表《米兰敕令》，宽容基督徒的行为（又称《宽容敕令》）。敕令"以确保社会安宁"为前提，特规定：所有人都享有信奉宗教的自由；

---

① ［古罗马］拉克坦提乌斯：《迫害者的灭亡》，7。

罗马神庙和它的祭司、大祭司都维持旧制，君主还保留大祭司长的尊号；凡先前没收的基督徒的集会场所和教会财产一概归还。敕令正式宣布基督教徒的信仰自由，承认基督教的合法地位，承认基督教可拥有合法的财产。从此以后，基督教在罗马帝国的地位越来越重要。它逐渐成了罗马帝国内部一支不可忽视的政治力量。

(二)外族入侵和人民起义

君士坦丁的改革既没有改变罗马政局不稳的局面，也没有给罗马带来更多的好处，更没有解决罗马深层次的危机。君士坦丁死后不久，罗马帝国再度陷于分裂。君士坦丁继承者之间争权夺利的战争足足延续了16年(337—353年)之久。后虽有一段时间的统一，但都没有建立起一个强有力的中央政府。379年，提奥多西继位。他一方面对西哥特人采取绥靖政策，缓解西哥特人对罗马帝国的压力；另一方面宣布基督教为罗马国教，争取信教群众的支持。正是在提奥多西的努力下，帝国恢复了短期内的统一。不过，好景不长。395年，提奥多西去世。临死时，他把帝国东方交给长子阿卡狄乌斯统治，把西方交给次子荷诺利乌斯治理。从此，罗马帝国正式分裂为东罗马帝国和西罗马帝国。前者首都为君士坦丁堡，后者首都为罗马。罗马帝国分裂为东西两部分，是帝国内外交困、统治阶级内部纷争的结果，同时也有很深的经济和文化背景。从经济上说，罗马帝国分裂是经济衰落，各地经济联系瓦解的结果；从文化上说，罗马帝国一直未能处理好政治上统一和文化上分裂的状况。帝国的东部和西部地区分属于希腊、拉丁两种文化体系，因此，很早就蕴藏着分裂的因素。帝国的分裂标志着罗马帝国的历史已经进入了它的最后阶段。

罗马帝国的分裂加深了民众与统治者之间的矛盾，削弱了帝国自身的力量，西哥特人乘机发动反抗罗马的大规模起义。他们在新推选的领袖阿拉里克的领导下从巴尔干半岛出发，挺进意大利。401年，阿拉里克越过阿尔卑斯山。两年后，西哥特人第一次兵临罗马城下。410年，西哥特人围攻罗马城。是年8月24日夜晚，罗马城内奴隶打开城门，这座被誉为"永恒之城"的罗马不战自陷。西哥特人对罗马城洗劫6天，罗马城惨遭严重破坏。两年以后，西哥特人离开意大利，向高卢西南部和西班牙进发。他们战胜了早先进入这里的汪达尔人，并于419年在这里建立了西哥特王国。西哥特王国的建立表明，西罗马帝国已经无力抵抗"蛮族"的入侵，其灭亡也就是时间的问题。

429 年，汪达尔人在遭受西哥特人的严重打击后，被迫从西班牙渡直布罗陀海峡进入北非。439 年，他们征服了阿非利加，并在迦太基的故地建立了汪达尔王国。455 年，汪达尔国王盖撒里克派遣战舰从北非进攻意大利，并效法阿拉里克洗劫罗马城。汪达尔人在罗马大肆抢掠 15 天，经过这一劫难的罗马城，面目全非，全城仅存 7000 多位居民。

在"蛮族"入侵的同时，帝国内部的奴隶、隶农和贫民也不断地发动起义。高卢的"巴高达"运动和北非的"阿哥尼斯特"（意为"斗士"或"勇士"）运动都沉重地打击了帝国的统治，动摇了帝国的基础。正是在外族入侵和人民起义的不断冲击和打击下，西罗马帝国江河日下，日渐走向灭亡。

（三）西罗马帝国的灭亡

正当罗马人与日耳曼人征战不断之时，西罗马帝国的东部地区又出现了一个强大的匈奴人建立的帝国，史称"阿提拉帝国"。450 年，人称"上帝之鞭"的阿提拉以讨伐西哥特人为名，亲率 50 万大军，渡过莱茵河，进入高卢。西罗马帝国派大将阿提乌斯前往阻挡。阿提乌斯通过多种手段迅速与西哥特人结成联盟。451 年 6 月，匈奴大军与西罗马、西哥特联军于巴黎东南展开激战。此役十分惨烈，据说一日之内，战死者达 15 万之众，西哥特国王狄奥多利克阵亡，阿提拉则被迫退至莱茵河北岸，来到匈牙利，在那里重新积蓄力量，聚集大军。

452 年，阿提拉把意大利作为其进攻的首选地，而且很快就兵临罗马城下。不久，双方缔结城下之盟，阿提拉撤军回国。次年，阿提拉死于新婚之夜，匈奴帝国的实力也随之衰落。

大约到 5 世纪中叶，西部帝国的大部分地区都已被"蛮族"占领。西罗马帝国的领土开始退缩至意大利半岛。除西哥特人和汪达尔人以外，不列颠被盎格鲁人、撒克逊人占领，高卢东部则被勃艮第人占领。481 年，原居于北海沿岸和莱茵河下游的法兰克人在高卢北部建立了法兰克王国。西罗马帝国已经四分五裂，奄奄一息。

476 年 9 月，被人戏称为奥古斯都鲁斯的西罗马帝国的最后一位君主罗慕路斯被日耳曼雇佣军首领奥多亚塞废黜。奥多亚塞僭取了罗马国王的称号。传统上把这一年看成是西罗马帝国正式灭亡的时间。不过，东罗马帝国的君主还一直声称，他们对西部地区拥有最高的统治权。

（四）西罗马帝国灭亡的原因

西罗马帝国的灭亡是世界史上的一个重大事件。古往今来，有许多学者都描述或探讨过罗马帝国衰亡的原因，从而形成了五花八门的理论，其中主要的有铅中毒论、生活放荡奢侈论、日耳曼人入侵论、基督教作用论等。应该说，这些理论都有一定的道理，但都不如恩格斯说得透彻、深刻。恩格斯在《家庭、私有制和国家的起源》中曾这样写道：

> ……罗马的世界霸权的刨子，刨削地中海盆地的所有地区已经有数百年之久。凡在希腊语没有进行抵抗的地方，一切民族语言都不得不让位于被败坏的拉丁语；一切民族差别都消失了，高卢人、伊比利亚人、利古里亚人、诺里克人都不复存在，他们都变成罗马人了。罗马的行政和罗马的法到处都摧毁了古代的血族团体，这样也就摧毁了地方的和民族的自主性的最后残余。新出炉的罗马公民身分并没有提供任何补偿；它并不表现任何民族性，它只是民族性欠缺的表现。新民族[neue Nationen]的要素是到处都具备的；各行省的拉丁方言差别越来越大；一度使意大利、高卢、西班牙、阿非利加成为独立区域的自然疆界依然存在，依然使人感觉得到。但是，任何地方都不具备能够把这些要素结成新民族[neue Nation]的力量，任何地方都还没有显示出发展能力或抵抗力的痕迹，更不用说创造力了。广大领土上的广大人群，只有一条把他们自己联结起来的纽带，这就是罗马国家，而这个国家随着时间的推移却成了他们最凶恶的敌人和压迫者。各行省消灭了罗马，罗马本身变成了行省的城市，像其他城市一样；它虽然有特权，但已经不再居于统治地位，已经不再是世界帝国的中心了，甚至也不再是皇帝和副皇帝的所在地了，他们现在住在君士坦丁堡、特里尔、米兰。罗马国家变成了一架庞大的复杂机器，专门用来榨取臣民的膏血。捐税、国家徭役和各种代役租使人民大众日益陷于穷困的深渊；地方官、收税官以及兵士的勒索，更使压迫加重到使人不能忍受的地步。罗马国家及其世界霸权引起了这样的结果：它把自己的生存权建立在对内维持秩序对外防御野蛮人的基础上；然而它的秩序却比最坏的无秩序还要坏，它说是保护公民防御野蛮人的，而公民却把野蛮人奉为救星来祈望。
>
> 社会状况同样也是绝望的。从共和制的末期起，罗马统治的目的已经放在残酷剥削被征服的各行省上了；帝制不但没有消除这种剥削，

反而把它变成了常规。帝国越是走向没落，捐税和赋役就越是增加，官吏就越是无耻地进行掠夺和勒索。商业和工业向来不是统治着各民族的罗马人的事业；只有在高利贷方面，他们做到了空前绝后。商业所得到所保持的东西，都在官吏的勒索下毁灭了；而残存下来的东西，仅在帝国东部的希腊部分才有，不过，这一部分不在我们研究范围之内。普遍的贫困化，商业、手工业和艺术的衰落，人口的减少，都市的衰败，农业退回到更低的水平——这就是罗马人的世界霸权的最终结果。

农业是整个古代世界的决定性的生产部门，现在它更是这样了。在意大利，从共和制衰亡的时候起就几乎遍布全境的面积巨大的大庄园（Latifundien），是用两种方法加以利用的：或者当作牧场，那里居民就被牛羊所代替，因为看管牛羊只用少数奴隶就行了；或者当作田庄，那里使用大批奴隶经营大规模的园艺业，——一部分为了满足主人的奢侈生活，一部分为了在城市市场上出售。大牧场保存了下来，甚至还扩大了；但田庄田产及其园艺业却随着主人的贫穷和城市的衰落而衰败了。以奴隶劳动为基础的大庄园经济，已经不再有利可图；而在当时它却是大规模农业的唯一可能的形式。现在小规模经营又成了唯一有利的形式。田庄一个一个地分成了小块土地，分别租给缴纳一定款项的世袭佃农，或者租给分成制农民，这种分成制农民只能获得他们一年劳动生产品的 $\frac{1}{6}$，或者仅仅 $\frac{1}{9}$，他们与其说是佃农，勿宁说是田产看管人。但是这种小块土地主要是交给隶农，他们每年缴纳一定的款项，被束缚在土地上，并且可以跟那块土地一起出售；这种隶农虽不是奴隶，但也不是自由的，他们不能和自由民通婚，他们相互间的婚姻也不被看作完全有效的，而是像奴隶的婚姻一样，只被看作简单的同居（contubernium）。他们是中世纪农奴的前辈。

古典古代的奴隶制，已经过时了。无论在乡村的大规模农业方面，还是在城市的工场手工业方面，它都已经不能提供值得费力去取得的收益，因为它的产品市场已经消失了。帝国繁荣时代的庞大的生产已经收缩为小农业和小手工业，这种小农业和小手工业都不能容纳大量奴隶了。只有富人的家庭奴隶和供他们显示豪华的奴隶，在社会上还有存在余地。但是，日趋灭亡的奴隶制仍然能够使人认为，一切生产劳动都是奴隶的事，让自由的罗马人来做有失他们的身分，而现在人人都是这种自由的罗马人了。结果，一方面，多余而成了累赘的被释奴隶的人数日益增加；另一方面，隶农的人数，破产的自由民（类似美国从前各蓄奴州的白种贫民）的人数，也日益增多。基督教对于古典古代奴隶制的逐渐灭亡是完全没有罪过的。它在罗马帝国和奴隶制同流合污达数世纪之久，以后也从来没有阻止过基督徒买卖奴隶……奴隶制已不再有利，因此也就灭亡了。但是垂死的奴隶制却留下了它那有毒的刺，即鄙视自由民的生产劳动。在这里罗马世界就陷入了绝境：奴隶制在经济上已经不可能了，而自由民的劳动却在道德上受鄙视。前者是已经不能再作为社会生产的基本形式，后者是还不能成为这种形式。只有一次彻底革命才能摆脱这种绝境。①

帝国内部的人民运动和帝国以外的日耳曼人的入侵正好促成了帝国的崩溃和灭亡。

第七节　上古罗马文化

罗马文化在西方文化史上处于十分重要的地位，它是在吸纳地中海地区多种先进文化的基础上发展起来的。在这些文化中既有伊达拉里亚和希腊文化的成分，又有东方文化的成就。当然，更有其自身文化的传统和创造。

一、文字与文学

拉丁文（Lingua Latina）属字母文字，为罗马人所创，是罗马人为人类做出的巨大贡献之一。古典拉丁文有 23 个字母，其中 21 个字母由伊达拉里亚文派生而来。中世纪时，字母 i 被一分为二，即分成 i 和 j，v 则一分为三，变为 u、v 和 w，罗马字母也由 23 个增加到 26 个。大约在公元前 7 世纪时，罗马的拉丁文已经初具规模。此后，它紧随罗马军团胜利的步伐，进军意大利，远播地中海沿岸，成为环地中海地区的主要文字之一。罗马人允许其他文字存在，但在一切公共事务领域，拉丁文是唯一一种合法的专用文字。后来的意大利、法国、西班牙和葡萄牙等都继承了拉丁文的表达形式，形成了著名的"拉丁文民族"。现在，拉丁语虽然已经失去了用作口语交往的功能，但它还是国际性书面语言的重要组成部分，对世界文明的发展起

---

① 《马克思恩格斯选集》，第 4 卷，148～150 页，北京，人民出版社，1995。

着不可替代的作用。大量的拉丁科学术语和缩写被广泛应用于自然科学和社会科学的许多学科，显示出它特有的魅力和价值。现代英语和法语中有大量的字根来自拉丁语，由此可见拉丁语超常的生命力。

古罗马文学产生的时间较晚，一般认为，它是在模仿和继承古希腊文学的基础上发展起来的。在罗马文学史上，李维乌斯·安德罗尼库斯(约公元前284—前204年)是第一位对罗马文学产生重要影响的人。安德罗尼库斯是塔兰托的希腊人。公元前272年，塔兰托城被罗马攻陷，安德罗尼库斯作为战俘被带到罗马。他在罗马一面教授拉丁语文，一面翻译《荷马史诗》。公元前240年，他又在翻译的基础上把《奥德赛》的部分内容编成剧本，在罗马公演，赢得民众好评。尼维乌斯(约公元前270—前200年)是第一位拉丁诗人，曾写过《布匿战争》一书，在罗马文学史上占有开拓者的地位。普劳图斯(约公元前254—前184年)是罗马早期最著名的戏剧作家。他出身于意大利翁布里亚地区的一个平民家庭，做过生意，当过演员。相传他一生写过130部剧本，流传至今的有20部，其中著名的有《爱吹牛的战士》《蝗虫》《钱罐》和《俘虏》。普劳图斯的作品有很强的针对性和倾向性。他嘲笑贵族，针砭时弊，同情奴隶，在社会上有较大的反响。太伦斯(公元前190—前159年)是另一位在罗马较有影响的戏剧作家。他出生于迦太基，初为奴隶，后因天资聪颖而被主人释放。一生创作喜剧作品6部，其中著名的有《婆母》《两兄弟》等。法国的莫里哀、英国的谢里丹都模仿过太伦斯的作品。

古罗马文学中成就最高的是诗歌。共和后期诗人卢克莱修(约公元前99—约前55年)的传世之作《物性论》既是一部哲理诗，又可称作一部史诗。《物性论》共六卷，每卷千余行。作品系统地阐述并发展了德谟克利特、伊壁鸠鲁的原子学说和无神论思想，用唯物主义的观点将人从宗教的重负和恐惧下解放出来。作者认为，全部自然界都是由原子组成的，原子不能被创造，也不能被消灭。即使像灵魂也是物质的，与人的躯体同存共亡。在第五部分，他描述了大地的形成，动植物的起源以及人类由野蛮到文明的发展图景。全诗规模宏大，气势磅礴，富有很强的哲理。

奥古斯都时期，罗马诗坛兴盛，维吉尔、贺拉斯和奥维德是当时最著名的3位诗人。

维吉尔(公元前70—前19年)是最具影响力的罗马诗人。他出生于意大利北部曼图亚附近的农村，父亲以种田、养蜂为生。维吉尔的早期作品为田园抒情诗《牧歌》。《牧歌》包括10个诗章，是模仿希腊的田园诗而作。诗歌描写了意大利恬静的田园风光，发表后受到了奥古斯都等人的高度重视。

维吉尔除了上述《牧歌》外，还创作过一部 4 卷本的《农事诗》。

从公元前 29 年开始，维吉尔共耗时 10 年，写就长达 12 卷的巨篇史诗《埃涅阿斯纪》。它记述了罗马人的祖先埃涅阿斯在特洛伊城被希腊人攻陷后，携带老父、幼子及少数随从和家族的神祇历经艰难，渡海到达意大利台伯河口，并在这里定居建城的经历。因为据传说，埃涅阿斯是朱里亚族的始祖，而奥古斯都又是朱里亚族的养子，所以诗人的写作目的非常明晰，就是想通过这部史诗的创作来证明奥古斯都的"神统"以及罗马强大的必然。维吉尔也因此享有了"御用文人"的称号。

贺拉斯(公元前 65—前 8 年)是奥古斯都时代最主要的讽刺诗人、抒情诗人和文艺评论家。他出身于意大利南部一位被释奴隶的家庭，从小受过很好的教育，精通拉丁语和希腊语，到希腊学过哲学。他的主要作品是《颂歌集》和《诗简》。《颂歌集》共 4 卷，有一部分被称为"罗马颂歌"，主要赞美帝国统治者所提倡的淳朴、坚毅、正直、虔诚、尚武等美德，歌颂奥古斯都的统治以及奥古斯都统治时期罗马道德的复兴。《诗简》共 2 卷，是一部诗体书信集，第 1 卷写生活哲理，第 2 卷以文学评论为主。贺拉斯的作品气魄大、意境深，在欧洲诗坛一直享有很高的声誉。

奥古斯都时期第 3 位重要诗人是奥维德(公元前 43—约公元 17 年)。他出生于意大利中部的苏尔莫，从小对诗歌情有独钟，以写爱情诗闻名。他曾说："没有丘庇特的热情，缪斯也会默然无声。"奥维德的著名作品有《爱情诗》《爱的艺术》和《古代名媛》。《变形记》是他最为著名的代表作。在该书中，他用希腊、罗马的神话题材，描写神怎样把人变成各种植物和动物，并巧妙地穿插爱情故事。因为他的作品与奥古斯德恢复古老的道德政策相左，因而被奥古斯德放逐至黑海之滨的托米城。在那里，他写了《悲歌》和《本都来信》，主要描述流放的痛苦、流放的旅程以及流放地的生活。流放期间，奥维德一直期望得到元首的宽恕，但始终未能如愿，最后客死异乡。

除了上面提到的诗人、文学作家以外，罗马还有许多比较著名的作家和作品，如费德鲁斯的《寓言集》、佩特罗尼乌斯的《萨蒂里卡》和阿普列尤斯的《变形记》等。这些作品都对后来文艺复兴时期以及以后的西欧文学产生了重要的影响。

二、哲学

哲学是人类的智慧，但对罗马这一务实的民族来说，其在哲学上的成就远逊于希腊。公元前 3—前 2 世纪，随着罗马地域帝国的形成，希腊的斯多葛派学说和伊壁鸠鲁派学说不断传入罗马，罗马的哲学思想开始在希腊的影响下丰富、发展起来。西塞罗（公元前 106—前 43 年）是罗马共和时期主要的哲学家，他的哲学著作主要有《论善与恶的定义》《神性论》《图斯库兰讨论集》等。西塞罗认为，哲学是神赐的礼物，它首先指导人们崇拜诸神；其次是教人们思想；最后是教人们灵魂的节制和高尚，驱除蒙蔽心灵的黑暗。西塞罗特别倾心于斯多葛派的"神恩"理念，相信神是最高的主宰，主张人们服从神或自然所安排的命运，相信灵魂不死。他接受斯多葛派的主张，认为人的美德在于发扬理性、控制欲望。西塞罗是罗马历史上第一位把许多希腊哲学的专门术语译成拉丁语的拉丁学者，后来的欧洲哲学家基本上沿袭了他的拉丁译法。卢克莱修是共和后期罗马唯物论哲学家的杰出代表，他的主要著作是上文提及的《物性论》。这部著作一直保存至今，是我们了解古代罗马唯物论思想的唯一系统性的作品。书中对宇宙、原子和宗教的看法都具有深刻的道理。此书是拉丁唯物主义思想的主要奠基之作。

辛尼加（约公元前 5—公元 65 年）是罗马帝国时期著名的唯心论哲学家，其主要的作品有《道德论集》等。辛尼加主张：提高道德、智慧，保持精神上的安宁是人的唯一任务。他鼓吹禁欲主义，要求人们放弃现实生活和欲望，以等待神的启示和精神上的解脱。辛尼加的这种思想对未来基督教影响较大，恩格斯也因此将辛尼加称作"基督教的叔父"。

马尔库斯·奥里略（121—180 年）是斯多葛派哲学家的杰出代表，他的主要思想保存在其用希腊文写成的《沉思录》之中。其中心内容是强调人要遵循自然规则，按照人的本性生活，一方面要积极参与社会活动，另一方面又要退隐心灵，保持精神的安宁。此书对后世影响很大。

普罗提诺斯（204—270 年）是新柏拉图主义思想体系的主要创立者之一。所谓新柏拉图主义是以柏拉图的理念论和神秘主义思想为基础，在吸取亚里士多德学派、斯多葛学派部分内容和东方宗教哲学的基础上建立起来的一种神秘主义哲学。普罗提诺斯提出的世界的本原是"太一"或"元一"、万物皆来自"太一"的思想对基督教的教义有非常明显的影响。

当然，怀疑主义、新毕达哥拉斯主义等学说也在罗马有相当的影响。

三、史学

史学是人类自我反省的重要表现形式，是人类认识自我的重要标志。

对于罗马人而言，由于早期忙于生存竞争、尚武轻文等原因，它的史学产生得相对较晚。

老加图（公元前234—前149年）是罗马史学的奠基人。他从公元前168年动笔写《起源》，历经19年，至公元前149年完成。全书共7卷：第1卷写罗马建城和王政时期，推定出与法比乌斯·皮克托等大体相近的罗马建城之年；第2～3卷写意大利各邦起源；第4卷记述布匿战争；第5～7卷重点叙述政治史。这是第一部拉丁文史著，现仅有残篇存世。

波里比乌斯的《通史》是罗马非常成熟的历史著作。它有明确的历史主题，选择了一个值得注意和纪念的故事以及这段故事的时间起点。全书的中心就是要再现罗马征服地中海世界的过程，从而揭示其内部的因果。作者的注意力主要集中于罗马的政治史和军事史，其对罗马地域帝国形成原因的分析，敏锐深刻，很有见地。

继波里比乌斯之后，罗马进入了内战震荡期，其影响之深，亘古未有。在此期间产生了一批紧扣现实主题的史著。作者往往从小处入手，以内战的某一事件为题，充分展示个人学术魅力。萨鲁斯提乌斯的《喀提林阴谋》和《朱古达战争》就是这方面的杰出代表。这两本书在揭露共和末年贵族道德腐败，探讨腐败根源方面有许多真知灼见。

恺撒是共和末年罗马政治舞台上叱咤风云的领袖，也是才华横溢的文学家、历史学家。《高卢战记》是恺撒为元老院所写的年度报告。此书文笔洗练自然，笔调简朴、平静、不露声色，显示出作者的聪明与智慧。它一直是人们学习拉丁文的范本。《内战记》是恺撒征战庞培的战争纪实。与《高卢战记》相比，此书政治态度鲜明，行文则略显粗糙。

李维是奥古斯都时期最有成就的史家之一。他几乎用了40年的时间，完成了一部卷帙浩繁的编年史《建城以来史》（*Ab Urbe Condita Libri*），简称《罗马史》。这部著作叙述从罗马建城至公元前9年的罗马历史。该书的史料基本上来自如波里比乌斯、皮索等许多已传或完全失传的史家的作品。该书是罗马爱国主义的典范之作，其缺点是不加分析地利用前人的著作，从而导致许多地理、年代和史实上的错误。从严格意义上说，李维的作品只能算作一部编著，但它确实保存了大量已经失传的古代作家的作品，对后世影响较大。

哈利卡纳苏斯的狄奥尼修斯（约公元前1世纪后半叶）是奥古斯都时期另一位重要史家，著有《罗马古事记》一书，主要述及公元前7世纪至第一次布匿战争的史事，述事详尽，记载繁博。他本人受过严格的修辞学训练，治史也以一种修辞学家特有的方法论述己见，对自己有利的史料则用，于己不利的则不理。对史料批判不够、客观分析不足、主观好恶明显是其最大的缺陷。

塔西佗是希腊、罗马史学传统的优秀继承者。他对自己的写作要求是尊重史实，避免感情用事。《编年史》和《历史》是其代表作品。这两部著作中所用的材料部分出自他个人丰富的从政经验和公共档案记录，部分来自已经失传的巴苏斯、老普林尼等人的作品。塔西佗在作品中旗帜鲜明地揭露元首的伪善，被誉为是"暴君的鞭子"。不过，近代以来，学者们对于塔西佗所标榜的客观历史观提出了许多不同的看法。

苏维托尼乌斯是罗马著名的传记家。其代表作是《罗马十二帝王传》，又译《十二恺撒传》，记述了从恺撒到图密善共12位罗马统治者的生平，包括家谱身世、政治活动、杰出成就、家庭生活等多方面的内容。由于作者曾担任过图拉真和哈德良的秘书，熟悉宫廷内幕，因此，对于元首的记述具有一定的历史真实性。对宫廷生活描写入微，对奇闻逸事情有独钟是该书的最大特色。

阿庇安是继塔西佗以后的重要历史学家，用希腊文著有《罗马史》一书。此书叙述方式是纪事本末，按时间先后把罗马史上的诸次重大事件，主要是战争事件单独成篇，自始至终逐步展开，使读者对所述具体事件的发展过程了如指掌。马克思对阿庇安的作品评价很高，认为这是"一部很有价值的书"[①]，在探究罗马内战的物质基础方面贡献卓著。此书的缺点是对各事件间的相互关系缺乏整体架构。残存的5卷本《内战史》是阿庇安对罗马史研究的最大贡献。

为罗马写最后一部通史的是一位操希腊文的罗马公民狄奥·卡西乌斯。他费时22年完成一部80卷的《罗马史》，从罗马人祖先埃涅阿斯亡命意大利写到他自己任执政官的公元229年，前简后繁。目前完好保存的仅有第37～54卷，其他各卷皆是部分保留或仅剩片段。狄奥·卡西乌斯是元首制的拥护者，常常从个人政治立场出发筛选材料，所以在史料处理上有不够严谨的一面。

罗马史学的最后一位著名代表是出生于安提阿的希腊人阿米阿努斯·马塞利努斯。他用拉丁文修撰了一部名为《历史》的罗马史，接续塔西佗的《历史》。此书从96年写起，一直写到378年瓦伦斯之死。作者是这段历

① 《马克思恩格斯全集》，第30卷，159页，北京，人民出版社，1974。

史的目击者，他深知帝国的文化精华，也通晓蛮族的生活方式，阅历丰厚，知识广博，所以对史事的分析非常精到，被吉本赞誉为史家之宗匠。

罗马的史学是罗马文化的重要组成部分，在罗马文化史上占有重要的地位。它具有两个明显的特征：一是人文，二是多元。无论是希腊人还是罗马人，无论是马其顿人还是埃及人，他们都可以用自己的眼光研究罗马史，但他们探究的中心始终是人，因为叙述人的发展过程、追求人的本质才是罗马史学的灵魂。

四、农学和医学

罗马是一个以农业立国的国家，农业科学一直都很发达。老加图是第一位用拉丁语写作《农业志》的农学家。在《农业志》里，老加图不仅总结了自己在农业经营和管理方面的经验，而且也总结和吸取了前人在这方面的实践经验，是我们了解公元前 2 世纪中叶意大利中部农业生产发展状况的宝贵的资料。

瓦罗（公元前 116—前 27 年）是一位兼将军、哲学家、史学家和农学家于一身的著名人物。他除了写过《论拉丁语》以外，还写过《论农业》等书。《论农业》共 3 卷，第 1 卷论述经营农业的方法，第 2 卷讲怎样饲养牲畜，第 3 卷主要论述鸟类的饲养和如何养鱼。

科鲁美拉（1 世纪）是帝国早期最主要的农学家。他的主要作品是《论农业》。此书大约写于 60 年，共 12 卷。第 1 卷为序言，第 2 卷论述土地和农作物，第 3、4 卷论述葡萄种植，第 5 卷论述土地面积和树木，第 6、7 卷论述家畜饲养，第 8 卷论述家禽和养鱼，第 9 卷论述野牛和养蜂，第 10 卷论述菜园和果园，第 11 卷论述管庄的职责和历法，第 12 卷论述女管庄职责。科鲁美拉在《论农业》中对意大利农业的现状有深刻的认识，此书是人们理解罗马帝国农业经营模式的重要资料。

从老加图、瓦罗和科鲁美拉 3 位作家的作品中，我们大致可以勾勒出意大利奴隶制农庄由产生到繁荣并最后走向衰落的整个过程。

在医学方面，14 年，罗马建立了第一所公立的希腊医校。塞尔苏斯是提比略元首时期著名的医学作家，享有"医学上的西塞罗"这一美誉。他用拉丁文写了一部包括农业、医学、军事、修辞等方面内容的百科全书，遗憾的是只有医学部分保存至今。他把希腊文的医学名词翻译成拉丁文专有名词，把医药学分成饮食医药、药物治疗、外科手术三个部分，至今仍对医学界有很大的影响。名医盖仑（约 129—200 年）是古典医学的集大成者。他出生于小亚细亚的帕加马。由于当时禁止人体解剖，他便用动物做解剖实验，并把实验结果写成书，著名的作品有《解剖过程》《身体各部的机能》等。盖仑的著作大部分被保留下来，无论在解剖学、生理学，还是在病理学、医疗学等方面都对后世产生过较大的影响。

五、建筑

图 6-17 罗马建筑石柱遗迹

当罗马征服地中海世界以后，其建筑事业有了空前的发展。从公元前 1 世纪起，罗马即以各种建筑形式炫耀其国力的强盛。奥古斯都曾自夸"他接受的是一座砖头的城市，但他留下的罗马却是一座大理石的城市"。

奥古斯都修建的最辉煌的建筑当属万神殿。万神殿是古罗马建筑最辉煌的成就之一。它初建于公元前 27 年，后经两次火灾。126 年，哈德良下令重修。殿内有一个高度与宽度都为 43.3 米的大穹顶，穹顶正中有一个圆形采光口，穹内光线随天气和太阳位置的变化而变化，给人以神圣、庄严的感觉。人只要进入殿内，置身于穹内的群神之间，其自身的渺小感顷刻显现。这一建筑至今仍然屹立在罗马城内。

1—2 世纪罗马帝国经济进入高度的繁荣发展期，这可以从当时建筑的大量出现中看得很清楚。凯旋门、纪功柱、宏大的会场、浴池、剧场、竞技场等是这一时期的主要建筑。它们纷纷矗立于罗马广场以及帝国的其他城市。其中著名的有韦帕芗至提图斯时代建造的大圆形竞技场。这一竞技场部分建立于尼禄时代的金屋皇宫之上，呈椭圆形，场内可容纳 5 万观众。舞台上可表演角斗以及兽斗。外部分为 3 层，环以多利安式、爱奥尼亚式和科林斯式的列柱。当时人称之为"哥罗赛姆"，意为庞然大物。这一遗址一直保存至今。

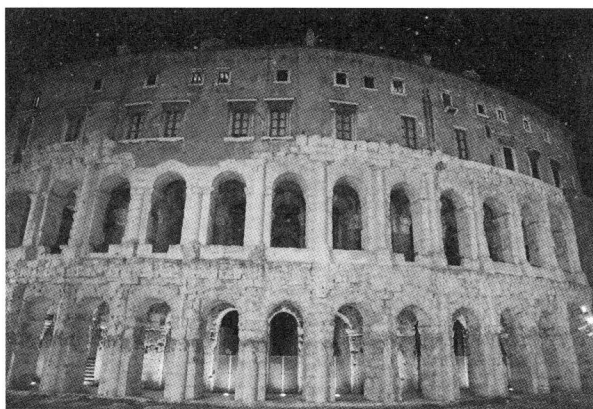

图 6-18　大圆形竞技场

　　罗马人喜爱浮雕艺术。罗马建筑物上的浮雕往往以重大历史事件和人物为素材。代表作品有图拉真纪功柱，约建于 114 年。圆形大理石柱高 28.9 米，下有一块高达 6.2 米的方形基座，柱身有连环式浮雕盘旋而上。浮雕的总长度约 200 米，出现在浮雕上的人物约有 2500 个。罗马的这些雄壮宏伟的建筑及其艺术装饰对后世艺术有较大的影响。

图 6-19　美惠三女神

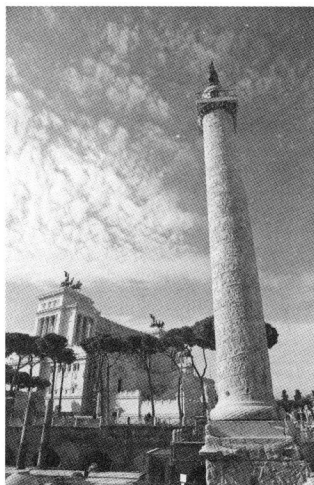

图 6-20　图拉真纪功柱

　　引水渠道的建设是罗马最伟大的成就。"如果你注意那些巧妙地导入城市供大众及私人使用的丰足水源，如果你观察那些保持适当高度和阶层的高水道、那些必须穿透的山崖、必须垫平的空地，你就会得出一个结论，在这世界上根本没有比此更惊人的事。"这就是老普林尼《自然史》第 36 卷中对罗马引水渠道的评论。从罗马帝国城市建设的不断发展中,我们能够知道罗马供水系统的发达和技术的高明。

图 6-21　罗马帝国引水渠

修筑道路是罗马人的一项重要工作。"阿庇安大道""弗拉米尼大道""瓦莱利亚大道"等都是罗马人在意大利境内修建的交通要道。此外,在帝国境内也有许多道路与意大利相连。这些大道对维护帝国的统治和加强帝国各地的联系起着非常重要的作用,它使整个帝国紧紧地联系在一起,变成了一个以罗马为中心的有机整体。"条条大路通罗马"这句在世界上广为流传的谚语,即说明了罗马交通高度发达的盛况。

六、罗马法

罗马法一般是通行于整个古代罗马世界的法律的总称。它是古代社会法律科学成熟、发达的重要标志之一。从形式上说,罗马法分为公民法、万民法和自然法三部分。

公民法是罗马国家"为了本国公民颁布的法律"。从法律的角度看,公元前 3 世纪以前的罗马法,全都属于公民法。公民法在保护公民的权利方面曾经起过很大的作用,但因其适用范围狭小,程序复杂,无法适应罗马帝国的发展需要。为了弥补这一不足,到公元前 3 世纪中叶,罗马出现了专门审理涉外案件的行政长官。他们根据当事人的具体情况,颁布告示,并常常以自己认为合理的方式受理各种案件。这样,就逐渐出现了万民法。

万民法意为"各民族共有"的法律,起初适用于意大利半岛的各民族,后扩大至地中海的各民族。

自然法则是"将自然理性注入人心的道德法"，是一切事物的逻辑和秩序。它是适用于全人类的法律，甚至扩展为适用于所有动物的规则。

212年，卡拉卡拉颁布敕令，帝国内部自由民间公民与非公民的区别开始消失。这样，原先适用于不同法律主体的公民法和万民法之间的区别也就失去了意义。也正是从这个时候开始，罗马法的发展逐渐进入了汇编阶段。哈德良是最早从事法律汇编工作的罗马元首，而最有影响的则要数查士丁尼。查士丁尼在位期间，曾委托大臣特里波里安主持法典编纂工作，共编出3部法律汇编，它们分别是《查士丁尼法典》《查士丁尼法学总论》和《查士丁尼学说汇编》。565年，法学家又把查士丁尼皇帝在法典编定后颁布的168条敕令汇编成集，称为《查士丁尼新律》。《查士丁尼法典》的颁布，标志着罗马法已经发展到最发达、最完备的阶段。

罗马法是罗马人留给人类文明的一份最宝贵的遗产，对后世尤其是近代文明产生过重大的影响。罗马法是新兴资产阶级民权理论的思想渊源，也是近代欧洲大陆各国立法的范本。它走出古代，走过中世纪，成为新兴资产阶级挑战封建教会和世俗封建主的理论武器，为资本主义发展提供了法律保障。从这个意义上说，它不只是罗马人的法律，而且是全人类的财富；不只是罗马人的文化遗产，更是全人类的文化遗产。

复习思考题

1. 试述罗马国家产生的原因和经过。
2. 试述罗马共和国早期平民反对贵族斗争的原因、经过和结果。
3. 罗马对外征服胜利的原因是什么？
4. 罗马对外征服胜利的结果是什么？
5. 试述罗马共和国向帝国过渡的过程。
6. 试述罗马共和国灭亡的原因。
7. 试述奥古斯都的内外政策。
8. 罗马奴隶制的特点是什么？
9. 试述基督教的产生与演变。
10. 试述罗马帝国灭亡的原因。

大事年表

约 1674—1567 年	喜克索斯人入侵并统治埃及，建立第十五王朝至第十六王朝，定都阿瓦利斯。第十七王朝国王卡美斯领导埃及人民为驱逐喜克索斯人而斗争。
约 1567 年	卡美斯之弟雅赫摩斯建立第十八王朝，新王国时期开始。
约 1567—1085 年	新王国时期。埃及帝国时期。
约 1504—1450 年	图特摩斯三世的统治。征服叙利亚、巴勒斯坦地区和努比亚地区，埃及帝国形成。
约 1379—1362 年	阿蒙霍特普四世（埃赫那吞）宗教改革。
约 1304—1237 年	拉美西斯二世的统治。与赫梯争霸西亚。
13 世纪末	麦尔涅普塔赫的统治。"海上民族"入侵，伊尔苏奴隶起义。
约 1085—525 年	后期埃及时期（第二十一王朝至第二十六王朝）。埃及进入铁器时代。
约 730—715 年	第二十四王朝时期国王波克荷利斯改革，废除债务奴隶制。
675 年	第二十五王朝末年，亚述短暂征服埃及。
约 610—596 年	第二十六王朝国王尼科统治时期。开凿尼罗河至红海间的运河，利用腓尼基人绕航非洲。
525—404 年	波斯征服并统治埃及，建立第二十七王朝。
404—343 年	埃及一度独立，建立第二十八王朝至第三十王朝。
343—332 年	波斯再度占领埃及，建立第三十一王朝。
332 年	马其顿亚历山大征服埃及，建立亚历山大里亚城。
305—30 年	托勒密王国。希腊人统治埃及。
30 年	罗马征服并统治埃及。

公元后

395 年	罗马帝国分裂，埃及成为东罗马帝国的一部分。

上 古 西 亚

公元前

约 4300—3500 年	埃尔·欧贝德时期。铜石并用时代。
3500—3100 年	乌鲁克时期。出现大规模神庙和图画文字。

3100—2700 年	捷姆迭特·那色时期。
3000 年代初	阿卡德人入居两河流域南部。
3000 年代	迦南人定居巴勒斯坦地区。
2700—2371 年	晚期苏美尔时期。
约 2378—2371 年	拉伽什的乌鲁卡基那改革。
2371 年	拉伽什被乌玛所灭。
约 2371—2191 年	阿卡德王国统治时期。
2371—2316 年	萨尔贡统一两河流域南部，建立常备军，向君主专制过渡。
2190—2114 年	古提人统治两河流域南部。
约 2113—2006 年	乌尔第三王朝。
2113—2095 年	乌尔纳木的统治，制定法典。
2029—2006 年	伊比辛的统治。乌尔第三王朝被埃兰人灭亡。
3000 年代末—2000 年代初	早期亚述。殖民小亚细亚。腓尼基和叙利亚进入文明时代。
2025—1763 年	拉尔萨王国。
2017—1794 年	伊新王国。
1894—1595 年	古巴比伦王国。君主专制确立。
1894—1881 年	苏姆·阿布建立古巴比伦王国。
1792—1750 年	汉谟拉比的统治。统一两河流域南部，制定法典。
1595 年	赫梯人灭亡古巴比伦王国。
16 世纪后期	赫梯国王铁列平改革。
14—13 世纪	赫梯和埃及争霸西亚。
15—11 世纪	中期亚述。制定法典。
13 世纪末—12 世纪初	"海上民族"入侵西亚。
1115—1077 年	中期亚述的提格拉特帕拉沙尔一世的统治。
2000 年代末	阿拉美亚人侵入两河流域。
2000 年代末—1000 年代初	讲印欧语的部落米底人和波斯人进入伊朗高原。西亚进入铁器时代。迦勒底人出现在两河流域的巴比伦尼亚地区。
1020—1000 年	以色列国王扫罗的统治。
814 年	推罗人殖民迦太基。
745—727 年	提格拉特帕拉沙尔三世的统治。进行改革。

704—681 年	亚述国王辛那赫里布的统治。毁巴比伦城。
680—669 年	亚述国王阿萨尔哈东的统治。重建巴比伦城。
7 世纪前期	米底国家形成。
626—539 年	新巴比伦王国(迦勒底人的王国)统治时期。
626—605 年	那波帕拉沙尔建立新巴比伦王国。
612 年	新巴比伦王国和米底王国联军攻陷亚述首都尼尼微,亚述帝国灭亡。
604—562 年	尼布甲尼撒二世为新巴比伦王国国王,建"空中花园"。
586 年	尼布甲尼撒二世攻陷耶路撒冷,"巴比伦之囚"。
558—530 年	居鲁士二世在波斯称王,建立波斯国家。
558—331 年	波斯帝国。
553—550 年	波斯帝国推翻米底人的统治,并征服米底王国。
546 年	波斯帝国灭亡小亚细亚强国吕底亚。
539 年	波斯帝国灭亡新巴比伦王国。
530 年	居鲁士东征中亚失败被杀。
530—522 年	冈比西斯二世在波斯的统治。征服埃及。
522 年	高墨塔暴动。大流士镇压高墨塔暴动。
522—486 年	大流士在波斯帝国的统治。琐罗亚斯德教成为波斯帝国国教。
517 年	波斯帝国征服印度河流域。
约 515—513 年	大流士出兵进攻巴尔干的斯基泰人遭失败。占领色雷斯一带地区。
500—494 年	小亚细亚的希腊人起兵反抗波斯统治。
592—449 年	大流士发动希波战争,遭失败。
404 年	波斯帝国小居鲁士叛变失败。
334—325 年	马其顿亚历山大东征波斯帝国。
333 年	伊苏斯会战,波斯大败。
330 年	波斯帝国被亚历山大灭亡。
325 年	亚历山大结束东征返回到巴比伦。
323 年	亚历山大病死,亚历山大帝国内战并终于分裂。
312 年	亚历山大部将塞琉古建立塞琉古王国,统治西亚。

305 年	塞琉古出兵印度失败，割让印度河流域给孔雀帝国。
247 年	安息（波斯地区）摆脱塞琉古王国的控制，建立独立国家。
171—138 年	安息攻占米底和两河流域地区，塞琉古王国仅剩下叙利亚地区。
64 年	罗马灭亡塞琉古王国，犹太变成罗马的一个行省。
54—53 年	罗马与安息的战争。罗马失败，克拉苏被杀。

公元后

1 世纪	基督教创立。
约 216—约 276 年	摩尼教创始人摩尼生活的时代，他创立摩尼教。
226 年	萨珊波斯取代安息王国。
260 年	罗马被萨珊波斯打败，失去两河流域地区。
395 年	罗马帝国分裂，西亚成为东罗马帝国的一部分。
488—531 年	马兹达克起义。
651 年	萨珊波斯为阿拉伯人所灭。

上 古 南 亚

公元前

约 2500—1750 年	哈拉巴文化时期。
2000 年代中期	属印欧语系的雅利安人入侵南亚次大陆。
1500—900 年	早期吠陀时期。雅利安人的军事民主制时期。
900—600 年	晚期吠陀时期。南亚次大陆的铁器时代，雅利安人的国家形成时期，瓦尔那制度和婆罗门教产生的时期。
6—4 世纪	列国时期。南亚次大陆 16 个大国争霸，最后摩揭陀统一印度北部。耆那教和佛教产生和传播的时期，哲学上的百家争鸣时期。
599—528 年	耆那教的创始人大雄生活的时代。
566—486 年	佛教创始人乔达摩·悉达多生活的时代，他创立佛教。
517 年	大流士占领印度河流域。

约 430—364 年	悉苏那伽王朝。
约 364—324 年	难陀王朝。难陀王朝统一恒河流域及恒河以南的南亚次大陆中部一些地区。
327—325 年	亚历山大征服印度河流域，在此设立总督治理。
324 年	旃陀罗笈多赶走希腊人，推翻难陀王朝统治，建立孔雀王朝。
324—187 年	孔雀王朝统治时期。
324—300 年	旃陀罗笈多统治时期。宰相㤭底利耶著《政事论》。
317 年	希腊马其顿驻军全部撤出印度河流域。
305 年	塞琉古入侵印度遭失败。
273—236 年	阿育王统治时期。佛教成为国教。
269 年	阿育王加冕。
253 年	佛教历史上的第三次集结，编纂整理佛经。
217 年	佛教使者从印度前往中国。
187—75 年	巽伽王朝。
2 世纪—公元 7 世纪	修建阿旃陀石窟。
约 165 年	大月氏人开始从中国西迁。
约 128 年	张骞访问大月氏部落。
约 75—30 年	伐苏迪跋建立甘婆王朝。
1 世纪—公元 1 世纪	羯陵迦强盛时期。
1 世纪—公元 3 世纪	安度罗强大时期。
28 年	安度罗征服摩揭陀。

公元后

15—65 年	丘就却统一大月氏各部落，建立国家，国号贵霜。丘就却征服喀布尔河流域和克什米尔等地。
65—78 年	阎膏珍统治时期，他征服恒河上游地区。
78—102 年	迦腻色迦统治时期，迁都富楼沙。佛教第四次集结。佛教分裂为大乘佛教和小乘佛教。
1 世纪	佛教传入中国。
3 世纪 30 年代	贵霜帝国瓦解。
320 年	笈多王朝开始统治。印度进入封建社会。

上 古 希 腊

公元前

3000 年代	爱琴地区金石并用时代。
3000 年代末	爱琴地区进入青铜时代。
2200—1700 年	克里特文明的早王宫时期。在克里特形成很多小国，出现线形文字 A。
1700—1400 年	克里特文明的晚王宫时期。克里特统一。
1600 年左右	阿卡亚人来到南希腊。迈锡尼文化的竖井墓时期。
1500 年左右	迈锡尼文化的圆顶墓代替竖井墓。
1450 年左右	线形文字 B 出现，迈锡尼第一王宫出现，迈锡尼人统治克里特，传说中的提修斯生活的时代。
1400 年	克里特的米诺斯王宫被毁。
13 世纪后期	特洛伊战争。
12 世纪	多利安人南下。迈锡尼文明灭亡。
11—9 世纪	荷马时代。希腊的铁器时代，军事民主制盛行。
8—6 世纪	希腊国家形成时期。大移民时期。
8 世纪	赫西俄德生活的时代。著《神谱》与《工作与时日》。
8—7 世纪	斯巴达人征服拉哥尼亚，阿提卡统一，希腊人开始在意大利南部和西西里殖民。
7—6 世纪	米利都学派产生，希腊人在黑海北岸殖民。
约 740—720 年	第一次美塞尼亚战争。
685—668 年	第二次美塞尼亚战争。
683 年	雅典执政官改为十年一任。
632 年	雅典基伦暴动。
621 年	雅典的德拉古立法。
7—6 世纪	哲学家泰勒斯生活的时代。
7 世纪	诗人提尔泰生活和创作的年代。
6 世纪	《伊索寓言》《荷马史诗》形成。
594 年	梭伦改革。
580 与 570 之间—约 500 年	数学家、哲学家毕达哥拉斯生活的年代。

560—527 年	庇西特拉图的僭主政治。
550 年	伯罗奔尼撒同盟形成。
约 540—约 480 与 470 年之间	哲学家赫拉克利特生活的年代。
约 525—456 年	悲剧作家埃斯库罗斯生活和创作的年代。
510 年	雅典僭主政治倾覆。
509 年	克里斯提尼改革。雅典国家形成。
500—494	米利都爆发反对波斯统治的起义。
约 496—406 年	悲剧作家索福克勒斯生活和创作的年代。
约 495—429 年	伯里克利生活的年代。
492—449 年	希波战争。
490 年	马拉松战役。
约 490—约 430 年	雕刻家菲狄亚斯生活和创作的年代。
487 年	雅典第一次用抽签的办法选举执政官。
约 484—约 425 年	历史学家希罗多德生活和写作的年代。著《历史》。
约 480—约 406 年	悲剧作家欧里庇得斯生活和创作的年代。
480 年	温泉关战役，萨拉米斯海战。
479 年	普拉提亚战役，米卡列海战。
478 或 477 年	提洛同盟成立。
474 年	铁米斯托克里被放逐。
469—399 年	哲学家苏格拉底生活的年代。
464—455 年	第三次美塞尼亚战争。
462 年	《厄菲阿尔特法案》颁布，雅典国家制度民主化。
约 460—约 370 年	唯物主义哲学家德谟克利特生活的年代。
约 460—约 400 年	历史学家修昔底德生活和写作的年代。著《伯罗奔尼撒战争史》。
455 年	提洛同盟金库迁至雅典。
454—450 年	雅典和斯巴达签订休战和约。
约 449 年	希波战争结束。
约 448—380 年	喜剧作家阿里斯托芬生活和创作的年代。
446—445 年	雅典同斯巴达签订 30 年休战和约。
446—429 年	伯里克利的民主政治。雅典的陪审法官改为薪俸制。

436—338 年	演说家伊索克拉底生活的年代。
约 430—约 355/354 年	历史学家色诺芬生活和写作的年代。著《希腊史》《长征记》等。
431—404 年	伯罗奔尼撒战争。
431—421 年	伯罗奔尼撒战争第一阶段。
427—347 年	唯心主义哲学家柏拉图生活的年代。著《理想国》等。
421 年	雅典和斯巴达签订 50 年休战和约。
415—413 年	雅典进攻西西里。雅典党争，亚西比德投奔斯巴达，雅典在西西里全军覆没。
415—404 年	伯罗奔尼撒战争第二阶段。
413 年	雅典两万奴隶逃亡。
411 年	雅典贵族寡头派政变。
404 年	斯巴达战胜雅典，双方签订和约。提洛同盟解散。
401—400 年	希腊雇佣军在波斯的万人远征。
5 世纪	雅典人墨同测定一年为 365 又 19 分之 5 日，墨同历法使用了 400 多年。
399 年	斯巴达的基那敦密谋，斯巴达与波斯的战争。
384—322 年	演说家德摩斯提尼生活的年代。
384—322 年	哲学家亚里士多德生活和写作的年代。
379 年	底比斯的民主派起义。
378—355 年	雅典组成第二次海上同盟。
371 年	斯巴达与底比斯会战于留克特拉。
371 年	伯罗奔尼撒同盟解散。
370 年	美塞尼亚摆脱斯巴达统治。
370 年	阿尔哥斯"棍棒党"起义。
370—362 年	底比斯称霸希腊。
359—336 年	腓力二世统治马其顿。
357—355 年	同盟战争。雅典第二次海上同盟解散。
356—323 年	亚历山大生活和活动的年代。
约 342—291 年	戏剧家米南德生活和创作的年代。
341—270 年	唯物主义哲学家伊壁鸠鲁生活的年代。
338 年	克罗尼亚之战，反马其顿同盟战败。

337 年	科林斯会议，确立马其顿对希腊的霸权。
336 年	腓力二世被刺身亡，亚历山大即位。
约 336—约 264 年	哲学家芝诺生活的年代，创立斯多葛学派。
334—325 年	亚历山大东征。
334 年	格拉尼库斯河战役。
333 年	伊苏斯会战，亚历山大征服叙利亚、巴勒斯坦、腓尼基。
332 年	亚历山大征服埃及。
331 年	高加美拉之战。
330—327 年	亚历山大东侵中亚，波斯帝国灭亡。
约 330—275 年	数学家欧几里得生活的年代。著《几何原本》。
326 年	亚历山大侵入印度河流域。
325 年	亚历山大回到巴比伦，亚历山大帝国定都巴比伦。
323 年	亚历山大病逝，亚历山大帝国瓦解。
287—212 年	自然科学家阿基米德生活的年代。
280—275 年	伊庇鲁斯国王皮洛士远征意大利。
280 年	阿卡亚同盟建立。
276 年	安提柯王朝建立。
约 275—194 年	埃拉托色尼生活的年代。
245—241 年	斯巴达国王阿基斯改革。
235—222 年	斯巴达国王克利奥蒙尼改革。
215—205 年	罗马的第一次马其顿战争。
207—192 年	斯巴达国王那比斯改革。
200—196 年	第二次马其顿战争。
195 年	罗马人和阿卡亚同盟干涉那比斯改革。
171—168 年	第三次马其顿战争。罗马征服马其顿。
146 年	阿卡亚同盟反对罗马起义失败，科林斯被毁。罗马征服希腊。

公元后

395 年	罗马帝国分裂，希腊归属东罗马帝国。

上 古 罗 马

公元前

4000 年代	利古里亚人从非洲来到意大利。
2000 年代初	一支印欧部落进入意大利,拉丁人即其一支。
1800 年左右	特拉马拉青铜文化。
1000 年代初	意大利的铁器时代。维兰诺瓦文化,出现有围墙的城寨。
8 世纪	伊达拉里亚人从小亚细亚来到意大利。
8—6 世纪	希腊人来到意大利南部和西西里岛殖民。
754—753 年	传说中的罗马建城年代。
753—510 年	罗马王政时代。军事民主制时期。
578—534 年	塞尔维乌斯改革。
509 年	罗马推翻王政,建立共和国。
509—27 年	罗马共和国时期。
509—287 年	早期罗马共和国时期。平民与贵族的斗争。罗马征服意大利。
494 年	平民第一次撤至"圣山"。设立保民官。
477—474 年	罗马人同伊达拉里亚人之间的第一次维爱伊战争。
462 年	保民官特兰提里乌斯建议编纂成文法典。
449 年	平民第二次撤至"圣山",《十二铜表法》颁布。
443 年	罗马设立监察官。
406—396 年	第三次维爱伊战争,罗马征服伊达拉里亚。
396 年	罗马元老院下令将维爱伊的 30 万犹格土地分给平民。
391 年	高卢人侵入意大利北部。
390 年	罗马同高卢人的战争。
367 年	《李锡尼和绥克斯图法案》实施。
4 世纪中叶	罗马开始铸造铜币。
343—341 年	罗马同萨莫奈人之间的第一次萨莫奈战争。
337 年	平民选出第一位法官。
327—304 年	第二次萨莫奈战争。

326 年	波提利乌斯关于废除债务奴隶制的法案。
321 年	罗马在考提昂峡谷败于萨莫奈人。
298—290 年	第三次萨莫奈战争。罗马征服意大利中部。
287 年	《霍腾西乌斯法案》颁布，早期罗马共和国平民与贵族的斗争结束。
280—275 年	罗马同皮洛士的战争。罗马征服意大利南部。
264—241 年	罗马同迦太基之间的第一次布匿战争。罗马征服西西里。
247—183/182 年	迦太基统帅汉尼拔生活年代。
241—238 年	迦太基雇佣兵起义。
238 年	罗马攻占撒丁岛和科西嘉岛。
237 年	迦太基统帅米哈伊尔出征西班牙。
234—149 年	老加图生活的年代。著《农业志》。
229 年	第一次伊利里亚战争，罗马向巴尔干半岛扩张。
227 年	撒丁岛和科西嘉岛成为罗马行省。
224—222 年	罗马征服波河流域。
218 年	第二次伊利里亚战争。
218—201 年	第二次布匿战争。
217 年	特拉西美诺湖之战。
216 年	坎尼战役。
215—205 年	第一次马其顿战争。
211 年	汉尼拔进攻罗马。
210 年	西西里变为罗马行省。
209 年	罗马攻占西班牙的新迦太基城和意大利的塔兰托。
204 年	罗马军队在非洲登陆。
203 年	汉尼拔离开意大利回国。
202 年	扎马之役。
约 200—约 118 年	历史学家波里比乌斯生活和创作的年代。著《通史》。
200—196 年	第二次马其顿战争。
196 年	伊达拉里亚奴隶起义。
195—190 年	罗马与塞琉古的战争。
171—168 年	第三次马其顿战争。
149—146 年	第三次布匿战争。迦太基灭亡。

147 年	马其顿变为罗马行省。
146 年	阿卡亚反对罗马的战争。罗马征服希腊，科林斯城被毁。
146—27 年	晚期罗马共和国。内战。
138—78 年	苏拉生活的年代。
137—132 年	第一次西西里奴隶起义。
133 年	提比略·格拉古改革。帕加马成为罗马行省。
132—130 年	帕加马的阿里斯托尼克起义反对罗马。
125 年	富尔维乌斯关于给意大利人公民权的法案。
123—122 年	盖约·格拉古改革。
116—27 年	瓦罗生活和创作的年代。著《论农业》。
111—105 年	朱古达战争。
107 年	马略任执政官，进行军事改革。
106—43 年	西塞罗生活的年代。
105—101 年	森布里亚人和条顿人入侵意大利。
104—101 年	第二次西西里奴隶起义。
100 年	《萨图尔宁法案》颁布。
102/100—44 年	恺撒生活的年代。著《高卢战记》《内战记》。
约 99—约 55 年	哲学家卢克莱修生活和创作的年代。著《物性论》。
91 年	《德鲁苏法案》颁布。
90—88 年	意大利同盟战争。
88—85 年	第一次米特里达梯战争。
88 年	马略派与苏拉派的斗争。
82—78 年	苏拉独裁。
73—71 年	斯巴达克奴隶起义。
70 年	庞培与克拉苏任执政官，取消苏拉的各项反民主措施。
70—19 年	诗人维吉尔生活和创作的年代。著《牧歌》《埃涅阿斯纪》。
67 年	庞培对海盗的战争。
66—62 年	庞培征服叙利亚和巴勒斯坦。
65—8 年	诗人贺拉斯生活和创作的年代。著《颂歌》。
63 年	喀提林阴谋。犹太成为罗马行省。

63—公元 14 年	屋大维生活的年代。
61 年	恺撒出任西班牙总督。
60—49 年	前三头政治。
59—公元 17 年	历史学家李维生活和创作的年代。著《罗马史》。
58—51 年	恺撒征服高卢。
56 年	前三头在路卡会见，分配势力范围。
55 年	庞培与克拉苏任执政官。恺撒远征日耳曼和布列塔尼。
54—53 年	克拉苏进犯安息时死去。
49—44 年	恺撒独裁。
43 年后	三头政治。
43—约公元 17 年	诗人奥维德生活和创作的年代。著《变形记》。
31 年	亚克兴战役。
约 30—公元 45 年	哲学家斐洛生活的年代。
30 年	屋大维占领埃及，托勒密王朝灭亡。屋大维获终身保民官权力。
29 年	屋大维获"大元帅"称号。
28 年	屋大维获"元首"称号。
27 年	屋大维获"奥古斯都"称号。元首制确立，共和国覆亡。
27—公元 192 年	早期帝国时期。
12—5 年	罗马征服莱茵河至易北河地区，建立日耳曼行省。
2 年	屋大维颁布关于限制依照遗嘱释放奴隶的法令。
63—公元 20 年	地理学家斯特拉波生活和创作的年代。著《地理志》。

公元后

4 年	屋大维颁布限制奴隶主活着时释放奴隶的法令。
约前 5—65 年	哲学家辛尼加生活的年代。
9 年	罗马军队在条托堡森林惨败。
1 世纪	基督教在罗马帝国东部行省创立和传播。
14—68 年	朱里亚·克劳狄王朝。
23—79 年	老普林尼生活和创作的年代。著《自然史》。

41—54 年	克劳狄吸收高卢贵族进入元老院，授予行省居民公民权。
43 年	罗马征服不列颠。
约 46—126 年	历史学家普鲁塔克生活和创作的年代。著《希腊罗马名人传》。
约 55—约 120 年	历史学家塔西佗生活和创作的年代。著《编年史》《历史》《阿古利可拉传》和《日耳曼尼亚志》等。
69—96 年	弗拉维王朝。
70 年	罗马毁灭耶路撒冷。
75—160 年	历史学家苏维托尼乌斯生活和创作的年代。著《罗马十二帝王传》。
73 年	韦帕芗改组元老院，吸收奴隶主参加元老院，广泛授予行省居民公民权。
79 年	维苏威火山爆发，庞贝城被埋葬。
80 年	罗马建成圆形大剧场。
85—89 年	达西亚战争，罗马战败。
约 95—165 年	历史学家阿庇安生活和创作的年代。著《罗马史》。
96—192 年	安敦尼王朝。
101—106 年	达西亚战争，罗马征服达西亚。
106 年	罗马征服阿拉伯。
166 年	大秦(罗马)安敦尼王朝使者到达中国。
166—167 年	日耳曼人侵入多瑙河沿岸。
193—235 年	塞维鲁王朝。
194—199 年	罗马与安息的战争。罗马建立美索不达米亚行省。
2 世纪末—3 世纪末	3 世纪危机。
211 年	卡拉卡拉关于公民权的敕令。
260 年	罗马与萨珊王朝的战争。罗马失去美索不达米亚行省。
263 年	西西里奴隶起义。
266—273 年	叙利亚帕尔米拉王国独立。
3 世纪 60—70 年代	北非奴隶、隶农起义。
3 世纪 70—80 年代	高卢"巴高达"运动开始。
284—476 年	晚期罗马帝国。

284—305 年	戴克里先的统治。公开的君主制。
301 年	戴克里先的币制改革和《物价敕令》。
4 世纪前期	多那图斯教派传入北非。
306—337 年	君士坦丁争夺帝位及统治时期。
313 年	《米兰敕令》颁布，承认基督教为合法宗教。
325 年	尼西亚宗教会议。
330 年	罗马帝国首都迁至拜占庭，改名为君士坦丁堡。
4 世纪 30—40 年代	"阿哥尼斯特"运动高涨。
约 355 年	匈奴人侵入阿兰人领土。
361—363 年	朱里亚的统治，迫害基督教。
4 世纪 70 年代	匈奴人战胜哥特人，侵入欧洲。西哥特人进入罗马帝国。
378 年	西哥特人起义，皇帝瓦伦斯被杀。
377—395 年	提奥多西的统治。基督教被宣布为国教。
387 年	罗马和萨珊波斯分割亚美尼亚。
395 年	罗马帝国分裂为东、西罗马帝国。
410 年	西哥特人占领并洗劫罗马。
451 年	匈奴人侵入西罗马帝国。
455 年	汪达尔人洗劫罗马。
476 年	日耳曼雇佣军首领奥多亚塞推翻罗马皇帝罗慕路斯的统治。西罗马帝国灭亡。

古代度量衡表^①

上古埃及

长　度

1 肘＝52.3 厘米

1 掌＝1/7 肘＝7.47 厘米

1 指＝1/4 掌＝87 厘米

重　量

1 德本＝10 基特＝12 萨特＝91 克

1 环（即 1 基特）＝0.1 德本＝9.1 克

面　积

1 斯塔特（或 1 阿鲁尔）＝2735 平方米

容　量

1 哈尔＝4 伊别特＝72.68 升

上古巴比伦

长　度

1 绳（1 阿湿路）＝59 米

1 伽尔＝0.1 绳＝5.9 米

1 肘（1 阿马吐门）＝1/12 伽尔
　　　　　　　　＝49.5 厘米

重　量

1 塔兰特＝30.3 千克

1 明那＝1/60 塔兰特＝505 克

1 舍克勒＝1/60 明那＝8.4 克

1 塞＝1/180 舍克勒＝0.046 克

面　积

1 布尔＝6.35 公顷

1 伊库（1 苏门或 1 甘）＝1/18 布尔
　　＝0.35 公顷

1 沙尔＝0.01 伊库＝35 平方米

容　量

1 古尔＝252.6 升

1 伊麦尔＝84 升

1 帕恩＝1/5 古尔＝50.5 升

1 沙特＝1/6 帕恩＝8.4 升

1 卡＝0.1 沙特＝0.84 升（有时为
　　0.42 升）

---

① 本度量衡表摘自刘家和先生主编的由吉林人民出版社出版的《世界上古史》(1984 年第 2 版)，本书在使用时对个别地方做了修订增补。

上 古 南 亚

重　量

1 明那＝9.76 克

1 卡尔萨帕纳＝7.8 克

1 克里什纳尔＝约 1 克

面　积

1 迦梨沙＝约 1 英亩

上 古 希 腊

长　度

1 达克杜洛斯＝1.93 厘米

1 帕拉提斯＝7.7 厘米

1 普司＝30 厘米

1 佩巨斯＝46.2 厘米

1 欧尔巨阿＝1.85 米

1 普列特隆＝约 30 米

1 斯塔迪昂＝约 185 米

1 帕拉桑该斯＝5.7 千米

1 斯塔特莫斯＝28 千米

重　量

（阿提卡·优卑亚制）	（埃吉那制）
1 奥波尔＝0.72 克	1.05 克
1 德拉克马＝4.31 克	6.30 克
1 明那＝431 克	630 克
1 塔兰特＝25.80 千克	37.80 千克

容量（液体）

1 库托阿斯＝0.5 分升

1 杜杜列＝0.25 升

1 美铁列铁司＝39 升

容量（粉状）

1 科伊尼库斯＝约 1 升

1 美狄姆诺斯＝52.53 升

面　积

1 普勒特拉＝64.25 英亩

币　制

1 塔兰特＝60 明那

1 明那＝5 斯塔铁尔

1 斯塔铁尔＝20 德拉克马

1 德拉克马＝6 奥波尔

上 古 罗 马

长　度

1 指（Digitus）＝0.0625 足
　　　　　　＝0.0185 米

1 掌（Palmus）＝0.25 足＝0.074 米

1 足（Pes）＝0.2963 米

1 足 1 掌（Palmipes）＝0.3703 米

1 肘（Cubitus）＝1 足＋2 掌
　　　　　　＝0.4443 米

1 阶（Gradus）＝2.5 足＝0.7407 米

1 步（Passus）＝5 足＝1.4815 米

1 竿（Pertica）＝10 足＝2.963 米

1000 步＝1481.5 米

面　积

1 平方步（Pes Quadratus）

＝0.088 平方米

120 平方步（Actus Quadratus）

＝12.591 亩

120×240 平方步（Iugerum）

＝25.182 亩

1 犹格＝4 亩

200 犹格（Centuris）＝50.364 公顷

容量（散装体）

1 莫狄乌斯（Modius）＝8.754 升

0.5 莫狄乌斯＝4.377 升

1 舍克斯塔利乌斯（Sextarius）

＝0.0625 莫狄乌斯＝0.547 升

1 赫明那（Hemina）＝0.0313 莫狄乌

斯＝0.2736 升

容量（液体）

1 凯阿图斯（Cyathus）＝0.0456 升

1 阿克塔布鲁门（Acetabulum）

＝1.5 凯阿图斯＝0.068 升

1 夸塔利乌斯（Quartarius）

＝3 凯阿图斯＝0.1368 升

1 赫明那或科泰拉（Cotyla）

＝6 凯阿图斯＝0.2736 升

1 舍克斯塔利乌斯＝12 凯阿图斯

＝0.5472 升

1 康狄乌斯（Congius）

＝72 凯阿图斯＝3.2832 升

1 乌尔纳（Urna）＝288 凯阿图斯

＝13.1328 升

1 阿门弗拉或卡杜斯（Amphora 或

Cadus）＝576 凯阿图斯

＝26.2656 升

1 库列乌斯＝20 阿门弗拉

＝525.27 升

重　量

1 利布拉（Lubra）（1 磅）

＝12 盎司＝327.45 克

1 德盎克斯（Deunx）

＝11 盎司＝300.16 克

1 德克斯坦克斯（Dextanx）

＝10 盎司＝272.88 克

1 多德兰斯（Dodrans）

＝9 盎司＝245.59 克

1 贝斯（Bes）＝8 盎司＝218.30 克

1 舍普吐恩克斯（Septunx）

＝7 盎司＝191.02 克

1 舍米斯（Semis）

＝6 盎司＝163.73 克

1 昆库恩克斯（Quincunx）

＝5 盎司＝136.44 克

1 特伦斯（Triens）

＝4 盎司＝109.15 克

1 夸德兰斯（Quadrans）

＝3 盎司＝81.86 克

1 舍克斯坦斯（Sextans）

＝2 盎司＝54.58 克

1 盎司（Uncia）＝27.288 克

0.5 盎司（Semunica）＝13.644 克

币　制

1. 公元前 268 年以前

1 阿司·利布拉（As Libralis）（铜）

＝12 盎司＝327.45 克

1 舍米斯(Semis)＝0.5 阿司＝163.73 克

1 夸德兰斯(Quadrans)
  ＝0.25 阿司＝81.86 克

2. 公元前 268—前 217 年

1 阿司·特伦特利斯(As Trientalis)
  (铜)＝4 盎司＝109.15 克

1 塞斯退斯(Sestertius)(银)
  ＝2.5 阿司＝1.09 克

1 昆纳利乌斯(Quinarius)(银)
  ＝5 阿司＝2.18 克

1 第纳利乌斯(Denarius)(银)
  ＝10 阿司＝4.37 克

3. 从公元前 217 年起

1 阿司·盎司利斯(As Uncialis)
  (铜)＝1 盎司＝27.288 克

1 塞斯退斯(Sestertius)(银)
  ＝4 阿司＝1 克

1 第纳利乌斯(Denarius)(银)
  ＝16 阿司＝4.37 克

4. 帝国时期的金币

1 努姆斯·奥列乌斯(Nummus
  Aureus)＝100 塞斯退斯

1 奥列乌斯·奥古斯都(Aureus
  Augustus)＝7.96 克

1 奥列乌斯·马尔库斯·奥里略
  (Aureus Marcus Aurelius)
  ＝7.28 克

1 奥列乌斯·卡拉卡拉(Aureus
  Caracalla)＝6.55 克

5. 帝国晚期的货币

戴克里先时期：1 奥列乌斯含金
  1/60 利布拉(327.45 克)
  ＝5.45 克

君士坦丁时期：1 奥列乌斯含金
  1/72 利布拉(327.45 克)
  ＝4.54 克

[注]1 公顷＝15 市亩＝2.47 英亩
  1 市亩＝6.667 公亩＝0.164 英亩
  1 英亩＝0.405 公顷＝6.070 市亩

中英文译名对照表

A

阿庇安	Appianus
阿波罗	Apollo
阿布德拉	Abdera
阿布罗什	Abu Rawash
阿达布	Adab
阿尔卑斯山脉	Alps
阿尔哥斯	Argos
阿耳忒弥斯	Artemis
阿佛洛狄忒	Aphrodite
阿格里真托	Agrigentum
阿哈	Aha
阿黑门尼德	Achaemenids
阿基米德	Archimedes
阿基斯	Agis
阿伽	Agga
阿卡德	Akkad
阿卡狄亚	Arcadia
阿卡亚	Achaia
阿喀琉斯	Achilles
阿拉伯半岛	Arabia
阿拉里克	Alaric
阿拉美亚人	Aramaeans
阿里安	Arian
阿里斯托芬	Aristophanes

阿勒颇	Aleppo
阿列提乌姆	Arretium
阿马尔那	Tell el-Amarna
阿美涅姆赫特	Amenemhat
阿蒙神	Amen
阿蒙霍特普	Amenhotep
阿摩利人	Amorites
阿姆河	Oxus River
阿那克西曼德	Anaximander
阿那克西美尼	Anaximenes
阿普利亚	Apulia
阿瑞斯	Ares
阿萨尔哈东	Esarhaddon
阿阇世	Ajatasatru
阿萨姆	Assam
阿淑尔	Assur
阿提卡	Attica
阿提拉	Attila
阿吞神	Aten
阿瓦利斯	Avaris
阿维鲁	Awelum
阿夷多翅舍钦婆罗	Ajita Kesa-Kambala
阿踰陀	Ayodhya
阿育王	Asoka
阿旃陀	Ajanta
埃奥利亚人	Aeolians
埃勒拉	Ebla
埃尔·欧贝德	Al-Ubaid
埃利都	Eridu
埃列特里亚	Eretria
埃赫那吞	Akhenaten
埃赫塔吞	Akhetaten
埃及	Egypt

巴比伦	Babylon
巴比伦尼亚	Babylonia
巴达里	Badari
巴克特里亚（大夏）	Bactria
巴林哥盆地	Baringo
巴门尼德	Parmenides
巴乌神庙	Bau Temple
跋祇	Vajji
拔沙	Vatsa
白沙瓦	Peshawar
白匈奴	White Huns
拜占庭	Byzantine
般阇罗	Panchala
般度	Pandu
贝都因人	Bedouins
贝罗苏斯	Berossus
贝希斯顿	Behistun
本都	Pontus
比提尼亚	Bithynia
彼奥提亚	Boeotia
毕布罗斯	Byblos
毕达哥拉斯	Pythagoras
频头沙罗	Bindusara
波河	Po River
波克荷利斯	Bocchoris
波里比乌斯	Polybius
波罗奈斯	Varanasi
波里克列特斯	Polycleitos
波塞东	Poseidon
波斯	Persia
波斯波利斯	Persepolis
《波提利乌斯法案》	*Lex Boetelia*
伯罗奔尼撒半岛	Peloponnesus

伯里布森	Peribsen
伯里克利	Pericles
柏拉图	Plato
博斯普鲁斯海峡	Bosporus
不列颠	Britain
布巴斯提斯	Bubastis
布鲁图	Brutus
布托	Buto

C

葱岭	Tsung-ling

D

达尔马提亚	Dalmatia
达罗毗荼人	Davidians
达萨	Dasas
达淑尔	Dahshur
达西亚	Dacia
达休	Dasyus
呾叉始罗	Taksasila
大乘（佛教）	Mahayana
大流士	Darius
大月氏	Ta-Yueh-chih
大卫	David
大夏（巴克特里亚）	Ta-Hia(Bactria)
大雄	Mahavira
戴克里先	Diocletian
德干高原	Deccan
德拉古	Draco
德鲁苏斯	Drusus
得墨忒耳	Demeter
德摩斯提尼	Demosthenes
德谟克利特	Democritus

狄奥多罗斯	Diodorus
狄俄尼索斯	Dionysus
狄奥斯波里-帕尔伏	Diospolis Parva
狄克推多	Dictator
底比斯	Thebes
底格里斯河	Tigris River
地中海	Mediterranean Sea
东哥特人	Ostrogoths
多利安人	Dorians
多瑙河	Danube River

E

厄菲阿尔特	Ephialte
恩赫伽尔	Enkhegal
恩利尔	Enlil
恩纳	Henna
恩培多克列	Empedocles
恩铁美那	Entemena
恩西	Ensi

F

伐苏迪跋(婆苏迪婆)	Vasudeva
筏驮摩那	Vardhamana
法埃斯特	Phaestus
法兰克人	Franks
法雍	Fayum
梵萨	Vamsa
菲狄亚斯	Phidias
腓力二世	Philip II
腓力斯丁	Philistia
腓尼基	Phoenicia
吠舍厘	Vaisaali
《吠陀》	*Vada*

海德堡人	Heidelbergensis
海伦人	Hellenes
海米昂	Hemiunu
汉谟拉比	Hammurabi
汉尼拔	Hannibal
亨库	Henku
恒河	Ganges River
荷连姆赫布	Horemheb
荷鲁斯	Horus
荷马	Homer
赫尔摩波里	Hermopolis
赫耳墨斯	Hermes
赫菲斯托斯	Hephaestus
赫卡泰奥斯	Hecataeus
赫勒斯滂	Hellespont
赫拉	Hera
赫拉克利特	Heracleitus
赫拉克列奥波里	Herakleopolis
赫梯	Hittite
赫西俄德	Hesiod
贺拉斯	Horace
红海	Red Sea
胡夫	Khufu
胡里特人	Hurrians
华氏城	Pataliputra
霍腾西乌斯	Hortensius

J	
基伦	Cylon
基那敦	Cinadon
基什	Kish
笈多王朝	Gupta Dynasty
《吉尔伽美什》	*Gilgamesh*

加普亚	Capua
加图	Cato
迦勒底人	Chaldeans
迦南	Canaan
迦腻色迦	Kanishka
迦毗罗卫	Kapilavastu
迦尸	Kasi
迦太基	Carthage
伽腊索伽	Kalasoka
犍陀罗	Gandhara
剑浮沙	Kamboja
羯陵迦	Kalinga
戒日王	Harsha
捷木迭特·那色	Jamdet Nasr
金字塔	Pyramid
净饭王	Suddhodana
旧石器时代	Paleolithic Age
居楼	Kuru
居鲁士	Cyrus
居萨罗	Kosala
君士坦丁	Constantinus
君士坦丁堡	Constantinople

K

喀布尔河	Kabul River
喀提林	Catiline
喀西特人	Kassites
卡德姆斯	Cadmus
卡尔纳克	Karnak
卡赫美什	Carchemish
卡呼恩	Kahun
卡拉卡拉	Caracalla
卡里阿斯	Callias

卡里古拉	Caligula
卡里斯泰奈斯	Callisthenes
卡里亚人	Carians
卡麦尔山	Mount Karmel
卡美斯	Kamose
卡纳波依	Kanapoi
卡西乌斯	Cassius
开俄斯岛	Chios Island
开罗	Cairo
恺撒	Caesar
坎尼	Cannae
坎帕尼亚	Campania
康茂德	Commodus
科菲尼姆	Corfinium
科林斯	Corinth
科鲁美拉	Columella
科西嘉	Corsica
克赫努姆荷特普	Khnumhotep
克迦耶	Kekaya
克拉苏	Crassus
克劳狄	Claudius
克里昂	Cleon
克里特	Crete
克里希纳	Krishna
克利奥蒙尼	Cleomenes
克利斯提尼	Cleisthenes
克娄巴特拉	Cleopatra
克罗马农人	Cro-Magnons
克罗尼亚	Coronea
克诺索斯	Knossos
克什米尔	Kashmir
孔雀王朝	Maurya Dynasty
库阿克撒列斯	Cyaxares

库彼弗拉	Koobi Fora
库米	Cumae
库萨尔	Kussar
库什	Kush
L	
拉丁姆	Latium
拉尔萨	Larsa
拉哥尼亚	Laconia
拉伽什	Lagash
拉美西斯	Rameses
拉莫斯	Ramose
拉神	Re
拉托利	Laetoli
拉文那	Ravenna
拉西第梦人	Lacedaemonians
《罗摩衍那》	*Ramayana*
来山德	Lysander
老普林尼	Pliny the elder
勒勒吉人	Leleges
雷比达	Lepidus
雷穆斯	Remus
李奥尼达	Leonidas
李锡尼	Licinius
李维	Livy
梨车	Lichchhavi
《梨俱吠陀》	*RG Veda*
利比亚	Libya
利利贝	Lilybaeum
列赫米留	Rekhmire
留克特拉	Leuctra
卢比孔河	Rubicon River
卢多尔湖	Lake Rudolf

卢克莱修	Lucretius
卢克索尔	Luxor
卢伽尔安达	Lugalanda
卢伽尔扎吉西	Lugalzaggisi
鲁格敦（里昂）	Lugdunum
路卡	Lucca
伦丁尼（伦敦）	Londinium
罗克珊那	Roxana
罗马	Rome
罗慕路斯	Romulus
罗慕路斯·奥古斯都	Romulus Augustus
罗塞塔	Rosetta
罗塔加姆盆地	Lothagam
吕底亚	Lydia
吕库古	Lycurgus

M

马萨格泰人	Massagetae
马拉松	Marathon
马里亚	Malea
马克西米努斯	Maximinus Thrax
马斯塔巴	Mastaba
马略	Marius
马资达克	Mazdak
玛尼什吐苏	Manishtusu
麻伊	Mai
麦尔涅普塔赫	Merneptah
麦杜姆	Maidum
麦加斯提尼	Megasthenes
麦西里姆	Mesilim
迈索尔	Mysore
迈锡尼	Mycenae
曼丁尼亚	Mantinea

N

那比斯	Nabis
那波尼德	Nabonidus
那波帕那沙尔	Nabopolassar
那不勒斯	Naples
纳尔迈	Narmer
纳拉姆辛	Naram-Sin
难陀，摩诃帕德摩	Nanda，Mahapadma
难陀王朝	Nanda Dynasty
瑙克拉提斯	Naucratis
能人	Homo Habilis
尼安德特人	Neanderthals
尼布甲尼撒	Nebuchadnezzar
尼科	Necho
尼科米底	Nicomidia
尼禄	Nero
尼罗河	Nile River
尼姆鲁德	Nimrud
尼尼微	Nineveh
尼普尔	Nippur
尼西阿斯	Nicias
聂非尔列胡	Neferty
涅伽达	Naqada
涅尔瓦	Nerva
涅菲尔提提	Nefertiti
涅库勒	Nekure
诺姆	Nome
诺马尔赫	Nomarch
努比亚	Nubia
努米底亚	Numidia
努曼提亚	Numantia
努米托尔	Numitor

O

欧几里得	Euclid
欧里庇得斯	Euripides

P

帕加马	Pergamum
帕特农	Parthenon
帕提亚	Parthia
帕铁西	Patesi
派罗斯	Pylus
潘诺尼亚	Pannonia
庞贝	Pompeii
庞培，绥克斯都	Pompey, Sextus
旁遮普	Punjab
培比	Pepy
蓬特	Punt
庇里阿西人	Perioeci
庇尔哥斯	Pyrgos
庇西特拉图	Peisistratus
皮克托	Pictor
皮里尤斯	Piraeus
皮拉斯吉人	Pelasgians
毗提诃	Videha
毗诃拔提	Bihaspati
匹塞农	Picenum
瓶沙王（频毗沙罗）	Bimbisara
婆蹉	Matsya
婆罗多	Bharata
普拉提亚	Plataea
普鲁沙	Purusha
普鲁塔克	Plutarchus
普罗米修斯	Prometheus

普罗塔斯	Plautus
普萨姆提克	Psamtik
普塔赫神	Ptah

Q

齐奥普斯	Cheops
耆那教	Jainism
恔底利耶	Kautilya
恔赏弥	Kausambi
乔赛尔	Djoser
乔达摩·悉达多	Gautama Siddhartha
丘就却	Kujula Kadphises

S

萨尔贡	Sargon
萨卡拉	Saqqara
萨拉米斯湾	Salamis
萨鲁斯提乌斯	Sallustius
萨莫奈	Samnium
萨莫斯岛	Samus Island
萨姆苏伊鲁纳	Samsuiluna
萨珊王朝	Sassanian Dynasty
萨维阿斯	Salvius
撒丁尼亚	Sardinia
撒尔迪斯	Sardis
撒马利亚	Samaria
塞尔维乌斯·图里乌斯	Servius Tullius
塞多留	Sertorius
塞拉岛	Thera
塞琉古	Seleucus
塞琉西亚	Seleucia
塞姆人	Semitics

索福克勒斯	Sophocles
琐罗亚斯德	Zoroaster

T

塔克文（骄傲者）	Tarquin, the Proud
塔兰托	Taranto
塔尼斯	Tanis
塔萨	Tasa
塔西佗	Tacitus
台伯河	Tiber River
泰勒斯	Thales
泰西丰	Ctesiphon
特尔斐	Delphi
特卡纳湖	Lake Turkana
特里尼尔	Trinil
特洛伊	Troy
特兰提	Terentius
提格拉特帕拉沙尔三世	Tiglath-Pileser Ⅲ
提奥多西	Theodosius
提比略	Tiberius
提洛岛	Delos
提修斯	Theseus
天竺	Tien-chu
条顿人	Teutons
条托堡森林	Teutoburgian Forest
帖撒利	Thessaly
铁列平	Telepinush
铁米斯托克里	Themistocles
图拉真	Trajan
图密善	Domitian
图坦卡蒙	Tutankhamun
图特摩斯	Thutmose
推罗	Tyre

托勒密	Ptolemy

W

瓦伦斯	Valens
瓦罗	Varro
王舍城	Rajagriha
汪达尔人	Vandals
维爱伊	Veii
维苏威火山	Vesuvius
维吉尔	Vergil
韦帕芗	Vespasian
温迪亚山脉	Vindhya Range
温泉关	Thermopylee
乌尔	Ur
乌尔纳木	Ur-Nammu
乌伽里特	Ugarit
乌鲁克	Uruk
乌鲁卡基那	Urukagina
乌玛	Umma
乌尼	Uni
乌塞尔卡弗	Userkaf
沃尔斯奇人	Volscians
屋大维	Octavius

X

西庇阿	Hippias
西顿	Sidon
西哥特人	Visigoths
西里西亚	Cilicia
西奈半岛	Sinai Peninsula
西帕尔	Sippar
西塞罗	Cicero
西瓦立克	Siwalik

西西里	Sicily
昔勒尼	Cyrene
希波克拉底	Hippocrates
希伯来人	Hebrews
希拉康波里	Hierakonpolis
希罗多德	Herodotus
希洛人	Helots
悉苏那伽	Sisunaga
喜克索斯人	Hyksos
喜马拉雅山脉	Himalayas
喜乌特	Siut
小乘（佛教）	Hinayana
蝎王	Scorpion
信德	Sind
辛那赫里布	Sennacherib
辛尼加	Seneca
新石器时代	Neothithic Age
兴都库什山脉	Hindu Kush
修昔底德	Thucydides
叙拉古	Syracuse
叙利亚	Syria
玄奘	Tiuan-Tsang
薛西斯	Xerxes
巽加，普沙密多罗	Shunga，Pushyamitra

Y

亚得里亚堡	Adrianople
亚得里亚海	Adriatic Sea
亚该亚人	Achaias
亚克兴	Actium
亚里士多德	Aristotle
亚历山大	Alexander
亚历山大里亚	Alexandria

亚美尼亚	Armenia
亚努河	Anio River
亚平宁山脉	Apennines
亚述	Assur
亚述那西尔帕	Assrnasirpal
亚述路巴里特	Assuruballit
亚西比德	Alcibiades
雅典	Athens
雅典娜	Athena
雅利安人	Aruans
雅赫摩斯	Ahmose
阎膏珍	Wema Kadphises
嚈哒人	Ephthalites
鸯伽	Anga
耶和华	Yahweh
耶路撒冷	Jerusalem
耶稣基督	Jesus Christ
伊比	Ibi
伊壁鸠鲁	Epicurus
伊庇鲁斯	Epirus
伊达拉里亚	Etruria
《伊利亚特》	*Iliad*
伊蒙荷特普	Imhotep
伊浦味	Ipuwer
伊沙库	Issakum
伊苏斯	Issus
伊索	Aesop
伊索克拉底	Isocrates
伊提	Iti
伊西丝	Isis
伊新	Isin
以色列	Isreal
以弗所	Ephesus

印度河	Indus River
犹太	Judah
犹太教	Judaism
优卑亚	Euboea
优勒斯	Eunus
攸里密顿	Eurymedon
幼发拉底河	Euphrates River
猿人	ape-man
Z	
扎格罗斯山	Zagros Mounts
扎马	Zama
扎乌	Zau
瞻波	Champa
旃陀罗笈多	Chandra Gupta
芝诺	Zeno
直立猿人	Homo electus
智人	Homo Sapiens
中石器时代	Mesolithic Age
宙斯	Zeus
爪哇	Java
朱古达	Jugurta

参考书目

［印度］A. L. 巴沙姆主编. 印度文化史. 北京：商务印书馆，1997

［印度］D. D. 高善必. 印度古代文化与文明史纲. 北京：商务印书馆，1998

［德］J. 弗里德里克. 古语文的释读. 北京：文字改革出版社，1966

［古罗马］阿庇安. 罗马史. 上，下. 北京：商务印书馆，1979，1985

［苏］阿甫基耶夫. 古代东方史. 北京：生活·读书·新知三联书店，1956

［古希腊］阿里安. 亚历山大远征记. 北京：商务印书馆，1979

［苏］阿列克谢耶夫等. 世界原始社会史. 昆明：云南人民出版社，1987

［英］爱德华·吉本. 罗马帝国衰亡史. 上，下. 北京：商务印书馆，1997

北京师范大学历史系世界古代史教研室编. 世界古代及中古史资料选集. 北京：北京师范大学出版社，1999

［英］派特力编译. 埃及古代故事. 北京：作家出版社，1957

崔连仲. 从佛陀到阿育王. 沈阳：辽宁大学出版社，1991

崔连仲等选译. 古印度吠陀时代和列国时代史料选辑. 北京：商务印书馆，1998

崔连仲等选译. 古印度帝国时代史料选辑. 北京：商务印书馆，1989

［苏］丹达马也夫. 阿黑明尼德强国政治史. 俄文版. 莫斯科：科学出版社，1985

［苏］丹达马也夫. 初期阿黑明尼德王朝统治下的伊朗. 俄文版. 莫斯科：东方文学出版社，1963

［苏］丹达马也夫. 公元前7—前4世纪巴比伦尼亚的奴隶制. 俄文版. 迪卡尔布：北伊利诺伊大学出版社，1984

［苏］丹达马也夫，鲁康宁. 古代伊朗的文化和经济. 俄文版. 莫斯科：

科学出版社，1980

杜继文主编．佛教史．南京：江苏人民出版社，2008

［美］费根．地球上的人们——世界史前史导论．北京：文物出版社，1991

佛本生故事选．北京：人民出版社，1985

［英］格林・丹尼尔．考古学一百五十年．北京：文物出版社，1987

郭良鋆．佛陀和原始佛教思想．北京：中国社会科学出版社，1997

［古希腊］荷马．奥德赛．北京：人民文学出版社，1997

［古希腊］荷马．伊利亚特．北京：人民文学出版社，1994

［古罗马］加图．农业志．北京：商务印书馆，1986

［古罗马］恺撒．高卢战记．北京：商务印书馆，1979

［古罗马］恺撒．内战记．北京：商务印书馆，1986

［苏］科瓦略夫．古代罗马史．北京：生活・读书・新知三联书店，1957

［苏］拉诺维奇．希腊化及其历史作用．俄文版．莫斯科：苏联科学院出版社，1950

李铁匠．伊朗古代历史与文化．南昌：江西人民出版社，1993

李雅书选译．罗马帝国时期．上册．北京：商务印书馆，1985

李雅书，杨共乐．古代罗马史．北京：北京师范大学出版社，2004

联合国教科文组织编写《非洲通史》国际科学委员会编．非洲通史．第 1 卷．北京：中国对外翻译出版公司，1984

联合国教科文组织编写《非洲通史》国际科学委员会编．非洲通史．第 2 卷．北京：中国对外翻译出版公司，1985

廖学盛．廖学盛文集．上海：上海辞书出版社，2005

［苏］列宁．论国家∥列宁选集．第 4 卷．北京：人民出版社，1995

林志纯主编．世界通史资料选辑・上古部分．北京：商务印书馆，1985

刘家和．古代中国与世界——一个古史研究者的思考．武汉：武汉出版社，1995

刘文鹏．古代埃及史．北京：商务印书馆，2000

［古罗马］卢克莱修．物性论．北京：商务印书馆，1981

马克思．科瓦列夫斯基《公社土地占有制，其解体的原因、进程和结果》一书摘要．单行本．北京：人民出版社，1965

马克思．摩尔根《古代社会》一书摘要．单行本．北京：人民出版社，1965

马克思. 资本主义生产以前各形态. 单行本. 北京：人民出版社，1956

马克思恩格斯全集. 第 25 卷. 北京：人民出版社，2001

马克思恩格斯选集. 第 1～4 卷. 北京：人民出版社，1995

[法]摩赖. 尼罗河与埃及之文明. 上海，商务印书馆，1941

[美]莫尔根. 古代社会. 北京：生活·读书·新知三联书店，1957

摩奴法论. 北京：中国社会科学出版社，1986

[古希腊]普鲁塔克. 希腊罗马名人传. 上. 北京：商务印书馆，1990

任炳湘选译. 罗马共和国时期. 上，下. 北京：商务印书馆，1962

[英]塞顿·劳埃德. 美索不达米亚考古：从旧石器时代至波斯征服. 北京：文物出版社，1990

[苏]塞尔格叶夫. 古希腊史. 北京：高等教育出版社，1955

[古希腊]色诺芬. 长征记. 北京：商务印书馆，1985

施治生，郭方主编. 古代民主与共和制度. 北京：中国社会科学出版社，1998

施治生，廖学盛主编. 外国历史大事集·古代部分. 第 1 分册. 重庆：重庆出版社，1986

《世界上古史纲》编写组编. 世界上古史纲. 上，下. 北京：人民出版社，1979，1981

苏联科学院主编. 世界通史. 第 1～2 卷. 北京：生活·读书·新知三联书店，1959，1960

[古罗马]苏维托尼乌斯. 罗马十二帝王传. 北京：商务印书馆，1995

[古罗马]塔西佗. 历史. 北京：商务印书馆，1981

[古罗马]瓦罗. 论农业. 北京：商务印书馆，1981

[古罗马]维吉尔. 埃涅阿斯纪. 北京：人民文学出版社，2000

[英]渥德尔. 印度佛教史. 北京：商务印书馆，1987

[古希腊]希罗多德. 历史. 北京：商务印书馆，1959

[古希腊]修昔底德. 伯罗奔尼撒战争史. 北京：商务印书馆，1960

(唐)玄奘. 大唐西域记. 上海：上海人民出版社，1977

[古希腊]亚里士多德. 雅典政制. 北京：商务印书馆，1959

杨共乐选译. 罗马共和国时期. 上，下. 北京：商务印书馆，1997，1998

杨共乐. 罗马史纲要. 北京：商务印书馆，2007

于殿利. 世界古代前期文学史. 北京：中国国际广播出版社，1996

朱庭光主编. 外国历史名人传·古代部分. 上册. 北京：中国社会科学出版社；重庆：重庆出版社，1982

A. T. Olmstead. *History of the Persian Empire*. Chicago：University of Chicago Press，1948

A. H. M. Jones. *Athenian Democracy*. Oxford：Basil Blackwell，1957

A. H. Gardiner. *Egypt of the Pharaohs*. Oxford：Oxford University Press Inc，1962

Breasted. *Ancient Records of Egypt*. vol. 1-5. Chicago：The University of Chicago Press，1920

C. M. Wells. *The Roman Empire*. London：Fontana Press，1992

Edwards. *Cambridge Ancient History*. vol. 1-2. Cambridge：Cambridge University Press，1971—1975

Edwards. *Pyramids of Egypt*. London：Ebury Press，1980

E. B. Cowell. *Jataka. Or Stories of the Buddha's Former Births*. Whitefish：Kessinger Publishing，LLC，2006

I. E. S. Edwards，C. J. Godd，G. L. Hammond and E. Sollberger. *Cambridge Ancient History*. Cambridge：Cambridge University Press，1965

Ilya Gershevitch. *The Cambridge History of Iran：The Median and Achaemenian Periods*. vol. 2. Cambridge：Cambridge University Press，1985

G. M. Bongard-Levin. *Mauryan India*. New Delhi：Sterling Publishers，1985

M. I. Finley. *Slavery in Classical Antiquity*. Cambridge：W. Heffer & Sons，1960

M. Lichtheim. *Ancient Egyptian Literature，A Book of Reading*. vol. 1-3. Berkeley：University of California Press，1976

M. Cary and H. H. Scullard. *A History of Rome：Down to the Reign of Constantine*. 3rd ed. New York：St. Martin's Press，1976

M. I. Finley. *The Ancient Economy*. Berkeley：University of California Press，1999

N. G. L. Hammond. *A History of Greece to 323 B. C.*. Oxford：Oxford University Press，1986

Pritchard. *Ancient Near Eastern Texts*. Princeton：Princeton University Press，1955

Polybius. *The Histories*. London: Heinemann, 1922—1927 （Loeb Classical Library)

Plutarch. *Lives*. London: Heinemann, 1914—1926 （Loeb Classical Library)

R. S. Sharma. *Sudras in Ancient India*. Delhi: Motilal Banarsidass, 1958

R. P. Kangle. *The Kautilya Arthasastra*. 3vols. Bombay: University of Bombay, 1960—1965

Sykes. *A History of Persia*. London: Macmillan and Co. , 1915

S. N. Kramer. *History Begins at Sumer*, Philadelphia: University of Pennsylvania Press, 1959

Strabo. *Geography*. Cambridge: Harvard University Press and Heinemann, 1917—1932 (Loeb Classical Library)

W. M. F. Petrie. *A History of Egypt*. London: Methuen & Co. Ltd, 1923

W. B. Fisher. *The Cambridge History of Iran: The Land of Iran*. vol. 1. Cambridge: Cambridge University Press, 1968

Xenophon. *Hellenica*. London: Heinemann, 1918—1923 （Loeb Classical Library)

后 记

本书编者虽力图用马克思主义的基本观点分析历史资料，分析各种历史现象、事件和人物，力图尽可能地运用掌握到的原始资料和国内外的最新研究成果，但由于编者水平有限，掌握的资料有限，对国内外研究的情况了解有限，所以错误和不足之处请读者批评指正。

本书初版于 20 世纪 90 年代，其后为了适应本科教学需要于 2003 年、2009 年两次修订，2014 年本书第 4 次修订，并于次年完成。

本书编者对北京师范大学出版社大力支持本书的出版表示衷心感谢。本书编者还要对本书的责任编辑曹欣欣同志所做的大量而卓有成效的工作表示感谢。

本书作者及分工如下。

周启迪：导言，第二章，第三章第三至七节，第四章第四节、第五节。

郭小凌：第一章，第五章。

杨共乐：第四章概论、第一至三节，第六章。

于殿利：第三章概论、第一节、第二节。

卢运祥、丘崇尼：绘图。

本教材在编写过程中，曾参考了国内外若干种教材，特此说明。

编 者

2015 年 7 月